Europäische Esskultur

Gunther Hirschfelder, Priv.-Doz. Dr. phil., studierte Geschichte und Volkskunde in Bonn und Trier. Derzeit vertritt er den Lehrstuhl für Volkskunde an der Universität Bonn.

Gunther Hirschfelder

Europäische Esskultur

Eine Geschichte der Ernährung von der Steinzeit bis heute

Campus Verlag
Frankfurt/New York

Gedruckt mit Unterstützung der

Dr. Rainer Wild-Stiftung
Stiftung für
GESUNDE ERNÄHRUNG
Heidelberg

Die Deutsche Bibliothek – CIP-Einheitsaufnahme

Ein Titeldatensatz für diese Publikation ist bei
Der Deutschen Bibliothek erhältlich
ISBN 3-593-36815-3

Umschlaggestaltung: Guido Klütsch, Köln
Umschlagmotiv: Hieronymus Bosch (1450-1516), »Die Schlemmerei«,
Segment aus dem Tondo »Die sieben Todsünden«, Museo Nacional del Prado, Madrid.
Satz: Leingärtner, Nabburg
Druck und Bindung: Druckhaus Beltz, Hemsbach
Gedruckt auf säurefreiem und chlorfrei gebleichtem Papier.
Printed in Germany

Inhalt

Geleitwort

Essen und Ernährung sind bestimmend im Leben jedes Einzelnen, erfordern stetig neue Kost, stetig neues Einverleiben. Die Nahrungsaufnahme ist kulturell überformt und führt zu immer neuen Ausprägungen. Doch sie muss auch naturbedingten Anlagen folgen. Gesunde Ernährung ist eine universelle Aufgabe. Und so hat der Essende täglich zwischen der Natur und der Kultur des Essens zu vermitteln und einen eigenen, ihm zuträglichen Weg zu beschreiten.

Diese Gratwanderung zwischen Natur und Kultur steht im Mittelpunkt der Arbeit der Dr. Rainer Wild-Stiftung. 1991 vom Heidelberger Unternehmer Dr. Rainer Wild gegründet, hat sie in den letzten Jahren als eine von nur wenigen Institutionen im Ernährungssektor bewusst interdisziplinär gearbeitet (näheres findet sich im Internet unter http://www.gesunde-ernaehrung.org).

Es ist Ausdruck dieser Vermittlungsarbeit, dass wir aus Anlass unseres 10-jährigen Bestehens auch das vorliegende Buch unterstützt haben. Auf fundierter kulturwissenschaftlicher Grundlage erarbeitet, zeigt es uns die Fülle menschlicher Antworten auf die tägliche Grundaufgabe der Ernährung. Esskultur erschöpft sich jedoch nicht im Prassen und Schwelgen, sondern verweist immer auch auf die Gefahren des Hungers, des nicht rechten Essens. Das Buch verfolgt die Veränderungen in Mitteleuropa von der Steinzeit bis zur Gegenwart. Es mündet daher zwingend in der Frage nach gesunder Ernährung heute; einer Frage, der wir uns mit unserer Arbeit immer wieder stellen.

Wir danken besonders dem Autor, PD Dr. Gunther Hirschfelder, für seine engagierte, kundige und stets kooperative Arbeit.

Heidelberg, im März 2001 *Dr. Rainer Wild-Stiftung*

Vorwort

Wir müssen in die jüngere und auch in die ältere Vergangenheit zurückblicken, wenn wir die gegenwärtige Esskultur und damit auch unser eigenes Verhalten verstehen wollen. Die lebensnotwendige Funktion von Ernährung macht es möglich, durch eine Untersuchung der jeweiligen Esskultur eine besonders eindringliche Beschreibung auch kultureller Prozesse anderer gesellschaftlicher Bereiche zu erhalten. Die Esskultur wird dadurch zu einer Art Spiegel, in dem sich nicht nur Essgewohnheiten, sondern auch gesellschaftspolitische Werte und Ordnungen erschließen lassen.

Wer einen umfassenden Überblick liefern will und sich mit so vielen unterschiedlichen Epochen und Räumen beschäftigt, der tritt leicht ins Fettnäpfchen. Davor bewahrten kundige Ratgeber. Für jedes Kapitel konnten Experten gewonnen werden, mit denen Darstellung und Interpretation intensiv diskutiert wurden. Besonderer Dank gebührt daher Louise Gestermann, Andreas Gutsfeld, Franz Irsigler, Jutta Meurers-Balke, Uwe Spiekermann und Wolfgang Will.

Eine Geschichte der Esskultur kann auf den Blickwinkel der Naturwissenschaften nicht verzichten. Um diese Aspekte im richtigen Licht erscheinen zu lassen, hat Bastian Steingießer, Historiker und Apotheker, die Enstehung der Arbeit intensiv unterstützt und begleitet. Auch ihm sei an dieser Stelle herzlich gedankt. Den Mut, eine lose Materialsammlung zu einer Monographie zu verdichten, habe ich vor allem Rainer Wild zu verdanken. Er sowie Friederike Busse, Gesa Schönberger, Michaela Schneider und wiederum Uwe Spiekermann von der Dr. Rainer Wild-Stiftung haben die Arbeit maßgeblich unterstützt.

Einen Ehemann, der meist zerstreut war und nie Zeit hatte, mußte meine Frau Petra Maria über Monate hinweg ertragen. Nicht nur dafür gilt ihr mein größter Dank.

Bonn, am Rosenmontag 2001 *Gunther Hirschfelder*

EINFÜHRUNG

Warum schmeckt ungesundes Essen so gut?

Eine Einführung in die Kultur des Essens

Der Weg, den die Menschheit zurücklegen musste, um von der rohen und ungeordneten Nahrungsaufnahme zur hoch entwickelten Esskultur der Gegenwart zu gelangen, war ebenso abenteuerlich und mühsam wie amüsant, und er führte nicht immer bergauf. Ihn nachzuzeichnen ist eines der Ziele dieses Buches. Dass dies keine einfache Aufgabe ist, liegt unter anderem daran, dass keine Gesellschaft eine einheitliche Esskultur herausgebildet hat. Stets gab es ein großes Nebeneinander: Die Reichen aßen und tranken anders und anderes als die Armen, Männer und Frauen ernährten sich unterschiedlich, und auch die Nahrungskultur der Jungen war von jener der Alten verschieden. Ein weiteres Phänomen erschwert die Aufgabe, klare Entwicklungslinien nachzuzeichnen, denn häufig klafft eine breite Lücke zwischen dem Wissen der Menschen um die Nahrung und der täglichen Praxis der Ernährung. Heute stehen den Konsumenten genügend Informationen und Produkte zur Verfügung, um sich optimal ernähren zu können. Trotzdem war die Frage berechtigt, welche die *Apotheken-Umschau* dem Ernährungspsychologen Volker Pudel 1997 stellte: »Warum schmeckt ungesundes Essen so gut?«[1] Auch bei vielen Studierenden, die ich in den letzten Jahren nach der Zusammensetzung ihrer Frühstücksmahlzeit gefragt habe, ist jenes Missverhältnis zwischen Wissen und Handeln erkennbar, das die Esskultur Europas kennzeichnet. Die meisten hatten zwar von den Prinzipien der gesunden Ernährung gehört, die Umsetzung dieser Prinzpien in die Praxis aber auf später verschoben und gerade am Tag dieser schwierigen Frage oft nur einen Schokoriegel oder bestenfalls einen Apfel gefrühstückt.

Die Studierenden stehen mit ihrer spezifischen Ernährungsweise nicht alleine da. Jahrhunderte brauchte die bürgerliche Tischkultur, um sich zu

Abbildung 1: Reibekuchenbude vor dem Kölner Hauptbahnhof, 1995.

entwickeln. Als sie endlich in voller Blüte stand, begann bereits der Zerfall. Viele Bestandteile haben zwar bis heute überlebt, aber andere tragende Elemente sind verschwunden. So wurden die Esswerkzeuge im Laufe der Zeit immer aufwändiger, werden heute aber oft gar nicht mehr benutzt, denn viele Europäer essen inzwischen wieder direkt aus der Hand.

Alle Faktoren deuten darauf hin, dass sich die gegenwärtige Esskultur in einer Phase tief greifenden Wandels befindet. Wandel schafft Neues, aber auch Unsicherheit. Die Veränderungen sind nicht alleine Kennzeichen der Gegenwart, denn Kultur ist nie statisch, sondern immer dynamisch.

Die Unsicherheit, die der Wandel mit sich bringt, betrifft viele Bereiche – auch oder gerade die Frage des richtigen Verhaltens oder *Benehmens*. Das Essen aus der Hand war bis ins Mittelalter hinein bei allen Bevölkerungsschichten weit verbreitet. Später wurde es von der bürgerlichen Kultur abgelehnt.[2] Die bürgerlichen Normen waren natürlich auch wieder stetigen Veränderungen ausgesetzt. Außerdem mussten sie

Wie man Spargel nicht essen soll

Wie man Spargel auch nicht essen soll

Abbildungen 2 und 3: Die Frage des richtigen *Benehmens* spielt in jeder Kultur eine große Rolle. Ein Kochbuch des Jahres 1909 gibt nützliche Tipps.

von denjenigen, die etwa aus der Arbeiterschaft stammten und im Kreis der Bürger neu waren, erst noch gelernt werden. Dabei half die Ratgeberliteratur.

Erich Urban, Verfasser eines viel gelesenen Kochbuchs, mahnte 1909 jene, die noch nicht genau wussten, wie sie Spargel im Restaurant essen sollten, ohne Anstoß zu erregen: »Schnappen nach der in der Luft hängenden Stange wirkt unschön«. Auch das »Zerschneiden der Stangen ist verpönt«. Offenbar gab es also ein kulturelles Muster, das diese Regeln vorschrieb, und in Fachbüchern holten sich diejenigen Rat, die dieses Muster noch nicht kannten.[3]

Wenngleich die Regeln heute weniger starr sind – Unsicherheiten gibt es auch jetzt noch, denn das Wissen um das richtige Verhalten muss den Gegebenheiten jeder Zeit neu angepasst werden. Wer heute im vollbesetzten Bus oder auf der Straße im Gehen ein Stück Schokolade isst, fällt kaum auf, wohingegen er in der Mitte des 20. Jahrhunderts noch mit ablehnenden Blicken bedacht worden wäre. Wer aber heute in einer mitteleuropäischen U-Bahn ein Stück Trockenfisch kaut, was in Korea durchaus üblich ist, der erfährt Kritik. Und die Technik des Spargelessens, die 1909 für passend erachtet wurde, ist heute längst wieder out.

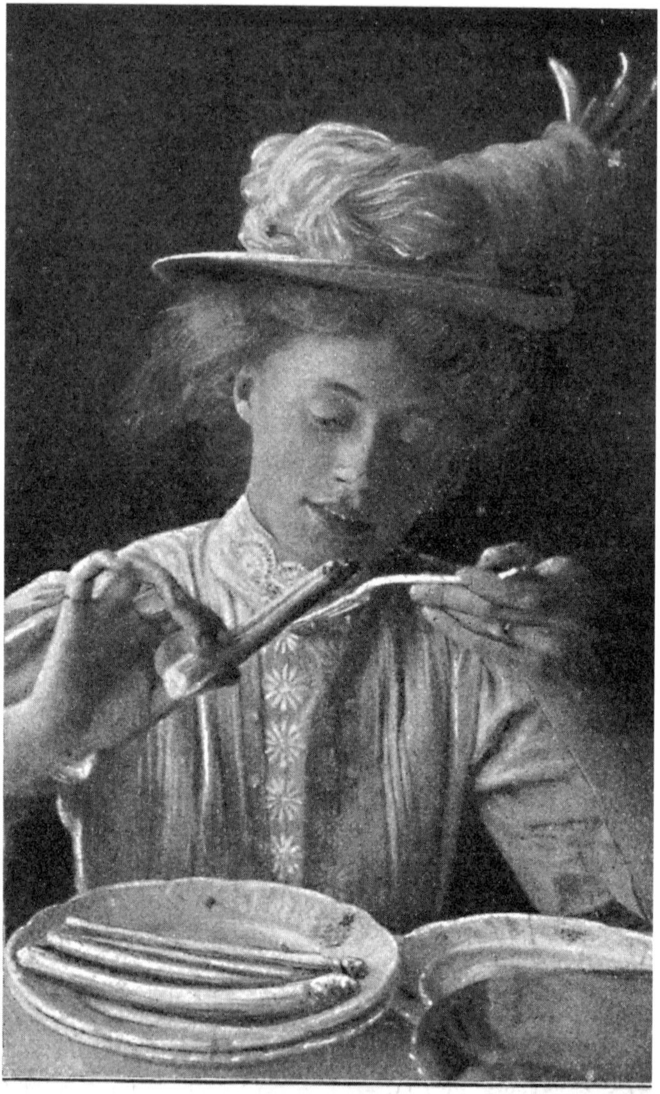

Wie man Spargel essen soll

Abbildung 4: Essgewohnheiten und Tischsitten sind äußerst dynamisch. Was vor einigen Generationen noch als korrekt galt, erregte später Anstoß.

Die zahlreichen Bild- und Schriftquellen, die von den Facetten und vom Wandel der Esskultur zeugen, verraten weit mehr als nur die Geheimnisse der Nahrungskultur. Wer sie richtig deutet, kann vom Wandel der Esskultur auf den Wandel der Gesellschaft schließen und die Kultur der Gegenwart auf diese Weise in einem anderen und helleren Licht betrachten.

Kultur lautet das Stichwort, das nun schon häufig gefallen ist. Viele oder fast alle Wissenschaften beschäftigen sich mit Kultur, und jede Disziplin hat ihren eigenen Blickwinkel. Besonders intensive Diskussionen wurden innerhalb des Faches *Volkskunde* geführt. Dabei handelt es sich um eine recht junge Disziplin, die erst in den Jahren um 1900 institutionell organisiert und später an einigen Universitäten verankert wurde.[4] Heute sind neben dem alten Namen *Volkskunde* an einigen Hochschulen auch Bezeichnungen wie *Kulturanthropologie*, *Europäische Ethnologie* oder *Empirische Kulturwissenschaft* üblich.[5]

Die volkskundliche Betrachtungsweise ist für die Analyse der Esskultur wichtig, weil sie mit einem weit gefassten Kulturbegriff arbeitet. Der Opernbesuch ist dabei ebenso Teil der Kultur wie die Art und Weise, ein Festmahl zu veranstalten, in ein Brötchen zu beißen oder an der Theke ein Glas Bier zu trinken. Die einzelnen Kulturelemente nutzt die Volkskunde als Indikatoren. Aus der systematischen Analyse und Auswertung dieser Kulturelemente versucht sie Rückschlüsse auf die Mechanismen der Gesellschaft zu ziehen. Dabei können die Kulturelemente natürlich nicht in ihrer Gesamtheit erfasst werden. Daher konzentriert sich die Volkskunde auf diejenigen Aspekte der Kultur oder des Verhaltens, die erlernt sind, und zwar kulturell erlernt. Um dieses *kulturelle Lernen* verstehen und um seine Mechanismen entschlüsseln zu können, bedarf es der historischen Perspektive, denn nur aus ihr lassen sich kulturelle Prozesse erklären.

Auf die Kultur und damit auch auf die Esskultur wirken weitere Faktoren ein: Die Natur, weil Süddeutschland zum Beispiel keine Kultur des Robbenessens ausbilden konnte, die Kirche, weil Kantinen heute freitags immer noch Fischgerichte servieren, die Werbung, weil der Kunde ohne sie weniger Tütensuppen oder koffeinhaltige Limonaden trinken würde, oder die Wirtschaftslage, weil etwa der Durchschnittskonsument in Osteuropa derzeit kaum argentinische Steaks oder französische Austern essen kann.[6]

In der Praxis sind die Bedingungsfelder allerdings meistens komplexer und die Gründe vielschichtiger. So sind viele Gründe dafür verantwortlich, dass der Getreidebratling in der deutschen Küche auf dem Vormarsch ist. Schließlich ist ein hoher Anteil von Vollkornartikeln in der Nahrung gesund, und die Verbraucher handeln immer häufiger bewusst und aufgeklärt. Aber warum muss es gerade ein Bratling sein? Die Antwort ist klar: Im Verlauf der Geschichte bildete sich ein kulturelles Muster heraus, das dem Genuss von Fleisch eine hohe Wertigkeit zuschrieb. Fleisch wurde vom Nahrungsmittel zum Symbol.[7] Im Bratling sehen viele Konsumenten daher nicht nur die Getreidebeilage, sondern das Herz der Mahlzeit, ein Stück verfälschtes Fleisch. Das Getreide muss eben wie Fleisch zubereitet werden, um diese Funktion erfüllen zu können, denn einer Scheibe Brot mit annähernd identischen Inhaltsstoffen und zudem mit viel weniger Fett haftet noch der Nimbus der Armenspeise an. Daneben wirken auch andere Faktoren auf die täglichen Mahlzeiten ein. So führte die agro-industrielle Massentierhaltung nicht selten zu einer Verminderung der Fleischqualität und zu einer Reihe von Lebensmittelskandalen.[8] Auch diese Entwicklung half dem Bratling auf den Teller. In diesem Fall war es eher das Bewusstsein als der Preis, der einer ehemals als minderwertig erachteten Speise zu höherem Ansehen verhalf. Die Liste derartiger Beispiele ist endlos, und einige wird die vorliegende Darstellung aufgreifen.

Das *kulturelle Lernen*, die Tradierung und die historische Perspektive sind bereits genannt worden. Folglich spielen bei unserer Betrachtung auch die historischen Disziplinen eine Rolle, vor allem die Wirtschafts-, die Agrar- und die Kulturgeschichte. Letztere führte trotz der großartigen Vorarbeiten des Schweizers Jacob Burckhardt (1818-1897) lange Zeit ein Schattendasein. Dann griff eine ganze Generation junger Forscher, die sich in den 1920er und 1930er Jahren um den Franzosen Marc Bloch sammelte, die kulturgeschichtlichen Themen neu auf, weshalb diese Richtung in Frankreich auch heute noch stark vertreten ist.[9]

In der folgenden Untersuchung wollen wir keine klare Trennung zwischen einer volkskundlich-kulturwissenschaftlichen und einer kulturhistorischen Betrachtung vornehmen, denn sie ist ohnehin nicht möglich. Stattdessen werden methodische Anleihen jeweils bei derjenigen Disziplin gemacht, die uns Möglichkeiten eröffnet, die Esskultur zu beschreiben und zu analysieren. Hinzuweisen ist schließlich auf die *Geschichtliche Lan-*

deskunde, die vor allem im deutschen Sprachraum viele Ergebnisse zutage gefördert hat, die für eine überregionale Analyse der Nahrungsgewohnheiten notwendig sind.[10]

Bleibt die Frage, wo wir dem Essen nachspüren wollen. In einer deutschen Stadt? Wenn ja, in welcher? Ist Duisburg typischer als Görlitz oder München? Bietet sich Niedersachsen eher an als Hessen? Oder besser doch ganz Deutschland? Gibt es überhaupt eine *Deutsche Küche*? Und wo wird nach ihren Regeln gekocht? Überall dort, wo man Deutsch spricht? Dann wäre die deutsche Küche zwar in Wien, in Südtirol und in Mallorca vorherrschend, im Berliner Wedding aber nicht, denn dort dominieren Menschen aus anderen Kulturräumen das soziale Leben und die Gastronomie. Die deutsche Küche wirft noch mehr Fragen auf, denn es wäre zu diskutieren, wo der Platz der italienischen Pizza oder des türkischen Döner in dieser Küche ist. Unklar muss ebenfalls bleiben, welche Speisen den Kanon der typisch deutschen Gerichte bilden. Saumagen, Panhas oder Sauerkraut kaum, denn Fertigspaghetti und Currywurst haben ihnen längst den Rang abgelaufen. In den europäischen Nachbarländern ist die Lage ähnlich.

Gegen die Analyse der speziell deutschen Küche sprechen weitere Gründe. Zwar sind regionale Besonderheiten einerseits von besonderer Bedeutung, aber andererseits führt die Einigung Europas auch zu einem neuen Verhältnis der nationalen Identitäten, zum gesamteuropäischen Bewusstsein. Ausdruck dieser Entwicklung ist die Tatsache, dass deutsche Studierende oder Informatiker mit ihren Kommilitonen und Kollegen in London, Madrid oder Warschau mehr gemeinsame Interessen und Probleme haben als mit den Rentnern oder Bankiers ihrer Heimatstädte. So sind die Zugehörigkeit zu einer sozialen Gruppe und die Position auf der ökonomischen Rangskala auf dem Weg, für die europäische Kultur ebenso wichtig zu werden wie die regionale oder die nationale Herkunft. Ausdruck dieser Entwicklung ist die Genese einer gruppenspezifischen Ernährungskultur, welche die nationalen und die regionalen Spezifika bisweilen abzustreifen bestrebt ist.

Zumindest am Rande ist schließlich noch auf den Begriff *Europa* zu sprechen zu kommen. Er ist griechisch-semitischen Ursprungs und bezeichnete seit den Perserkriegen das griechische Festland. Im frühen Imperium Romanum wurde Europa mit der mediterranen Welt gleich gesetzt. Daher kam der nördlich der Alpen gelegene Raum erst durch die

Eroberungen unter Caesar zu dem, was man Europa nannte. Später wurde Europa Synonym für den christlichen Teil des Kontinents, aber Ost- und Westkirche gingen bald eigene Wege, und der Bereich der Ostkirche zählte für den Westen nicht zu Europa – eine Trennlinie, welche die europäische Integration noch heute behindert.

Zwar kannte auch Karl der Große den Begriff *Europa*, und 799 wurde er sogar als »Pater Europae« bezeichnet, aber Begriffe wie *Abendland* oder *Christianitas* blieben noch lange wichtiger, und erst durch die Entdeckung Amerikas wurde gewissermaßen auch Europa mit seinen spezifischen Eigenheiten entdeckt.[11]

Heute ist nur in geographischer Hinsicht klar, was Europa ist: Die Grenze verläuft über den Ural und durch das Kaspische Meer zum Kaukasus, von dort durch das Schwarze Meer zum Bosporus und durch das Mittelmeer. Aserbeidschan ist geographisch gesehen ebenso europäisch wie die ostrussische Stadt Perm oder Archangelsk am Eismeer. Die Mitte Europas liegt streng geographisch betrachtet ebenfalls im Osten, und zwar nahe der litauischen Hauptstadt Vilnius.

Östlich des Urals erstrecken sich die asiatischen Weiten Sibiriens. In den urbanen Zentren dieses Raums herrscht eine zweigeteilte Esskultur vor. Sie vereint regionale und russisch-europäische Elemente, und nur der geübte Betrachter kann die Essensstände auf den Märkten von Nowosibirsk oder Omsk von jenen der weißrussischen oder der ukrainischen Schwesterstädte unterscheiden. So lässt sich an der Esskultur ablesen, dass Europa hinter dem Ural kulturell noch lange nicht endet. Diesen theoretischen Aspekten steht aber die Praxis gegenüber, denn im Bewusstsein der Menschen ist Europa viel kleiner.

Ebenso schwierig wie die Eingrenzung des Raums, den es zu analysieren gilt, ist die Bestimmung der Zeitspanne, die untersucht werden soll. Was und wie wir heute essen und trinken, ist kulturell geprägt, und die Wurzeln dieser Prägung liegen in der Vergangenheit. Jede Epoche und jede Gesellschaft kreiert Neues und formt Altes um. Um die Herkunft des heutigen Getreidebratlings zu untersuchen, genügt es, ein paar Jahrzehnte zurückzublicken, und wenn uns seine ökologische Dimension interessiert, dann reichen wenige Jahre. Wenn wir aber wissen möchten, warum gebratene Speisen heute häufig noch höher im Kurs stehen als gekochte, dann erfordert dies einen tieferen Einblick in die Vergangenheit, und wenn wir den Blick auf die Frage lenken, seit wann es denn überhaupt Gebratenes beziehungsweise Erhitztes gibt, dann sind wir ebenso bei den Anfängen der Menschheit wie bei der Beschäftigung mit der Frage, warum wir anstatt Bratlingen aus Getreide oder Schweinefleisch nicht solche aus Menschenfleisch essen.[12]

Diese Gründe rechtfertigen den Blick in die fernste Vergangenheit, weshalb ein kurzer Streifzug durch die Ur- und Frühgeschichte am Beginn unserer Reise durch die Geschichte der Esskultur steht. Archaische Lebensweisen bestanden in Mitteleuropa noch lange fort. Aber in Ägypten und im Vorderen Orient nahmen die Menschen ihr Schicksal auf andere Weise und mit anderen Erfolgen in die Hand und ließen so die frühen Hochkulturen entstehen. Ohne die kulturellen Grundlinien, die dort entwickelt wurden, lässt sich diejenige Kultur nicht erklären, die der des alten Ägypten nachfolgte: Die Kultur der griechischen Antike. Von Griechenland aus wiederum verläuft eine direkte Entwicklungslinie zur römischen Antike, die vor gut 2000 Jahren nach Mitteleuropa ausgriff. Hier gab es zunächst ein Neben- und Miteinander der antiken, der keltischen und der germanischen Elemente, bis diese in der Spätantike und im Mittelalter verschmolzen. Über das hohe und das späte Mittelalter soll unsere Betrachtung dann über die Reformationszeit und die Renaissance, über Barock und Aufklärung bis ins Industriezeitalter und schließlich in die Gegenwart führen. Dabei wird der deutsche Sprachraum im Mittelpunkt stehen, aber auch der Blick über die Grenzen spielt eine Rolle.

Im Zentrum jeder kulturwissenschaftlichen wie historischen Forschung stehen komplexe Prozesse, innerhalb derer der Mensch die wichtigste Rolle spielt. Bei der Volkskunde wird der Alltagskultur breiter Raum gewidmet. Warum aber muss es gerade die Ernährung sein? Andere mögliche Untersuchungsfelder sind Hochzeit, Begräbnis oder Weihnachten, also die Feste im Lebens- und im Jahreslauf, das Migrationsverhalten oder die Zugehörigkeit zu einer bestimmten sozialen Gruppe. Aber jeder Mensch stirbt nur einmal, und auch Hochzeiten finden im statistischen Mittel nur knapp zweimal im Leben statt, und der Hochadel oder die Zimmerleute als soziale Gruppe stehen allenfalls für einen Bruchteil der Bevölkerung. Die Analyse jener Elemente erlaubt also kaum den Blick auf die ganze Gesellschaft. Die Nahrung ist hingegen ein *soziales Totalphänomen*:[13] Jeder Mensch isst mehrmals täglich, das ganze Leben lang. Bei durchschnittlicher Lebenserwartung nimmt ein Bundesbürger der Gegenwart innerhalb seines Lebens 78840 Mahlzeiten ein. Rechnet man eine nachmittägliche Mahlzeit, etwa Kaffee und Kuchen, hinzu, dann sind es bereits 105 120 Mahlzeiten. Bei einer durchschnittlichen Dauer von 30 Minuten bringen die modernen Mitteleuropäer sechs Jahre ihres Lebens damit zu, Mahlzeiten einzunehmen. Rechnet man die Zubereitungszeit hinzu, so kommt man leicht auf zehn Jahre. Selbst das technische Leben der Gegenwart kreist sehr häufig um das Essen. Schließlich arbeitet der überwiegende Teil der Weltbevölkerung immer noch fast ausschließlich, um satt zu werden. Daher ist das Essen ein geeigneter Indikator für die Analyse jeder Gesellschaft.

In Anbetracht der Summe der Vorteile, die eine kulturwissenschaftliche Auseinandersetzung mit dem Thema *Ernährung* bietet, erstaunt es, dass diesem Phänomen lange Zeit nur wenig Aufmerksamkeit entgegengebracht wurde. Innerhalb der historischen Disziplinen stand nicht der Mensch, sondern der Herstellungsprozess bis zum frühen 20. Jahrhundert im Vordergrund. Diskussionen über die gesellschaftliche Bedeutung, die Funktionen und den Zeichencharakter der Ernährung wurden noch nicht geführt. Erst der Kultursoziologe Georg Simmel erkannte 1910 die »ungeheure sozialisierende Kraft gemeinsamen Essens und Trinkens«, aber weil er die Komplexe Essen und Trinken letztlich nur deshalb anriss, um seine gesellschaftsphilosopischen Thesen zu untermauern, verfolgten weder er noch seine Schüler diese Ansätze weiter.[14]

Die eigentliche Grundlage für die moderne kulturwissenschaftliche Beschäftigung mit der Nahrung, die *Nahrungsethnologie*, wurde später in England und Frankreich geschaffen. Nachdem sich der britische Sozialhistoriker John Burnett und der französische Soziologe und Anthropologe Claude Lévi-Strauss bereits seit den 1950er Jahren mit der gesellschaftlichen und kulturellen Bedeutung des Essens und der Nahrungsaufnahme beschäftigt hatten, verhalf Günter Wiegelmann der ethnologischen Nahrungsforschung im deutschsprachigen Raum seit den späten 1960er Jahren zum Durchbruch. 1967 legte er seine Analyse der Entwicklung der *Alltags- und Festspeisen* vor und untersuchte 1972 gemeinsam mit Hans Jürgen Teuteberg den *Wandel der Nahrungsgewohnheiten unter dem Einfluss der Industrialisierung.*[15] Seitdem bemüht sich die ernährungshistorische Forschung vor allem um die Klärung von Zusammenhängen zwischen Industrialisierung, Bevölkerungswachstum und Veränderung der täglichen Alltagskost zwischen dem späten 18. und dem frühen 20. Jahrhundert.

Innerhalb der Forschung hat sich der Bereich *Essen* im Verlauf der letzten drei Jahrzehnte zu einem regelrechten Modethema entwickelt.[16] Auffallend sind dabei die geringe praktische und die intensive theoretische Beschäftigung. Aber was die Menschen tatsächlich auf welche Weise gegessen haben ist oft nicht genauer bekannt.

Um die soziale Realität des Essens und des Trinkens zu analysieren, bedarf es eines Untersuchungsgegenstandes. Die Nahrungsmittel alleine genügen nicht, denn uns interessieren die essenden Menschen. In den meisten Gesellschaften begegnen sich Mensch und Nahrung bei der *Mahlzeit*. Deshalb hat man sich auch in der volkskundlichen Forschung zunächst darauf geeinigt, die Mahlzeit in den Mittelpunkt der Betrachtung zu rücken.

Was aber ist eine Mahlzeit? Das Wort besteht aus zwei Elementen: *Mahl* und *Zeit*. Die Bedeutung dieser Wörter ist ähnlich: Die *Zeit* gibt einen Zeitpunkt oder einen Zeitraum an. *Mahl* wurde im Laufe des Mittelalters zu einer hochsprachlichen Bezeichnung für *Essen* und stammt vom mittel- und althochdeutschen *mâl* ab; Synonyme kennen das Englische (*meal*) und das Schwedische (*mål*).[17]

Das Essen zu einem festgelegten Zeitpunkt und meist auch in einer genau definierten Gruppe prägte das Sozialleben der europäischen Gesellschaften über Jahrhunderte. Wenn wir diese Mahlzeit aber heute in den Mittelpunkt der Betrachtung rücken, können wir einen gewichtigen Teil derjenigen Situationen, in denen Speisen verzehrt werden, nicht mehr fassen. Im Sinne des Wortes handelt es sich weder bei dem Essen an der Imbissbude oder im Fast Food-Restaurant noch bei dem Schokoriegel auf der Straße oder den Erdnüssen des Fernsehabends um *Mahlzeiten* im Sinne des Wortes. Aus diesen Gründen hat Günter Wiegelmann vorgeschlagen, die »Verzehrsituation« in den Mittelpunkt zu rücken, weil sich in ihr »alle ethnologisch wichtigen Aspekte der Nahrung bündeln«, zumal sie »zu allen Zeiten und in allen Sozialgruppen gleichermaßen vorhanden« ist.[18]

Die Verzehrsituation wird also in der vorliegenden Darstellung eine große Rolle spielen. Allerdings ist auch dieser Ansatz zu erweitern, weil er das *Trinken* als Komplementärhandlung zum Essen nicht immer erfasst. Darüber hinaus lässt sich der Entwicklungsstand jeder Gesellschaft nicht zuletzt daran ablesen, welche Wasserqualität sie ihrer Bevölkerung in welcher Quantität zur Verfügung stellt.[19]

Ein weiterer Gradmesser, den es zu untersuchen lohnt, ist der Konsum der alkoholischen Getränke. Darüber haben sich besonders viele Nachrichten erhalten, denn solche Getränke waren meist steuerpflichtig und wurden außerdem häufig im öffentlichen Raum – also in der Gaststätte – getrunken. Aus diesen Gründen hatten die Obrigkeiten sowohl ein ordungspolitisches als auch ein fiskalisches Interesse an Bier, Wein und Schnaps.[20] Neben der eigentlichen Mahlzeit und der Wasserversorgung wird also auch das Leben in den Wirtshäusern eine Rolle in unserer Darstellung spielen.

Warum Essen und Trinken letztlich so geeignet sind, Gesellschaften, kulturellen Wandel und das Leben der Menschen zu betrachten und zu verstehen, hat Ulrich Tolksdorf überaus treffend auf den Punkt gebracht: »Zwischen Bedürfnis – Hunger – und Befriedigung – Essen und Trinken – setzt der Mensch das ganze kulturelle System der Küche. Er befriedigt seine organischen Bedürfnisse fast ausschließlich mit tradierten, d. h. kulturellen Methoden. Darüber hinaus erscheint Essen und Trinken auch als ein gesellschaftliches Operationsgefüge, das Orientierung und Kommunikation zwischen Gruppen und Individuen sicherstellt.«[21]

KAPITEL 1

Affenmenschen, Schneckenfresser und Ackerbauern

Die Nahrungssuche in der Ur- und Frühgeschichte

Mensch und Affe sind sich recht ähnlich, hinsichtlich ihrer Erbsubstanz fast identisch, nämlich zu etwa 98,4 Prozent. Ebenso groß sind ihre Gemeinsamkeiten bei der Wahl der Nahrungsmittel. Nur die Nahrungsaufnahme, die spezifische Art des Essens und Trinkens, unterscheidet sie deutlich. Doch auch unter den Affen und Menschen gibt es ein weites Spektrum von Verhaltensstandards bei der Nahrungsaufnahme, die sich in langen Entwicklungen, bestimmt durch physische Konstitution und Umweltfaktoren, ausdifferenziert haben. So hat die bekannte Affenforscherin Jane Goodall z.B. bei Schimpansen sehr unterschiedliche Arten des Nüsseknackens beobachtet.[22] Und die Menschen essen entweder mit Stäbchen, mit Messer, Gabel und Löffel oder auch mit den Händen.

Zum Standard der Ernährung gehören in den modernen Industrieländern Europas eine mit industriellen Methoden produzierende Landwirtschaft und ein kommerzielles Vertriebsnetz für Nahrungsmittel mit z.T. weltweiten Transportwegen. Den Verbraucher erreichen die Lebensmittel dann über Geschäfte, wo er ohne großen Zeitaufwand einkaufen kann und wo es für ihn selbstverständlich ist, dass die Auswahl an Produkten praktisch unbegrenzt ist. Nahrungsmittel werden vor allem durch den Handel und durch die Weiterverarbeitung teuer – in den Frachthäfen oder an der Börse kostet ein Eimer Getreide oder Reis gerade so viel, wie ein Industriearbeiter in ein paar Minuten verdient. Und selbst Fertiggerichte, Konserven oder Fleisch sind im Großmarkt oder beim Discounter absurd billig. Für diese niedrigen Preise und für den geringen Stellenwert der Nahrung im modernen Europa ist aber auf einer anderen Ebene ein hoher Preis zu zahlen: Wir haben das Wissen über die natürlichen Entstehungsbedingungen unserer Nahrungsmittel und vor allem den Sinn für deren Geschmack verloren. Der moderne Mensch kauft Äpfel, Möhren oder Salat nach Form und Farbe und nicht nach dem Geschmack, denn sein Sensorium für die Vielfalt der Gerüche ist verkümmert.

Die europäische Bürokratie unterstützt diesen Prozess. Es gibt genaue Vorschriften, wie groß ein Apfel sein muss und welche Farbe er haben soll, aber niemand verlangt, dass er auch nach Apfel schmecken soll. Und die genauen Zutaten und Bestandteile von Tiefkühlpizza oder Fleischwurst kann sich der Durchschnittskonsument ohnehin nicht vorstellen, und er will es auch nicht. Schließlich isst das Auge mit und nicht der Verstand. Und wenn aller Fruchtjoghurt aus echten Früchten hergestellt würde, dann wäre Mitteleuropa voller Himbeer- und Erdbeerfelder. Davor bewahren uns aber recht einfache biochemische Verbindungen, die den Fruchtgeschmack erzeugen oder verstärken und die sich *naturidentisch* nennen dürfen, wie etwa das Himbeerketon.[23]

So ist unsere gegenwärtige Esskultur gekennzeichnet von einer Entfremdung des Menschen von seinen Nahrungsmitteln, die so verarbeitet und als Speisen präsentiert werden, dass deren Ursprungsprodukte oft gar nicht mehr identifizierbar sind. Gleichwohl stellen wir an die Nahrungsmittel hohe Ansprüche. Sie müssen unseren Geschmacksvorstellungen entsprechen, notfalls mit Hilfe von Geschmacksverstärkern. Ob Obst, Gemüse oder Fleisch: Alles muss ästhetischen Kriterien entsprechen, und die Speisen sollten so angerichtet sein, dass sie ein schnelles und unkompliziertes Verzehren erlauben.

Zur modernen Esskultur gehören weitere Elemente: Heute nehmen die Europäer ihre Mahlzeiten meist sitzend ein, an einem Tisch, und selten haben sie mehr als eine Stunde der täglichen Arbeitszeit aufwenden müssen, um sich ihre Tagesration an Nahrung kaufen zu können. Sie essen mit Hilfsmitteln wie Löffeln, Gabeln und Messern, jeder isst von seinem eigenen Teller und wird satt oder sogar zu satt.

Die Liste dieser vermeintlichen Selbstverständlichkeiten ließe sich beinahe beliebig lang fortsetzen, und wir würden nur wenige Elemente finden, die keine Innovationen des 19. und des 20. Jahrhunderts sind.

In der Steinzeit kannte man das alles noch nicht. Die Gesellschaft machte nur vergleichsweise langsam Fortschritte, denn die Evolution brauchte lange, um die Voraussetzungen – etwa die Entwicklung des menschlichen Gehirns – für die Entfaltung spezifisch menschlicher Fähigkeiten zu schaffen. In Afrika lebten die ersten Menschen vor ungefähr zwei Millionen Jahren. In Europa begann das Altpaläolithikum, auch als ältere Altsteinzeit bekannt, so weit heute bekannt ist, vor etwa 600 000 Jahren.[24] Knochenreste der Frühmenschen dieser Zeit, des *Homo erectus* und des *Pithec anthropus*, fanden sich bislang vor allem in Afrika und auf der indonesischen Insel Java. In Mitteleuropa sind es vor allem Faustkeile aus Stein, die vom Menschen des Altpaläolithikums zeugen. Die Hauptfundstellen liegen in Nordfrankreich, etwa in Saint-Acheul, einem Vorort von Amiens, einige in Mähren und nur wenige in Deutschland.

Die Welt war zunächst extrem dünn besiedelt. Die Menschen waren Jäger und Sammler, aber wie sie genau lebten, darüber ist nur wenig bekannt. Hinsichtlich der Ernährung stellt sich zunächst die Frage nach dem Feuer, aber auch hier tappen wir im Dunkeln. Im Süden Afrikas nutzten die Menschen bereits vor knapp eineinhalb Millionen Jahren das Feuer. In der Gegend um Peking wurden angekohlte Knochen gefunden, deren Alter ungefähr 300 000 Jahre betragen dürfte. Ein ähnlich alter Fund aus Terra Amata bei Nizza deutet darauf hin, dass es um diese Zeit auch den frühen Europäern gelang, das Feuer zu nutzen. Das bedeutet im Umkehrschluss: Zumindest zu Beginn der älteren Altsteinzeit wurde prinzipiell alles roh gegessen.[25]

Die Hauptnahrungsmittel waren zunächst vor allem pflanzlicher Herkunft: Knollen, Weichfrüchte, Nüsse, Samen, Schösslinge. Als gesichert kann ferner gelten, dass die Hominiden das Land in kleinen Horden durchstreiften und nur vorübergehend Lagerplätze unterhielten. Denkbar, jedoch nicht zu beweisen ist, dass die Nahrung zunächst überwiegend dort verzehrt wurde, wo man auf sie stieß: Beeren von den Sträuchern, an denen man vorbeiging, Schnecken oder Käfer an den Stellen, wo man sie fand.

Was ist daran so besonders? Schließlich funktioniert ein Großteil der Nahrungsaufnahme in der Gegenwart ähnlich, wenn es sich etwa um Fastfood im Gehen oder den Schokoriegel in der U-Bahn handelt. Aber dieses beiläufige Essen löst eine Struktur auf, die die abendländische Kultur maßgeblich geprägt hat, nämlich die gemeinsame Mahlzeit, auf deren Bedeutung bereits in der Einleitung hingewiesen wurde.

Die Anwendung dieses Ansatzes auf die Steinzeit führt zu dem Schluss, dass es keine oder kaum gemeinsame Mahlzeiten gab, sondern eher Verzehrsituationen im weitesten Sinne. Im Verlauf der älteren Altsteinzeit entwickelten die Menschen ihre Fähigkeiten weiter, und der

Gebrauch des Feuers setzte sich allmählich durch. Nun dürfte es immer häufiger vorgekommen sein, dass man die unterwegs gesammelten Vegetabilien gemeinsam an der Feuerstelle verzehrte. Gegart oder gebraten waren Speisen leichter verdaulich, Fleisch wurde ärmer an Parasiten, und das große Mahlgebiss konnte sich im Laufe der Evolution verkleinern, so dass der Mund besser zum Artikulieren von Sprache geeignet war. Die neuen Methoden Nahrung zu sammeln und zuzubereiten brachten bis auf den Gebrauch des Feuers nicht unbedingt Fortschritte hinsichtlich der Quantität der Ernährung und der Qualität der Speisen. Was sich aber sehr wohl änderte, war die Art und Weise, wie die Mahlzeiten nun immer häufiger verzehrt wurden.

Diese Prozesse, die Richard Leakey für den durch Grabungsfunde besser belegten afrikanischen Raum beschrieb, dürften in Europa ähnliche Auswirkungen gehabt haben: »Zwar enthielt die Kost der Hominiden mehr Fleisch als die ihrer nichthominiden Verwandten, aber dies war nur ein gradueller Unterschied. Die entscheidende Abweichung war die ganz neue Verhaltensweise, Nahrung zu suchen, um sie erst später zu verzehren, sowie der Verzehr in der Gruppe. Die unmittelbare Konsequenz einer solchen Ordnung dürfte gewesen sein, dass die bereits unter den höheren Primaten wohlentwickelten sozialen Wechselbeziehungen noch weiter verstärkt wurden.«[26]

Nach welchen Regeln die Nahrung im Europa der Altsteinzeit eingenommen wurde, bleibt jedoch letztlich völlig unklar. Eine gewichtige Rolle dürfte aber der Verzehr von Fleisch gespielt haben. Für dessen Beschaffung stand die Jagd noch lange Zeit an erster Stelle. Sie setzt spezifische Fähigkeiten und ein hohes Maß an Organisation voraus. Hinsichtlich der Fähigkeiten waren auch die frühen Hominiden den Tieren deutlich unterlegen, denn ganz prinzipiell läuft und reagiert der Mensch vergleichsweise langsam, sein Geruchssinn ist nicht sehr ausgeprägt, er sieht schlecht und er ist schwach. Lediglich das Planen und Organisieren beherrscht er deutlich besser als jedes Tier.

Für die ältere Altsteinzeit sind die Wissenslücken aber letztlich noch so groß, dass an dieser Stelle nur festgehalten werden kann, dass der Mensch die Fähigkeit zur Jagd deutlich verbesserte oder dass er sie während dieser langen Epoche überhaupt erst entwickelte.

Wie unsicher das Fundament unseres Wissens ist, zeigt die Diskussion um ein Knochenstück, das im Jahre 1907 in Mauer bei Heidelberg gefun-

Abbildung 5: Rekonstruktion eines Lagerplatzes der Neandertaler. Zeichnung (Tusche und Buntstift) von Friederike Hilscher-Ehler.

den wurde. Der so genannte *Heidelberger Unterkiefer* dürfte ungefähr 500 000 bis 600 000 Jahre alt sein. Der Knochen lässt sich anatomisch durchaus schon als menschlich bezeichnen, weist aber noch deutlich archaische Merkmale auf; im heutigen Straßenbild würde sein Besitzer möglicherweise eher als Affe identifiziert werden. Dennoch war er eindeutig Mensch und sogar einer der ersten Europäer, die nachweislich Fleisch verzehrten, denn in einer nahen Grube wurden Tierknochen gefunden, die von Menschenhand bearbeitet worden sind. Spätestens jetzt hatte man in Europa gelernt, Tiere zu jagen und zu erlegen.[27]

Thesen, ob zeitgleich auch Kannibalismus betrieben wurde oder ob der Kannibalismus sogar älter als die Jagd ist, müssen vorerst spekulativ bleiben. Immerhin hat man aber menschliche Schädelteile aus der Altsteinzeit gefunden, die als Trinkgefäße hergerichtet worden sind. Ob es sich dabei um die Schädel von getöteten Feinden, von rituell geopferten Menschen oder gar von Artgenossen handelt, die im Rahmen einer normalen Jagd erbeutet worden waren, ist völlig unklar. Ebenso unsicher ist, welche Art von Flüssigkeit aus diesen Schädeln getrunken wurde. Infrage kommen Blut oder Wasser. Pflanzensäfte sind ebenfalls denkbar, vielleicht sogar berauschende; eventuell wegen ihres Alkoholgehaltes, möglicherweise aber auch wegen der psychotropen Wirkung von pflanzlichen Drogen wie Tollkirsche (*Atropa bella-donna*), Stechapfel (*Datura stramonium*), Bilsenkraut (*Hyoscyamus niger*) oder Fliegenpilz (*Amanita muscaria*). Es ist nicht auszuschließen, dass derartige Substanzen konsumiert wurden, die auf das zentrale Nervensystem wirken und das Bewusstsein verändern.[28]

Abseits aller Mutmaßungen gestatten diese Schädelbecher eine ganz eindeutige und überaus wichtige Schlussfolgerung: Der gemeinsame Genuss von Getränken muss im Sozialleben seit dieser Zeit eine wichtige Rolle gespielt haben.

Kulturpflanzen und deren planmäßigen Anbau sowie Haustiere kannten die frühen Menschen noch nicht. Deshalb werden sie in der Ur- und Frühgeschichte auch als *Wildbeuter* bezeichnet. Das Leben der Frühzeit kreiste überwiegend um die Beschaffung von Nahrungsmitteln. Wichtige Bereiche der Religion und der Sozialordnung orientierten sich an der Frage, wie die Nahrungsversorgung zu gewährleisten war.[29]

Vor etwa 150 000 Jahren brach mit der mittleren Altsteinzeit oder dem Mittel-Paläolithikum ein neues Zeitalter an, das Europa über Zehntausende von Jahren seinen Stempel aufdrückte und vor circa 30 000 Jahren endete. Die Kulturstufen dieser Epoche werden *Micoquen* und *Moustérien* genannt – Namen, die wiederum von Fundorten herrühren.

In der mittleren Altsteinzeit trat der Neandertaler auf, der seinen Namen von der ersten Fundstelle im nördlichen Rheinland erhielt.

Obgleich keine Zweifel am Menschsein des Neandertalers bestehen, unterschied er sich optisch doch noch stark von seinen späteren Verwandten. Er streifte umher, wohnte in Höhlen, konnte aber auch schon einfache Zelte aus Fellen oder Laub bauen. Viele Altmenschen vermochten zwar besser mit Steinwerkzeugen umzugehen, aber ihre Wirtschaftsweise war nicht grundsätzlich von der ihrer Vorgänger verschieden. Für die Ernährung gab es aber in der mittleren Altsteinzeit eine folgenschwere Neuerung, denn nun konnten die Menschen das Feuer immer besser selbst erzeugen; damit überwanden sie endgültig die Abhängigkeit vom natürlichen Feuer, das ihnen Vulkane oder Blitzschlag kurzfristig und unkalkulierbar bereitstellten. Erst jetzt war die Zeit der kalten Küche vorbei. Für die Ernährung bedeutete dies eine Revolution. Das Herdfeuer in Höhle, Zelt oder Lagerplatz war jetzt jederzeit zu entfachen und wurde endgültig zur Keimzelle der Häuslichkeit. Erwärmte und gegarte Speisen wurden allmählich zum Standard, obgleich daneben noch lange rohes Fleisch gegessen wurde, wenn die Umstände es erforderten.

Der Lagerplatz einer Gruppe früher Neandertaler fand sich am Ufer des Ascherslebener Sees im nordöstlichen Harzvorland. Die offene Steppe bot den Menschen dort reiche Sammelgründe: Pilze, Beeren und Grünpflanzen gab es vor allem im Sommer und im Herbst. Die Wälder in den geschützteren Lagen boten Wildobst, Nüsse und Eicheln. Im Winter wurde mehr Fleisch gegessen als im Sommer. Archäologen fanden am Ausgrabungsort Reste von Rentier, Wildpferd, Wisent, Mammut, Nashorn, Wildesel und Hirsch.

Die frühe Jagd war bereits organisiert und wurde mit Hilfsmitteln betrieben. Unweit der Stelle, an der die Aller in die Weser mündet, fand sich 1948 im lehmigen Boden ein wuchtiger Eibenholzspeer, zweieinhalb Meter lang, den ein mutiger Jäger des Mittelpaläolithikums in einen Waldelefanten gerammt hatte.[30] Über Stunden oder sogar Tage hinweg hatten die Jäger ihre Beute verfolgt und schließlich fast zu Tode gehetzt. Dennoch war es extrem gefährlich und kraftraubend, das erschöpfte und aggressive Tier anzugreifen. Den stärkeren Männern waren dabei größere Erfolgsaussichten beschieden als den Frauen, die noch ein weiteres Handicap hatten, weil sie ihre Säuglinge nicht zu lange alleine lassen konnten. Auf diese Weise begünstigte und beschleunigte das Aufkommen der organisierten Jagd die Differenzierung der Geschlechter.

Nach dem Kampf war die Nahrungsbeschaffung noch lange nicht beendet. Die Jagdbeute musste zerlegt werden, und der Weg von der sumpfigen Sterbestelle des Elefanten zur Lagerstätte der Menschen war möglicherweise weit. Aus diesen Umständen ergab sich eine weitere Arbeitsteilung, wobei den Frauen nun die – wie auch immer geartete – Zubereitung der Speise zukam. Diese Reihenfolge war revolutionär und hatte weit reichende Folgen, denn erst durch die Jagd und die mit ihr einhergehende Arbeitsteilung entstand die gemeinsame Mahlzeit als Grundkomponente menschlichen Zusammenlebens.

Die Liste der jagdbaren Tiere war lang. Neben dem Waldelefanten finden sich Belege für den Höhlenbär und das Merck'sche Wollnashorn sowie für Mammut, Ur, Elch, Fluss- und Wildpferd. Allerdings lernte man erst allmählich, kleinere Tiere wie Hasen oder Vögel zu erlegen, weil dazu ausgefeiltere Jagdmethoden erforderlich waren.

Einfacher zu erlegen und daher schon länger auf dem Speisezettel waren all jene Tiere, die sich sammeln ließen. So wurden auch Schnecken, Raupen oder Käfer verzehrt. Abneigung gegen bestimmte Speisen oder Geschmacksrichtungen ist ebenso wie Ekel sozial erlernt. Daher ist es nicht abwegig, wenn wir mutmaßen, dass zumindest in Notzeiten – und die waren eher die Regel als üppige Perioden – praktisch alles verzehrt wurde, was ungiftig war, und zwar sowohl auf dem Land als auch im leicht zugänglichen Süß- und Salzwasser.

Gegen Ende der Epoche kühlte sich das Klima deutlich ab. Daher musste der Speisezettel in dieser Zwischeneiszeit neu geschrieben werden: Die vegetabilen Nahrungsmittel gab es nun immer seltener, und die Menschen aßen vorübergehend deutlich mehr Fleisch. Auch für diese Zeit lässt sich aber nicht rekonstruieren, wie die Speisen im Einzelnen zubereitet und verzehrt wurden, wie sie geschmeckt haben könnten und welche Formen des Zusammenlebens der gemeinsame Verzehr widerspiegelte.[31]

Am Ende des Mittel-Paläolithikums setzte sich eine andere Form des *Homo sapiens* durch. Diese Menschen waren höher entwickelt, intelligenter und damit überlebensfähiger. Nach dem französischen Ort, in dem man eine ausgemalte Höhle des *Homo sapiens sapiens* gefunden hat, spricht man auch von den *Cro-Magnon*-Menschen. Dieser Prozess leitete vor gut 35 000 Jahren das Jung-Paläolithikum ein. Überreste dieser Kulturen fanden sich sowohl in Höhlen, aber auch im Freiland, wo offenbar verstärkt

Siedlungen angelegt wurden. Dadurch erschlossen sich die Menschen neue Räume. Eine solche Freilandsiedlung ist auf dem Linsenberg in Mainz nachgewiesen worden, eine andere in Koblenz-Metternich.

Periodische Klimaschwankungen bedrohten das Leben und ließen die subarktische Tundra bis weit nach Mitteleuropa wachsen. Pflanzen und Kräuter, die den Vitaminbedarf der Menschen in wärmeren Zeiten deckten, waren nun nicht mehr zu finden, und vor allem im Winter muss das Leben noch schwerer geworden sein. Möglicherweise halfen sich die Menschen, indem sie sich jene natürlichen Hilfsmittel zunutze machten, welche die nordamerikanischen Inuit noch bis weit in das Industriezeitalter hinein gebrauchten: die Mägen der Rentiere. Die Magensäure des Rens ist in der Lage, für den Menschen sonst unverdauliche Gräser und Moose aufzuschließen und auf diese Weise ein hochwertiges und vitaminreiches Nahrungsmittel bereitzustellen.[32]

Das Ende der Altsteinzeit kündigte sich an, als die Temperatur in Mitteleuropa um 11 500 v. Chr. leicht anstieg. Die folgenden 1 500 Jahre werden als *Bölling-Interstadial* bezeichnet. Aus dieser Zeit stammen zwei archäologisch bedeutende Ausgrabungen in Neuwied-Gönnersdorf und in Andernach. Unter der Jagdbeute nahmen Wildpferde eine herausragende Stellung ein, und entsprechend häufig muss der Pferdebraten das Steinzeitmenü dominiert haben. Daneben wurden Hirsch und Elch gejagt, der Eisfuchs wegen seines Pelzes, und auch Wasservögel und Fische gehörten jetzt zum Repertoire, denn nun gelang es immer besser, funktionsfähige Fanggeräte, wie etwa Reusen, zu bauen. Der Tisch war also reichhaltiger gedeckt, ohne dass aber Genaueres bekannt wäre. Die Zubereitung dürfte entsprechend der allgemeinen Differenzierung des Lebens etwas aufwändiger geworden sein. Denkbar sind die Verwendung von Kräutern und Pilzen oder die Zubereitung raffinierter Mischungen aus Fleisch, Fisch und Gemüse – aber ebenso gut denkbar ist, dass die Speisen eher fad schmeckten. Die Speisen wurden nicht nur gebraten, sondern auch gekocht. Erdgruben, etwas größer als ein Topf, wurden gut abgedichtet und mit Wasser gefüllt. Dann warf man Steine, die zuvor im Feuer erhitzt wurden, hinein und brachte das Wasser auf diese Weise zum Sieden. Vielleicht entstanden in diesen Kochgruben die ersten Suppen.[33]

In der Bölling-Interstadial-Siedlung von Metternich bei Koblenz wurde u. a. Bernstein gefunden. Wie kam der Bernstein vom Baltikum an den Rhein? Zwangsläufig über Handelsverbindungen. Demnach gab es

Träger anderer Kulturen, die in zumindest teilweise friedlicher Absicht an den Rhein kamen. Denkbar ist auch, dass die Koblenzer in Richtung Ostsee zogen, um Güter, vielleicht Feuersteine, gegen Bernstein und wohl auch gegen das absolut lebensnotwendige Salz einzutauschen. Wir können spekulieren: Es kam zu einem Kulturkontakt und damit auch zu einem Kulturaustausch. Vielleicht lernten die Koblenzer auf diese Weise neue Zubereitungsarten kennen, neue Nahrungsmittel und neue Getränke.

Sollte es tatsächlich zu einer Reihe von Neuerungen und kulturellen Kontakten gekommen sein, was letztlich nicht sicher ist, dürften sie zum Teil wieder aufgegeben worden sein, als sich das Klima um 10 000 v. Chr. im Zuge der so genannten *Dryas-Zeit* wieder deutlich abkühlte.

Diese Klimaverschlechterung blieb nur eine kurze Episode, und bald herrschten deutlich wärmere Temperaturen vor. Sie prägten das Mesolithikum, die mittlere Steinzeit. Diese Epoche dauerte für damalige Verhältnisse nur vergleichsweise kurz, von etwa 8 000 bis 5 500 v. Chr.

Im Mesolithikum gewann der Fischfang weiter an Bedeutung. Die Haselnuss wurde so wichtig, dass man vom Getreide der mittleren Steinzeit spricht.[34] Die Menschen waren immer noch Jäger, Fischer und Sammler, hatten aber differenziertere Werkzeuge zur Verfügung. Die Feuerstelle wurde wohl immer mehr zum Ort der zentralen Nahrungsbereitung.

Wie sich jene Elemente entwickelten, die im Rahmen einer Kulturanalyse relevant sind, also etwa Mahlzeitengefüge, Tischordnung, Arbeitsteilung oder Zubereitung der Speisen, muss auch für diese Epoche unklar bleiben. Sicher ist hingegen, dass das Nahrungsangebot dank besserer Fangmethoden und vor allem durch eine deutlich leistungsfähigere Fischerei nun reichhaltiger geworden war. Ganz vorsichtig und mit vielen Vorbehalten kann man als Fazit formulieren: Während das regelrechte Verhungern bis zu dieser Zeit viele Menschen ständig bedrohte, traten Hungersnöte jetzt eher periodisch auf.

Zwar wurde verschiedentlich die Ansicht vertreten, die frühen Menschen hätten meist genug zu essen gehabt und zudem nur wenig Zeit für die Nahrungsbeschaffung aufwenden müssen, doch bleiben diese Annahmen vorerst unbewiesen. Schließlich gilt gerade auch für diese Epoche, dass alle vorindustriellen Gesellschaften prinzipiell nur extreme Mangelwirtschaft kannten.[35]

Das Mesolithikum oder die mittlere Steinzeit endete ungefähr um 5 500 v. Chr. mit einem ganzen Bündel dramatischer Neuerungen. Das beginnende Neolithikum, die Jungsteinzeit, brachte Sesshaftigkeit, die Anlage von dauerhaften Siedlungen sowie den Anbau von Nutzpflanzen und damit den Abschied vom Dasein als Jäger und Sammler. Die erste Bauernkultur Mitteleuropas, die *Bandkeramische Kultur*, erhielt ihren Namen von gebrannten Tongefäßen, die man jetzt nicht nur herstellen, sondern auch verzieren konnte. Die Ursprünge der Bandkeramiker lagen möglicherweise im böhmisch-mährischen Raum. Wesentliche Impulse hatten sie aus dem deutlich früher und weiter entwickelten europäischen Südosten erhalten, etwa aus dem heutigen Bulgarien, das wiederum von Anatolien her einen Entwicklungsschub erhalten hatte.[36]

In den Langhäusern der mitteleuropäischen Bandkeramiker lebte jeweils eine Familie beziehungsweise Sippe. Hier wurden auch die Vorräte gelagert. Solche Siedlungen sind in den letzten Jahrzehnten vor allem im Gebiet der fruchtbaren Lössböden zwischen der Ukraine und dem Pariser Becken ergraben worden, unter anderem in der Bördenlandschaft zwischen Köln und Aachen. Die Häuser scheinen einen Schlaf-, einen Küchen- und einen Vorratsbereich gehabt zu haben. Vermutlich gruppierten sich die Bewohner bei den Mahlzeiten um den Herd, der ja auch Licht und Wärme spendete, und aßen gemeinsam auf dem Boden sitzend.

Die Nahrung war jetzt deutlich stärker vegetarisch geprägt als zuvor. Hauptanbaufrucht waren zwei primitive Spelzweizenarten, nämlich Einkorn und Emmer. Das Getreide wurde gedarrt, also leicht geröstet, damit es besser haltbar war, und schließlich zu Schrot und Mehl gemahlen.[37] Brot wurden in unterirdischen Kuppelöfen gebacken. Daneben spielte die kulturgeschichtlich ältere Breinahrung noch lange eine wichtige Rolle.[38] Als Gemüse kannte man Erbsen und Linsen, als Ölpflanzen Lein und Mohn. Daneben wurden noch viele Wildfrüchte gesammelt, auch Nüsse, Pilze usw. Bei Ausgrabungen fanden sich Überreste von Apfel- oder Birnenholz, aber diese Obstsorten wurden wohl noch nicht planmäßig kultiviert. Haustiere bereicherten von nun an den Speiseplan und ermöglichten neue Wirtschafts- und Lebensformen. Das Pferd verschwand als Nahrungsmittel ganz allmählich. Dafür wurden Schweine, Rinder, Ziegen und Schafe dicht bei den menschlichen Wohnstätten gehalten. Milch spielte wahrscheinlich noch keine Rolle. Unklar bleibt für diese Zeit, wie die Nahrungsmittel im Einzelnen zubereitet wurden und auf welche Weise man sie aß.[39]

Den nächsten Neuerungsschub brachte die *Rössener Kultur* im 4. Jahrtausend. Nacktgerste und Zwergweizen, die stabiler im Ertrag waren, kamen jetzt neu auf den Tisch.[40]

Der allgemeine Fortschritt beschleunigte sich zunehmend, und immer rascher wurden grundlegende Veränderungen eingeführt. Das betrifft vor allem das Jungneolithikum, also die zweite Hälfte des 5. vorchristlichen Jahrtausends. Aus dem südwestdeutschen Raum drang die so genannte *Michelsberger Kultur*, deren Bezeichnung sich vom gleichnamigen Berg (Kreis Bruchsal) herleitet, nach Nordwesten vor. Die Wirtschaft der Michelsberger war prinzipiell weniger differenziert als die der Bandkeramiker, aber hinsichtlich der Ernährung führten sie ein Novum ein. Die Michelsberger verwendeten nämlich flache, kreisrund gebrannte Tonplatten. In den Siedlungen, die sich im Koblenzer Raum oder in der Jülicher Börde fanden, könnte man auf diesen Platten Brotfladen gebacken oder Fleisch gebraten haben.[41]

Was die Ernährungsgewohnheiten betrifft, bleibt festzustellen, dass auch das Neolithikum noch eine ganz dunkle Epoche ist. Vor allem über die Aspekte der Verzehrsituationen ist fast nichts bekannt. Ob Männer und Frauen überhaupt gemeinsam aßen, ob der Stärkere mehr bekam als der Schwächere, wie sich Alltags- und Festkost unterschieden – die Liste der offenen Fragen ließe sich beliebig erweitern. Wichtig ist auch die Feststellung, dass es ein großes Nebeneinander verschiedener Entwicklungs- und Ernährungsstufen gab. So war Südosteuropa in seiner wirtschaftlichen Entwicklung schon ein ganzes Zeitalter voraus, während es in den mittel- und nordeuropäischen Reliktgebieten noch ältere Wirtschaftsformen gab. Es existierten auch viele regionale Sonderformen, über die z. T. sehr wenig oder fast nichts bekannt ist. An der Ostseeküste etwa war im 5. vorchristlichen Jahrtausend die *Erte-bølle-Kultur* dominierend. An der jütländischen Küstenzone sind aus dieser Zeit riesige Muschelhaufen erhalten. Die Muschelernährung war so wichtig, dass in den Schalenhaufen sogar Tote bestattet wurden – ein klares Zeichen für die in mehrfacher Hinsicht große Bedeutung der Muscheln.[42]

Bei allen Unterschieden war den älteren Kulturen eines gemeinsam: Alle Geräte, Waffen und Hilfsmittel waren aus Stein, Knochen oder Holz hergestellt. Daher waren ihrem Gebrauch allein aufgrund des Materials enge Grenzen gesetzt. Dies änderte sich in Europa vor gut 6 500 Jahren. Seit dieser Zeit konnte man Metall verarbeiten, der entscheidende Schritt für die Herausbildung differenzierterer Kulturen. Zuerst kannte man Kupfer, wenig später Bronze, eine Legierung aus Kupfer und Zinn. Die neuen Fertigkeiten waren im fortschrittlichen Zweistromland zwischen Euphrat und Tigris entwickelt worden, im Gebiet des heutigen Irak. Über zwei Wege gelangten die Neuerungen nach Europa: Zum einen über die Türkei auf den Balkan, zum anderen über die Meerenge von Gibraltar nach Spanien.

Über welchen dieser Wege die neuen Fertigkeiten in die Alpen gelangten, ist nicht zu bestimmen. Aber der spektakulärste Fund der letzten Jahrzehnte beweist, dass zumindest ein Mensch, der zwischen 3300 und 3200 v. Chr. in den Ötztaler Alpen lebte, eine Kupferaxt hatte. Der unter dem Namen *Ötzi* bekannt gewordene Mann, dessen kaltes Grab 1991 entdeckt wurde, war unter bislang ungeklärten Umständen ums Leben gekommen. Sein Leichnam blieb sensationell gut erhalten.

Was verrät sein Fund über die Nahrungsgewohnheiten seiner Zeit? Ötzi verunglückte, als er seinen Aufgaben als Hirte nachging. Die Tiere, die er beaufsichtigte, aß er aber nicht, sondern er hatte Proviant mitgenommen: Bei seinen Utensilien fanden sich Reste von Einkorn und einer weiteren Getreideart. Wichtiger war jedoch die Zukost: Bei der Leiche fand sich eine umfangreiche Jagdausrüstung, mit der Ötzi Pirsch auf Steinbock, Rothirsch, Reh und Gemse gemacht hatte. Ein mobiler Glutbehälter und ein Feuerzeug erlaubten es ihm, die Beute sofort zu garen und auf diese Weise problemlos überleben zu können, solange das Jagdglück ihm treu blieb. Ötzi aß seine gewärmten Getreide- und Fleischmahlzeiten alleine in den Bergen, vermutlich mit den Händen und nicht mit Hilfsmitteln. Auch in seinem Heimatdorf was das tägliche Essen sicherlich warm und abwechslungsreich; aber die archäologischen Befunde lassen uns auch für diesen Zeitraum noch im Stich, wenn wir Genaueres über die Umstände der Mahlzeit, über Tischordnung oder gar Tischgespräche erfahren möchten (siehe Farbtafel I).[43]

Welche weiteren konkreten Änderungen brachte der Beginn des Metallzeitalters im überregionalen Zusammenhang? Die europäischen Steinzeitkulturen waren bei allen regionalen Besonderheiten relativ heterogen strukturiert. Zentren der Metallverarbeitung waren zunächst das Erzgebirge, Siebenbürgen, Tirol, Mitteldeutschland, Spanien, England und Irland. Hier wurden die Voraussetzungen dafür geschaffen, dass zum

Ackerbau und zur Viehzucht ein weiterer Wirtschaftszweig kam, eben das Metallhandwerk. Der Übergang vom Stein zum Metall dauerte relativ lange, so dass in der Bronzezeit parallel noch Steinwerkzeuge in Gebrauch waren.

Was änderte sich durch das Metall? Zunächst erlaubte es die Herstellung besserer Waffen. Ein Großteil des wenigen, mühsam gewonnenen Metalls wurde also zu Äxten verarbeitet, später auch zu Schwertern. Man produzierte Sicheln, die die bisherigen Sicheln mit Flintsteinklinge ersetzten. Pflugscharen wurden zwar noch nicht aus Metall gefertigt. Dennoch verbesserte sich die Pflugtechnik. Nun konnten Gebiete erschlossen werden, die bislang nicht landwirtschaftlich nutzbar waren. Die Pflüge wurden von Ochsen gezogen, während man Pferde als Reittiere und im Kampf einsetzte.

Durch diese neuen Ackerwerkzeuge und -techniken stand mehr Getreide zur Verfügung. Nicht nur die Quantität, sondern auch die Qualität der Getreideprodukte machte deutliche Fortschritte. Funde in westfälischen Urnen sowie die Ergebnisse der experimentellen Archäologie lassen den Schluss zu, dass man seit der späten Bronzezeit Sauerteigbrot aus ausgemahlenem und kleiefreiem Getreide backen konnte.[44]

Für das Mahlzeitengefüge gab es ein weiteres wichtiges Novum. Ob es in der Steinzeit bei der Masse der Bevölkerung auf der einen Seite und bei Führungspersonen auf der anderen Seite grundsätzliche Unterschiede in der Nahrung und ihrer Zubereitung gegeben hat, ist unwahrscheinlich. Es gab jedoch eine klare Dominanz der Männer, und innerhalb dieser Gruppe spielten diejenigen, die bei der Jagd oder im Kampf besonders erfolgreich waren, auch im Sozialleben eine Führungsrolle. Das meiste liegt im Dunkeln, aber vermutlich erhielten diese Männer bei den Mahlzeiten die besten Fleischstücke. Das muss nicht unbedingt das Filet gewesen sein – denkbar sind solche Stücke, von denen man sich eine Übertragung besonderer Fähigkeiten erhoffte. Das könnte beispielsweise das Hirn gewesen sein; so gilt in der traditionellen chinesischen Küche das zuckende Hirn gerade erst geköpfter Affen als Delikatesse, von deren Konsum man sich ein zusätzliches Maß an Klugheit erhofft. Wahrscheinlicher ist aber das Verzehr des Herzens und vor allem der Hoden symbolträchtiger Tiere, etwa des Bären.

Die große Veränderung brachte die enorme Entwicklung der Metallverarbeitung: Erst durch die neuen Zweige Handel und Gewerbe, durch

Abbildung 6: In der Bronzezeit ermöglichte die Verbesserung der Technik des Pflügens höhere Erträge. Zeichnung von Friederike Hilscher-Ehler.

den Bedeutungszuwachs des Kampfes, durch das deutliche Bevölkerungswachstum sowie durch den Fortschritt der Binnenkolonisation kam es zu einer stärkeren sozialen Differenzierung. Allmählich bildete sich eine Führungsschicht heraus, deren Mitglieder ihre Äcker nicht selbst bestellten, sondern sich vom Rest der Bevölkerung zurückzogen, um auf räumlich getrennten Fürstensitzen zu residieren.[45] Erst diese machtpolitische und räumliche Trennung schuf die Grundvoraussetzungen für eine Differenzierung der Nahrungsgewohnheiten und für eine Differenzierung der Kultur des Essens innerhalb der damaligen Gesellschaft. Wie nachhaltig die bronzezeitliche Gesellschaft von diesen ausdifferenzierenden Entwicklungen erfasst und verändert wurde, ist unklar. Schriftquellen gibt es nicht, und auch die wenigen archäologischen Befunde lassen uns im Stich. Aber zumindest deuten besondere Verzierungen auf Gefäßen auf eine solche Differenzierung hin.

Wie alle Gesellschaften waren auch die der Bronzezeit in hohem Maße vom Klima abhängig. In Mitteleuropa sahen sie sich zunächst mit größeren, von atlantischen Strömungen geprägten Niederschlagsmengen konfrontiert. Aufgrund dieser feuchten Klimabedingungen wurden die frühen Weizensorten stärker von Gerste und Hirse verdrängt. Die zunehmende Siedlungsdichte führte dazu, dass auch mehr Leguminosen angebaut wurden: Erbsen, Bohnen und Linsen wurden in Europa zu den wichtigsten vegetabilen Protein-Lieferanten.

Einen guten Einblick in die bronzezeitlichen Verhältnisse vermittelt die Grabung in Hamburg-Boberg. Dort fand man Reste von 900 ovalen

Feuergruben. Hier wurde u.a. Fleisch geräuchert und damit haltbar gemacht – ein wichtiger Schritt von der Hungersnot zur Vorratswirtschaft. Darüber hinaus konnten die frühen Hamburger ihr Getreide rösten und darren, mahlen und zerquetschen.[46]

Um 800 v. Chr. gelangte die Fertigkeit, Eisen zu gewinnen und zu verarbeiten, nach Mitteleuropa. Das neue Metall gab jener Epoche, die bis zur römischen Landnahme in der Mitte des ersten vorchristlichen Jahrhunderts dauerte, seinen Namen. In der Eisenzeit setzte sich die zunehmende Aufspaltung der europäischen Kulturen in immer zahlreichere regionale Sonderformen fort. In der Südhälfte Deutschlands wurde seit etwa 500 v. Chr. die von keltischen Ethnien getragene *Latène-Kultur* dominierend, während sich in der Mitte und im Norden die germanischen Elemente durchzusetzen begannen.[47]

Das Huhn setzte sich als Nahrungsmittel in beiden Einflussgebieten ebenso durch wie bald darauf Gans und Ente. Im Bereich des Obstbaus trat die Birne neben den Apfel. Darüber hinaus gelang die Nutzbarmachung einer großkernigen Pflaumenart, die Süßkirsche wurde kultiviert und möglicherweise auch die Aprikose. Rinder, Schafe und Ziegen hielt man von nun an in Ställen. Dadurch gelang es, Milch und Milchprodukte erstmals stärker in den Speiseplan einzubinden. Zu den Grundnahrungsmitteln zählten auch geröstete Eicheln.

Die regionalen und die sozialen Unterschiede werden deutlich, wenn man die Ergebnisse von drei eisenzeitlichen Grabungen miteinander vergleicht, bei denen Knochenreste gefunden wurden.[48]

Tabelle 1: Ernährung und Haushalt in der Eisenzeit (1. Jahrtausend v. Chr.)

GRABUNGSORT

Tesetiče: *bäuerliche* Siedlung (Böhmen)

Hallstatt: *handwerkliche* Siedlung (Tirol)

Heuneburg: *fürstliche* Siedlung (Süddeutschland)

Tierart	Tesetiče	Hallstatt	Heuneburg
Rind	42,7	51,0	31,0
Schwein	28,0	27,0	51,0
Schaf/Ziege	15,8	20,0	11,0
Pferd	5,8	1,5	1,0
Huhn	6,4	0,4	1,0
Hund	0,5	-	>1

(Befund der nachgewiesenen Tierreste in Prozent)

Die Angaben sind zwar nicht für ganz Mitteleuropa repräsentativ, können jedoch aufschlussreiche Einblicke vermitteln. So fällt auf, dass man im süddeutschen Fürstenhaushalt das Schwein bevorzugte. Das muss nicht mit dem Geschmack zusammenhängen, sondern könnte daher rühren, dass die abgabepflichtigen Bauern geräuchertes und damit lagerfähiges Schweinefleisch abliefern mussten. Dagegen weisen die Befunde des böhmischen Tesetiče auf einen relativ hohen Anteil von Pferde- und Hundefleisch hin. Die Abneigung gegen den Verzehr von Hund und Pferd entwickelte sich erst später und war in der Eisenzeit noch nicht ausgeprägt.

Andere Grabungen zeigen, dass erjagtes Wild in Osteuropa noch bis zu 20 Prozent des Fleischverbrauchs lieferte, im Süden Deutschlands dagegen meist unter fünf Prozent.[49]

Eine Analyse der vorgeschichtlichen Verhältnisse fällt unter dem Aspekt der Nahrungsmittel und vor allem der Nahrungsgewohnheiten nicht besonders ergiebig aus, denn die archäologischen Befunde erlauben kaum detaillierte Rückschlüsse. Auffallend ist zumindest, wie extrem langsam sich die steinzeitlichen Gesellschaften in dieser Hinsicht zunächst entwickelten. Trotzdem wurden im Verlauf von Stein-, Bronze- und Eisenzeit aus Wesen, die sich kaum anders als Tiere ernährten, die keine Vorratshaltung und keine Mahlzeiten kannten, vielleicht aber Kannibalismus, allmählich Menschen, die am Tag ihrer Arbeit nachgingen und sich am Abend zur Mahlzeit trafen, um gemeinsam nach festgelegten Regeln Speisen zu essen, die sie selbst angebaut oder kunstvoll erjagt hatten, und die sie nun zubereitet und gegart verzehrten.

Geschmack ist kulturell erlernt, und für einen nordeuropäischen Nomaden des Paläolithikums waren eben ein Stück rohes Rentierfett oder das noch warme Auge eines Bären schmackhaft. Es ist zwar Konstruktion und nicht zu beweisen, aber vielleicht gab es in der jüngeren Steinzeit auch soziale Gruppen, bei denen geschmortes Ragout von verschiedenen Wildtieren auf den Tisch kam, raffiniert verfeinert mit Kräutern, die wir heute nicht mehr nutzen.

In Mitteleuropa endete die Ur- und Frühgeschichte in der Mitte des ersten vorchristlichen Jahrhunderts mit der Invasion der Römer. Die neuen Herren brachten eine ganz andere Kultur mit. Deren Wurzeln lagen in jeder Hinsicht unendlich weit vom frühen Europa entfernt: in Ägypten und im Zweistromland.

KAPITEL 2

Der Proviant der Mumie

Die Speisen der frühen Hochkulturen

Am Vorabend der römischen Invasion konnten die Mitteleuropäer in der Mitte des ersten vorchristlichen Jahrhunderts auf eine lange eigenständige Geschichte und auf große Fortschritte bei der Entwicklung ihrer Gesellschaft und Kultur zurückblicken. Aber vieles gab es noch nicht: Geldverkehr und Schriftlichkeit, ein geordnetes Städte- oder gar Staatswesen – Errungenschaften und Innovationen, die sich in anderen Gebieten der Erde schon damals auf eine lange Tradition stützen konnten. Diese Tradition war Teil einer Entwicklungslinie, die von den frühen vorderasiatischen Hochkulturen über das pharaonische Ägypten und über Griechenland bis zu jenen Römern reichte, die Mitteleuropa dann in der Blüte der Eisenzeit erobern sollten.

Hier, in Europa, trafen die Welten der inzwischen germanisch beziehungsweise keltisch gewordenen Kulturen auf die des Mittelmeerraumes. Langfristig verschmolzen beide zur Synthese des europäischen Abendlandes.

An der Wende von der mitteleuropäischen Stein- zur Bronzezeit in der ersten Hälfte des 2. vorchristlichen Jahrtausends gab es zwei Regionen, die der europäischen Entwicklung um gut 2 000 Jahre voraus waren: Im Zweistromland und in Ägypten war man seit etwa 4 000 v. Chr. in der Lage, einfachen Kupfer-, Gold- und Silberschmuck herzustellen.

Im mesopotamischen Gebiet zwischen Euphrat und Tigris begann sich die dort lebende Gesellschaft um 4 000 v. Chr. stärker zu differenzieren. Ackerbau und Haustierhaltung waren längst bekannt. Etwa 500 Jahre später wanderten die Sumerer nach Mesopotamien ein und ihre Kultur und Lebensweise überlagerten die der alteingesessenen Bevölkerung. Ob die Heimat der Sumerer in Zentralasien oder im Indusgebiet lag, ist unbekannt. Sicher ist hingegen, dass sie bereits eine Bilderschrift kannten beziehungsweise dass sie diese Schrift in jener Zeit entwickelten. Parallel dazu entstand mit dem Städtewesen ein weiteres Kulturelement, das es bis zu diesem Zeitpunkt nirgends gegeben hatte. Es muss auch Methoden der Nahrungszubereitung und der Nahrungsaufnahme gegeben haben, die differenzierter waren als irgendwo sonst – aber dafür liegen derzeit keine Beweise vor.

Um 3000 v. Chr. wurde aus der Bilderschrift eine Keilschrift entwickelt, und mit Babylon entstand die weltweit erste Metropole. Dort wurde der Geldverkehr erfunden und man begann erstmals aus dem Mehl von Gerste und Emmer Brot zu backen und Bier zu brauen sowie Datteln zu Sirup zu verarbeiten.[50]

Im 3. vorchristlichen Jahrtausend verloren die Sumerer ihre überragende Vormachtstellung. Im vorderasiatischen Raum wechselten sich bald diverse hochentwickelte Kulturen, unter ihnen die Assyrer, an der Führungsposition ab. Daneben kam es, soweit die unübersichtliche und häufig auch ungesicherte Überlieferung überhaupt Schlüsse zulässt, auch zu politischen und kulturellen Überlagerungen.

Über die Art und Weise, wie die Menschen im frühentwickelten Zweistromland ihre täglichen Mahlzeiten einnahmen, ist fast nichts bekannt. Immerhin liegen aber einige Nachrichten über Fest- beziehungsweise Kultmahle vor, an denen allerdings nur die Angehörigen der Oberschichten beteiligt waren. Bei der Betrachtung dieser Feierlichkeiten fällt zunächst auf, dass kultische Opferhandlungen und Essen in einem engen Zusammenhang standen. Geopfert wurde viel, aber bezeichnenderweise kaum etwas von dem kostbaren Fleisch, sondern eher von dem reichlicher vorhandenen Brot. Nach der eigentlichen Zeremonie verspeisten die Festteilnehmer das geopferte Brot gemeinsam. Dabei gab es eine klare Sitz- und Rangordnung, die der streng hierarchischen Gliederung des Staates mit dem König an der Spitze Rechnung trug. Die kleinste Einheit dieser Gelage war die Tischgemeinschaft; bis zu 61 Tische sind für derartige Feiern belegt. Insgesamt deuten die Quellen darauf hin, dass sich die Gesellschaften der frühen Hochkulturen des Zweistromlandes die sozialisierende Kraft des gemeinsamen Essens und Trinkens in hohem Maße zunutze machten.

Bei dieser ausgeprägten öffentlichen Festkultur mag es überraschen, dass es noch keine nennenswerte kommerzielle Gastlichkeit gab, also noch keine Orte, an denen man gegen Bezahlung essen und trinken konnte.

Bei der Nahrungsmittelversorgung spielte der Staat eine herausragende Rolle. Bereits um 2000 v. Chr. legten Verteilungslisten die Größe der Rationen genau fest. So wurde Kindern unter fünf Jahren etwa zehn Liter Gerste pro Monat zugeteilt, älteren Kindern entsprechend mehr. Erwachsene Männer erhielten monatlich 40 bis 60 Liter Gerste, alte Männer etwas weniger. Frauen wurden lediglich halbe Portionen zugestanden. Diese zentral verteilten Getreidegaben ergänzten die Empfänger durch selbst angebautes oder zugekauftes Obst und Gemüse. Die Nahrung insgesamt war zwar trotz des Fischfangs in den Flüssen nicht übermäßig reich an Eiweiß, aber erstaunlicherweise entsprachen ihr Nährwert und ihre Zusammensetzung in etwa jenen Richtlinien, die gegenwärtig von den Vereinten Nationen empfohlen werden.[51]

Bier und Wein ergänzten das Nahrungsangebot; aber ob im Zweistromland tatsächlich zu viel Alkohol getrunken wurde, wie es auch neuere Forschungen annehmen, wird bei der Betrachtung der ägyptischen Verhältnisse noch zu diskutieren sein.[52]

Letztlich kann auf die konkreten Verzehrsituationen im Zweistromland kaum geschlossen werden. Aber die zentrale Verteilung, die gemeinschaftlich ausgeübte Feldarbeit und die Struktur der kultischen Gemeinschaftsspeisungen legen den Schluss nahe, dass die Mehrzahl der Mahlzeiten nach festgeschriebenem Ritual und innerhalb eng definierter sozialer Gruppen eingenommen wurde und dass das gemeinsame Essen fester und wichtigster Teil des babylonischen Soziallebens war.

Weiter im Osten spielten die neolithischen Industal-Kulturen eine ähnliche Rolle wie ihre hethitischen, assyrischen und babylonischen Schwestern des Vorderen Orients. Nach 2400 v. Chr. entstand die *Harappa-Kultur*, die eine über 700 Jahre währende Blüte erlebte, mit der schachbrettförmig angelegten Hauptstadt Harappa. 550 Kilometer entfernt lag Mohenjo Daro, eine ähnlich große Stadt mit damals bereits mindestens 35000 Einwohnern. Analog zur gesellschaftlichen Gesamtentwicklung muss sich auch die Kultur des Essens und Trinkens stark ausdifferenziert haben, aber der archäologische Befund erlaubt keine genaueren Aufschlüsse über die Tischkultur am Indus. Fest steht lediglich, dass Wirtschaft und Ernährung zum Großteil auf Getreideanbau und -verarbeitung beruhten; schließlich war der Kornspeicher einer der zentralen Bauten Harappas. Die großen sozialen Unterschiede, die es gegeben haben muss, dürften sich auch deutlich auf die Nahrungsgewohnheiten ausgewirkt haben, aber die dürftige Quellenlage erlaubt nicht, dass wir den Bereich der Spekulation verlassen können.[53]

Das trifft auch auf den Kenntnisstand über die frühe chinesische Hochkultur zu. Über die Nahrungsgewohnheiten dieser Hochkultur am Gelben Fluss mit der Hauptstadt Anyang ist kaum etwas bekannt; ihre Bedeutung für die Entwicklung anderer Kulturen gilt aber als unumstritten.[54]

Warum finden die östlichen und fernöstlichen Kulturen an dieser Stelle Erwähnung? Der Grund besteht darin, dass sie eine Brückenfunktion innegehabt haben müssen und dass über die Handelsbeziehungen, die zweifelsfrei belegt sind, chinesische und indische Kultureinflüsse, Nahrungsmittel, Essgewohnheiten und Gewürze nach Westen gelangten, die langfristige Auswirkungen auf den Orient und damit auch auf das spätere Abendland gehabt haben müssen. Ohne die erwähnten frühen Hochkulturen ist die spätere Genese der europäischen Ernährungskultur nicht erklärbar.

Im Schnittpunkt der frühen Kulturen lag ihre wichtigste Vertreterin, das pharaonische Ägypten. Über die dortige Ernährung lassen sich endlich auch etwas genauere Aussagen treffen. Auffällig ist, dass die frühen Zivilisationen durchweg an Flüssen entstanden, unter ähnlichen klimatischen Bedingungen und in ähnlicher geographischer Position.

Woran lag das? Wie bei allen komplexen Vorgängen waren die unterschiedlichsten Faktoren beteiligt, aber das Wasser spielte bei diesem Zivilisationsprozess eine überragende Rolle. Vor etwa 6 000 Jahren endete im Mittelmeerraum und im Vorderen Orient eine Periode hoher Niederschläge. Bis zu diesem Zeitpunkt lebten die Menschen überwiegend als Jäger und Sammler. An den angestammten Wasserstellen wurden sie jetzt aber aufgrund der häufiger auftretenden Trockenzeiten immer seltener fündig. Ihren gewohnten Lebensstil mussten sie deshalb im Laufe weniger Generationen aufgeben, um dem Wasser zu folgen, das sich in die Flusstäler zurückgezogen hatte. Verglichen mit der Geschwindigkeit des kulturellen und technischen Wandels der Gegenwart ist dieser Zeitraum lang; aber wenn man diese Prozesse mit den zeitgleichen Entwicklungen im Europa des frühen Neolithikums vergleicht, wird das Revolutionäre dieser Entwicklung deutlich.

Das zeigt vor allem das gut dokumentierte Beispiel Ägypten. Nachdem die Menschen in die Flusstäler hatten ziehen müssen, funktionierten die bisherigen Regeln und Mechanismen der Gesellschaften auf diesem begrenzten Raum nicht mehr. Um zu überleben und nicht zu verdursten, mussten neue Organisationsformen des Zusammenlebens entwickelt werden. Das Wasser und seine Verteilung, aber auch der Schutz vor Überflutungen rückten in den Mittelpunkt dieser Gemeinschaften. Dies zwang zur Bildung straff organisierter, überregionaler Verbände. Daraus entwickelten sich schnell politische Zusammenschlüsse – die ersten Staaten entstanden auf diese Weise. Diese Gesellschaften waren so stark vom Wasser abhängig, dass man von den *Hydraulic Civilizations* am Nil, am Indus und im Zweistromland spricht. Weite Bereiche des täglichen Lebens und des religiösen Kultes kreisten um die Nahrung und vor allem um das Wasser.[55]

Das ägyptische Beispiel ist in dreifacher Hinsicht herausragend. Erstens wegen der Geschwindigkeit des frühen kulturellen Wandels und dessen erstaunlichen Konsequenzen. Zweitens wegen des unglaublichen Reichtums an schriftlichen und archäologischen Quellen, von denen sich ein großer Teil bis heute erhalten hat. Und drittens wegen des großen Einflusses, den die ägyptische Kultur, wie noch zu sehen sein wird, auf die klassische Antike und damit auch auf die spätere Entwicklung Europas hatte.[56]

Zur Geschwindigkeit: Die Klimaveränderungen, die die Menschen vom Grasland der heutigen Sahara ins Flusstal trieben, kamen nicht über Nacht. Sie verliefen in Wellen und in einem Tempo, das eigentlich zu hoch hätte sein müssen. Aber die sozialen Gruppen reagierten – warum auch immer – mit ihrer Anpassung außergewöhnlich flexibel und schnell. Innerhalb weniger Generationen entstand ein Staatsverband mit ausgeprägter sozialer Differenzierung, Schriftlichkeit und Steuersystem. Bei den Veränderungen spielten zunächst die originären kulturellen Kräfte eine Rolle; aber auch die Tatsache, dass Ägypten eine Brückenfunktion zwischen Afrika und Asien innehatte, ließ viele asiatische Kultureinflüsse hinzukommen. Das folgert die moderne Archäologie zumindest aus den etwas breiteren Schädeln, die an den Fundorten für die Zeit ab etwa 3 400 v. Chr. neben den ursprünglichen schmaleren Schädeln auftraten.

Zum Reichtum an archäologischen und schriftlichen Quellen: Die ägyptische Wirtschaft war und ist ganz überwiegend vom Nil abhängig.

Er entspringt im äquatorialen Afrika und durchzieht ganz Ägypten von Süd nach Nord. Sein Tal durchschneidet die Wüste. Es ist nur drei bis maximal 20 Kilometer breit. Im Sommer traten Überschwemmungen auf, überfluteten das ganze Tal und brachten große Mengen an Schlamm mit, dessen Nährstoffreichtum eine notwendige Voraussetzung für die Blüte der ägyptischen Landwirtschaft und damit auch für die ägyptische Kultur darstellte. Auf diese Weise war es im Schwemmland, einem der fruchtbarsten Gebiete der Welt, schon vor 5 000 Jahren möglich, zwei bis drei Ernten jährlich einzubringen; erst der Assuan-Staudamm durchbrach diesen Rhythmus in den 1960er Jahren. Der Boden war so kostbar, dass man auf ihm kaum siedelte, sondern vor allem in denjenigen Gebieten, die vom Wasser nicht erreicht wurden, d. h. am Rand, wo das Grünland direkt an die extrem trockene Wüste grenzt, sowie auf den so genannten *Geziras* und auf den Flussdämmen, die oberhalb der Überschwemmungszonen lagen. Allerdings wurden von diesen Siedlungen kaum Spuren gefunden. Zudem konzentrieren sich die Grabungstätigkeiten bis heute vor allem auf Grabanlagen, so dass weite Bereiche der frühägyptischen Alltagsgeschichte nach wie vor im Dunkeln liegen.

Wegen des ausgedehnten Totenkults wurden ägyptische Gräber häufig aus haltbaren Materialien gefertigt. Die Nekropolen lagen in der Regel westlich der Siedlungen, weil man glaubte, dass sich das Reich der Verstorbenen dort erstrecke, wo die Sonne untergeht. Auf diese Weise wurden die Gräber in den landwirtschaftlich nicht nutzbaren Trockengebieten angelegt, ein Faktor, der ihren guten Erhaltungszustand maßgeblich begünstigte.

Die Wurzel des Totenkults lag in der Religion, denn die Ägypter und ihre Priester glaubten, durch die Art der Bestattung ihr jenseitiges Weiterleben sichern zu können. Die Beschäftigung mit dem Tod spielte somit in der ägyptischen Gesellschaft eine zentrale Rolle. Die Todesvorstellungen waren auf der einen Seite von Skepsis geprägt, auf der anderen Seite von Zuversicht. Man ging davon aus, dass der Tote in der Barke des Sonnengottes Re mitfährt. Auf einer Stele heißt es: »Was sind die Jahre, die man auf Erden zubringt, wären sie auch noch so zahlreich? Der Westen« – also das Land des Todes – »ist ein Land des Schlafs und tiefer Finsternis, wer jenseits weilt, bleibt dort.«[57]

Um diese Finsternis zu beleuchten, war es nötig vorzusorgen. Und die Zukunft des Verstorbenen hing zu einem guten Teil von der Sorgfalt ab, die er auf die Vorsorge, auf sein Haus für die Ewigkeit verwendet hatte.[58] Daher war der Tod ein fester Teil der ägyptischen Lebensrealität: Viele Menschen planten ihre eigenen Grabanlagen, überwachten die Bauarbeiten und legten genau fest, was sie mit ins Grab nehmen wollten – vom Wasserkrug über den Brotkorb bis zum aus Ton modellierten Bildnis des Sklaven. Wegen der aufwändigen und gut erhaltenen Gräber, die sich nicht nur Pharaonen und Adelige leisteten, sondern alle, die genug Geld hatten, liegen viele Hinweise vor, die vom ägyptischen Alltagsleben zeugen. Darüber hinaus hatten die Ägypter eine Vorliebe dafür, die guten Taten der Toten ausführlich schriftlich zu verewigen. Auf diese Weise wurden wichtige Zeugnisse über das Essen und das Trinken angefertigt.

Es war üblich, die Toten für die Ewigkeit umfassend auszurüsten. Dazu waren auch üppige Nahrungsmittelrationen notwendig und gegebenenfalls Diener, um sie zuzubereiten. Eine solche Speisenfolge für das Jenseits aus der Zeit der Zweiten Dynastie (2820-2670 v. Chr.) enthielt Gerstenbrei, gekochten Fisch mit Brot, Taubenragout, Schnepfe, Rindernieren, gebratene Rippe und Rinderschenkel, Feigenkompott, Beeren, Honigkuchen, Käse und Weintrauben. Dazu gab es Bier und Wein.[59] Solch eine Idealmahlzeit ist zwar nicht ohne weiteres auf die soziale Realität zu übertragen, aber dennoch vermittelt sie einen lebendigen Eindruck davon, wie es gewesen sein könnte.

Es bestehen zwar an der vergleichsweise enormen Geschwindigkeit, mit der sich Gesellschaft, Wirtschaft und Kultur des frühen Ägypten entwickelten, keine Zweifel, aber dennoch ist über die neolithische prädynastische Periode insgesamt kaum etwas bekannt. Immerhin stieß ein amerikanisches Grabungsteam 1988 zwischen Luxor und Assuan zufällig auf einen frühen Gewerbebetrieb. In Hierakonpolis fanden die Archäologen eine Bäckerei und eine Brauerei. Um 3500 v. Chr. wurde dort Weizen zu Brot verbacken, und das Bier wurde nicht, wie üblich, aus Gerste, sondern ebenfalls aus Weizen gebraut.[60]

Anhand dieser Ausgrabung wird ein spezifisches Problem der Kulturanalyse deutlich. Die frühe ägyptische Brauerei stellte offensichtlich eine Art von Weizenbier her. Zufällig ist der Brauprozess derartiger Biere an anderer Stelle überliefert, so dass sich Beschaffenheit und Geschmack rekonstruieren lassen. Bier galt, wenn wir der Literatur Glauben schenken dürfen, im alten Ägypten als Nationalgetränk. Es wurde aus Gerste oder Weizen und Datteln hergestellt. Dazu wurde zunächst ein Getreideteig angesetzt. Dieser Teig wurde in eine Form gegossen und so gebacken, dass er außen zwar knusprig wurde, aber innen roh blieb. Das halbgare Brot wurde in eine Schüssel gebrockt und mit süßer Dattelflüssigkeit versetzt. Diese Masse wurde anschließend verrührt und abgeseiht. Wenn die Gärung einsetzte, wurde das fertige Bier in Krüge abgegossen und luftdicht verschlossen.[61] Dass dieses Bier anders schmeckte als das Getränk, das heute Bier genannt wird, liegt auf der Hand. Wahrscheinlich würden es neutrale Testpersonen gar nicht als Bier identifizieren. Daher wäre zu überlegen, ob das ägyptische Wort für Bier künftig überhaupt mit den heutigen Entsprechungen übersetzt werden sollte. Diese begriffliche Problematik ist auch auf andere Beispiele anwendbar, etwa auf Wein, Eintöpfe, Bohnengerichte etc.

Müssen für die ägyptische Frühphase viele Schlussfolgerungen spekulativ bleiben, so erlauben die Quellen für die Zeit ab etwa 2900 v. Chr. genauere Aufschlüsse. Das Land erreichte seine erste Blüte und der erwähnte Prozess der Staatsbildung vollzog sich. Jetzt entstand die erste große Dynastie, die das so genannte *Alte Reich* prägte (2850-2050 v. Chr.). Ihr folgten das *Mittlere* (2050-1550 v. Chr.) und das *Neue Reich* (1550-1291 v. Chr.).

Das alte Ägypten, am Schluss überfremdet und erschöpft, ging erst im vierten vorchristlichen Jahrhundert mit der Eroberung durch Alexander den Großen endgültig unter, nachdem es eine Zeit außergewöhnlicher Kontinuität erlebt hatte.[62]

Zwar gab es in der bis dahin beinahe 3000-jährigen ägyptischen Geschichte auch viele kulturelle, gesellschafliche und vor allem politische Veränderungen, aber in vielen Bereichen eben auch eine große Konstanz.

Um 2900 v. Chr. vollzog sich die Staatenbildung. Sie ging mit einer Konzentration der Siedlungsräume auf das Flusstal und sein Delta einher. Der Ackerbau wurde wichtiger, während die Bedeutung der Jagd rückläufig war. Die Enge des Flusstals brachte manchen Vorteil, etwa für den Handel. Die Windverhältnisse – der Wind weht meist von Norden, also flussaufwärts – ermöglichten zeit- und energiesparende Transporte. Die Konzentration der Siedlungen auf das Flusstal und die besseren Handelsbedingungen wirkten sich in Kombination mit dem Fischreichtum vor der Küste des Deltas, im Nil selbst und in der Fajum-Oase direkt auf die Ernährung aus. Ackerbauprodukte, besonders Getreide, vor allem aber Fisch ersetzten nun die traditionelle Fleischnahrung.

Nach der Rückkehr in die Heimat gedachten die Israeliten, wie es im 4. Buch Mosis heißt, sehnsüchtig »der Fische, die wir in Ägypten umsonst aßen«.[63] Herodot, um 485 v. Chr. geboren, berichtet über die Zubereitungs- und Essgewohnheiten der Ägypter: »Fische werden an der Sonne getrocknet und roh gegessen, oder man salzt sie ein. Vögel, z. B. Wachteln, Enten und kleine Arten, isst man roh, nachdem man sie vorher eingesalzen hat. Alle anderen Vogel- oder Fischarten außer denen, die sie für heilig halten, essen die Ägypter gebraten oder gekocht.«[64] Es sind letztlich derartige Quellenfragmente, aus denen das Bild der Ernährung zusammengesetzt werden muss. Neben dem Fischreichtum war die problemlose Salzversorgung an der Deltaküste eine weitere Säule des ägyptischen Wohlstands.

Nilpferde wurden vor allem in älterer Zeit noch häufig gejagt, bis sich die Tiere stärker in jene Zonen zurückzogen, in denen sie nicht mehr verfolgt werden konnten.[65] Der Grund für die Nilpferdjagd ist vorläufig noch unklar; möglicherweise wurde ihnen wegen ihres Fett- und Fleischreichtums nachgestellt, vielleicht waren sie aber auch nur störend, weil sie nicht nur im Wasser, sondern im gesamten Uferbereich gefährlich und aggressiv reagieren, wenn ihr Territorium angegriffen wird. Bezeichnenderweise liegen weder Bild- noch Schriftquellen vor, die das Nilpferd auf dem menschlichen Speisezettel bezeugen.[66] Im Gegensatz dazu war es zumindest im Gebiet der heutigen Stadt Assuan üblich, Krokodile zu jagen und auch zu verzehren. Herodot berichtet, dies geschehe sogar auf »vielerlei verschiedene Art«, so dass von regelmäßigem Krokodilverzehr ausgegangen werden kann.[67]

Aufschwung und Innovationen lösen oft Kettenreaktionen in der historischen Entwicklung aus. Das zeigt der gegenwärtige Übergang von der Industrie- zur Informationsgesellschaft ebenso wie die von starker Eigendynamik geprägten Prozesse der Industriellen Revolution, und dasselbe gilt auch für den Beginn der ägyptischen Frühzeit. Durch den Aufschwung weitete sich der Handel aus und neue Kulturgüter strömten ins Land. Zu ihnen gehörte die Weinrebe, die im Kaukasus und in Kleinasien bereits bekannt war und die sich wahrscheinlich um die Mitte des dritten vorchristlichen Jahrtausends am Nil durchsetzte.

Ob so früh schon Wein gekeltert wurde und wer diesen Wein zu welchen Gelegenheiten trank, ist in den Quellen nicht belegt. Weinbau war aufwändig und auf dem begrenzten Acker- und Gartenland konkurrierte der Wein mit den Nahrungspflanzen. In der streng hierarchisch gegliederten ägyptischen Gesellschaft wurde der Wein daher wohl noch am ehesten im Umfeld des pharaonischen Hofes und der wohlhabenden Kaufleute getrunken.

Offenbar spielte der Wein zunächst nur im Kultus eine Rolle. Er scheint vor allem bei religiösen Anlässen und bei Beerdigungen getrunken worden zu sein, aber seine genaue Funktion bleibt im Dunkeln. Immerhin deutet einiges darauf hin, dass der Weinverbrauch stieg. Um 2000 v. Chr. waren mindestens sechs verschiedene Rebsorten geläufig.[68]

Wein spielte im Gegensatz zum Bier eine bedeutende Rolle in der Mythologie. Ihm wurde, ähnlich wie dem Wasser, lebenspendende Kraft zugesprochen: Nach der Mythologie wurde Isis durch den Genuss von Trauben schwanger und brachte Horus zur Welt.[69] Festzuhalten bleibt, dass Wein durchaus wichtig war, aber weit davon entfernt blieb, Alltagsgetränk zu sein.

Auch bei der Rekonstruktion der Alltagsnahrung bleiben wir auf Spekulationen und auf einen diffusen Forschungsstand angewiesen. 1978 schrieb Pierre Montet in seinem Standardwerk über *Leben und Kultur in der Ramses-Zeit*, die Ägypter seien »starke Fleischesser« gewesen, denn in den Grabgemälden fänden sich überaus reiche Szenen, auf denen der Genuss von Fleisch abgebildet sei.[70] Richtig ist, dass viele Gräber tatsächlich reich an derartigen Darstellungen sind. Dabei bleibt aber zu bedenken, dass es sich nur wohlhabende Ägypter leisten konnten, weitläufige Gräber mit aufwändigen Malereien anlegen zu lassen. Immerhin kann als gesichert gelten, dass Fleischgerichte bei diesen reichen Ägypterinnen und Ägyptern als etwas Besonderes galten. Dass Fleisch zur täglichen Nahrung der ärmeren Schichten der Bevölkerung gehörte, muss aber bezweifelt werden.

Als Fleischlieferant und Arbeitstier hatte das Rind überragende Bedeutung. Die Milchleistung blieb dagegen bescheiden. Entsprechend spielten Milch und Milchprodukte innerhalb des Ernährungssystems keine besondere Rolle. Schaf und Ziege wurden in großer Zahl gehalten und häufig gegessen. Der Schwanz des Schafes gehörte zu den wichtigsten Fettlieferanten. Das Schwein war vor allem in der ägyptischen Frühzeit ebenso weit verbreitet wie beliebt. Daher dürfte die Bandbreite an schweinefleischhaltigen Gerichten groß gewesen sein. Aber bereits im Alten Reich verlor das Schwein seinen guten Ruf. Schweinchenfiguren aus Ton waren zu Beginn der geschichtlichen Zeit noch eine beliebte Grabbeigabe, aber bald verzichtete man darauf. Auch auf Fresken und Reliefs wurde das Schwein nur gelegentlich dargestellt. Dem kunsthistorischen steht der archäologische Befund gegenüber. Speiseabfälle, die bei Siedlungen gefunden wurden, zeigen, dass das Schwein nach wie vor weit verbreitet war. Diese Tatsachen legen den Schluss nahe, dass das Schweinefleich vom Tisch der Ober- und Mittelschichten im Verlauf des 3. vorchristlichen Jahrtausends verschwand, von der Masse der Bevölkerung aber auch weiterhin gegessen wurde. Zubereitungsarten oder Angaben über die Rolle im Mahlzeitengefüge sind nicht überliefert. Immerhin berichtet Herodot für die ägyptische Spätzeit vom äußerst niedrigen Sozialrang der Schweinehirten. Analog dazu dürften Schweinefleischgerichte auch im Mahlzeitengefüge einen niedrigen Rang eingenommen haben. Die Ausprägung eines Kulturmusters, das den Schweinen mit Verachtung begegnet, geht offensichtlich auf ägyptische Vorbilder zurück und verbreitete sich von dort aus über den Vorderen Orient und den später islamischen Raum bis nach Indien, aber auch nach Europa.

In Ägypten war das Fleisch des Wildes wesentlich beliebter als das des Schweines. Vor allem Gazellen und Antilopen waren noch im Alten Reich durchaus wichtige Fleischlieferanten, verloren dann aber zusehends an Bedeutung. An ihre Stelle trat das halbdomestizierte Wild, das in vom Menschen kontrollierten Herden außerhalb des eigentlichen Kulturlandes lebte.[71] Grabszenen zeigen, dass das Fleisch meist auf dem Rost gebraten, also nicht gekocht gegessen wurde. Herodot berichtet, wie oben erwähnt, auch vom gekochten Fleisch der Vögel und Fische. Wurde Rindfleisch nicht gekocht? Möglicherweise aßen die meisten Ägypter Rindfleisch – wenn überhaupt – überwiegend gekocht, weil beim Braten mehr Fett verloren geht, als eine Mangelgesellschaft gestatten kann. So ist das starke Überwiegen gekochten Fleischs im Alltagsleben der Antike und des Mittelalters vielfach belegt. Daher blieb das gebratene Fleisch wahrscheinlich auch im alten Ägypten den Reichen vorbehalten.[72]

Neben den Darstellungen, die Rinder zeigen, gibt es eine Reihe von Reliefs, auf denen Vögel zu sehen sind. Sie sind bisweilen so stark stilisiert, dass Gattung und Art nicht exakt zu bestimmen sind. Offenbar wurden auch Kraniche verzehrt. Herodot berichtet ferner: »Von den Vögeln verzehren sie Wachteln, Enten und die kleineren Vögel, die sie vorher

Abbildung 7: Spätestens im Mittleren Reich (2050-1550 v. Chr.) hielten die Ägypter Gänse, um aus ihrer Leber Pasteten herzustellen.

einsalzen.« Möglicherweise wurden auf diese Weise eingelegte Vorspeisen zubereitet. Das Huhn war zwar bekannt, aber erst seit griechisch-römischer Zeit weiter verbreitet.[73] Einige besonders aussagekräftige Reliefs machen deutlich, wie vielseitig die ägyptische Küche war, und wie aufwändig die Speisen zubereitet und verfeinert wurden. So ist überliefert, dass Gänse planmäßig gezüchtet und gemästet wurden, um Gänseleberpastete herstellen zu können (siehe Abb. 7).

Hyänen wurden zumindest im Alten Reich nicht nur gejagt und verzehrt, weil Mangel an anderen Tieren herrschte; sie wurden sogar gemästet und geschlachtet (siehe Abb. 9).

Allerdings nimmt die Dichte der Belege, die von der Hyänenmast zeugen, bereits im Verlauf der ägyptischen Frühzeit ab.[74]

Fleisch und Geflügel wurden immer teurer. Daher war das Brot für die Masse der Bevölkerung wesentlich wichtiger. Der Mythologie zufolge hatte die beliebte und häufig dargestellte Göttin Isis den Menschen beigebracht, Getreide anzubauen und daraus Brot zu backen.

Beim Backen waren schon früh bahnbrechende und bis dahin weltweit unbekannte Techniken verwendet worden. Schon im 4. Jahrtausend

Abbildung 8: Vogeljagd mit dem Wurfholz, Mittleres Reich.

war es gelungen, Sauerteig herzustellen. Dadurch ging das Brot auf und wurde luftig. Man aß keine flachen, pappigen Fladen mehr. Zudem war dieses Brot wesentlich bekömmlicher.

Brot wurde immer wichtiger und bald zum Hauptnahrungsmittel. Auch die Vielfalt wurde immer größer. Im Alten Reich kannte man bereits 16 verschiedene Bezeichnungen für Brot. Manche Brote hatten eine Vertiefung in der Mitte für Gemüse oder ein Ei. Diese Brote würden wir heute vielleicht als Pizza bezeichnen. Es gab auch gewürztes Brot, Nussbrot usw. Zur Zeit Herodots wurde der Nahrungsspielraum unweit der sumpfigen Küste während der Überschwemmungszeit meist eng. Daher nutzten die Bewohner den ägyptischen Lotos, eine Lilienart, um die Kerne der Fruchtkapsel zu einem speziellen Brot zu verbacken.[75]

Brot aus Getreide war mehr als nur Hauptnahrungsmittel. Im Alten und im Mittleren Reich überwog die bargeldlose Naturalwirtschaft. Daher wurde der Lohn meist in Form von Brot entrichtet. Als Existenz-

Abbildung 9: Eine Szene aus dem Grab des Nefer (6. Dynastie) zeigt, wie eine Streifenhyäne (*Hyaena hyaena*) von einem Sklaven herangeführt wird, um geopfert und anschließend verspeist zu werden (oben). Gegenwärtige Streifenhyäne (unten).

minimum galten im Alten Reich fünf Laib Brot und zwei Krüge Bier pro Tag.[76] Dabei stellt sich die Frage, ob die Arbeiter ihre fünf Brote tatsächlich aßen. Derartige Entlohnungen sind auch aus dem europäischen Mittelalter bekannt, wobei es sich in diesen Fällen häufig lediglich um Rechnungseinheiten handelte. Möglicherweise konnten die fünf Brote durch einen Fisch ersetzt werden, durch einen Lendenschurz oder durch eine Dienstleistung. Ähnliche Systeme etablieren sich auch heutzutage noch immer dort, wo ein niedriger Wirtschaftsstandard vorherrscht oder wo ein bestehendes Geldsystem zusammengebrochen ist. Dies ist etwa in einigen strukturschwachen Regionen der ehemaligen Sowjetunion der Fall.

Welche Nahrungsmittel spielten neben Bier, Wein, Fleisch, Fisch, Brot und Salz eine Rolle? Zunächst sind die Leguminosen zu nennen. Obgleich keine eindeutigen Belege vorliegen, muss ihr Anbau sich im Verlauf der Zeit deutlich ausgeweitet haben, denn der rückläufige Fleischkonsum führte zu einer Unterversorgung mit Eiweiß, die der Fischverzehr nicht ausgleichen konnte. Daher musste man mehr eiweißhaltige Pflanzen konsumieren, unter denen im alten Ägypten nur die Hülsenfrüchte bekannt waren. Zu den Grundnahrungsmitteln gehörten außerdem die Datteln, die zum Teil frisch gegessen, zum Teil aber auch getrocknet und auf diese Weise konserviert wurden. Zum Süßen benutzte man neben den Früchten des Johannisbrotbaums vor allem Honig, der in der ägyptischen Frühzeit zunächst von wilden Bienen gesammelt wurde. Spätestens im Neuen Reich gab es aber auch Zuchtbienen, die in vertikal liegenden Tongefäßen gehalten wurden.[77]

Gewürze können wir schon für eine sehr frühe Zeit vermuten, sie lassen sich aber nicht nachweisen. Allerdings berichten einzelne Papyri aus der Phase um 2800 v. Chr. über aromatische Pflanzen und Produkte, die man aber nicht genau identifizieren kann. Dieses Schicksal teilen diese Produkte mit vielen anderen Erzeugnissen, und oft sind die Ägyptologen auf Zufallsfunde angewiesen.

So einen Zufallsfund stellt etwa eine ägyptische Schriftrolle dar, die ungefähr 3600 Jahre alt ist. Diese Rolle empfiehlt Ochsenleber als Mittel gegen Nachtblindheit. Ein typischer Fall von Aberglauben, könnte man zunächst mutmaßen. Erstaunlicherweise enthält Ochsenleber aber viel an Vitamin A, und für Nachtblindheit ist tatsächlich häufig schwerer Vitamin-A-Mangel verantwortlich.[78]

Bei der bisherigen Betrachtung der ägyptischen Ernährung standen die Einzelkomponenten und deren Zubereitung im Mittelpunkt. Was aber gab es auf dem Markt zu kaufen? Über diesen Aspekt liegen aus Ägypten kaum Informationen vor. Genauere Aufschlüsse erlaubt ein Blick auf die Verhältnisse, die in der Gegend des heutigen Bagdad im Zweistromland herrschten.

Dem amerikanischen Archäologen Jean Bottéro gelang es, eine Liste mit Marktgütern zu entschlüsseln, die etwa 3700 Jahre alt ist. Es handelt sich um sumerische Keilschrifttafeln, die Verhältnisse beschreiben, wie sie zur gleichen Zeit auch in Ägypten geherrscht haben könnten.

Danach bot der mesopotamische Markt die Getreidesorten Weizen, Gerste, Emmer und Hirse. An Gemüsen waren Zwiebeln, Knoblauch, Lauch, Senf, Rüben, Möhren, Trüffel und Pilze im Handel, ferner Bohnen, Linsen und Erbsen. Obsthändler verkauften Äpfel, Birnen, Feigen, Pistazien, Datteln, Granatäpfel und Trauben. Zum Würzen standen Salz, Essig, Kümmel, Koriander, Wacholderbeeren und Minze bereit. Darüber hinaus waren ungefähr 100 Suppenzubereitungen im Angebot, über die aber nichts Genaues bekannt ist. Metzger boten Fleisch von Rind, Schwein, Hirsch, Reh, Gazelle, Taube, Rebhuhn, Ente und Seevögeln an, Fischverkäufer vertrieben über 50 Sorten Fisch. Krustentiere, Schildkröten, Muscheln, Heuschrecken, Milch, Butter und Schmalz rundeten die Palette der tierischen Nahrungsmittel ab. Außerdem gab es diverse Ölsorten, Honig, Bier, Wein, 18 Käse- und angeblich 300 Brotsorten. Auch Zubereitungen sind überliefert, z. B. sechs Rezepte für Geflügelpasteten. Besonders beliebt waren offenbar Eintopf- und Schmorgerichte.[79]

Derartige Quellen sind absolute Glücksfälle für die Forschung, aber ihre Interpretation birgt ein hohes Fehlerpotenzial. Zum einen zeigt das Beispiel ganz deutlich das enorme Angebot, das der Markt bereithielt. Andere Aspekte sind aber weniger eindeutig; denkbar ist etwa, dass die verschiedenen Brotsorten nicht unbedingt auf unterschiedliche Weise zubereitet waren, sondern die Vielfalt daher rührte, dass man etwa frisches Brot von fast frischem, altem und ganz altem unterschied, und dass möglicherweise sogar verschimmeltes Brot im Angebot war.

Letztlich ist allen Schlussfolgerungen, welche die speziellen Aspekte der Nahrungsethnologie betreffen, ein äußerst spekulativer Charakter zu eigen. Das trifft auch auf die Rekonstruktion der häuslichen Mahlzeiten zu. Prinzipiell können wir aber davon ausgehen, dass in der Regel täglich drei Mahlzeiten eingenommen wurden: Zunächst das auch *Mundwaschung* genannte Frühstück, am frühen Nachmittag eine Art Lunch und am Abend die *Sternenaufgang* genannte Hauptmahlzeit.[80]

Zumindest etwas detaillierter sind die Verzehrsituationen der Mittel- und der Oberschichten zu erschließen. Pierre Montet nimmt an, dass die gemeinsame Mahlzeit im Familienverband von untergeordneter Bedeutung war. »Die Ägypter aßen allein oder zu zweit an einem Tischchen sitzend, auf dem verschiedene Kost angehäuft war, wie Fleisch, Geflügel,

Gemüse und Obst, oder aber es waren darauf die Schnitten eines kegelartig geformten Brotes ringsum aufgestellt. Kinder setzten sich bei Tisch auf Kissen oder auch auf eine Matte. Das Frühstück am Morgen wurde nicht gemeinsam eingenommen, sondern sobald der Vater mit seiner Toilette fertig war, wurde ihm aufgewartet. Er genoss Brot und Bier, eine Schnitte Fleisch von einer Keule und Kuchen. Ähnlich frühstückte die Mutter entweder während des Frisierens oder gleich danach. Die Gerichte der Hauptmahlzeit bestanden aller Wahrscheinlichkeit nach aus Fleisch, Geflügel, Gemüse und dem durch die Jahreszeiten bedingten Obst, ferner aus Broten und Kuchen, wobei alles reichlich mit Bier übergossen wurde.«[81]

Die aussagekräftigen Schilderungen Montets beruhen in erster Linie auf der Analyse von Grabgemälden. Montets Interpretationsschema ist für die traditionelle Kulturgeschichte typisch, im Rahmen einer differenzierten Analyse aber zu idealtypisch, weil die Szenen nicht systematisch ausgewertet und mit dem Befund der archäologischen Quellen abgeglichen wurden.

Was bleibt also unter dem Aspekt unserer Fragestellung? Immerhin wird deutlich, dass die Familie für die sozialisierende Kraft der gemeinsamen Mahlzeit nicht unbedingt die entscheidende Größe war. Die Gruppe der sozial Gleichgestellten oder die Dorfgemeinschaft spielten offenbar eine wichtigere Rolle. Diese Strukturen zeigen zudem, dass sich wesentliche Elemente der ägyptischen Gesellschaft noch stark am vordynastischen Stammesideal orientierten, also an einer Zeit, in der das tägliche Überleben noch nicht dauerhaft gesichert war.[82]

Dieser Hang zum Leben in der Gruppe spiegelt sich auch in der ägyptischen Festkultur wider. Bilder in den Gräbern zeigen, dass man Freunde und Bekannte zum Mittagessen einlud. Bezeichnenderweise feierten Männer und Frauen gemeinsam. Dabei wurde auch den Frauen der Genuss von Alkohol zugestanden. Es hat den Anschein, dass man sich bei solchen festlichen Gelegenheiten aus heutiger Sicht verhältnismäßig unverkrampft verhielt, denn einzelne Darstellungen bilden Personen ab, die sich nach übermäßigem Alkoholgenuss übergeben müssen.

In einer gut 3000 Jahre alten Grabinschrift heißt es über den Zweck und die Inhalte eines Festes: »Das Herz erfreuen, etwas Schönes sehen, Vorträge, Tänze und Gesänge, Myrrhen auflegen, sich mit Öl salben, eine Lotusblüte an der Nase, Brot, Bier, Wein, Süßigkeiten und anderes vor sich!«[83] Der besondere Wert der Nahrung und ihre lebenspendende Kraft

Abbildung 10: Auch Frauen im alten Ägypten tranken gelegentlich zu viel.

war wiederum Herodot zufolge allgegenwärtig: »Beim Gastmahl der Reichen trägt nach dem Essen ein Mann ein hölzernes Leichenbild in einem Sarg umher. Der Träger hält es jedem Zechgenossen vor und sagt: ›Schau ihn dir an! Dann trink und sei fröhlich! Wenn du tot bist, wirst du auch so aussehen.‹«[84]

Wie die Feste tatsächlich abliefen und wie häufig sie im Alltag der ägyptischen Durchschnittsbevölkerung vorkamen, ist natürlich kaum zu bestimmen. Das Beispiel des Wassers zeigt, wie wenig letztlich über den altägyptischen Alltag bekannt ist und wie problematisch sich der Umgang mit Quellen und Literatur gestaltet.

Im Alten Reich spielte das Wasser bei den rituellen Thronbesteigungen eine herausragende Rolle: Der Thronanwärter wurde mit dem Wasser des Lebens gereinigt, um jung wie der Gott Re zu werden. Das Trinken von Wasser taucht in der Geistesgeschichte Altägyptens lediglich im Totenkult auf. Hier war mit dem beim Trankopfer verwendeten Wasser der Gedanke der Wiederbelebung verbunden: Das getrunkene Wasser befreite aus der Totenstarre.

In der neueren Ägyptologie spielt die Erforschung des Wassertrinkens allenfalls eine untergeordnete Rolle, wohingegen dem Konsum von Bier und Wein breiter Raum gewidmet wird. Der archäologische Befund zeigt hingegen die zentrale Bedeutung des Wassers, denn bereits sehr früh schenkte man der Wasserversorgung bei der Anlage von Siedlungen große Aufmerksamkeit. Im Alten Reich wurden in den meisten Orten Becken angelegt, zu denen man über Stufen gelangen konnte, um mit Krügen Wasser zu schöpfen. Spätestens im Neuen Reich wurden dann fast überall Tiefbrunnen angelegt.[85]

Den tatsächlichen Umgang mit Wasser verdeutlicht das Beispiel einer Expedition auf den Sinai, die zur Zeit der 12. Dynastie (1994-1781 v. Chr.) durchgeführt wurde. Bei einer Gesamtteilnehmerzahl von 209 Personen wurden allein 284 Esel für den Transport von Wasser mitgenommen. Dagegen erwähnen die Proviantlisten keinerlei alkoholische Getränke.[86]

Spätestens im Neuen Reich fanden Brunnen sowohl auf Landgütern als auch im städtischen Bereich Verbreitung.[87] Oft führten überdachte Treppen zum Wasser. Zwar waren auch Milch und gesüßte Getränke beliebt, aber Wasser war das mit Abstand wichtigste Getränk der Ägypter. Die zur Verfügung stehende Anbaufläche war knapp, die Angst vor Mangel an Brot groß. In Zeiten der Knappheit blieb daher nicht genügend Getreide für die Erzeugung von Bier übrig. Die starken Ertragsschwankungen, Kennzeichen aller vorindustriellen Agrarwirtschaften, führten oft zu Biermangel, so dass dem Wasser in diesen Perioden eine besonders wichtige Funktion zukam.[88] Auch die klimatischen Verhältnisse, die soziale Schichtung und die Praxis bei der Erbauung von staatlichen Großmonumenten sprechen für die Verbreitung des Wassers als Getränk. Bei anstrengender körperlicher Arbeit mussten die Menschen vor allem im Sommer sehr viel Flüssigkeit zu sich nehmen. Die Erzeugung großer Mengen vergorener Getränke überforderte aber die ägyptische Agrarwirtschaft ebenso wie eine ständige Versorgung aller mit Wein oder Bier. Wir dürfen daher annehmen, dass die Landbewohner meist Wasser tranken. Darüber hinaus muss eine Versorgung der in die Tausende gehenden Arbeiterschaft, die die Pyramiden, unterirdischen Nekropolen und Tempelanlagen errichtete, mit Bier und Wein überaus problematisch gewesen sein, obgleich diese Versorgung vor allem zur Zeit der jährlichen Nilüberflutung und der damit zwangsläufig einhergehenden Verschlechterung der Trinkwasserqualität angestrebt worden sein dürfte.[89]

Insgesamt gesehen litten die meisten Menschen im pharaonischen

Ägypten unter einer extremen Mangelwirtschaft. Um das Überleben des Volkes zu sichern, gab es eine strikte Planwirtschaft mit redistributiven Strukturen. Dabei handelte es sich um ein Verteilungssystem, das für ältere straff organisierte Gemeinschaften signifikant ist und bei dem fast alle Güter zentral verwaltet und verteilt werden. Einblicke in die Ernährungspraxis gewährt eine frühe Versorgungsliste, die aus der Regierungszeit Sesostris I. (1962-1926 v. Chr.) stammt. Damals zog eine Expedition in das Wadi Hammamat, um Baumaterial zu beschaffen. Ihr gehörten 165 Männer Leitungspersonal an, Verwaltungsfachleute und Arbeiter, die über spezielle Fähigkeiten verfügten. Diese Männer wurden reichhaltig versorgt. Dem Leitungspersonal stand ein Tross von etwa 17 000 Arbeitern gegenüber. Im Idealfall sollten die Männer pro Tag zehn Brote und jeweils ein drittel Krug Bier erhalten. Es kann zwar nicht bestimmt werden, wie groß die Mengen genau waren, aber die Rationen dürfen nicht zu umfangreich veranschlagt werden, denn bei ähnlichen Unternehmungen kam es immer wieder zu Streiks. Um 1155 v. Chr. hieß es in einer Arbeiterpetition an den Pharao Ramses III.: »Möge mein Herr handeln, dass unser Lebensunterhalt gewährt wird! Denn wir sind schon am Sterben, wir werden kaum noch am Leben bleiben!«[90]

Die ägyptische Gesellschaft hatte in vergleichsweise kurzer Zeit eine ausdifferenzierte Ernährungskultur mit vielen kulturellen Besonderheiten entwickelt. Sie kannte eine reiche Festkultur und offenbar auch eine erstaunliche kulinarische Breite. Drei Faktoren führten letztlich dazu, dass es nicht gelang, die Masse der Bevölkerung dauerhaft mit dem Nötigsten zu versorgen: Die Unregelmäßigkeit der Nilüberschwemmungen, die spezifisch hierarchische Struktur der Gesellschaft mit ihrem starken Gefälle sowie die Tatsache, dass Grundnahrungsmittel wirtschaftlichen Gewinns wegen auch in Notzeiten exportiert wurden. Daher prägten Not und Mangel sowie eine spezifische Ernährungskultur des Hungers den ägyptischen Alltag stärker als der üppig gedeckte Tisch. Dennoch bleibt festzuhalten, dass das ägyptische Ernährungssystem zu seiner Zeit einzigartig weit entwickelt war, und dass die Nachfolgekulturen der griechischen und der römischen Antike ohne dieses System nicht zu erklären sind.

KAPITEL 3

Die Fischsoße beim Gelage der Philosophen

Esskultur in der griechischen Antike

Mit der Eroberung weiter Gebiete Ägyptens durch den makedonisch-griechischen Herrscher Alexander den Großen fand die ägyptische Spätzeit im Jahre 332 v. Chr. ihr abruptes Ende. Neun Jahre darauf starb der 32-jährige Alexander, nachdem er sich ein Weltreich erobert hatte, das von Griechenland bis in den heutigen Sudan und nach Indien reichte. Um Alexander ranken sich zahlreiche Legenden. Seine Persönlichkeit war von rastloser Energie geprägt, und heute würde man ihn wohl als *Workaholic* bezeichnen. Urteile der modernen Geschichtsschreibung, es habe sich bei Alexander um einen »zerstörerischen Psychopathen« und einen »sich dionysisch überhöhenden Alkoholiker« gehandelt, werden in ihrer Kernaussage nicht angezweifelt.[91]

Aber warum trank Alexander so übermäßig? Aus Schwäche im engeren Sinn sicherlich nicht – schließlich war er eine charismatische, starke und gefestigte Persönlichkeit. Um den Gründen auf die Spur zu kommen, müssen wir spärliche Informationen mit plausiblen Erklärungen verknüpfen. So ist bekannt, dass gemeinsames Trinken vor allem von Männern geübt wurde, und dass dieses gemeinsame Trinken in hohem Maße ritualisiert war. Trinkanlässe waren beispielsweise eine erfolgreiche Jagd oder eine gewonnene Schlacht. Im Gegensatz zur im engeren Sinne griechischen Tradition tranken die makedonischen Männer ihren Wein unverdünnt, was die Griechen als barbarisch empfanden. Für Alexander war dieses Kulturmuster prägend. Äußerst wichtig war es, Männlichkeit zu beweisen: Der Anspruch auf die Führungsposition innerhalb der sozialen Gruppe musste ständig dokumentiert werden.[92] Daher war Alexander genötigt, seinen Anspruch auf Führung immer wieder zu bekräftigen, indem er in vorderster Front kämpfte und beim anschließenden Gelage am meisten trank. Sowohl bei diesen Anlässen als auch bei den häufigen Verhandlungen mit unterworfenen Herrschern oder mit fremden Delegationen dürfte Alexander fortwährend einem massiven sozialen Druck ausgesetzt gewesen sein. Bei einer dieser Gelegenheiten mit dem Hinweis auf Unpässlichkeit oder vorübergehende Abneigung gegen Alkohol abstinent zu bleiben, wäre als Schwäche interpretiert worden und kam insofern nicht in Frage. Ob er also Durst verspürte oder nicht – Alexander musste sich im Trinken beweisen, und möglicherweise geriet er auf diese Weise in eine Alkoholabhängigkeit, die dazu beitrug, sein Leben zu verkürzen und Legenden entstehen zu lassen.[93]

Der Tod Alexanders bedeutete für die griechische Welt das Ende der Klassischen Epoche. Griechenland konnte bis zu diesem Zeitpunkt bereits auf eine lange Tradition zurückblicken, die stark durch den kulturellen und wirtschaftlichen Einfluss der benachbarten östlichen Hochkulturen geprägt war.

In der Mitte des 7. vorchristlichen Jahrtausends begann das griechische Neolithikum. Die Menschen wurden allmählich sesshaft und bauten Weizen an, bald darauf auch Gerste, denn diese versprach einen konstanteren Ernteertrag. Im 2. Jahrtausend beschleunigte sich die Entwicklung. Vor allem die späte Bronzezeit (Helladische Epoche) entwickelte nach etwa 1500 v. Chr. eine ausgeprägte Bauernkultur. Nach den Umbrüchen, die die so genannten *Dorischen Wanderungen* vor der Jahrtausendwende brachten, wuchs die Bevölkerungszahl seit etwa 800 v. Chr. stärker. Mit dem Beginn der Archaischen Periode entwickelten sich die ersten griechischen Stadtstaaten, unter denen Athen und Sparta rasch Führungsrollen übernahmen.

Zwischen 800 und 500 v. Chr. spannten griechische Händler ein Netz von Handelsniederlassungen über den ganzen Mittelmeerraum. Griechische Kolonien bestanden etwa in Neapel, Syrakus und Marseille. Auf diese Weise erlangten griechische Nahrungsgewohnheiten schon internationale Bedeutung, bevor das Zeitalter der griechischen Polis (500-323 v. Chr.) zur Blütezeit der griechischen Kultur führte. Das daran anschließende Zeitalter des Hellenismus (323-30 v. Chr.) wurde zunächst von der Persönlichkeit Alexanders des Großen geprägt, später vor allem durch den Dualismus mit Rom. Diese fortwährenden Auseinandersetzungen um die politische, militärische und wirtschaftliche Vorherrschaft in der antiken Welt führten letztlich zur Unterwerfung, und Griechenland sank schließlich zur römischen Provinz herab.[94]

Vom geistigen Reichtum der griechischen Antike zeugt eine Fülle von Quellen. Unter diesen Zeugnissen nehmen die literarischen Quellen einen Spitzenplatz ein. Aus ihnen kann aber meist nur indirekt und mühsam auf die Alltagskost der griechischen Bevölkerung geschlossen werden. Hinter den tradierten treten die archäologischen Quellen deutlich zurück, und nur wenige neuere Ausgrabungen erlauben weiterreichende Schlüsse.[95] Auch Darstellungen auf Fresken, Reliefs und Gefäßen verraten über die Ernährung wenig.

Was aber haben die Menschen im klassischen Griechenland gegessen und getrunken? Sicher ist, dass der ägäische Raum in der Blüte der Mitte des ersten Jahrtausends eine Kultur der Ernährung herausbildete, die zum einen Bestandteile aus den benachbarten Regionen übernahm, besonders aus Ägypten. Zum anderen brachte diese Kultur viele eigene Leistungen hervor, die für die gesamte Antike prägend werden sollten.

In der modernen abendländischen Esskultur gibt es eine Reihe von Elementen, die römischen Ursprungs sind. Aber über lange Phasen der Antike hinweg galt die römische Kultur als wenig originell und hochstehend – diese Eigenschaften wurden vor allem der griechischen zugesprochen. Selbst in Roms großer Zeit, als Griechenland politisch bedeutungslos war, blieb die griechische Kultur im Imperium Romanum Trendsetter.[96]

Es sind in erster Linie die offiziellen Essen im Rathaus, die Gelage in Clubs und Bruderschaften sowie das Wirtshausleben, die in der klassischen Literatur immer wieder genannt werden. Aber was dort tatsächlich passierte, ist kaum zu rekonstruieren.[97]

Weil jede Analyse dieser Lebensbereiche stark spekulativ bleiben muss, seien sie an dieser Stelle lediglich kurz diskutiert. Wirtshäuser sind prinzipiell Bestandteil der städtischen Kultur, das ist ein Wesensmerkmal jeder arbeitsteilig differenzierten Gesellschaft, zumindest, wenn die Ökonomie auf Geldwirtschaft basiert.[98] Daher waren Gaststätten auch in der griechischen Polis bekannt. Das Spektrum reichte von der einfachen Garküche bis zum aufwändigen Hotel. Allerdings merken die Quellen an, dass es für angesehene Bürger als deklassierend galt, Gaststätten zu betreten. Solche Mahnungen hätten sicherlich nicht so häufig erteilt werden müssen, wenn die Menschen nicht auch gerne in Gasthäusern verkehrt hätten. Deren Ruf war u. a. deshalb so schlecht, weil die Herbergen auch als Bordellbetriebe fungierten, und zudem immer wieder der Vorwurf der Weinpanscherei erhoben wurde.

Abbildung 11: Eine Hetäre zeigt einem Zecher, dass die Weinkanne leer ist. Dieser reagiert erstaunt. Attische rotfigurige Vase, ca. 480/470 v. Chr.

Besonders viele Wirtshäuser gab es in der Nähe der antiken Touristenattraktionen. So verfügte etwa Olympia mit dem *Leonidaion* über ein regelrechtes Hotel. Ähnliche Einrichtungen existierten an den Heiligtümern des Asklepios bei Epidauros. In diesen Kurort strömten die Kranken, um Heilung bei den dortigen Traumorakeln zu suchen.[99]

Insgesamt spielte sich das Gemeinschaftsleben im städtischen Alltag aber weniger in der Gaststätte ab, sondern weit stärker in der Sphäre des Privaten, und zwar im *Symposion*.

Das Symposion war eine Besonderheit der griechischen Antike. Zudem spiegelt es die sozialen Verhältnisse der damaligen Gesellschaft realitätsnah wider. Walter Hatto Gross nannte das Symposion einen »fröhlichen Umtrunk unter Männern«. Von diesem gängigen Abendvergnügen waren Frauen und Kinder ausgeschlossen.

Abbildung 12: Symposion-Szene. Nach einer attischen rotfigurigen Vase, um 480 v. Chr.

Das Symposion war genau strukturiert. Der erste Teil bestand aus einer gemeinsamen Mahlzeit, die auf Speisesofas eingenommen wurde. Allein oder zu zweit legten sich die Gäste auf diese Bänke und benutzten Stücke von Brotfladen, um die mundgerecht zubereiteten Bissen mit den Händen zu essen. Anschließend folgte der wichtigere Teil, das Gelage. Das Los bestimmte den *Symposiarch* genannten Zechmeister. Er organisierte zunächst die Weihung jenes Weines, der den Göttern als Trankopfer dargebracht wurde. Dann legte er fest, in welchem Verhältnis Wasser und Wein zu mischen waren und in welcher Reihenfolge getrunken wurde. Die Trink- und Speisegemeinschaft sah sich demzufolge als hierarchisch strukturierte Gruppe, in der es eine klare Ordnung gab. Beim Symposion mussten die Gefäße rechtsherum kreisen, und man musste den Becher in einem Zug leeren. Funktional gesehen ersetzte das Symposion den jüngeren Männern das Wirtshaus, das sie wegen dessen schlechten Rufes nicht ohne weiteres besuchen konnten.[100]

Diese eher formalen Aspekte der griechischen Symposien sind sowohl in der klassischen Literatur als auch in der neueren Forschung unbestritten. Was dagegen auf den Symposien tatsächlich geschah, darüber ist weiterhin kaum etwas bekannt, und es lässt sich auch nicht rekonstruieren. Möglicherweise vermittelt Naghib Machfus eine Ahnung davon, wie es gewesen sein könnte. 1988 erhielt der Ägypter den Nobelpreis für Literatur vor allem für seine *Kairoer Trilogie*. In diesem Romanzyklus über den Wandel des städtischen Lebens im Ägypten des 20. Jahrhunderts geht es genau um diese ritualisierten Trinkgelage der Männer, die den Rahmen der gesellschaftlichen Normen aber unter dem Druck des Alkohols und ihrer Gefühle beinahe allabendlich sprengen und auf diese Weise in kaum aufzulösende Konfliktsituationen geraten.[101] Vielleicht wurden die gesellschaftlichen Normen auch bei den griechischen Symposien häufiger über- oder auch unterschritten als eingehalten.

In den griechischen Stadtgesellschaften war es allgemein üblich, sich abends im privaten oder halböffentlichen Rahmen zu treffen um zu diskutieren, zu essen und zu trinken. Das Symposium stellte dazu nicht die einzige Möglichkeit dar. Ähliche Einrichtungen waren gesellschaftliche Zusammenkünfte, die ebenfalls Männern vorbehalten waren, die aber einen stärker politischen Charakter hatten. In diesem Zusammenhang sind schließlich die *phratríai* zu nennen. Dabei handelte es sich um Bruderschaften von Bürgern, bei denen das gemeinsame Abendessen im Mittelpunkt stand.[102]

Der überlieferte Befund wirft eine Reihe von Problemen auf, denn die literarischen Quellen sind durchweg elitärer Herkunft. Daher berichten sie ausschließlich über die Männer der politischen und wirtschaftlichen Führungsschichten. Diese lebten aber isoliert in einer strengen Männergesellschaft; sie blieben meist unter sich, überwiegend abgegrenzt von der Welt der Frauen.

Der Fokus auf diese Gruppe kontrastiert mit der gesellschaftlichen Realität, denn die männliche Führungsschicht bildete nur die Spitze einer Sozialpyramide mit einer breiten Basis: Wirtschaft und Gesellschaft Griechenlands basierten zu etwa 95 Prozent auf der Landwirtschaft, die in der Frühzeit von wenigen Großbauern dominiert wurde. Ihre riesigen Güter bewirtschafteten sie mit Hilfe von Sklaven. Im Zuge der beginnenden Geldwirtschaft und der aufstrebenden Polis-Verfassung kam es zwar zu einer vorübergehenden Stärkung der Kleinbauern, aber im Zeitalter des Hellenismus kehrte sich dieser Trend wieder um. Daher gab es nach etwa 360 v. Chr. eine erneute Dominanz der Großgüter mit einer Vielzahl abhängig Beschäftigter.[103] Der überwiegende Teil der Bevölkerung lebte auf dem Land und konnte aufgrund der sozialen Verhältnisse und der existenziellen Abhängigkeiten nur geringen Einfluss auf die Herausbildung eines individuellen Lebensstils ausüben. Hier war der Hang zum Privaten, der in der Polis vorherrschte, unbekannt. Die Menschen lebten in engsten Gemeinschaften, sie hatten äußerst wenige private

Rückzugsmöglichkeiten. Vor allem auch die Mahlzeiten wurden gemeinsam eingenommen.

Solche Strukturen und Ordnungen zeigen sich in der extrem auf die Gruppe ausgerichteten Gesellschaft Spartas. Gemäß der Verfassung, die aus der Zeit um 700 v. Chr. stammt, waren die Bewohner Spartas in drei *Phylen* zusammengefasst, also in drei männliche Gemeinschaften. Die Jünglinge in der Altersklasse von 14 bis 20 Jahren wurden vom Staat erzogen. Die 20- bis 30-jährigen lebten in der Gemeinschaft der Krieger, die älteren in so genannten *Syssiten*, wörtlich übersetzt in Speisegenossenschaften.[104] Obgleich über die Praxis des täglichen Essens wenig bekannt ist, steht doch fest, dass sich die soziale Gruppe ausdrücklich über die gemeinsame Mahlzeit definierte.

In Athen, in Sparta und auf dem Lande aß man auf unterschiedliche Weise, aber in allererster Linie in der Gemeinschaft. Wie in allen vorindustriellen Gesellschaften waren der Wohlstand der Gruppe und des Individuums direkt proportional zum jeweiligen Fleisch- beziehungsweise Eiweißkonsum. Je reicher jemand war, desto mehr tierisches Eiweiß stand zur Verfügung. Allerdings wurde ein nicht zu vernachlässigender Teil des Proteinbedarfs auch über das Opferfleisch rituell geschlachteter Tiere gedeckt.

Tierische Nahrung war in Griechenland bereits früh Mangelware. An den Küsten war Fisch am wichtigsten, im Binnenland Fleisch. Während der gesamten historischen Zeit stammte das Fleisch in erster Linie von Nutztieren, weil die kargen Jagdgründe weitgehend erschöpft waren. Schwein, Schaf und Ziege waren dem philologischen Befund zufolge die verbreitetsten Haustiere, daneben auch das Huhn. Die literarischen Quellen erwähnen diese Tiere häufig. Zudem sind für sie besonders viele Bezeichnungen überliefert. Knochenreste sind dagegen nur ganz selten gefunden worden.

Ziegen waren vor allem im Rahmen der Käseherstellung wichtig, wurden aber, wenn wir den Belegen in Homers *Odyssee* oder bei Hesiod Glauben schenken dürfen, auch verspeist. Der Überlieferung zufolge schmeckte Ziegenfleisch je nach Jahreszeit oft faulig, galt aber als nahrhaft. Athenaios erwähnt eine Geschichte von einem Athleten aus Theben, der sportlich sehr erfolgreich war, weil er ausschließlich Ziegenfleisch aß, den seine Mitmenschen aber verspotteten, weil er stank.[105]

Der griechische Arzt Nikander lebte zu Beginn des 3. vorchristlichen Jahrhunderts. Von seinem reichhaltigen Werk sind nur Fragmente überliefert; seine kulturgeschichtliche Bedeutung beruht nicht zuletzt auf der großen Wirkung, die seine Schriften auf die römische Geisteswelt ausübten. Bei Nikander findet sich u.a. eine ungewöhnlich ausführliche Schilderung eines Rezeptes: »Wenn du aber frischgeschlachtetes Ziegenkitz oder Lamm oder auch Huhn als Essen zubereitest, füge einige frische Weizenkörner zerstoßen in eine tiefe Pfanne und rühre sie mit duftendem Öl zusammen. Wenn das Gericht kocht, gieße es über den zerstoßenen Weizen und lege einen Deckel darauf, denn wenn dieses schwere Gericht so zubereitet wird, quillt es auf. Serviere es noch warm mit Brot.«[106] Welche Schlussfolgerungen erlaubt eine Interpretation dieses Rezeptes?

Offensichtlich kochten auch Männer, denn die antike Literatur war nicht unbedingt für Frauen gedacht. Die Schilderung verrät ferner, dass Fleisch, anders als in Ägypten, nicht gebraten wurde, sondern gekocht. Die griechische Wirtschaft war in hohem Maße eine Mangelwirtschaft, und den beim Braten zwangsläufigen Fettverlust konnte sich kaum jemand leisten. Erwähnenswert und keinesfalls selbstverständlich ist darüber hinaus die Tatsache, dass zum Kochen eine Pfanne verwendet wurde. »Duftendes Öl« diente als Gewürz. Dabei handelte es sich um Gewürze, die zuvor in Öl eingelegt worden waren. Welche Gewürze hier gemeint sind, bleibt allerdings unklar. Wahrscheinlich war dieses Gericht eine besonders kostbare Komposition und kaum eine Alltagsspeise; schließlich fanden teure Jungtiere Verwendung, deren Fleisch im Verhältnis wertvoller als das älterer Tiere ist. Auffällig ist zudem die Kombination von zerstoßenem Getreide und Fleisch.

In striktem Gegensatz zum ägyptischen Speisezettel spielten die Schweine in Griechenland neben Schafen und Ziegen eine bedeutende Rolle. In Athen war Schweinefleisch noch bedeutender als auf dem Land. Es hatte den Vorteil, dass man es durch Pökeln haltbar machen konnte. Und auch zur Wurstherstellung eignete sich das Fleisch der Schweine besser als das anderer Tiere. In Athen und wohl auch in den anderen Städten wurde ein lebhafter Handel mit Würsten getrieben, aber wer diese Würste auf welche Weise und nach welchen Rezepten herstellte, ist nicht bekannt. Ferkel galten als besondere Delikatesse. Rind, Ochse und Kalb wurden dagegen offenbar nur selten gegessen. Wegen der geringen

Bedeutung des Rindes standen auch nur wenig Butter, Käse und Milch zur Verfügung.

Aristoteles, einer der wichtigsten griechischen Philosophen und Lehrer Alexanders des Großen, beschäftigte sich in seinem Werk *Untersuchung von Tieren* ausführlich mit der Fauna seiner Zeit. Über die Hunde schreibt er, sie würden mit den Menschen zusammenleben. Das schütze die Hunde aber nicht davor, gelegentlich auch gegessen zu werden. Allerdings genossen Hundegerichte kein hohes Ansehen. Der Autor des hippokratischen Ernährungstextes *Regimen* empfahl das gegrillte Fleisch ausgewachsener Hunde für bestimmte Diäten, dasjenige von Hundewelpen wiederum bei anderen Diäten. Insgesamt war der Hundekonsum jedoch rückläufig, und ab dem 2. nachchristlichen Jahrhundert verzichtete man offenbar völlig auf den Verzehr von Hundefleisch. Hier trat ein neues kulturelles Muster in den Vordergrund. Der Hund war zu sehr zum Freund des Menschen geworden. Auf diese Weise entstand im Laufe der Entwicklung ein lange wirksames Nahrungstabu. Nur weil der Hund zum Schoßtier geworden war, aß man das im Grunde schmackhafte Fleisch nicht mehr.[107]

Weniger eng waren die emotionalen Bande, die den Menschen mit dem Esel verbanden. So galten die seltenen Wildesel als Delikatesse, während der Hausesel als Nahrungsmittel kein hohes Ansehen genoss: Junge Esel hatten ein langes Leben als Arbeitstier vor sich und waren daher zu wertvoll, um sie zu verspeisen, während das zähe Fleisch der alten Tiere fad schmeckte. Immerhin konnte es sich die griechische Wirtschaft, die nie genügend Eiweiß zur Verfügung stellen konnte, nicht leisten, auf Eselfleisch zu verzichten. Weil Esel aber zahlreich waren, können wir schlussfolgern, dass das Fleisch der Esel in den Kochtöpfen der Bauern nicht so selten war, wie das beinahe gänzliche Fehlen von Schriftquellen vermuten lässt; aber über das Alltägliche und Gewöhnliche liegen ohnehin kaum Nachrichten vor.[108]

Betrieben die Menschen in der griechischen Antike auch Kannibalismus? Galenos, einer der bedeutendsten Ärzte seiner Zeit, schrieb im 2. nachchristlichen Jahrhundert darüber in seinem Werk *Die Kräfte der Nahrungsmittel*: »Es ist offenbar, dass sich das Fleisch von Schweinen und von menschlichen Wesen ähnelt, da Leute Menschenfleisch statt Schweinefleisch gegessen haben; diese Möglichkeit haben vor langer Zeit skrupellose Wirte und andere entdeckt«. Dieser Beleg steht recht isoliert, und vermutlich wurden derartige Delikte sehr selten verübt. Daher ist Menschenfleisch aus der Liste der antiken Nahrungsmittel zu streichen.[109]

Anders verhielt es sich mit den tierischen Innereien: Wie in den meisten Gesellschaften wurde so gut wie alles verwertet. Dabei bestimmte wiederum die kulturelle Wertigkeit, welche Teile als ekelhaft und welche als delikat galten. Schnauzen, Nasenscheidewände oder Bindegewebsfetzen wurden und werden vorwiegend zu Wurst verarbeitet und waren beziehungsweise sind unzerkleinert kaum im Handel. Leber oder Zunge werden heute in Deutschland geschätzt, während in Spanien auch der Darm als Delikatesse gilt und die Lunge eher in Polen auf den Tisch kommt, weil ein gewachsenes Kulturmuster es so bestimmt. In der griechischen Antike waren andere Teile beliebt, zum Beispiel Knochenmark und Zunge. Insgesamt trug die große Vielseitigkeit und Verwertbarkeit des Schweins maßgeblich zu seiner zunehmenden Verbreitung bei. So liegen auch literarische Hinweise vor, dass der Uterus einer Sau eine besondere kulinarische Kostbarkeit war.[110]

Die griechische Küche war von der Ägyptens in vielen Bereichen verschieden. Neben der unterschiedlichen Be- und Verwertung des Schweins fällt vor allem das geringe Vorkommen von Wild auf. So bot das Umland von Athen in antiker Zeit außer Hasen kaum Jagdbares. In den Speisefolgen der Komödien – sehr weit verbreiteter und überaus beliebter Bühnenspiele – des ausgehenden 5. und des 4. vorchristlichen Jahrhunderts war der Hase ein Kennzeichen für teure und intime Abendessen. Entsprechend raffiniert konnten die Zubereitungsarten sein. So wurde zu Hasen gelegentlich eine Soße aus gehacktem Koriander, Salz, Käse und einer Würzmischung gereicht.[111]

Sehr geschätzt wurden auch wilde Eber, aber sie waren ebenso selten wie Hirsche und kamen daher nur ausnahmsweise auf den Tisch. Insekten und sonstige Kleinlebewesen aß man in Griechenland nicht, wohl aber Schnecken.

Der Mangel an jagdbarem Wild dürfte vor allem in küstenfernen Gebieten dazu gezwungen haben, bei der Wahl der Eiweißlieferanten großzügig zu verfahren. Auf dem Speiseplan standen deshalb auch so gut wie alle heimischen Vogelarten. Vogelfänger war ein eigener Beruf. Auf dem Markt von Athen wurden u. a. Lerchen, Stare, Eichelhäher, Dohlen, Spatzen, Zeisige und Mönchsgrasmücken feilgeboten. Aristoteles berichtet, dass eine bestimmte Eulenart »nicht wohlschmeckend genug ist, als dass man sie als Speise servieren könnte«. Im Umkehrschluss können wir folgern, dass Eulen zumindest gelegentlich probiert wurden. Die Literatur überliefert eine Menge derartiger Beispiele. Dazu zählen auch Hinweise auf den schlechten Geschmack des Fleischs der Kraniche. Neben der Jagd spielte zunehmend die Zucht von Vögeln eine Rolle. Beliebt waren zunächst Wachteln, Tauben, Gänse und Fasanen, während das Huhn noch nicht so wichtig war.[112]

Der Geschmack wird zwar in hohem Maße kulturell erlernt, aber das Beispiel des Kranichs zeigt doch, dass wenig schmackhafte Speisen unabhängig voneinander in den verschiedensten Gesellschaften negativ bewertet werden. Der Kranich ist außerordentlich zäh, und sein Fett wird schnell ranzig. Schon bald schmeckt das Fleisch des Kranichs faulig, und möglicherweise schmeckte der Kranich den Menschen im antiken Griechenland ebenso wenig wie den modernen Europäern. In Notlagen waren die Menschen aber immer wieder gezwungen, auch wenig schmackhafte Speisen zu essen. Wahrscheinlich würde jene Kost, die die Wohlhabenden gerne aßen, uns heute ebenfalls gut schmecken.

Fische und Meeresfrüchte spielten im Bereich der griechischen Küche eine deutlich prominentere Rolle als das Fleisch der Säugetiere. Das ist keinesfalls selbstverständlich, denn bis in die jüngste Vergangenheit gibt es Ethnien, die zwar an fischreichen Wassern leben, deren kulturelle Prägung den Fischfang aber aus den unterschiedlichsten Gründen nicht vorsieht. Solchen Mustern begegnet man etwa an der Westküste Südamerikas oder im Südosten des afrikanischen Kontinents. Auch der Verzicht auf Fleisch seitens der indischen Hindus ist in diesem Zusammenhang zu sehen.

In Griechenland blickt der Fischfang auf eine Tradition zurück, die bis weit in die prähistorische Periode zurückreicht. Für die klassische Zeit galt hinsichtlich des Fischs ähnliches wie hinsichtlich der Vögel und der Säuger: Beinahe alles wurde gefangen und verspeist. Aus der unweit Athens gelegenen Kleinstadt Akraiphia liegt ein archäologischer Fund vor, der diese These stützt. Es handelt sich um eine Preisliste, die aus dem 3. vorchristlichen Jahrhundert stammt, und die eine atemberaubende Angebotsfülle aufzeigt. Obgleich der englische Althistoriker D'Arcy Wentworth Thompson 1947 einen Versuch unternahm, die Liste auszuwerten, konnten weder seine umfangreiche Studie *A Glossary of Greek Fishes* noch spätere Untersuchungen alle in der Liste aufgeführten Bezeichnungen für die Meerestiere eindeutig zuordnen.

Fisch spielte in Griechenland vor allem wegen des Fleischmangels eine zentrale Rolle. Das zeigen die literarischen Quellen, die über das Leben in Athen berichten. Am wichtigsten war der Thunfisch, der direkt vor der Küste gefangen wurde, daneben auch Stör, Makrele, Meeräsche, Tintenfisch, Aal und verschiedene Haisorten. Je nach Größe wurden die Fische ganz zubereitet oder nur Filetstücke verwendet. Der Markt bot neben diesen größeren Fischen noch eine außerordentliche Vielfalt an kleinen Fischen, Muscheln, Krabben, Langusten und Hummern.[113]

Die griechische Antike kannte mehrere Dichter, die den Namen Philoxenos trugen. Leben und Werk dieser Männer lassen sich nicht immer klar auseinander halten. Einer von ihnen, wahrscheinlich Philoxenos von Kythera, hinterließ eine Reihe von Rezepten.

Bei einem dieser Rezepte war folgendermaßen zu verfahren: Zunächst sollte in einer Kasserole Olivenöl erhitzt werden. Anschließend waren zwei Esslöffel Fischsoße und ein guter Esslöffel klarer Honig hinzuzufügen. Zusammen mit etwa einem halben Pfund frischer Garnelen sollte das Ganze sechs Minuten kochen. Dann wurden die Garnelen mit einem Sieb entnommen. Die Brühe verkochte zur Hälfte, wurde mit zwei Teelöffeln frisch gehacktem Oregano abgeschmeckt und wieder über die Garnelen gegossen. Das nun fast fertige Gericht wurde schließlich mit frischem Pfeffer bestreut und zusammen mit Brot und Salat als Vorspeise serviert.[114]

Von der Zubereitungsart her handelte es sich um ein relativ typisches Gericht. Die Zutaten und die Art der Überlieferung lassen darauf schließen, dass diese Vorspeise eher in einen städtischen Mittel- oder Oberschichthaushalt gehörte, und keinesfalls für Sklaven oder Bauern in Frage kam. Was fällt bei dem Gericht auf? Zwei Zutaten würden heute in Mitteleuropa in diesem Zusammenhang nicht unbedingt verwendet werden, und zwar Honig und Fischsoße.

Zunächst zum Honig. Bei der kulturellen Prägung des Geschmacks ist neben den bislang genannten ein weiterer Aspekt wichtig: Unabhängig von dieser Prägung haben Menschen – und auch viele Tiere – eine physiologische Affinität zum Süßen. In Ägypten war Dattelsirup vorherrschend, in Griechenland dagegen Honig, der bereits in prähistorischer Zeit systematisch gesammelt wurde. Bei der Wahl des Süßmittels waren also die geographischen Grundbedingungen ausschlaggebend.[115] Es war mühsam, Honig zu sammeln beziehungsweise zu kultivieren, und er dürfte auf dem städtischen Markt verhältnismäßig teuer gewesen sein. Daher war der Honig ein Prestigeprodukt. Nicht zuletzt aus diesem Grund verwendete man den Honig zum Kochen. Heute wird die Kombination süß-salzig in der mediterranen und mitteleuropäischen Küche nur noch vereinzelt verwendet, wohingegen sie in Osteuropa und im chinesischen Kulturraum weit verbreitet ist.

Neben dem Honig erwähnt das Rezept des Philoxenos die im Griechischen *gáros* genannte Fischsoße. Dem älteren Plinius zufolge, der sich auf die byzantinischen Geoponica berief, wurde diese Fischsoße folgendermaßen hergestellt: »Sie nehmen vorzugsweise kleine oder große Menolas oder sonst Sardellen, Stöckerfisch oder Makrele oder eine Mischung von all diesen, legen sie in eine Schüssel. Dann kneten sie sechs italische Pfund Salz für jeden Viertelscheffel Fisch ein, so dass diese mit dem Salz gut vermischt sind, lassen das Ganze über Nacht stehen und geben es dann in einen irdenen Krug, den sie zwei oder drei Monate offen in der Sonne stehen lassen, wobei sie gelegentlich mit einem Stock umrühren; dann nehmen sie die Flüssigkeit, decken sie ab und lagern sie ein.«

Diese Fischsoße wurde nicht nur im Zusammenhang mit Garnelenrezepten empfohlen, sondern für die Zubereitung der unterschiedlichsten Speisen verwendet. Bereits die griechische Frühzeit kannte die Fischsoße, und sie prägte die antike Küche bis in die spätrömische Zeit ganz grundlegend. In weiten Teilen Südostasiens, beispielsweise in Kambodscha oder in Vietnam, wird die Fischsoße heute noch auf ähnliche Weise hergestellt wie in der klassischen Antike. Die Soße hat den Vorteil haltbar zu sein. Zudem gehen bei ihrer Verwendung viele Teile (Gräten, Flossen oder Innereien), die sonst nur schlecht verwertbar sind, nicht als Eiweißlieferanten verloren. Zudem ließ sich die Soße in Amphoren leicht transportieren und konnte daher durch landesweiten Handel dazu beitragen, die Eiweißunterversorgung im Binnenland zu mindern.[116]

Meeresprodukte waren also in der griechischen Antike wesentlich bedeutender als Fleisch. Bei ihnen griff man auf die gesamte zur Verfügung stehende Palette zurück, und vor allem die Fischsoße stellte ein essenzielles Element der Ernährung dar. Zwar liegen über die Kost der Unterschichten kaum Quellen vor, aber vermutlich stellte die Fischsoße, wenn sie zusammen mit Brot oder mit Getreidegerichten verzehrt wurde, hier sehr oft den einzigen tierischen Bestandteil der Ernährung dar.

Kommen wir zu den vegetabilen Nahrungsmitteln. Obst- und Gemüseanbau waren zunächst vor allem in Anatolien, also in der heutigen Türkei, hoch entwickelt. Von dort aus gelangten sie nach Griechenland. Ältere Pflanzenarten, die in der letzten Eiszeit aus Europa verschwunden waren, hatten in Anatolien überlebt. Von dort kehrten sie jetzt zurück.

Insgesamt gesehen wurden Obst- und Gemüseanbau in Griechenland im 1. vorchristlichen Jahrtausend stetig verbessert. Äpfel wurden in Kulturen gezogen, ebenso Quitten und Granatäpfel. Alle drei Sorten wurden unter der Sammelbezeichnung *mélon* subsumiert. Einen *mélon* zu verschenken galt als Liebesbeweis, und *mélon* war auch eine allgemeine Metapher für rotwangige Gesundheit. Als weitere Früchte waren Pflaumen, Weintrauben, Birnen, Sauerkirschen und Melonen bekannt. Als wichtige Kulturbeeren galten Myrte, Maul- und Brombeere. Mispeln, Mandeln und Nüsse bildeten die Grundlage vieler Süßspeisen. Oliven wurden nur selten ganz gegessen; sie waren die Grundlage der griechischen Ölproduktion und umso wichtiger, als nur wenig tierisches Fett zur Verfügung stand.

Datteln waren zwar überaus beliebt, aber sie mussten importiert werden und waren daher für die meisten Menschen im Grunde zu teuer. Weil die Dattel als Symbol für das zumindest in der Frühzeit kulturell höherstehende Ägypten galt, waren viele jedoch bereit, die hohen Preise zu zahlen.[117]

Gemüse stellte einen weiteren wichtigen Teil der griechischen Ernährung dar. Basilikum, Blattsalat, Fuchsschwanz, Gartenraute, Kohl, Kresse, Mangold, Melde, Rauke und Sauerampfer waren bereits in der Frühzeit bekannt, und auch in den literarischen Quellen werden diese Pflanzen genannt. Noch andere Gemüsesorten müssen wichtig gewesen sein, aber sie waren offenbar zu alltäglich, um in den elitären literarischen Quellen erwähnt zu werden. Auch archäologische Funde fehlen. So liegen zwar für Zwiebel, Knoblauch, Sellerie, Dill, Kresse, Fenchel und Spargel nur wenige Hinweise vor, aber sie dürften trotzdem eine tragende Rolle in der griechischen Alltagskost gespielt haben.

Andere Gemüsearten wurden den Quellen zufolge vor allem von den armen Bevölkerungsschichten gegessen. Dazu zählten Affodill, Wiesenkerbel, Kerbel, Fetthenne, Wildrauke, Ackersenf und, obwohl herzwirksame Glykoside enthaltend, Meerzwiebeln sowie die Distel, von der die Wurzeln verzehrt wurden.[118]

Abbildung 13: Olivenernte. Attische schwarzfigurige Vase des Antimenes-Malers, um 520 v. Chr.

Die hier aufgezählten Pflanzen sind zwar überwiegend recht nahrhaft, aber wegen ihres hohen Zelluloseanteils oft nur schwer verdaulich. Zudem sind einige von ihnen wegen des hohen Säureanteils wenig schmackhaft. So deutet der Verzehr dieser Pflanzen auf den niedrigen Lebensstandard der breiten Masse hin.

In der griechischen Gesellschaft waren viele Menschen arm – je nach Wirtschaftslage und Klima sogar der Großteil der Bevölkerung. Man kann davon ausgehen, dass die Mehrzahl der erwachsenen Männer – auch arbeitende Sklaven – in Jahren guter Konjunktur satt wurden, während viele Frauen, Kinder und Alte selbst in guten Jahren nicht genug Nahrung bekamen. In den regelmäßig wiederkehrenden Notjahren litten dagegen fast alle existenziellen Mangel.[119]

Die griechische Küche litt unter einem permanenten Mangel an tierischen Produkten. Daher standen lebensnotwendige Stoffe, vor allem Proteine, nicht immer in ausreichender Menge zur Verfügung. So waren Hülsenfrüchte auch hier die wichtigsten vegetabilen Eiweißlieferanten, zumal sie auf den nährstoffarmen und trockenen Böden des Landes gut gediehen. Erbsen, Kichererbsen und Bohnen waren bedeutend, standen aber hinter Linsen weit zurück. Zu den Leguminosen zählt auch die eiweißhaltige, aber sehr bittere Lupine. Es galt als Zeichen für völlige Verarmung, wenn Menschen Lupinen essen mussten. Der literarische Beleg, der das feststellt, kann wiederum als Indiz dafür gelten, dass diese extreme Verarmung häufig soziale Realität war.[120]

Getreide bildete das Rückgrat der griechischen Grundversorgung. Ganz überwiegend wurden Gerste und die einfache Weizensorte Emmer angebaut. Aus dem Emmer wurde Brot gebacken, und Gerste verwendete man vor allem für Breie oder als Zutat für Suppengerichte.

Wir können annehmen, dass diese beiden Getreidesorten den größten Teil der Kalorienversorgung deckten. Brot war sehr geschätzt, es gab viele Zubereitungsarten, und analog zur Entwicklung in Ägypten kannte man auch Backtriebmittel.

Auffälligerweise waren Brot- und Breinahrung gleichzeitig weit verbreitet. Warum sollte man aber Brei essen, wenn Brot besser bekömmlich war und besser schmeckte? Der Grund liegt in der Verbreitung von Feuer und Ofen. Bereits das antike Griechenland kannte Feuerholzmangel, und vielen Menschen war der ständige Unterhalt eines Feuers zu kostspielig. Daher spiegelte der Kontrast zwischen Brot und Brei in der Antike und lange darüber hinaus den Gegensatz zwischen Arm und Reich sowie zwischen Städter und Landbewohner wider.[121]

Integrativer Bestandteil der Ernährung waren die Getränke, von denen Griechenland aber nur eine begrenzte Bandbreite kannte. An alkoholischen Getränken waren Wein und Bier verbreitet, während die Destillation auch in Griechenland noch nicht bekannt war. Wein konnte, etwa als schwerer Likörwein, teures Prestigeprodukt sein, aber auch einfaches Alltagsgetränk, oft mit Wasser gemischt; den Konsumenten stand eine große Vielfalt zur Verfügung. Bier zählte in der griechischen Antike dagegen nicht zu den Alltagsgetränken, sondern es wurde eher als Heilmittel verwendet, so gegen Husten und Würmer. Im Rahmen der Ernährung spielte Bier nur in einigen Regionen eine bedeutendere Rolle, etwa in Makedonien.[122]

Bei der Durchsicht der Quellen und der Literatur entsteht leicht der Eindruck, Wein sei in der griechischen Antike das mit Abstand wichtigste Getränk gewesen. Aber auch beim griechischen Beispiel passt dieser Befund nur schlecht zu der Erkenntnis, dass die ökonomische Struktur dieser Epoche viele Züge einer ausgeprägten Mangelwirtschaft trug. Folglich war Wasser sicherlich das Hauptgetränk, möglicherweise sogar das einzige Getränk für Frauen, Kinder, Arme und Sklaven. Aristoteles' Betrachtungen legen sogar den Schluss nahe, dass auch viele freie Männer reines Wasser tranken. Der Zeitgenosse Alexanders des Großen schrieb: »Dass im Meer trinkbares Wasser enthalten ist und dieses durchgeseiht werden kann, ist offenkundig. Es ließ sich dafür nämlich bereits folgendes Experiment durchführen. Formt man nämlich ein Gefäß aus dünnem Wachs, dichtet es ab und lässt es leer ins Meer hinab, so nimmt es in einer Nacht und einem Tage eine Menge Wasser auf, und dieses ist offensichtlich trinkbar.«[123] Der Philosoph hätte »trinkbares« Wasser kaum erwähnt, wenn es beispielsweise nur für Sklaven trinkbar gewesen wäre. So ist davon auszugehen, dass der Stand der Produktionstechnik, die Gesellschaftsstruktur, das Fehlen des Biers sowie die starken Schwankungen der Ernteerträge dazu geführt haben müssen, dass allenfalls der erwachsene männliche Teil der freien Bevölkerung regelmäßig alkoholische Getränke konsumieren konnte, während Wasser mit großem Abstand das Hauptgetränk der breiten Masse war.

Als Fazit bleibt, dass die überwiegende Zahl der Griechen in der Antike vor allem Getreidebreie und Gemüse aßen und Wasser tranken, und zwar meistens in der Gemeinschaft und nach festen Regeln. Diese Gemeinschaft orientierte sich am Dorf oder an der jeweiligen Stellung beim Großgrundbesitzer. Die gemeinsame Mahlzeit bildete hier den sozialen Mittelpunkt des Lebens. In Küstengebieten war die Nahrung stark vom Fischangebot abhängig.

In der Stadt kreisten ebenfalls weite Bereiche des täglichen Lebens um das Essen und Trinken, und zwar um das *gemeinsame* Essen und Trinken. Die gemeinsame Mahlzeit wurde häufig im Kreise der Geschlechtsgenossen eingenommen. Unter allen Freizeitbeschäftigungen nahmen Essen und Trinken in der Gruppe den wichtigsten Rang ein. Daher ist es erstaunlich, dass die Forschung dieses Themenfeld bislang so stark vernachlässigt hat, zumal Essen und Trinken auch in der klassischen Literatur einen prominenten Platz einnehmen.

Eine komplexe Esskultur besteht aus den verschiedensten Elementen. Damit sich eine solche Kultur entwickeln kann, bedarf es einer gewissen Kontinuität. Die dynamische Gesellschaftsentwicklung und der Rückgang des Fleischangebotes während des 1. vorchristlichen Jahrtausends, noch stärker aber die stark schwankende Agrarkonjunktur behinderten diese Kontinuität. Es gab aber einen Bestandteil, der für die griechische Esskultur prägend wurde, und der sich mit weniger Aufwand verwirklichen ließ: das Essgeschirr. Eine große Bandbreite an irdenen, in reicheren Haushalten auch edelmetallenen Küchen-, Trink- und Auftraggeschirren führte zur Genese einer Tischkultur, die es ermöglichte, auch bescheidenere gemeinsame Mahlzeiten zu festlichen Inszenierungen werden zu lassen.[124] Wie sehr sich soziale Gruppen und Ethnien über die Art der Nahrung und der Nahrungsaufnahme identifizierten, zeigt bereits Herodot, dessen *Historien* die Völker danach unterscheiden, wie sie sich ernähren.

Was machte also die griechische Ernährung aus? Wo unterschied sie sich von ägyptischen Formen? Mit aller Vorsicht, die eine ungünstige Überlieferungssituation gebietet, lässt sich die These formulieren, dass der ägyptische Tisch häufig reicher gedeckt war. Vor allem bot er eine größere Auswahl an Fleisch und Fleischprodukten sowie an Früchten. Identisch war dagegen das große Übergewicht des Getreides im Ernährungssystem.

Stärker als die materiellen Elemente unterschieden sich aber die kulturellen Komponenten. Für die Masse der arbeitenden Bevölkerung war das gemeinsame Essen sowohl in der griechischen Antike als auch im pharaonischen Ägypten das gewichtigste identitätsstiftende und sozialkonstituierende Moment.

Der entscheidende qualitative Unterschied trat bei der Analyse der Essgewohnheiten der Mittel- und Oberschichten zutage. Während die strenger hierarchische Gesellschaft Ägyptens sich diesbezüglich starr am

Vorbild des Pharaos orientierte und eine adelige und großbäuerliche Esskultur keine besondere Originalität entwickelte, schufen griechisches Gastmahl, Symposion und Gemeinschaftsessen die Grundlagen für ein neues Selbstverständnis, welches weniger auf Einzelpersonen als vielmehr auf die soziale Gruppe und auf den Staat ausgerichtet war. Dass gesellschaftliche Normen und die Herausbildung einer eigenen Geschirrkultur dabei mindestens ebenso großen Anteil hatten wie die Auswahl der Nahrungsmittel, trug wesentlich zur Genese einer demokratischeren Tisch- und damit auch Gesellschaftskultur bei.

KAPITEL 4

Brot und Spiele

Die Welt des Imperium Romanum

Im 2. vorchristlichen Jahrhundert schickte sich die römische Antike an, das Erbe Griechenlands anzutreten. Damit steht Rom in einer geschichtlichen Entwicklungslinie, die von den frühen Hochkulturen zum europäischen Abendland führt.

Die Apenninhalbinsel spielte im mediterranen Raum zunächst eine untergeordnete Rolle, denn die kulturell tonangebenden Machtzentren blieben die Kleinreiche und Stadtstaaten des griechischen Raums. Der Legende nach wurde die Stadt Rom 753 v. Chr. gegründet. Bis 510 v. Chr. stand sie unter etruskischer Herrschaft. Die Etrusker fungierten als wichtige Kulturvermittler zwischen Griechenland und Italien. Das betraf auch den Bereich der Ernährung.

Nach der etruskischen Periode stieg Rom allmählich zu einer auch überregional bedeutenden Macht auf. Der Einflussbereich auf der Halbinsel wuchs ständig, und im Zuge der Punischen Kriege griff Rom am Ende des 3. vorchristlichen Jahrhunderts auf den afrikanischen Kontinent aus. Unter Cäsar stießen römische Truppe nach Norden vor und eroberten 58-52 v. Chr. Gallien. Unter Trajan erlebte das Imperium 117 n. Chr. seine größte Ausdehung. Gut hundert Jahre später begann der Zerfall, aber es sollte noch etwa zwei weitere Jahrhunderte dauern, bis das Reich in den Wirren der Völkerwanderungszeit zugrunde ging.

An dieser Stelle ist eine detaillierte Analyse der römischen Ernährungskultur unmöglich, denn die Epoche währte ein ganzes Jahrtausend lang, ihre Kultur war steter Veränderung unterworfen, und das Imperium reichte unter Trajan von Nordengland über Marokko bis nach Ägypten, zum Persischen Golf und auf die Krim.

Abbildung 14: Die Esskultur im römischen Germanien unterschied sich zeitweise nicht wesentlich von der italischen. Mahlzeit auf dem Sofa. Grabstein des Primus, 1. Jahrhundert n. Chr.

Zeitweise gab es in beinahe jeder größeren Stadt dieses Herrschaftsgebietes römische Beamte und römische Soldaten. Zu ihrem Gepäck gehörte in der Regel auch römische Kultur. Allerdings waren viele dieser Beamten und Soldaten, die sich Römer nannten, nie in Rom selbst gewesen, sondern standen lediglich unter römischem Befehl. Bei ihnen konnte es sich um Ägypter, um Britannier oder um Slawen handeln. Zunächst ihrer jeweiligen Kultur verhaftet, integrierten sie dann immer häufiger römische Kulturelemente in ihren Alltag.

Trotz dieser multikulturellen Vielfalt gab es einen klaren geographischen und kulturellen Mittelpunkt, die Stadt Rom. Rom blickte lange nach Griechenland, und die Welt blickte nach Rom. Wegen dieser zentralen Rolle und der enormen Ausstrahlungskraft soll es im Folgenden vor allem um die große Zeit Roms von 200 v. Chr. bis 200 n. Chr. gehen, daneben aber auch um das römische Germanien.

Die Nahrungskultur steht immer in einem engen Zusammenhang mit dem Aufbau einer Gesellschaft. Rom und das Imperium kannten im Wesentlichen die senatorische und die ritterliche Oberschicht sowie die freien Plebejer und die unfreien Sklaven. Wichtiger als diese Klassifizierung war aber der Antagonismus zwischen den freien Bürgern auf der einen Seite und den unfreien Sklaven auf der anderen Seite, und nicht der Antagonismus zwischen einzelnen Klassen.[125] Trotzdem war die Gesellschaft aber überaus stark differenziert. Zudem herrschten große regionale Unterschiede vor; so waren die Sklaven in Ägypten oder auf Sizilien wesentlich zahlreicher und wichtiger als in Gallien oder am Rhein, wo aufgrund der naturräumlichen und klimatischen Voraussetzungen keine großen Gutsbetriebe mit Getreideanbau organisiert werden konnten.

Trotz der Romanisierung der Provinzstädte lebten regionale Kulturmuster mehr oder weniger deutlich fort. Bei der Küche war dieser Zug besonders markant, denn die kulturellen Beharrungskräfte sind im Bereich der Nahrungsgewohnheiten besonders stark ausgeprägt. In einigen Gebieten verschwanden regionale Sonderformen, in anderen blieben sie dominierend. So prägte die jüdische Kultur weite Bereiche des heutigen israelisch-palästinensischen Raumes.

In biblischer Zeit nahm man in Israel die Mahlzeiten an niedrigen Tischen ein, und zwar aus einer gemeinsamen Schüssel, in die das Brot getaucht wurde. Brot und Linsen sowie die Erzeugnisse der Herden bildeten das Rückgrat der Ernährung, die von der römischen grundsätzlich verschieden war.

Zudem herrschten jene dominanten Speisegesetze, die für gläubige Juden auch heute noch Gültigkeit besitzen. Sie verbieten nicht nur, tierisches Blut zu sich zu nehmen, sondern auch, den Fettschwanz der Schafe, Eingeweidefett oder Schweinefleisch zu essen. Als unrein gilt zudem das Fleisch jedes Tieres, das ungespaltene Klauen hat und nicht wiederkäut, ferner Wassertiere ohne Flossen und Schuppen. Prägend für die Ernährungskultur ist auch das Kochverbot am Sabbat. Alle diese Elemente waren gegenüber römischen Einflüssen weitgehend immun.[126]

Während sich also diverse regionale Elemente der Nahrungskultur behaupten konnten, gingen andere wegen der wirtschaftlichen Strukturmerkmale zurück. Vor allem in Folge des Zweiten Punischen Krieges erlitten die freien römischen Bauern einen Bedeutungsverlust. Viele erlagen der Konkurrenz der großen Gutsbetriebe und zogen in die Städte. Auch in den Provinzen waren die großen Gutsbetriebe auf dem Vormarsch.[127] Im Zuge dieser Entwicklung dürfte es innerhalb der Esskultur zu einer zunehmenden Vereinheitlichung gekommen sein, die zum Verschwinden von Sonderformen geführt haben muss.

Maßgeblichen Einfluss auf die Esskultur übte eine Art Grundmuster aus, das auch in Griechenland und in den frühen Hochkulturen vorherrschte, nämlich die prinzipiell großen Ertragsschwankungen: Durchschnittlich gab es innerhalb von sieben Jahren zwei Missernten. Erst vor diesem Hintergrund erhält die Losung *Brot und Spiele*, die Augustus und seine Nachfolger ausgaben, eine Bedeutung. Nicht Prasserei und Luxus standen im Vordergrund, sondern das nackte Überleben. Rom zählte zur Zeit des Augustus etwa 800 000 Einwohner. Es bedurfte einer enormen logistischen Leistung, um diese große Anzahl zu ernähren. Die Grundlagen dieser Versorgung waren erst ab 30 v. Chr. stabiler geworden, nachdem Ägypten dem Imperium einverleibt worden war und fortan eine hohe Getreidesteuer nach Rom abführte.[128]

Welche kulturellen Determinanten wirkten sich neben den wirtschaftlichen und politischen auf die römische Ernährung aus? Die Esskultur ging nur zum Teil auf griechische Vorbilder zurück. Zudem erfuhren einige der griechischen Elemente tief greifende Modifikationen. Schließlich gilt auch für den Bereich der römischen Küche, dass viele Aspekte im Dunkeln bleiben. Zwar liegen, etwa auf Grabsteinen, zahlreiche Reliefdarstellungen vor, aber diese sind ebenso idealtypisch wie die der zahlreichen literarischen Quellen.[129]

Sicher ist zumindest, dass Getreide und Olivenöl sowie Wein und lokal erzeugte Gemüse die Grundlage der römischen Ernährung bildeten. Vermutlich deckten diese Nahrungsmittel deutlich über 90 Prozent des Kalorienbedarfs. Wein spielte in der Tat eine wichtige Rolle, aber der Begriff subsumiert eine große Bandbreite von Getränken, die sich vom heutigen Wein zum Teil stark unterschieden. Zudem wurde der Wein oft mit Zusätzen versehen. Dabei fanden Honig und Harz, gelegentlich aber auch Kalk, Marmor und Gips Verwendung, um dem Wein einen anderen Geschmack zu verleihen oder um ihm den Anschein zu geben, ein milchiges, trübes oder helles Getränk zu sein. Häufig wurde der Trinkwein auch gewürzt und schmeckte dann wie Likör oder wie Glühwein; insgesamt sind über 50 Sorten bekannt.[130]

Rückgrat der Ernährung war das Getreide. Auch in der römischen Antike spiegelte der Kontrast zwischen Brot und Brei den Gegensatz zwischen Arm und Reich sowie zwischen Stadt- und Landbewohnern wider. Aus Weizen und seiner fett- und eiweißreichen Sonderform Dinkel wurde Brot gebacken, während die Breie vorwiegend aus Gerste bestanden.[131] Seit ungefähr 180 v. Chr. gab es zunächst in Rom, später auch in anderen Städten, Großbäckereien, welche die Masse der Bevölkerung mit Weizenbrot belieferten. Im ländlichen Bereich blieb der Brei wichtiger.

In seinem Lehrbuch *De agricultura* schildert Cato anschaulich, welche Zustände auf den italischen Gutsbetrieben herrschten. Über die Verpflegungsrationen schreibt der 149 v. Chr. gestorbene Politiker und Gelehrte: »Jeder Arbeiter erhält im Winter vier Maß, also 35 Liter, Weizen im Monat, im Sommer 40 Liter. Männer, die keine körperliche Arbeit leisten, also Aufseher, Hirten etc., erhalten drei Maß.« Wenn man davon ausgeht, dass ein Arbeiter etwa 220 Liter Getreide im Jahr benötigte, um satt zu werden, dann war diese Menge stattlich. Der Arbeiter wurde immer satt und konnte sogar einen Teil gegen andere Waren eintauschen. Wenn ein Arbeiter von seiner Ration aber noch seine Familien ernähren musste, dann dürfte diese Menge nur selten ausgereicht haben. Die Ration betrug nämlich 450 Liter im Jahr – genügend für ein Ehepaar und eventuell noch für ein Kind, aber weitere Personen konnten kaum satt werden. Hirten und Aufseher hatten sogar stetig Mangel zu leiden.

Weiter schreibt Cato, dass das Getreide von den Arbeitern selbst gemahlen wurde. Auch Breizubereitung und Backen wurde im Haushalt der Arbeiter besorgt.

Hingegen erhielten die Kettensklaven Cato zufolge keine Rohstoffe, sondern fertiges Brot, und zwar vier römische Pfund täglich, also 1,3 Kilogramm im Winter, und fünf Pfund, wenn im Frühjahr die Arbeit im Weinberg begann. Zusätzlich bestand die Kost der Kettensklaven aus Oliven minderer Qualität oder aus Gemüse, das in Essig eingelegt war.

Die Getränkedeputate der Arbeiter bestanden aus Wein oder aus Tresterwein. Cato schreibt, der Tresterwein sei aus Wasser gewonnen worden, in dem man die bereits einmal ausgepressten Traubentrester eingeweicht habe. Dieser Tresterwein sei in den ersten drei Monaten nach der Weinlese getrunken worden und nicht rationiert gewesen.

Auf den ersten Blick hat es den Anschein, den Arbeitern sei es stets möglich gewesen, große Mengen alkoholischer Getränke zu konsumieren. Aber bei genauerer Betrachtung zeigt sich, dass das mit Wein bezeichnete Getränk lediglich ein Abfallprodukt war, das allenfalls schwach alkoholhaltig war. Zudem diente der geringe Alkoholanteil nicht der Berauschung. Vielmehr wurden leicht alkoholische Getränke gereicht, um das schlechte Wasser zumindest ansatzweise zu entkeimen und damit trinkbar zu machen.

Anders als der Tresterwein wurde der reguläre Wein der Jahreszeit entsprechend verteilt. Ohnehin spielte dieser Jahresrhythmus eine überragende Rolle für die vorindustrielle Ernährung Europas. Den römischen Arbeitern stand ab Dezember ein viertel Liter Wein täglich zu, im Frühjahr ein halber und im Sommer sogar drei viertel Liter. Zu einer Reihe von ländlichen Festen, unter denen vor allem die *Saturnalia* und *Compitalia* zu nennen sind, wurden die Rationen durch Sonderzuteilungen ergänzt.

Zur Zeit Catos boomte die Gutsherrschaft vor allem wegen des Weinexports. Aber mit fortschreitender Romanisierung der Provinzen wurde dort selbst Wein angebaut. Wegen der sich verschlechternden Lage auf den italischen Gutshöfen wurden die Rationen schließlich gekürzt.[132]

Catos detailreiche Schilderungen gestatten weiterreichende Interpretationen hinsichtlich der Ernährungskultur. Wir erfahren bei Cato, dass die Arbeiter Getreide erhielten, um es zu verarbeiten. Daraus ergibt sich, dass sie nicht immer zentral mit zubereiteten Speisen versorgt wurden. Somit müssen sie überwiegend gemeinsam mit ihren Familien gegessen haben. Zumindest abends aßen die Männer im Kreise der Familie, während sie mittags wohl nur eine kleine Mahlzeit im Kollegenkreis zu sich nahmen. Ein solches Gericht könnte aus Fladenbrot und Oliven bestanden haben. Im Gegensatz dazu erhielten die Sklaven fertiges Brot. Sie hatten meist keinen eigenen Haushalt. Stattdessen lebte ein großer Teil der Sklaven kaserniert. Entsprechend wurden die Mahlzeiten in der Gruppe eingenommen.

In den Gutsbetrieben bestanden die Mahlzeiten meist aus Getreideprodukten, Oliven beziehungsweise Olivenöl und Gemüse sowie aus etwas Wein. Dagegen spielte Fleisch nur eine untergeordnete Rolle, und viele bekamen es praktisch nie auf den Tisch. Dafür war die Fischsoße – bereits die wichtigste Einweißversorgung in der griechischen Antike – zusammen mit Käse und Salzfisch auch in römischer Zeit weit verbreitet. Sie hieß *garum* und bestand vor allem aus den in Salz eingelegten Innereien von Thunfischen und Makrelen.[133] Die Fischsoße gehört zu den wenigen Nahrungselementen, die die römische Küche nahezu unverändert von ihrem griechischen Vorbild übernahm. In den nördlich der Alpen gelegenen Provinzen an Rhein und Donau benötigte man die Fischsoße als Proteinlieferant hingegen nicht, denn hier gab es genügend Wild, vor allem aber viel Weideland, so dass eine deutlich bessere Versorgung mit Fleisch möglich war. Auch daher konnte der Fischsoße der Sprung von der römischen in die mittelalterliche Küche Mitteleuropas nicht gelingen.

Die Verhältnisse in der römischen Stadt sind viel detailreicher bezeugt als jene des ländlichen Raums. Das betrifft vor allem die Metropole Rom. Gewöhnlich nahmen die Römerinnen und Römer täglich drei Mahlzeiten zu sich. Unmittelbar nach dem Aufstehen gab es das *ientaculum*, das Frühstück, eine kleine Mahlzeit, die meist aus Brot und Honig oder Käse bestand. Dazu tranken die meisten Wasser. Auch das *prandium* genannte Mittagessen war bescheiden. Man aß Brot, und je nach Einkommen auch kaltes Fleisch und Obst. Dazu wurde etwas verdünnter Wein gereicht. Die eigentliche Hauptmahlzeit war die *cena* am späten Nachmittag oder am Abend. Hier war zunächst die *puls* am wichtigsten, ein Dinkelmehlteig; diese Grundspeise wurde im 2. vorchristlichen Jahrhundert teilweise vom Brot verdrängt. Zu dieser Grundlage gab es Wein, Gemüse, Zwiebeln, Knoblauch, Käse und Obst, aber nur selten Fleisch. Das Fleisch wurde im Allgemeinen gekocht, seltener geschmort oder gebraten.[134]

Abbildung 15: Reliefdarstellung eines Familienmahles auf der *Igeler Säule* um 200 n. Chr.

Ein großer Unterschied zu Griechenland bestand in der Zusammensetzung der Tischgemeinschaft: Frauen und Kinder aßen, wenn möglich, gemeinsam mit den Männern. Dieser Unterschied bedeutete einen qualitativen Sprung in der Weiterentwicklung der Gesellschaft.

Andere Elemente innerhalb des Ernährungssystems wiesen allenfalls geringe Unterschiede zu Griechenland auf. So benutzte man auch in Rom zum Essen nur die rechte Hand. Die linke Hand galt u. a. deshalb als unrein, weil sie zu bestimmter Körperhygiene benutzt wurde, denn Toilettenpapier gab es nicht. Weitere Parallelen bestanden in der Verwendung des Bestecks. Tranchiermesser und Löffel dienten als Hilfsmittel, während Gabeln sehr selten waren.[135]

Die Mahlzeit bündelt alle Elemente der Ernährungskultur. In Rom wurden die normalen Mahlzeiten am Tisch sitzend eingenommen; die Hausfrau oder Sklaven bedienten Mann und Familie.[136] Letztlich liegen aber auch über die römische Alltagsmahlzeit nur wenige Quellen vor. Eher fand das vielzitierte Gastmahl, das ebenso wie die Hauptmahlzeit *cena* genannt wurde, deutlicheren Niederschlag in den Aufzeichnungen.

Das Gastmahl wurde meist zu Hause eingenommen, in der Sphäre des Privaten. Im alten Rom gehörte es zu den wichtigsten sozialen Einrichtungen überhaupt. Der Besuch oder die Ausrichtung von Gastmahlen stellte zudem eine Art Hauptfreizeitbeschäftigung dar. Darüber hinaus war das Gastmahl der geeignete Anlass, um private, geschäftliche und politische Angelegenheiten zu regeln. Gegenüber dem griechischen *Symposion* stellte das Gastmahl eine Weiterentwicklung dar. Zum einen waren Frauen nicht so drastisch und prinzipiell ausgeschlossen, und zum anderen war das Gastmahl nicht der Oberschicht vorbehalten, sondern auch im Bürgertum weit verbreitet.

Organisation, Einladung und Gestaltung folgten vorgeschriebenen Mustern. Um 170 n. Chr. schilderte der römische Schriftsteller Aulus Gellius ein idealtypisches Gastmahl. Es müsse aus vier Elementen bestehen, »denn dann erst wird es in allen Stücken ein vollkommenes sein, wenn nur nette Leute versammelt sind, ferner Bedacht genommen wird auf einen passenden Platz, eine gut gewählte Zeit und ein ausgewähltes Mahl.« Weiter schreibt Gellius, dass es wichtig sei, angenehme Gespräche zu führen sowie weder schwatzhafte noch stumme Gäste einzuladen. Diese Komponenten seien wichtiger als das Essen an sich. Gellius fährt fort: »... und es brauchen die Speisen selbst nicht gerade ausgesucht zu sein, sondern vor allem gesund und schmackhaft.«[137] Auch andere Quellen berichten, dass die Gäste zum Gelingen des Abends beitrugen, Anekdoten zum Besten gaben und etwas erzählten. Daneben spielten Tanzdarbietungen und Musik eine wichtige Rolle, und natürlich vor allem das Essen. In der Raummitte waren kleine Tische aufgestellt. Dort servierten entweder die Hausfrau oder, sofern vorhanden, die Sklaven das Essen auf Platten. Nahe bei den Tischen lagen die Teilnehmer des Gastmahles auf halbhohen Sofas.[138] Die soziale Komponente war integrativer und wichtigster Bestandteil des Gastmahles. Sie prägte die Lebensqualität vieler Römerinnen und Römer und verlieh sicherlich ein höheres Maß an Qualität als das Fernsehprogramm der heutigen Wohlstandsgesellschaft.

Die Bandbreite der Gerichte, die anlässlich der Gastmahle gereicht wurden, variierte stark und war vom Einkommen des Gastgebers, dem Angebot des Marktes und von der jeweiligen Region abhängig. Es gab durchaus üppige Gastmahle, aber verglichen mit den griechischen oder den ägyptischen Verhältnissen blieb die römische Esskultur deutlich hinter ihren Möglichkeiten zurück. Letztlich war die Geselligkeit beim Gastmahl wichtiger als das Essen.

Diese verhältnismäßige Genügsamkeit war auch Gegenstand gelehrter Auseinandersetzungen. So gab es etwa Persönlichkeiten, die die Zucht von Spargel kritisierten und meinten, man solle allenfalls wilden Spargel essen. Plinius der Ältere verurteilte den Handel mit ausländischen Lebensmitteln und Frischfisch als verschwenderisch, und am Ende des 2. vorchristlichen Jahrhunderts bezeichnetete der stoische Philosoph

Poseidonios die große Mäßigkeit im Essen als einen charakteristischen Zug der römischen Sitten.[139]

Im Zuge des kulturellen Wandels und des generellen Kulturtransfers gelangten im Laufe der Entwicklung zunehmend höherstehende griechische Einflüsse nach Rom. Diese Einflüsse belegt zum Beispiel das Buch *De re coquinaria*, das dem Autoren Caelius Apicius zugeschrieben wird. Wahrscheinlich wurde es in der frühen Kaiserzeit geschrieben, die 27 v. Chr. begann.[140] Bei der Analyse des Apicius-Kochbuchs fallen vor allem die vielen Gewürze und Kräuter auf, die aus dem Orient eingeführt wurden. Man verwendete mit Vorliebe Pfeffer, als ganze Körner oder im Mörser zerrieben, Kümmel, Fenchel, Knoblauch, Zwiebeln, Raute, Petersilie, Oregano, und vor allem die Fischsoße *garum*.[141]

Für das kulturelle System der Küche sind die Zutaten zwar grundlegend wichtig, aber eine ebenso große Rolle spielt die Technik der Zubereitung. Wie verwendete man also die einzelnen Bestandteile? Ein Rezept gibt genaue Anweisungen, um Ente, Rebhuhn, Turteltaube, Wachtel oder Taube schmackhaft anzurichten.

Apicius zufolge sollten Koch oder Köchin folgendermaßen verfahren: »Man reinige und zerteile den Vogel und lege ihn in einen irdenen Topf, füge Wasser, Salz, Dill hinzu und lasse das ganze halbgar kochen. Solange das Fleisch noch fest ist, nehme man es heraus und lege es in einen kleinen Kochtopf mit Öl und *garum* und einem Büschel Oregano und Koriander. Wenn es fast gar ist, füge man etwas Wein hinzu, um Farbe zu geben. Man vermische Pfeffer, Liebstöckel, Kümmel, Koriander, eine Wurzel *silphium*, Raute, süßen Wein, Honig zu einer Soße, und begieße den Vogel mit seinem eigenen Saft und etwas Essig. Man gebe die Soße wieder in einen Topf, um sie aufzuwärmen, binde sie mit Mehl und serviere das Fleisch mit der Soße auf einer Platte.« Je nach der Menge der Gewürze enstand ein Gericht, das einen kräftigen bis sehr kräftigen Geschmack hatte. Süß und Sauer wurden kombiniert, um den Eigengeschmack des Fleisches zu verändern. Diese Technik erlaubte es, auch Fleisch von Tieren zu verwenden, die sonst nicht gerne verzehrt wurden. Dazu gehört der Kranich mit seinem faulig-ranzigen Eigengeschmack. Auch aus diesem Tier, so Apicius ohne weitere Kommentare, lasse sich auf diese Weise eine leckere Mahlzeit bereiten.[142]

Die römische Küche schuf um diese Zeit immer neue Kreationen, deren Ziel es war, die wahre Natur der Einzelbestandteile zu verbergen.

Abbildung 16: Römische Küche samt Inventar.

Meisterköche verstanden es, ein viertel Schwein als Geflügel erscheinen zu lassen, oder die Zitzen einer Sau, die man besonders schätzte, als Fisch zuzubereiten und zu servieren. In seinem Schelmenroman *Satyricon* schildert Petronius in diesem Zusammenhang einen ebenso bekannten wie beliebten Koch: »Keiner ist so wertvoll wie er. Wenn du willst, macht er dir aus Saueuter einen Fisch, aus Schmalz eine Taube, aus Schinken eine Turteltaube, aus einer Schweinshaxe ein Huhn.«[143] Es ist durchaus plausibel, dass zumindest gelegentlich auf diese Weise gekocht wurde.

Ebenso wichtig und aussagekräftig wie die Zubereitungsart ist die Verzehrsituation. Macrobius, ein Schriftsteller der Spätantike, hinterließ die Beschreibung eines opulenten Gastmahles, das zur Zeit Caesars anlässlich eines Treffens von Priestern ausgerichtet wurde.[144] Ob diese Gerichte auf genau diese Weise zubereitet wurden, lässt sich heute nicht mehr nachprüfen. Aber das Beispiel gibt einen Eindruck davon, wie es gewesen sein könnte. Bei dem Gastmahl fallen zunächst die reichhaltigen Vorspeisen auf: Meermuscheln, Austern, Miesmuscheln, eine Drossel auf Spargel, ein gekochtes Huhn, Kastanien und eine Soße aus Miesmuscheln und Austern wurden zum Verzehr angeboten. Dazu wurde süßer Wein serviert. Raffinesse und Vielfalt kennzeichneten auch den ersten Gang. Er bestand wiederum aus Muscheln. Dazu gab es Seefische, Feigenfresser, Wildschweinfilets, Geflügel- und Wildpasteten. Wer nun noch nicht satt war, wurde es spätestens beim Hauptgang. Denn jetzt kamen Schweinezitzen, Schweinskopf, Fischragout, Enten, Hasen und gebratenes Geflügel auf den Tisch. Die Gerichte der einzelnen Gänge wurden jeweils auf einer Platte dargeboten, von der jeder Priester nehmen konnte. Die Gäste räkelten sich auf drei Lagern, die hufeisenförmig um den Tisch angeordnet waren. Jedes Lager hatte wiederum drei Plätze, so dass an einer idealtypischen Mahlzeit genau neun Gäste teilnahmen – die Zahl der Musen. Die Bedienung erfolgte durch Sklaven, und nach dem Essen wurde Wein getrunken.[145]

Die Männer, die in der von Macrobius beschriebenen Runde saßen beziehungsweise lagen, aßen überaus vielfältig und reichlich. Verglichen mit den Verhältnissen der griechischen Antike war das eigentliche Essen in Rom wichtiger, während den alkoholischen Getränken und dem gemeinsamen Trunk geringere Bedeutung zugemessen wurde.

Der Hang zu ausschweifenden Gelagen konzentrierte sich im Imperium vor allem auf die Stadt Rom, denn besonders in der expansiven Phase des Reichs floss viel Geld in die Hauptstadt. 184 v. Chr. war es Cato noch gelungen, den Luxus einigermaßen zu beschränken, und 161 v. Chr. bestimmte die *Lex Fannia*, dass es unstatthaft sei, mehr als drei Personen zu einem Gastmahl einzuladen. Lediglich an Markttagen waren fünf Gäste gestattet. Auch die Ausgaben für eine Mahlzeit wurden in der Mitte des 2. vorchristlichen Jahrhunderts drastisch beschränkt – was natürlich darauf hindeutet, dass diese Gebote überschritten wurden. Bis zur Mitte des 1. vorchristlichen Jahrhunderts erhöhte sich der für Gastmahle zulässige Aufwand plausiblen Berechnungen zufolge um rund 750 Prozent. Dieser Aufwand schlug sich weniger in der Menge als vielmehr in der Qualität – oder in dem, was man für Qualität hielt – der Speisen nieder. Pontischer Kaviar, seltene Fische, Murmeltiere, die meist vor Fett trieften, oder seltene, aber nicht unbedingt schmackhafte Vögel erweiterten das Sortiment der aufwändigen Festessen. Eine Ladung Drosseln, die sich Metellus Scipio für ein Gelage bestellte, kostete mit 60 000 Sesterzen das 125-fache des Jahreslohnes eines Legionärs (480 Sesterzen).[146]

Neben der Tendenz zur aufwändigen Zubereitung fällt bei vielen Rezepten der römischen Antike ein starker Hang zum Süßen auf. Während die meisten europäischen Küchen der Gegenwart süße Dessertspeisen und eher salzige Hauptspeisen trennen, wurden beide Geschmackskomponenten in der Antike gerne gemischt. Die allgemeine Affinität zum Süßen ist nur bedingt kulturell erlernt, denn alle Säugetiere haben genau wie die Menschen eine physiologisch bedingte Vorliebe für das Süße.[147] Honig war das vorwiegende und häufig einzige Süßmittel der vorindustriellen Gesellschaften. Die Quellen erwähnen den Honig so häufig, weil er ein Luxusgut und überaus beliebt war. Da das Sammeln von Honig beziehungsweise die Honigproduktion aber aufwändig war, mussten für den Honig hohe Preise gezahlt werden. Für die Masse der Bevölkerung war der häufige und reichhaltige Konsum daher zu teuer.[148]

Umso attraktiver waren Speisen, die auf der reichen Verwendung von Honig basierten. Cato erwähnt etwa *placenta*, einen mit Honig gesüßten Blätterteig aus Käse, oder *globi*, das waren Bällchen aus Käse und Spelz mit Honig, außerdem in Schweineschmalz gebackene Schnittchen, die mit Honig gesüßt und mit Mohnsamen bestreut waren. Beliebt war ferner der *libum* genannte Festtagskuchen. Der Kuchen wurde den Göttern dargebracht und nach dem Opfer verzehrt. Cato schildert die Herstellung: »Man zerreibe zwei Pfund Käse in einem Mörser; wenn man das fein zerrieben hat, gib ein Pfund sehr weißes Weizenmehl oder, wenn du es zarter willst, nur ein Halbpfund Weizenmehl dazu hinein und vermische es gut mit dem Käse; gib ein Ei hinzu und mische es gut mit hinein. Daraus forme einen Laib, lege Blätter darunter, backe es langsam auf warmem Herd unter einer Schüssel.«[149]

Schließlich wurden aus Honig auch Getränke hergestellt: Met, Honigwein und vor allem Honigmost, der als *mulsum* Berühmtheit erlangte. Traditionell trank man in den Flitterwochen besonders gerne Honigwasser.[150]

Die Liste der Sonderformen und der regionalen Spezialitäten ist endlos, und die Forschung hat sie noch lange nicht komplettiert. So war etwa Hundefleisch in Rom zeitweise beliebt. Der Hund wurde wie ein Hase zubereitet. Der Konsum vieler Speisen lässt sich in den Quellen zudem oft nur indirekt erschließen. Plinius berichtet beiläufig, dass die Maden des Käfers, der *cossus* genannt wurde, wesentlich besser schmeckten, wenn man die Tiere vorher mit Mehl und Wein gemästet habe. Offenbar gehörten diese Maden also zur Ernährung einiger Menschen.

Insgesamt gesehen waren Maden und Hunde aber in der römischen Küche eher Randerscheinungen.[151]

Wie bereits erwähnt, war die Ernährung in den Provinzen zum Teil von der römischen grundverschieden. Im Gegensatz zu Rom wurde im Rheinland praktisch überhaupt kein Schweinefleisch verzehrt. Dagegen stammen über 80 Prozent der ausgegrabenen Haustierknochen vom Rind, das man in Italien so gut wie gar nicht aß. Bier, oder besser gesagt eine Art von Kwass auf der Grundlage von Gerste oder Emmer, kannte man in Italien nicht, wohingegen dieses Getränk im Rheinland sehr beliebt war.[152]

Eine Reihe von Elementen der Nahrungskultur blieb also regional begrenzt und konnte sich meist aus wirtschaftlichen Gründen nicht über das ganze Imperium verbreiten. Hingegen entwickelte sich überall dort, wo römische Siedlungen entstanden, ein reich differenziertes kommerzielles Gaststättenwesen. Die antike *taverna* war der Vorläufer der deutschen Kneipe beziehungsweise *Taverne*, wörtlich übersetzt: *Holzhütte*. Das Wort leitet sich vom Holzbalken *trabs* her. Andere Bezeichnungen für die frühen Wirtshäuser lauten *caupona*, *hospitium*, *deversorium* oder *mansium*. *Stabulum* bezeichnet ein Gasthaus mit Stall. Solche Wirtschaften sind zum Beispiel in Pompeji ausgegraben worden. 79 n. Chr. erstickte der nahegelegene Vesuv die damals 10 000 Einwohner zählende Stadt in einem Meer von Asche und Lava. Der außergewöhnlich gute archäologische Befund lässt Rückschlüsse darauf zu, wie vielschichtig die Wirtschaften waren. So boten viele Schenken offenbar den Service an, Speisen aufwärmen zu lassen. Das Geschäft boomte, weil viele Haushalte keine eigene Feuerstätte hatten. Es gab zwar auch teure Wirtshäuser für die Angehörigen der Mittel- und Oberschichten, aber die Mehrzahl der Wirtschaften waren Orte, an denen Plebejer verkehrten. Die Politik versuchte jedoch immer wieder, die Ausbreitung dieser Schenken einzudämmen, um mögliche konspirative Versammlungen zu unterbinden.

In der Regel verfügten die Schenken über eine Küche. Zur Straße hin lag ein offenes Speiselokal. Zur Ausstattung gehörten Herd und Ofen, manchmal sogar Schlafräume. Im Gastbereich gab es Tische und Stühle, häufig auch Sofas. Im Angebot war meistens nur einfache Kost: Brot, Oliven, etwas Fleisch und vor allem Wein.[153] Im römischen Rheinland lagen die Schenken oft an größeren Straßen, vor allem nahe Verkehrsknotenpunkten und Pferdewechselstationen, aber auch vor Kasernen. Da innerhalb der Kasernen Frauen verboten waren, konnten sich die Soldaten dann in den Kneipen mit Frauen treffen. Oft waren diese Kneipen multifunktionale Betriebe, die auch als Bordell fungierten. Derartige Wirtschaften waren sehr zahlreich, und auch einfache Soldaten konnten sich den Besuch leisten.

Außerdem gab es im Römischen Reich noch Mischformen zwischen Gaststätten und Hotels. Es handelte sich um private oder öffentliche Gästehäuser zur kostenlosen oder entgeltlichen Beherbergung von Fremden in der Nähe von Heiligtümern, in Städten, im Umfeld der großen Gutshöfe und Villenkomplexe oder an wichtigen Fernstraßen. In der Spätantike ergänzten *Xenodochien* das Spektrum, Gasthäuser, die mit Kirchen und Klöstern verbunden waren.

Im ganzen Reich waren darüber hinaus Kollegien verbreitet. In der Antike handelte es sich dabei um Zünfte oder Bruderschaften für Männer. Diese Vereinigungen setzten sich aus Freien und gelegentlich auch aus Sklaven zusammen, die demselben Gewerbe nachgingen und die denselben Gott verehrten. *Collegia* entwickelten sich zu einer tragenden Säule der antiken Gesellschaft. In den Kollegien fanden aufwändige Gastmahle statt, aber dort wurden auch die meisten Mahlzeiten gemeinsam eingenommen, denn die Geselligkeit spielte im Alltag eine große Rolle.[154]

Hinsichtlich des Trinkwassers stellten sich der römischen Gesellschaft neue Probleme. Die Städte wurden größer, die Flüsse schmutziger und die Ansprüche höher. Einen fundamentalen Durchbruch in der Wasserversorgung bedeuteten die großen Leitungsanlagen, die Wasser aus den Bergen brachten. 312 v. Chr. wurde die erste Fernwasserleitung Roms in Betrieb genommen. In der Blütezeit brachten 14 monumentale Aquädukte täglich etwa eine Milliarde Liter Wasser in die Stadt.[155] Ein Großteil dieses Wassers diente zwar der Versorgung der zahlreichen öffentlichen und privaten Bäder, aber der Bedarf an Trinkwasser hatte letztlich den Ausschlag für den Bau der aufwändigen Anlagen gegeben.[156] Im Laufe der Zeit wuchs die Sensibilität für die Qualität des Wassers. Am Ende des 1. nachchristlichen Jahrhunderts bemerkte der Wasserbauingenieur Sextus Iulius Frontinus im *Commentarius de aquis*, einem pragmatischen Bericht, über die Wasserversorgung Roms: »Man hat daher beschlossen, alle Leitungen zu trennen und sie dann alle so einzustufen, dass auf jeden Fall die Marcia zur Gänze der Trinkwasserversorgung zugute kommt und die übrigen der Reihe nach, jeweils entsprechend ihrer Wasserqualität, einem geeigneten Verwendungsbereich zugewiesen werden. Beispielsweise sollte das Wasser des Alten Anio, das aus mehreren Gründen wenig gesund ist, für die Bewässerung von Gärten und die gröberen Dienste in der Stadt selbst Verwendung finden.«[157]

Wasser spielte auch innerhalb der römischen Mahlzeit eine überragende Rolle. Zwar wurde der römischen Antike immer wieder eine große Weinseligkeit zugesprochen, aber Zweifel sind angebracht, wenn es etwa heißt, zum Frühstück habe der Römer Brot in gewässerten Wein getaucht, zumal keine Angaben über die entsprechenden Mischungsverhältnisse vorliegen. Wahrscheinlich wurden dem Wasser nur ganz geringe Mengen Wein zugegeben. Das dürfte auch beim Abendessen häufig der Fall gewesen sein, denn bei der *cena* hatte der *magister bibendi*, der das Mischungsverhältnis bestimmte, großen Spielraum.[158] Jacques André, der sich intensiv mit der römischen Ernährung beschäftigte, kam bereits 1961 zu dem Ergebnis, dass Wasser das natürliche Getränk der Römer war, und der Wein für die Mehrzahl der Bevölkerung allenfalls an Festtagen eine Bedeutung hatte.[159]

In Notzeiten, etwa bei schlechten Ernten oder Krieg, wurde Wein auf der einen Seite für viele zu teuer, deutlich mehr Menschen tranken ausschließlich Wasser. Auf der anderen Seite erhielten Soldaten überproportional große Mengen Wein.[160] Hinsichtlich der Wasserqualität ist auf die enormen Unterschiede zwischen Rom und wohlhabenden Provinzstädten einerseits und dem ländlichen Raum oder peripheren urbanen Zentren andererseits hinzuweisen. Von einer flächendeckenden Versorgung des Imperiums mit klarem Quellwasser kann jedenfalls keine Rede sein. So wurde das Wasser in Gallien auf dem Land in Fässern und Krügen aufbewahrt. Zu besonderen Gelegenheiten wurde hier eher Bier als Wein getrunken, zur gewöhnlichen Kost meist Wasser.[161] Köln dagegen wurde seit dem 1. nachchristlichen Jahrhundert von einer beinahe 90 Kilometer langen Leitung mit frischem Quellwasser aus der Eifel versorgt. Etwa 300 Jahre lang gelangten so bis zu 200 Liter in der Sekunde in öffentliche Brunnen und Privathaushalte.[162] Deutlich höher als im Norden war der Lebensstandard in den prosperierenden Regionen des Südens. Dort galt geschmolzener Schnee als besonders delikates Getränk. Die Abrechnung des ägyptischen Beamten Theophanes macht deutlich, dass in Byblos im 4. Jahrhundert neben Wein auch Schneewasser im Handel war.[163] Die tristen Mietwohnungen, in denen die Masse der städtischen Bevölkerungen des südlichen Imperiums lebte, waren nur selten an die zentrale Wasserversorgung angeschlossen. Das Wasser musste von Brunnen herbeigeschafft werden, und der Verbrauch war weniger verschwenderisch.[164] In den teuren Häusern und Wohnungen floss das Wasser zwar reichlich, aber es barg Gefahren, denn die Leitungssysteme waren aus Blei oder Bleilegierungen gefertigt, die das Wasser vergifteten.[165]

Festzuhalten bleibt, dass Wasser ebenso wie in der griechischen Antike das Hauptgetränk für die Masse der Bevölkerung war. Frauen, Kinder, Arme und Sklaven – also insgesamt sicherlich deutlich über 70 Prozent der Bevölkerung – tranken nie oder fast nie etwas anderes.

Die Spätantike führte die römische Kultur und damit auch die römische Küche zu einer letzten Blüte. Die Völkerwanderung zerstörte Teile dieser Kultur, andere Teile wurden im frühen Mittelalter absorbiert und umgeformt. Welche Bestandteile konnten sich erhalten? Zunächst die herausgehobene Stellung der kommerziellen Gastlichkeit. Aber auch weitere Faktoren blieben dominant. Die römische Küche fungierte als Brücke zwischen dem orientalischen Ägypten und dem antiken Griechenland einerseits und dem christlichen Abendland des Mittelalters andererseits. Römische Gerichte würden heute den Eindruck erwecken, orientalische und mittelalterliche Komponenten zu vereinen. Denn im hohen und im späten Mittelalter orientierten sich weite Bereiche der mitteleuropäischen Gesellschaften und ihrer Kultur an römischen Vorbildern und damit auch an der römischen Küche. Daher hätte sich auch die mitteleuropäische Ernährungskultur ohne die antiken römischen Einflüsse in eine andere Richtung entwickelt.

KAPITEL 5

Mord beim Gastmahl

Nahrung im frühen Mittelalter

»Cautinus zeigte sich aber, als er das Bistum empfangen hatte, als solcher Mann, dass ihn jeder verabscheute, da er dem Weine über die Maßen ergeben war. Denn oft trank er sich so voll, dass er kaum von vier Männern vom Tisch getragen werden konnte.« Cautinus, in der Mitte des 6. Jahrhunderts immerhin Bischof von Clermont-Ferrand, hatte aber nicht nur zum Trinken ein inniges Verhältnis, sondern auch zum Essen. Nahrung bedeutete ihm viel, und den Verzicht auf Nahrung empfand er als die schlimmste Strafe. Seinen Widersacher, einen Priester namens Anastasius, verurteilte er zum Tod durch Verhungern. Cautinus war ein Mann des frühen Mittelalters. Seine Taten sind durch die Schilderungen belegt, die der fränkische Geschichtsschreiber Gregor von Tours (†594) hinterlassen hat.[166]

In den wenigen Quellen, die sich aus der Epoche der Völkerwanderung erhalten haben, finden sich diverse ähnliche Schilderungen. Sie zeugen von den Spannungen, die jene Zeit prägten, und sie machen deutlich, dass die Kultur der Ernährung sich inzwischen fundamental gewandelt hatte. In vielerlei Hinsicht übernahm das Fränkische Reich eine Brückenfunktion zwischen Antike und Mittelalter; dass es zumindest bei der Ernährung zu großen Verschiebungen kam, machen diese Schilderungen deutlich.

Wie war es zu den starken Brüchen gekommen, und welche Bereiche lassen eine Kontinuität erkennen?

Spätestens im 3. Jahrhundert neigte sich die große Zeit Roms ihrem Ende zu. Einer der Gründe lag in der massiven Bedrohung durch die germanischen Ethnien, die im Norden lauerten und das Imperium in unkalkulierbarer Weise immer wieder attackierten. Die Angriffe waren die Vorboten der Völkerwanderungszeit, die von 375 bis 568 n. Chr. dauerte.[167]

Die Zeit der Völkerwanderung kannte zum einen »reisefreudige« Ostgermanen. Zu ihnen zählten die Goten und die Wandalen. Die Angehörigen dieser Ethnien legten in relativ kleinen Gruppen innerhalb weniger Jahrzehnte große Distanzen zurück. Dabei nahmen sie immer wieder vorübergehend Land in Besitz, um nach kurzer Sesshaftigkeit weiterzuwandern. Einige besonders mobile Gruppen gelangten auf diese Weise von Skandinavien bis nach Spanien. Die verschiedenen Umweltbedingungen, mit denen sie im Laufe ihrer Wanderungen konfrontiert wurden, hatten auch auf die Ernährungssysteme großen Einfluss.

Völlig anders verliefen die Wanderungen bei den Westgermanen, zu denen die Burgunder und die Franken gehörten. Die westgermanischen Verbände waren zahlenmäßig deutlich größer, und sie zogen langsamer weiter. Der Ackerbau spielte eine wichtigere Rolle. Mit den zunehmenden Wanderungen verschwammen die Frontlinen, die Römer und Germanen bis dahin getrennt hatten. Immer wieder kam es zu neuen Koalitionen und Überlagerungen.[168]

Mobilität, Mangel an Sicherheit und das Fehlen von Kontinuitäten – es waren in erster Linie diese Faktoren, die dem Frühmittelalter ihren Stempel aufdrückten und es zu einer extrem unruhigen Zeit machten. Eine gewisse Konstanz wurde erst mit dem Aufstieg der fränkischen Merowinger erreicht. Unter ihren Königen entstand im 6. Jahrhundert ein europäisches Großreich.

Eines der wichtigsten Mittel zur Durchsetzung ihrer Macht bestand in der rücksichtslosen Anwendung von Gewalt. Viele Herrscher und Mandatsträger wurden bereits in jungen Jahren ermordet. Auf den Grundlagen des Merowingerreichs vollzog sich der Aufstieg der Karolinger. Mit deren Herrschaftsnachfolgern aus dem Hause der Ottonen fand das frühe Mittelalter um 1024 seinen Abschluss.[169]

Beim Übergang von der Antike zum Mittelalter kam es zu dramatischen Umstrukturierungen. Dieser Wandel sparte die Strukturen der Ernährung nicht aus. Während die Nahrung der Antike im Bereich des Mittelmeers vorwiegend vegetarisch war, herrschten in Nord- und Mitteleuropa tierische Produkte vor. In der Römerzeit betrieben die keltischen und die germanischen Bevölkerungen vorwiegend Weidewirt-

Abbildung 17: Schweineschlachtung. Aus einer Handschrift des 9. Jahrhunderts. Ausschnittsvergrößerung.

schaft. Schweine spielten eine große Rolle. Sie wurden auf Weiden und zur Eichel- oder Eckernmast in die Wälder getrieben. Jagd, Fischfang und Gemüseanbau waren ebenfalls wichtig, während der Getreideanbau nicht von zentraler Bedeutung war. An alkoholischen Getränken gab es Bier und Met sowie Getränke, die auf vergorenen Wildfrüchten basierten und wie der französische Apfelwein *Cidre* geschmeckt haben könnten.

In der römischen Spätantike existierten also zwei Systeme parallel nebeneinander. Seit dem Ende des Imperiums verschmolz die griechisch-römische mit der keltischen und der germanischen Zivilisation. Innerhalb dieses Prozesses kam es zu einer Konfrontation und schließlich zu einer Vermischung der verschiedenen Ernährungssysteme. Die wesentlich auf Getreidewirtschaft basierende Form der mediterranen Ernährung setzte sich auf diese Weise allmählich auch im Norden stärker durch.

Umgekehrt fanden nordalpine Ernährungsgewohnheiten ihren Weg nach Süden, denn die germanischen Ethnien erlebten in ihrer neuen west- und südeuropäischen Heimat einen soziokulturellen Aufstieg. In dem Maße, in dem Umweltbedingungen und Klima es zuließen, unterlagen auch die Ernährungsgewohnheiten der Mittelmeerländer einem Umwandlungsprozess und nahmen jetzt stärker nördliche Züge an.

Im Mittelmeerraum breiteten sich Waldnutzung und Weidewirtschaft stärker aus. Dadurch wuchs die Bedeutung des Fleischs. Der traditionelle Weizenanbau trat in den Hintergrund oder wurde zugunsten weniger pflegeintensiver Getreidesorten zurückgestellt. Gerste, Hafer, Dinkel und Hirse wurden immer wichtiger. Das traf auch auf den Roggen zu, ein Getreide, das in der Antike allenfalls als Unkraut galt und im Frühmittelalter regelrecht *entdeckt* wurde.[170]

Im Übergang von der Antike zum Mittelalter lassen sich gerade im Bereich der Ernährung beim gegenwärtigen Stand der Forschung allenfalls Grundlinien herausarbeiten. Während in großen Teilen des Imperiums eine dynamische Kulturverschmelzung einsetzte, blieben antike Traditionen im östlichen Mittelmeerraum länger und auf andere Weise vorherrschend. Das traf vor allem auf die Metropole am Bosporus zu, die seit ihrer Gründung um 660 v. Chr. zunächst Byzantion geheißen hatte. Der römische Kaiser Konstantin der Große ließ die Stadt im Jahre 330 n. Chr. in Constantinopolis umbenennen. Im weiteren Verlauf der Spätantike entwickelte sich Konstantinopel rasch zum Zentrum einer neuen Großmacht. Hier genossen zwar nicht alle, aber doch viele Menschen einen Lebensstandard, dem das frühmittelalterliche Europa kaum Vergleichbares entgegenzusetzen hatte.

Wie kam es zu diesem Sonderweg? Während das Römerreich im 4. Jahrhundert immer stärker bedroht und belagert wurde, spaltete sich der östliche Teil des Imperiums in mehreren Schritten ab. Seit 395 n. Chr. waren das Byzantinische Reich und seine Hauptstadt Constantinopolis auch formal vom Weströmischen Reich getrennt. Dieses christlich-römische Reich griechischer Nation und Kultur litt zwar ebenfalls unter germanischen Angriffen, aber in seinem Kern, also im bulgarischen Raum, um die Ägäis und um das heutige Istanbul, hielt es bis zu seinem Fall an das Osmanische Reich im Jahre 1453 stand.

Die byzantinische Ernährung ist bislang noch nicht genau erforscht. Bekannt ist aber, dass der Kaiserhof eine große Vorbildfunktion hatte, an der sich vor allem Adel, hohe Beamte und Grundbesitzer orientierten. Das Grundnahrungsmittel des Kaiserhofs war feines Weißbrot, das aus Weizen gebacken wurde.[171] Wegen der günstigen verkehrsgeographischen Lage und der hohen Kaufkraft gab es auf den Märkten der Stadt ein vielschichtiges Angebot an Gewürzen. Pfeffer und Zimt waren am beliebtesten. Wie in der römischen Antike wurden viele Gerichte zusammen mit der Fischsoße *garum* serviert. Eine wichtige Rolle spielte auch das Olivenöl. Die Klage Liutprands von Cremona über die von Fett triefenden Mahlzeiten der kaiserlichen Küche dürfte daher auch die Realität des 10. Jahrhunderts widerspiegeln. Die wichtigsten Fleischlieferanten waren Schaf, Hammel, Ziege und Schwein; daneben gab es – wie in der griechischen Antike – relativ häufig Vögel und Fische.

Die Oberschicht des Byzantinischen Reiches pflegte auch in der Völkerwanderungszeit eine Nahrungskultur, die Elemente der römischen und der griechischen Antike mit orientalischen Elementen kombinierte. So waren Gabeln als Essbesteck in Byzanz bereits im 10. Jahrhundert allgemein gebräuchlich, während die meisten Mitteleuropäer erst in der Neuzeit mit Gabeln aßen (siehe Farbtafel III). Diese Kombination steht sinnbildhaft für die gesamte kulturelle Struktur von Byzanz.[172]

Die Unter- und Mittelschichten aßen auch in Byzanz anders als die Reichen. Hier herrschten vegetarische Produkte vor, in erster Linie Brot, Gemüse und Früchte. Besonders wichtig waren wiederum Hülsenfrüchte. Unter den verzehrten Nutztieren spielte das Schwein die Hauptrolle.

Der vergleichsweise hohe Stand der byzantinischen Kultur zeigt sich darin, dass diejenigen, die am breiten Sockel der Sozialpyramide lebten, durch staatliche und kirchliche Wohltätigkeitseinrichtungen versorgt wurden – ein enormer Fortschritt gegenüber den mitteleuropäischen Zuständen des frühen Mittelalters.[173]

Im krassen Gegensatz zum üppigen Leben im Byzantinischen Reich und seiner Metropole Konstantinopel stand das fränkische Reich der Merowinger. Dort lag das Städtewesen weitgehend danieder, und im französischen Teil nördlich der Loire sowie im Gebiet des späteren deutschen Sprachraums war die Wirtschaft fast ausschließlich agrarisch geprägt. Nur wenige urbane Zentren, die meisten von ihnen Bischofssitze, konnten ihren städtischen Charakter beibehalten. Entsprechend entstammten beinahe alle Nahrungsmittel den Bereichen Ackerbau und Viehzucht sowie der Sammeltätigkeit im Wald, während der Fernhandel allenfalls eine untergeordnete Rolle spielte – so weit die ungünstige Überlieferungssituation überhaupt Schlüsse zulässt.[174]

Von den archäologischen Funden, die über die Nahrungsgewohnheiten Auskunft geben, sind vor allem die fränkischen Reihengräber sowie einige Siedlungsgrabungen zu nennen. Aussagekräftig sind daneben eine

Reihe von Schriftquellen. Dabei handelt es sich zunächst um die Aufzeichnungen des bereits erwähnten Gregor von Tours. Ferner sind die frühmittelalterlichen Volksrechte zu nennen. Unter ihnen ist die Gesetzessammlung, die unter dem Namen *Lex Salica* bekannt geworden ist, am bedeutendsten. Aufschlüsse erlaubt schließlich die Diätetik des griechischen Arztes Anthimus, die im Frankenreich vergleichsweise weit verbreitet gewesen sein dürfte.

Nach diesen Quellen ergibt sich folgendes Bild: Fleisch, Agrarerzeugnisse, Garten- und Sammelfrüchte waren die wichtigsten Nahrungsmittel.

Zum Fleisch: Fleisch stand im Zentrum der Ernährung. Wegen des Futtermangels musste ein großer Teil des Viehbestandes zu Beginn des Winters geschlachtet werden. Das frische Fleisch wurde meistens gekocht. Wenn man es räucherte oder pökelte, war es haltbarer und konnte auch im Winter und im Frühjahr als Fleischvorrat dienen. Wild spielte eine erstaunlich geringe Rolle. Der archäologische Befund in Siedlungsgrabungen zeigt, dass der durchschnittliche Anteil der Wildknochen für die Zeit um 500 n. Chr. lediglich etwa drei Prozent beträgt. Dennoch aßen die meisten frühmittelalterlichen Menschen zumindest in guten Jahren auch im Vergleich zu heute außerordentlich große Mengen Fleisch.

Die *Lex Salica* erwähnt umfangreiche Bestimmungen zur Schweinezucht, und auch Anthimus befasst sich in seinen Schriften intensiv mit dem Schwein. Demnach war Speck eine ausgesprochene Leibspeise der Franken. Schinken wurde nicht nur geräuchert, sondern auch gekocht. Roher Speck gehörte zu den wichtigsten Heilmitteln.

Die Qualität des Fleischs der gesunden Schweine muss aus heutiger Sicht vergleichsweise gut gewesen sein, denn zur Mast wurden die Tiere meist in den Wald getrieben. Die Leitschweine trugen gelegentlich eine Glocke um den Hals, um die Herde im Wald wieder finden zu können. Meist begleitete aber ein Hirte die Tiere. Ihr Futter war ausgewogen, ihr Fleisch war recht muskulös. Dem guten Geschmack des Schweinefleischs stand beim Verzehr ein gehöriges Risiko gegenüber, denn viele Tiere waren krank. Ihr Fleisch war von Parasiten befallen und stellte beim Verzehr eine ernste Gefahr dar.

An Nahrungsmitteln nennt Anthimus außer dem Fleisch noch Milch, Butter und Käse. Er selbst bevorzugte gekochte Milch, die mit Honig, Met, Wein oder Salz vermischt war.[175] In dieser Vorliebe zeigt sich wiederum die kulturelle Determination des Geschmacks: Anthimus liebte all das, was teuer war und als gut galt, denn auch er hatte seinen Geschmack kulturell erlernt – in der griechischen Antike oder in der europäischen Neuzeit dagegen wäre Anthimus' Leibgetränk möglicherweise von vielen als ekelhaft empfunden worden.

Neben dem Schwein war Geflügel wichtig. Vor allem Hühner spielten eine wesentlich wichtigere Rolle als in den mediterranen Kulturen. Gregor von Tours erwähnt einen königlichen Koch, der aufgefordert wurde, ein ganz besonderes Mahl zuzubereiten. Der Meister forderte lediglich: »Mein Herr lasse mir nur eine Menge von jungen Hühnern herbeischaffen, und ich werde tun, wie er befiehlt.« Die »Menge« reichte als Qualitätsmerkmal aus, und mit ihrer Hilfe gelang es, »ein großes Mahl mit den herrlichsten Leckerbissen« anzurichten. Das entscheidende Kriterium war die Quantität: Viel aufzutischen war wichtiger als Raffinesse bei der Zubereitung.[176]

Der Verzehr anderer Vögel war offenbar weniger verbreitet. So sind im umfangreichen Werk Gregors keine Gänse erwähnt; lediglich von einer gänseeigroßen Geschwulst ist einmal die Rede, so dass wir schließen können, dass dem Geschichtsschreiber Gänse und deren Eier zumindest geläufig waren. Das bestätigt auch der archäologische Befund. Demzufolge war die Gans für die Ernährung der Masse der Bevölkerung weniger bedeutend als das Huhn. Wegen ihres Fettreichtums war sie aber besonders beim Adel beliebt; sie wurde daher als Feudalabgabe gefordert. Dagegen ist der Schwan nur als Sternbild, nicht aber als Nahrungsmittel überliefert. Die Taube wurde als Symbol des heiligen Geistes interpretiert und anscheinend nicht verzehrt.[177]

In karolingischer Zeit wuchs die Bedeutung des Rindes. Im Umkreis der Paderborner Kaiserpfalz konnte man es sich im 9. Jahrhundert sogar leisten, dreijährige Jungrinder zu schlachten, ohne sie zuvor als Arbeitstiere eingesetzt zu haben.[178]

Auch Fische dienten im frühen Mittelalter als wichtige Proteinlieferanten. Flüsse, Bäche und Seen waren die Fischgründe, in denen die Menschen des Frankenreichs mit Netzen und Reusen ihr Glück versuchten. Die Schriftquellen erwähnen Hechte und Forellen, aber die tatsächliche Vielfalt dürfte wesentlich größer gewesen sein.

Hingegen ging die römische Teichwirtschaft, in deren Mittelpunkt die Karpfenzucht stand, durch die Völkerwanderung stark zurück, denn sie bedarf einer regelmäßigen und kundigen Pflege. Sie erfuhr erst im Rahmen der geistlichen Grundherrschaften und bei den Pfalzen eine deutliche Wiederbelebung. Allerdings verschwand die Teichwirtschaft auch in den unruhigen Zeiten des 5. und des 6. Jahrhunderts nicht ganz. In einem Rundschreiben forderte der »Minister« Cassiodor die Provinzgouverneure des Ostgotenreichs auf, die Tafel König Theoderichs (um 454-526 n. Chr.) mit einer ausreichenden Menge an Karpfen zu versorgen.[179]

Trotz des hohen Fleischkonsums bildete das Getreide letztlich doch das Rückgrat der frühmittelalterlichen Nahrungsversorgung. Gerste und vor allem Weizen wurden zu Brot verbacken; Gerste und Hirse bildeten die Grundlage für die Breispeisen. Das leichter verdauliche Brot war beliebter, aber in der Herstellung aufwändiger und kostspieliger. Brei zu essen galt daher als Zeichen von Armut und Entbehrung. Gregor von Tours berichtet über einen besonders anspruchslosen und frommen Mönch aus Bordeaux, er habe »in der vierzigtägigen Fastenzeit nicht einmal Brot, ... sondern nur immer am dritten Tage einen Becher voll Gerstengrütze« gegessen.[180] Nach dem Abzug der Römer sank der Weizenanbau im Gebiet nördlich der Alpen. Aus der Völkerwanderungszeit liegen aus dem deutschen Sprachraum bislang lediglich acht Bodenfunde vor, die auf Weizenanbau hindeuten. Hingegen wuchs die Bedeutung des Roggens.[181] Wahrscheinlich blieb der häufige Konsum von Brot in fränkischer Zeit vor allem den Bewohnern derjenigen Gebiete vorbehalten, die südlich der Loire und der Alpen lebten. Weiter im Norden dürfte man sich meist mit Brei begnügt haben. Überhaupt wurden Nahrungsmangel und oft sogar Hungersnöte kennzeichnend für die ganze Epoche. Eine ausreichende Versorgung war selbst im reicheren Süden nicht immer gewährleistet. Gregor berichtet von einer Hungersnot, die »fast ganz Gallien« bedrängt habe. Das Ausmaß war auch für die damaligen Verhältnisse extrem, denn in diesem Raum hatte man in der Römerzeit zwar gelegentlich Not und Armut erlitten, aber nie in solch einer Dimension. Im Frühmittelalter ging es dagegen ums nackte Überleben. Unser Chronist schreibt: »Und viele buken aus Traubenkernen und Haselblüten Brot, manche auch aus getrockneten und zu Staub zermahlenen Wurzeln des Farnkrautes, denen sie etwas Mehl beimischten. Viele schnitten die grüne Saat ab und taten damit dasselbe. Es gab ferner viele, die gar kein Mehl mehr hatten und daher allerhand Kräuter ausrissen und aßen; von deren Genuß schwollen sie aber und starben. Eine große Zahl siechte damals aus Mangel dahin und kam um.«[182]

Diese und ähnliche Notsituationen trugen dazu bei, dass antike Ernährungstraditionen mehr und mehr in Vergessenheit gerieten. Dennoch blieb das Gebiet, das südlich der frühmittelalterlichen Kulturscheide lag, die von der Loire über Burgund bis zum Alpenraum reichte, wohlhabender und eher römisch geprägt als der Norden. Das dürfte auch die Techniken der Speisenzubereitung und des Würzens betroffen haben.

In Mitteleuropa sank die Durchschnittstemperatur an der Wende von der Antike zum Frühmittelalter. Dieser klimatische Faktor hatte direkt rückläufige Ernteerträge und damit indirekt einen Bevölkerungsrückgang zur Folge. Im Zuge dieser Entwicklung gewannen Obst und Beeren als Nahrungsergänzung und Vitaminlieferanten an Bedeutung; auch der Konsum von Wildhonig dürfte gestiegen sein.[183]

Dem allgemeinen Umbruch entsprechend änderte sich auch der Kanon der Getränke. Dort, wo ausgedehnte Rinderhaltung betrieben wurde, spielten Milch und Käse eine wachsende Rolle.[184]

Die frühmittelalterlichen Geschichtsschreiber schenken vor allem den alkoholischen Getränken große Aufmerksamkeit. Sie schildern eine breite Palette berauschender bier- und metartiger Getränke, die aus Getreide, Honig und wildem Beerenobst hergestellt wurden.[185]

Bei der Analyse dieser Quellen ist jedoch zu berücksichtigen, dass Getreide im Rahmen der fränkischen Agrarproduktion nicht so wichtig war wie in der römischen Epoche oder wieder seit dem hohen Mittelalter. Es wurde extensiv angebaut, und es gab starke saisonale Schwankungen. Zudem scheint eine ganzjährige Versorgung mit Getreide wegen der großen Probleme der Vorratshaltung nicht immer gewährleistet gewesen zu sein. Deshalb können wir annehmen, dass aus Getreide hergestellte Getränke, vor allem Bier, zwar zu besonderen Anlässen konsumiert wurden, aber nicht Bestandteil der täglichen Mahlzeiten waren.

Auch die Saufgelage, die erzählende Quellen schildern, können unsere Annahme, dass Wasser unbestritten das Hauptgetränk der meisten Germanen war, nicht widerlegen.[186] Denn es ist denkbar, dass es manchmal gerade deshalb zu übermäßigem Genuss und unkontrollierten Rauschzuständen kam, weil die Konsumenten den Alkohol nicht gewöhnt waren.

An der Wende von der Antike zum Mittelalter gab es bei der Versorgung mit Trinkwasser regional tief greifende Veränderungen. Besonders dramatisch war die Entwicklung in den Städten des ehemaligen Römerreichs. Hier wurden die aufwändig installierten Wasserleitungen zerstört oder nicht repariert. Zu den Mahlzeiten wurde nun meist deutlich schlechteres Wasser aus Flüssen, unzureichend gefassten Brunnen oder Zisternen gereicht. Dieses Wasser dürfte vor allem dann nicht mit Wein gemischt worden sein, wenn Unruhen, Plünderungen oder Flucht die Weinreserven dezimiert hatten oder der Preis zu hoch geworden war. Zwar ist die Kontinuität des Weinbaus an Rhein und Mosel zweifelsfrei belegt; aber in merowingischer und karolingischer Zeit kam es wegen des Arbeitskräftemangels, der klimatischen Abkühlung und der Steigerung der durchschnittlichen Niederschläge zu einem deutlichen Rückgang des Weinbaus und der Weinerträge. Außerdem büßte der Wein durch den Klimawechsel offenbar an Fruchtsüße ein.[187] Im Zuge diese Enwicklungen müssen auch zumindest Teile jener Bevölkerungsgruppen, denen in der Antike der Weingenuss noch möglich war, auf Wasser, Bier oder Säfte umgestiegen sein. Darauf verweist auch die benediktinische Regel, nach der jedem Mönch – wenn möglich – jeden Tag nur eine Hemina (0,27 l) Wein zugestanden wurde. Folglich müssen diese Mönche ihren Flüssigkeitsbedarf zu etwa 90 Prozent mit Wasser gedeckt haben. Kranke sollten nach der Regel sogar ausschließlich Säfte, Eier und warmes Wasser erhalten.[188]

Punktuell scheint die Qualität des Trinkwassers gegen Ende der Völkerwanderungszeit durch systematischen Brunnenbau deutlich besser geworden zu sein. Aus Steinen aufgesetzte und gemauerte Brunnen sind beispielsweise für Gladbach bei Neuwied belegt.[189] Auch in Italien waren Erfolge zu verzeichnen: Papst Hadrian I. ließ im Jahre 776 die Aquädukte mehrerer Städte wiederherstellen.[190]

In der Übergangsphase vom Früh- zum Hochmittelalter erlebte der Weinbau neben dem Ackerbau durch die spürbar einsetzende Erwärmung einen Aufschwung. Die Grundbedingungen für die Ernährung insgesamt, aber auch für Wein- und Bierherstellung standen nun wieder unter etwas günstigeren Vorzeichen.[191]

Franz Irsigler gelang es, die Situation der Agrarwirtschaft und der Nahrungskultur des Dorfes Mehring an der Mosel in den Jahren um 900 zu rekonstruieren. Durch seine günstige Lage wurde Mehring zum wichtigsten Weinort des Eifelklosters Prüm. Die gut 50 Familien, die in Mehring lebten, lieferten damals bis zu 24 000 Liter Wein jährlich. Dazu kamen große Mengen an Eicheln, die in den umliegenden Wäldern gesammelt wurden, und die dann an die im Prümer Kloster gehaltenen Schweine verfüttert wurden. Die Frauen des Moseldorfes mussten darüber hinaus im Herbst jeweils etwa 7,5 Liter Brombeeren und einen Becher Senf beim Kloster abgeben, im Garten des Herrenhofes ein Beet mit Schnittlauch jäten und eineinhalb Beete mit Porree von der Saat bis zur Ernte betreuen.

Die Abgaben an Naturalien waren hoch. Was blieb den Menschen an der Mosel übrig, was kam auf ihren Tisch? Die Mehringer produzierten vor allem Wein für das Kloster. Im Gegenzug wurden Brot und Getreide ins Dorf geschafft. Brot war das Grundnahrungsmittel. Zum Brot gab es meistens etwas Gemüse, selten Fleisch und fast immer ein wenig Wein und Bier. Irsigler geht davon aus, dass die Winzer viel mehr Fisch als Fleisch konsumierten, um den Eiweißbedarf sicherzustellen, denn dem Fischfang wurde an der Mosel viel Aufmerksamkeit geschenkt.[192] Es mag vorgekommen sein, dass Hunger und Not auch das Winzerdorf Mehring heimsuchten, aber insgesamt haben wir es dort mit einer günstigen Ernährungslage zu tun. Oft konnten die Bauernfamilien in den ungünstiger gelegenen Dörfern der nahen Mittelgebirge von solchem Wohlstand nur träumen.

Neben dem Bier- und dem Weinkonsum ist schließlich der Verbrauch an Fruchtsäften zu nennen. In weiten Gebieten Mitteleuropas war auch er allmählich gestiegen. Vor allem Apfelsaft und schwach vergorene Moste waren beliebt, obgleich deren Konsum sich auf die Erntezeit und wenige Wochen danach beschränkt haben wird.[193]

Der stete Mangel – das ist nun mehrfach angeklungen – war das Kennzeichen des Frühmittelalters schlechthin. Die karge Überlieferung berichtet vergleichsweise häufig von Missernten, Krieg, Plünderungen, Dürren und Hochwasser. Hungersnöte erlebten die Menschen in rascher Folge, mit verheerenden Konsequenzen; denn es gab nur sehr bescheidene Ansätze zu einer Vorsorgewirtschaft. Zudem konnten Überschussgebiete wegen der schlechten Verkehrssituation kaum Hilfsgüter in die Notgebiete liefern. Diese Situation beeinträchtigte auch die Schlagkraft des fränkischen Heeres, das im 6. Jahrundert in Italien scheiterte, weil die Soldaten Hunger litten.[194]

Von den häufigen Notzeiten waren alle Bevölkerungsschichten betroffen. Aber wenn es Überschüsse gab, kamen diese auch fast allen Menschen zugute. Die großen sozialen Unterschiede, die den antiken

Gesellschaftsaufbau und analog dazu auch die antike Ernährung gekennzeichnet hatten, waren im Frühmittelalter bei weitem nicht in diesem Maße vorhanden.

Grundsätzlich war es allen sozialen Schichten möglich, die tägliche Ernährung abwechslungsreich zu gestalten. Das hatte mehrere Gründe. Erstens gab es einen zeitweiligen Überschuss an Nahrungsressourcen im Verhältnis zur Bevölkerungszahl, da diese seit der Spätantike stark gesunken war. Zweitens herrschten ökonomische und soziale Verhältnisse, die niemanden von der effektiven Nutzung dieser Nahrungsquellen, also der tierischen und der pflanzlichen Produkte, ausschlossen.

Soziale Differenzierungen in der Ernährung bestanden durchaus, aber sie bezogen sich in erster Linie auf die Quantität des Lebensmittelkonsums, die bei den oberen Schichten deutlich höher war als beim einfachen Volk. Was die Qualität der Produkte betraf, so gab es im frühen Mittelalter kaum schichtspezifische Unterschiede in der Ernährung. Viel zu essen galt in der Adelskultur – im Gegensatz zu den Werten der christlichen Ethik und vor allem der monastischen Kultur – als Zeichen von hohem gesellschaftlichen Rang.[195] Die Völlerei wurde allenfalls dann getadelt, wenn sie extreme Ausmaße annahm. So verurteilt Gregor von Tours in seiner Frankengeschichte den Steuerbeamten Parthenius: »Er war aber sehr unmäßig im Essen und pflegte, um schneller wieder Eßlust zu bekommen, Aloe einzunehmen, dass er rasch das Genossene verdaue.«[196]

Welche Folgerungen lassen sich aus den spärlichen Informationen ableiten? Wir können, auch wenn die Quellen dies selten so plastisch schildern, mutmaßen, dass vor allem die Mahlzeiten der Wohlhabenden im frühen Mittelalter häufig dadurch gekennzeichnet waren, dass enorme Mengen an einfach zubereitetem Fleisch aufgetischt wurden. Insofern wohnt den fiktiven Gelagen der Comic-Helden Asterix und Obelix möglicherweise ein gewisses Maß an Realität inne. Nicht nur bei den Galliern, sondern auch bei den Germanen wurde auch ohne besonderen Anlass alles, was verfügbar war, aufgetischt und hemmungslos aufgegessen, meistens mit der Hand, mit entsprechenen Mengen an Met, Bier oder Wein als Tischgetränken. Einem festen Muster oder eventuellen Modetrends konnte man kaum folgen, weil viele Elemente dieser Esskultur sehr saison- und konjunkturabhängig waren, und weil der rasante kulturelle Wandel die Genese festgefügter Kulturmuster behinderte. Infolgedessen kamen dem *Essen*, dem *Sichsattessen* beziehungsweise dem übermäßigen *Fressen* ein enorm hoher gesellschaftlicher Stellenwert zu, ganz abgesehen von der Funktion des Gastmahles bei der Festigung von Lehensbeziehungen und Herrschaftsteilhabe beim Adel.

Im Detail lässt sich die Struktur der fränkischen Mahlzeiten anhand der Quellen kaum rekonstruieren. Naturgemäß kann der archäologische Befund nur begrenzte Aufschlüsse geben, und auch unser Chronist Gregor von Tours lässt uns im Stich. Lediglich ein einziges Mal beschreibt er ein Festessen, welches ein gemischtkonfessionelles Paar (arianisch-katholisch) einem Geistlichen gab. Dieses Mahl bestand aus vier Gängen, von denen aber nur der erste und der letzte genauer beschrieben werden. Zunächst gab es ein Gemüsegericht und zum Schluss wurde eine Eierspeise serviert, die mit Datteln und Oliven garniert war.[197]

Worin könnte der Unterschied zwischen einer antiken und einer frühmittelalterlichen Mahlzeit bestanden haben? Die Quellenlage zwingt zu Spekulationen. Das soziale Leben lief in der Antike nach festen Regeln ab. Wenn ein griechisches Kulturmuster etwa bestimmte, dass Frauen nicht am Symposion teilnehmen durften, dann erlaubte diese starre Vorschrift keine Abweichung. Dagegen erlebte das Frühmittelalter einen tief greifenden sozialen und kulturellen Wandel. So konnte ein kriegsgefangener Sklave unter Umständen innerhalb weniger Jahre zum adeligen Heerführer aufsteigen. Analog dazu waren auch die kulturellen Regeln, die vorschrieben, wie und mit wem man zu speisen hatte, nicht genau festgeschrieben. Diesem Zustand hafteten Züge eines *kulturellen Vakuums* an.

Wer mit wem bei welchen Gelegenheiten aß – diese Frage lässt sich für das Frühmittelalter nur in Ausnahmefällen eindeutig beantworten. Immerhin ist aber bekannt, dass die adeligen Frauen eine vergleichsweise starke Position innehatten. Zu berücksichtigen bleibt jedoch, dass der Lebensstil des Adels in hohem Maße auf Kriegführung und Kampf ausgerichtet war. Weil der Kampf aber reine Männersache war, spielte der Verbund der Kämpfer im Gemeinschaftsleben eine entscheidende und dominierende Rolle. Das bedeutet für die Mahlzeit: Männer dürften eher mit sozial gleich gestellten Geschlechtsgenossen gegessen haben, während Frauen und Kindern getrennt von diesen Gruppen blieben.

In der Merowinger- und Karolingerzeit lebten deutlich über 90 Prozent der Menschen im ländlich-agrarischen Bereich, meist in kleinen weilerartigen Siedlungen; der Verdorfungsprozess war noch im Gange.

Die Zahl der freien Leute, die nicht dem Adel angehörten, nahm vor allem in der Karolingerzeit spürbar ab. Die Masse der Bevölkerung war unfrei. Auf den Haupthöfen des grundherrlichen Adels wurden die Hofhörigen durch die zentrale Lebensmittelversorgung ernährt. Nur bei den mit Haus und Garten ausgestatteten Hörigen und den Hufenbauern wurde die Kernfamilie auch bei der Versorgung mit Lebensmitteln zur Grundeinheit der Gesellschaft. Ihre Ernährung war schlicht, da die Erträge der bescheidenen Viehwirtschaft zu einem großen Teil als Realzins an den Grundherrn abgeführt werden mussten. Die Mahlzeiten wurden vermutlich meist im Familienverband eingenommen.[198]

Vieles von dem, was die Struktur der täglichen Mahlzeiten ausmachte, bleibt im Verborgenen – in dieser Hinsicht ist das frühe Mittelalter tatsächlich eine dunkle Epoche. Ausführlicher äußern sich die damaligen Geschichtsschreiber nur über nichtalltägliche Situationen. Stärker als in späteren Epochen war die Nahrungsaufnahme symbolbehaftet und damit auch instrumentalisierbar. Beim Adel hatte das gemeinsame Mahl eine gemeinschaftsbildende und -fördernde Kraft. Die Aufnahme in die Tischgemeinschaft bedeutete gleichzeitig auch die Aufnahme in die soziale Gruppe, und der Vollzug des gemeinsamen Mahles zog die Kräftigung des Zusammenhalts nach sich.[199] Insofern war die Tafelrunde von König Artus weit mehr als eine Essgemeinschaft, es war der innere Zirkel der Macht, und dieser Zirkel definierte sich nicht anders als über die Tafelrunde.[200]

Gregor von Tours schildert den Abschluss von merowingischen Schwurfreundschaften mehrfach in fast formelhafter Weise mit dem Hinweis auf ein Mahl. Diese Schwurfreundschaften stellten ein Vertragsverhältnis zwischen den Partnern her und verpflichteten zu gegenseitiger Hilfe in allen Lebenslagen. Auf diese Weise wurde die gemeinsame Mahlzeit zum Mittel der Politik.

Wie sah so etwas in der Praxis aus? Über den Frankenkönig Chlodwig und den Gotenkönig Alarich schreibt Gregor: »Sie trafen sich darauf auf der Loire-Insel bei Amboise im Gebiet von Tours, sprachen, aßen und tranken miteinander, gelobten sich Freundschaft und schieden dann in Frieden.«

An anderer Stelle berichtet Gregor über zwei Bürger von Tours: »Sichar hatte nämlich mit Chramnesind, obwohl er ihm seine Verwand-

Abbildung 18: Herr und Gefolgschaft beim Gelage. Szene aus dem Teppich von Bayeux, 11. Jahrhundert.

ten erschlagen hatte, innige Freundschaft geschlossen, und sie liebten einander so herzlich, dass sie oftmals zusammen ihr Mahl verzehrten und auf einem Lager beisammen schliefen.« Die gemeinsame Mahlzeit war bei diesen Beispielen nichts Zufälliges oder Beliebiges. Vielmehr war sie integrativer Bestandteil der Freundschaft. Gegenseitiges Vertrauen war nur dann denkbar, wenn man auch gemeinsam aß. Die Freundschaft konnte aber in Gewalt umschlagen, wenn Alkohol mit im Spiel war. Sichar und Chramnesind aßen und tranken, und vom Wein erhitzt reizte Sichar seinen Freund mit beleidigenden Reden. Dieser konnte die Schmach nicht auf sich sitzen lassen. Der Geschichtsschreiber vermerkt lakonisch: »Sofort löschte er die Lichter und spaltete jenem mit seinem Schwert den Kopf.« Die Bluttat noch während des Mahles war ein extremer Verstoß gegen die durch das Mahl begründete Friedensgemeinschaft. Gregor von Tours urteilte später aber, im Grunde sei dem Opfer Recht geschehen: »Er war ein leichtfertiger Mensch, ein Trunkenbold und Totschläger, der manchem in der Trunkenheit Gewalt antat.«[201]

Gerd Althoff kam 1987 zu dem treffenden Schluss: »Das feierliche Mahl oder Gelage hatte im früheren Mittelalter seinen festen, ja konstitutiven Platz beim Abschluß von Bündnissen, die wir als freundschaftlich-genossenschaftlich charakterisieren können. Solche Bindungen aber waren nicht Ausdruck einer subjektiven Gefühlsäußerung, sondern sie hatten Vertragscharakter, sie verpflichteten für die Zukunft zu einem entsprechenden Verhalten.«[202]

In der Gesellschaft des frühen Mittelalters spielte das Individuum häufig nur eine untergeordnete Rolle. Wichtiger waren genossenschaftliche Bindungen und Lebensformen. Die Bewohner der wenigen Städte waren ebenso genossenschaftlich organisiert wie die Angehörigen des Adels oder des Klerus. Vor allem zwei Elemente formten eine Genossenschaft: der Eid und das festliche Gelage (*convivium*). Verbote und Beschwerden zeugen von der Bedeutung und der Verbreitung dieser Gelage. Der Kapitular des Erzbischofs Hinkmar von Reims (†882) unterscheidet drei Formen: 1. Gelage zum Gedenken von Toten; 2. Gelage von Klerikern; 3. Gelage, die von Gilden und Bruderschaften veranstaltet wurden. Gelage gab es in fast allen Gesellschaftsschichten; wichtig war die Kombination aus Essen und Trinken. Die frühmittelalterliche Gesellschaft ist ohne diese Speisegemeinschaften nicht denkbar oder erklärbar. Hinkmar prangerte allerdings Ausschweifungen bei den Gelagen an: Trunkenheit, das Trinken auf einen Heiligen oder Verstorbenen, Händeklatschen und wildes Gelächter, Erzählen und Singen eitler Geschichten, schändliche Scherze mit Bären und Tänzerinnen und schließlich das Tragen von Masken.[203]

Die Schilderungen des Erzbischofs erlauben zwei Schlussfolgerungen: Zum einen machen sie deutlich, dass übermäßiges Essen nicht grundsätzlich verurteilt wurde, denn schließlich entsprach es der gesellschaftlichen Norm. Zum anderen waren diese Gelage von dem, was heute als *Festessen* bezeichnet wird, strukturell verschieden; sie gingen als gesellschaftliches Ereignis weit über Essen und Trinken hinaus.

Aus einer Langzeitperspektive heraus kann man fragen, ob es eine Entwicklungslinie gab, die von den ägyptischen Festessen über das griechische *symposion* und die römische *cena* zum *nobile prandium* oder *convivium* des frühen Mittelalters führte. Eine unmittelbare Kontinuität lässt sich nicht nachweisen, wenngleich nicht auszuschließen ist, dass einzelne Elemente tradiert wurden. Entscheidend ist aber, dass die genannten Formen des gemeinsamen Essens und Trinkens jeweils ihr Gesellschaftsmuster widerspiegeln, und dass sie hervorragende Indikatoren für die Rangordnung gesellschaftlicher Werte und für gesellschaftliche Realität sind.

Wie ein ritualisiertes Mahl im Einzelnen praktiziert wurde, ist kaum exakt zu fassen. Vage Hinweise gibt es aus dem Rheinland, zum Beispiel durch eine der Visitationsfragen des Abtes Regino von Prüm (†915), in der es um die brauchtümliche häusliche Feier der Memorientage in der Trierer Landschaft geht: Der befragte Pfarrer musste beschreiben, was er tue, wenn er zu einem Jahrgedächtnis – zum dreißigsten, siebten oder dritten – eines Verstorbenen eingeladen sei. Er sollte klar beantworten, ob er sich in diesem Fall erdreiste, sich zu betrinken, ob er den Minnetrunk zu Ehren von Heiligen oder seiner eigenen Seele fordere, ob er andere zum Trinken zwinge, ob er sich auf Veranlassung anderer vollsaufe und Getöse, unkontrolliertes Gelächter, anzügliche Witze und unpassende Gesänge von sich gebe. Offensichtlich kamen derartige Sachverhalte gelegentlich vor; sonst hätte man im Rahmen der Visitation nicht danach zu fragen brauchen.[204]

Zur Funktion des Mahles noch einmal Althoff: Er kommt zu dem Schluss, »dass das gemeinsame Mahl ein konstitutives Element sehr vieler« beziehungsweise aller »Sozialbeziehungen des frühen Mittelalters« war. »Freundschaft, Bündnis, Genossenschaft und Frieden schloss man mit der rechtsrituellen Handlung des gemeinsamen Mahles. Die Bindung innerhalb verschiedener Gruppen und Gemeinschaften wurde immer wieder belebt und gestärkt durch die Wiederholung dieser Handlung.«[205]

Im Verlauf des hohen Mittelalters büßte das gemeinsame Mahl seine überragende Stellung ein, nicht zuletzt, weil das Recht stärker kodifiziert wurde. Mit dem Wieder- und Neuaufbau des Städtewesens und der stärkeren Verbreitung der Schriftlichkeit entstanden neue Formen der Kommunikation und der Gemeinschaft.

Bei den höfischen Festen, die im hohen Mittelalter auf den Adelssitzen und am Königshof stattfanden, lebten einige Elemente des älteren Mahles zunächst noch fort. Beispielsweise schildert der *Straßburger Alexander*, eine vor 1187 verfasste anonyme Schrift, den Tagesverbrauch am Hof Salomons und vergleicht ihn mit jenen Portionen, die bei der Hochzeit Alexanders des Großen verspeist wurden. Die vom Autor herausgestellten großen Mengen an Rindfleisch und Wildbret dürften aber eher hochmittelalterliche als antike Verhältnisse widerspiegeln.

Der sächsische Annalist, eine weitere wichtige Quelle der zweiten Hälfte des 12. Jahrhunderts, beschreibt den Verbrauch am – reisenden – Hofe Ottos I. folgendermaßen: »Jener Kaiser hatte für jeden Tag, wie sich verzeichnet findet, folgenden Speisevorrath: tausend Schweine und Schafe, zehn Fuder Wein und zehn Fuder Bier, tausend Malter Korn, und acht Rinder, außer den Hühnern, Ferkeln, Fischen, Gemüsen und anderem mehr.«[206] Zwar gehörten etwa 500 bis 1 000 Personen zum Umfeld des Kaisers, aber die Größenordnungen dürften dennoch stark übertrieben sein.

Kehren wir zum frühen Mittelalter zurück. Damals war die Kommunikation mit Fremden oder mit Geschäftspartnern häufig schwieriger als in römischer Zeit. Warum? Das Imperium hatte die kommerzielle Gaststätte in den Raum nördlich der Alpen gebracht, und diese Institutionen hatten sich auch dort rasch zu den Zentren privater und geschäftlicher Kommunikation entwickelt. Aber über die den antiken Tavernen vergleichbaren Einrichtungen des römischen Germanien liegen aus dem 4. bis 8. Jahrhundert so gut wie keine Nachrichten vor. Während das Gaststättenwesen im Mittelmeerraum und in Gallien südlich der Loire wenigstens in Ansätzen fortbestand, dürfte es im Rheinland fast zum Erliegen gekommen sein. Nur an den wenigen Straßen und Verkehrsknotenpunkten könnte es dort auch weiterhin einige Gasthäuser gegeben haben.

Erst nach dem Ende der Merowingerzeit erfolgte ein allmählicher Wandel. In den Kapitularien Karls des Großen und seiner Nachfolger treten seit dem Ende des 8. Jahrhunderts Tavernen als selbstverständliche Einrichtungen auf. So verbot eine Vorschrift aus der Zeit um 800, die im Bistum Lüttich galt, den Priestern den Besuch der Tavernen und die Teilnahme an schändlichen Gesprächen und Streitigkeiten.[207]

Die Berichte von Chronisten und die Hinweise aus normativen Quellen lassen leicht den Eindruck entstehen, das frühe Mittelalter sei in erster Linie eine Zeit der Gewalt und der Ausschweifungen gewesen. Aber den extremen Ausnahmen steht doch ein Alltag gegenüber, der in der Regel von Mäßigkeit geprägt war. Hinzu kam ein weiteres Element. Die fränkische Zeit brachte weiten Gebieten Mitteleuropas die Christianisierung und den Aufbau des mittelalterlichen Klosterwesens.[208] In dieser Zeit liegen auch die Anfänge des christlich beziehungsweise kirchlich geprägten Umgangs mit dem Essen und dem Trinken. Das Freundschaftsmahl (*eulogia*), das Gregor von Tours gelegentlich erwähnt und das wohl zum frühmittelalterlichen Alltag gehörte, entsprach altchristlicher Auffassung: Kleriker teilten das Brot mit den Gläubigen, nicht zuletzt den Armen.[209]

Mit dem Fasten brachte die Christianisierung ein zentrales altchristliches beziehungsweise orientalisches Element nach Mitteleuropa.[210] In merowingischer Zeit wurden unterschiedliche Fastenordnungen für die einzelnen Bistümer erlassen. Einheitliche Regelungen gab es nicht.[211] Im christlichen Abendland wurde das Fasten zu einem Verhaltensmuster, das die gesamte Ernährungskultur nachhaltig prägen sollte. Ohne die Fastenkultur lassen sich weder der Aufschwung der Teichwirtschaft und der europäische Fernhandel mit Fisch noch die Genese der europäischen Trinkkultur oder die Anfänge des Osterbrauchtums mit der besonderen Bedeutung der Eier erklären. Aber alle diese Faktoren entfalteten ihre volle Wirkung erst im weiteren Verlauf des Mittelalters.

KAPITEL 6

Europa im Dornröschenschlaf?

Das ländliche Leben im hohen und späten Mittelalter

Im Verlauf des 11. Jahrhunderts kam es in Mitteleuropa auf vielen Ebenen zu tief greifenden strukturellen Veränderungen. Die Summe dieser Umwälzungen, von denen noch die Rede sein wird, führte die moderne Geschichtswissenschaft dazu, dieses Jahrhundert mit dem Etikett eines Epochenwechsels zu versehen.[212] Der Übergang vom frühen zum hohen Mittelalter fällt auch mit einem politischen Wechsel zusammen: 1024 verloren die Ottonen im Deutschen Reich ihre Vorherrschaft an das Geschlecht der Salier.[213]

Für die Masse der Menschen waren diese Veränderungen im mittelalterlichen Europa allerdings nicht unmittelbar spürbar. Sie interessierten sich nämlich vor allem für das tägliche Brot beziehungsweise den täglichen Brei, denn beides blieb in der Regel knapp. Dieser fundamentale Mangel führte dazu, dass sich das Leben in dieser Zeit meist als mühsames Überleben gestaltete. Lediglich einige gelehrte Adelige und Kleriker erkannten die Dramatik der Zeitenwende. Allerdings hatten sie einen anderen Übergang im Auge, und zwar das Ende des Tausendjährigen Reiches Christi, mit dem die biblische Offenbarung drohte: »Und wenn die tausend Jahre vollendet sind, wird Satan losgelassen werden aus seinem Gefängnis und wird ausziehen, zu verführen die Völker an den vier Enden der Erde.«[214] So gewiss der nahe Untergang schien, so kompliziert war die Bestimmung des genauen Zeitpunktes. Kam die Katastrophe pünktlich zur Jahrtausendwende oder etwa 1 000 Jahre nach der Passion Christi, also im Jahr 1033? Wenn ja – in welchem Monat?[215]

Diese Ungewissheiten und Ängste zogen vorüber, denn zumindest von dem Unglück des Weltuntergangs wurden die Menschen verschont. Die Salier beerbten die Ottonen und wurden später selbst von den Staufern abgelöst, bis die Zentralgewalt im Deutschen Reich im späten Mittelalter mehr und mehr zerfiel und weitgehend an die Landesherren überging. In England und in Frankreich konnten die Könige ihre Machtposition dagegen noch ausbauen.[216] Dadurch orientierten sich Wirtschaft und Kultur verstärkt an den Hauptstädten London und Paris. Dieser Prozess trug maßgeblich dazu bei, dass sich in Frankreich und in England auch viel homogenere Esskulturen entwickelten und der Weg zu einer jeweiligen Nationalküche geebnet wurde. Im Gegensatz dazu begann im deutschen Sprachraum das Zeitalter der territorialen Sonderwege und damit auch das Zeitalter der regionalen Sonderküchen.

Auch auf anderen Ebenen schlugen die politischen Entwicklungen auf das System der Ernährung durch. Im Januar 1077 trat König Heinrich IV. den Gang nach Canossa an. Faktisch ergab sich aus diesem Verlauf des Investiturstreites ein Machtzuwachs des Papstes.[217] Welche Folgen die wachsende Bedeutung der Kirche für die Ernährung hatte, wird im Folgenden zu klären sein.[218]

Ebenfalls ins 11. Jahrhundert fällt der Beginn der abendländischen Kreuzzugsbewegung, die bis ins 12. und 13. Jahrhundert anhielt.[219] Durch die Kreuzzüge kam es zu einem regen Kulturaustausch mit dem Orient; viele Kreuzritter lebten über längere Zeit hinweg im Heiligen Land. Dort übernahmen sie mit der Anpassung an die orientalische Lebensweise auch orientalische Essgewohnheiten. Eine der Neuerungen bestand im starken Würzen von süßem Gebäck. Safran, Ingwer, Zucker und Zimt gelangten auf diese Weise in immer größeren Mengen ins Abendland.[220] Die Geschmacksausrichtung moderner Weihnachtsbäckerei, besonders die des Spekulatius, geht auf den Kulturtransfer der Kreuzritter zurück.

Nach dem Ende der Kreuzzugsbewegung erlangten Stadtwirtschaft und Hanse im späten Mittelalter ihre Blüte etwa zwischen den Jahren 1350 und 1470. Eine neue Mobilität und vor allem der Fernhandel führten zu regem Austausch von Kulturelementen und Nahrungsgewohnheiten. In den Städten entwickelte sich eine spezifische mitteleuropäische Lebensform, die viele ihrer Elemente im Rahmen des gegenwärtigen Wandels wieder zu verlieren droht.[221]

Welche Faktoren letztlich den Übergang von den früh- zu den hochmittelalterlichen Strukturen bewirkten, wird gegenwärtig noch kontrovers diskutiert.[222] Sicher ist aber, dass eine Klimaverschiebung maßgeblichen Anteil hatte. Die Wende vom zumindest im deutschen Sprachraum beinahe stadt- und geldlosen Frühmittelalter zum deutlich weiter entwickelten Hochmittelalter wurde bereits in ottonischer Zeit eingeleitet, denn um die Mitte des 10. Jahrhunderts setzte für Mitteleuropa ein Klima-Optimum ein, das etwa bis zum 14. Jahrhundert dauerte. Diese Klimaveränderung wurde von den Zeitgenossen kaum wahrgenommen, aber sie bewirkte, dass die Erträge stabiler wurden, das Getreide langfristig weiter im Norden und weiter in die Mittelgebirge hinein angebaut werden konnte. Parallel dazu wurden die Ackergeräte verbessert, und es erfolgte – wo die Bodengüte es zuließ – der Übergang von der Zweifelder- zur Dreifelderwirtschaft. Das heißt: In vielen Gebieten Mitteleuropas konnte man jetzt im ersten Jahr Wintergetreide anbauen, im zweiten Jahr Sommergetreide und im dritten Jahr blieb das Land brach liegen. Noch besser war die seit dem 13. Jahrhundert nachweisbare Besömmerung der Brache durch Leguminosen, weil diese den Boden mit Stickstoff anreichern.[223]

Die Summe dieser Faktoren bewirkte, dass nicht mehr deutlich über 90 Prozent der Bevölkerung Mitteleuropas in der Landwirtschaft tätig sein mussten, sondern »nur« noch zwischen 80 und 90 Prozent. Außerdem stieg die Bevölkerungszahl an. Ein Teil der freigesetzten Kräfte beteiligte sich an der Ostsiedlung, durch die im Verlauf des Hochmittelalters große Teile Mittel- und Osteuropas erschlossen wurden.[224]

Der andere Teil der nicht in der Landwirtschaft arbeitenden Bevölkerung wanderte in die Städte ab, deren Zahl seit dem 11. Jahrhundert allmählich, und vor allem im 13. Jahrhundert sehr rasch wuchs.[225]

Wärmere und trockenere Sommer, der Wandel der Agrarverfassung und neue Techniken im Landbau, der Beginn der Ostsiedlung und die Entstehung des europäischen Städtewesens – all diese Faktoren initiierten und verstärkten den tief greifenden Wandel der Nahrungsgewohnheiten an der Wende vom frühen zum hohen Mittelalter.

Am Ende des 13. Jahrhunderts standen Wirtschaft und Ernährung in Europa in voller mittelalterlicher Blüte. Aber nun bahnten sich neue Probleme an. Die Bevölkerung war für das, was der Boden bot, zu zahlreich geworden. Außerdem vernichteten Hagel und Spätfröste häufig die Ernte. 1315-1317 erlebte ganz Europa eine schwere Hungersnot mit zahlreichen Opfern. Schließlich gelangte in der Mitte des 14. Jahrhunderts die Pest nach Europa.[226] Zwar ermöglichte die Seuche weiten Bereichen der städtischen Wirtschaft und der internationalen Finanzmärkte fabelhafte Gewinne, aber den meisten Europäern brachte die Pest, die in fast regelmäßigen Wellen immer wieder große Regionen heimsuchte, Tod, Todesangst und die Rückkehr des Hungers.

Bevor endlich von demjenigen die Rede sein soll, was tatsächlich gegessen wurde, ist noch ein genauerer Blick auf den Mangel notwendig, denn auch der Hunger gehört zur Analyse des Essens. Im System der Ernährung zählt er sogar zu den prägendsten Faktoren überhaupt. So sind viele Menschen, die im Verlauf des letzten Weltkriegs vom Mangel traumatisiert wurden, ihr ganzes weiteres Leben überdurchschnittlich stark auf das Essen fixiert gewesen, und viele sind es auch heute noch.

Da nur wenige Schriftquellen vorliegen, lässt sich über die Hungersnöte des 14. Jahrhunderts kein geschlossenes Bild gewinnen. Zumindest ist aber bekannt, dass diese Nöte periodisch und regional sehr unterschiedlich auftraten. So heißt es in der Chronik Ferdinands IV. von Kastilien über Spanien, »die Sterblichkeit sei im Jahre 1302 so groß gewesen, dass ein Viertel des Volkes gestorben« sei; noch nie habe »die Menschheit eine so große Plage erlebt«. Zwischen 1328 und 1330 suchte der Hunger vor allem die Apenninhalbinsel heim; die Liste ähnlicher Beispiele ist lang.

Wie halfen sich die Menschen in solch einer Hungersnot? 1329 schrieb ein Chronist aus Florenz, viele Leute hätten kein Getreide mehr. Er fuhr fort: »Sie ernähren sich von Kohl und von Pflaumen und von Lattich und von Wurzeln, von Melonen und von Kresse, gekocht und roh. Und von verschiedenen Fleischsorten, manche vom Pferd und manche vom Büffel, aber alles das ohne Brot.« Der Getreidemangel wurde zum existenziellen Problem, denn viele Menschen konnten nicht auf tierische Nahrung ausweichen. Zwar gab es genügend Fleisch, aber dieses Fleisch war für sie zu teuer. Fehl- und Mangelernährung waren daher vorherrschend. Die Hungernden gerieten in einen Teufelskreis, denn sie wurden zunehmend anfällig für Krankheiten. Als die Pest 1347 nach Europa kam, fielen ihr diese Notleidenen in Massen zum Opfer.[227]

Abgesehen von Zeiten der Not und des Hungers gab es im hohen und späten Mittelalter lange Phasen, die nicht von Krisen belastet waren. Die Alltagskost war zunächst vom Angebot abhängig, also von der Landwirtschaft. Nach einer längeren quellenarmen Periode werden erst ab der Jahrtausendwende viele Bereiche des täglichen Lebens und der regionalen Besonderheiten anhand von Überlieferungen überhaupt greifbar.

Abbildung 19: Pflügen mit Ochsen. Englische Monatsdarstellung, 11. Jahrhundert.

Wie gestalteten sich diese regionalen Besonderheiten? Im Norden des deutschen Sprachraums sowie in den Alpen dominierte die Viehhaltung die Agrarwirtschaft. Daher basierte die Ernährung dort in überwiegendem Maße auf Fleisch. In den meisten übrigen Gegenden herrschte die gemischte Landwirtschaft vor. Die Nahrung bestand in erster Linie aus Fleisch und aus Getreide, aber die Anteile von Ackerbau und Viehzucht konnten je nach Bodenqualität unterschiedlich groß sein.

Dabei tritt ein Trend sehr deutlich hervor: Getreide, vor allem Roggen, wurde im Verlauf des Hochmittelalters immer wichtiger. Erst mit der Krise des 14. Jahrhunderts, die europaweite Bevölkerungsverluste in einer Größenordnung von 30 Prozent mit sich brachte, kehrte sich dieser Trend wieder um, und das Fleisch verdrängte das Getreide allmählich als Hauptkalorienlieferant. Dafür waren drei Gründe verantwortlich. Zunächst standen nun vielerorts nicht mehr genügend Menschen für die arbeitsintensiven Tätigkeiten in der Landwirtschaft zur Verfügung. Darüber hinaus gab es jetzt endlich genügend freie Flächen für eine extensive Weidewirtschaft. Und schließlich fiel die Reduzierung des Getreideanbaus vielen Bauern leicht, denn die Erträge waren stets extremen Schwankungen unterworfen, nicht zuletzt durch Schädlingsbefall oder Mäusefraß, die ganze Ernten vernichten konnten. Schon seit langem hatte man versucht, die Risiken der Pflanzenkrankheiten durch parallele Verwendung verschiedener Sorten zu senken.[228]

Welche Fleischsorten waren die Favoriten des hohen und des späten Mittelalters? Rind, Schwein, Schaf und Ziege standen an der Spitze, aber je nach Region und Zeit waren die einzelnen Tierarten unterschiedlich wichtig; ein ganz klares Bild lässt sich definitiv nicht entwerfen.[229]

Wie wirkte sich der hohe Fleischanteil auf die Alltagskost aus? Nördlich der Alpen könnten im Schnitt bis zu 100 Kilogramm Fleisch pro Kopf und Jahr verzehrt worden sein. Unter Berücksichtigung der kirchlich vorgeschriebenen Fastentage bedeutete das Massimo Montanari zufolge, dass zumindest die Angehörigen der Mittel- und der Oberschichten im Durchschnitt an etwa 200 bis 220 Tagen im Jahr jeweils 400 bis 500 Gramm Fleisch essen konnten![230] Diese Größenordnung könnte einigermaßen zutreffend sein; aber wir müssen berücksichtigen, dass die kirchlichen Verbote oft missachtet wurden – sonst hätte man sie nicht immer wieder einschärfen müssen. Zudem haftet all diesen Schätzungen für das Mittelalter noch ein sehr spekulativer Zug an.

Im Mittelmeerraum lagen die Verhältnisse anders; hier behielt das Getreide seine überragende Stellung, und wie in der Antike blieb das Brot den Städtern und den Wohlhabenderen vorbehalten, während viele Arme genau wie im Norden vor allem auf dem Land überwiegend mit Breikost vorlieb nehmen mussten.[231]

Die mittelalterlichen Strukturveränderungen hatten nicht nur auf den Kanon der Nahrungsmittel tief greifenden Einfluss, sondern sie veränderten auch das Getränkeangebot. Bereits um 800 wird der Beruf des Bierbrauers gelegentlich in den wenigen Quellen genannt. Zunächst profitierten vor allem die Klöster, deren Mönche und Brüder mit Bier als täglichem Getränk versorgt wurden. Eine Analyse des Urbars der in der Eifel gelegenen Abtei Prüm des Jahres 893 zeigt, dass sich die Brauerei, die meist im Zusammenhang mit der Brotbäckerei betrieben wurde, spätestens um die Wende zum 9. Jahrhundert auch in den Bauerndörfern auf dem flachen Land durchgesetzt hatte. Das Grutbier wurde aus lokal verschiedenen Würzmischungen und aus Gerstenmalz zubereitet und entwickelte sich mehr und mehr zum Alltagsgetränk.[232]

In dieser Funktion erwuchs dem Bier nach der Jahrtausendwende eine Konkurrenz; denn Landesausbau, Erwärmung und neue Organisationsformen führten zu einer deutlichen Zunahme des Weinbaus. Auch weit nördlich der heutigen Anbaugebiete wurden Weinkulturen angelegt.[233] Wer diesen Wein aber zu welchen Gelegenheiten trank, das lässt sich der-

Abbildung 20: Rekonstruktion der bäuerlichen Siedlung *Haus Meer* (nördliches Rheinland), 11. Jahrhundert.

zeit nicht exakt rekonstruieren. Der Konsum dürfte aber weniger von Alter oder Geschlecht abhängig gewesen sein, sondern eher vom sozialen Status, also im Wesentlichen vom Geldbeutel. Die Masse der armen Landbewohner trank demnach – von Weinbauregionen abgesehen – vermutlich nur wenig oder gar keinen Wein.

Über die Verhältnisse, die im nördlichen Rheinland herrschten, liegen vergleichsweise viele gesicherte Erkenntnisse vor, denn im Umfeld der Niederungsburg bei Haus Meer im Kreis Neuss wurden seit den 1960er Jahren umfangreiche Grabungen durchgeführt (siehe Abb. 20).[234]

Weinbau oder Bierbrauerei sind hier nicht belegt. Die Landwirtschaft im Umfeld der Flachsiedlung des 11. Jahrhunderts basierte in erster Linie auf dem Roggenanbau. Saat- und Zwergweizen waren weniger bedeutend, während sich vom älteren Emmer lediglich fragmentarische Reste nachweisen ließen. Unter den Gemüsefunden dominieren Kohl und Pastinak (*Pastinaca sativa*), wobei es sich bei dem Wurzelgemüse Pastinak auch um die Wildform handeln könnte, die nicht wirtschaftlich genutzt wurde. Neben der Möhre wurde auch das heute nicht mehr verwendete Blattgemüse Amarant (*Amaranthus blitum*) auf Feldern und im Garten angebaut und verzehrt, daneben aß man Mangold und Kürbis sowie Erbsen und Bohnen.[235] Infolge des hohen Getreideanteils waren die Menschen am Niederrhein auch auf pflanzliche Fette angewiesen. Eine große

Zahl von Leinsamenresten unterstreicht die Bedeutung dieser Ölpflanze für die hochmittelalterliche Ernährung. Karl-Heinz Knörzer nimmt an, dass die wohlschmeckenden Körner als Brot- oder als Breizusatz verwendet wurden. Die Gerichte, die auf der Grundlage der Getreide-, Gemüse- und Ölpflanzen zubereitet wurden, lassen sich nicht mehr rekonstruieren. Immerhin ist aber bekannt, auf welche Weise sie verfeinert wurden; denn Dill, Sellerie, Kümmel, Fenchel und Bohnenkraut konnten als Gewürzpflanzen sicher identifiziert werden.

Die niederrheinischen Grabungen weisen auf ein weiteres Charakteristikum der hochmittelalterlichen Nahrungskultur hin: Wie in den Jahrhunderten zuvor spielte die Sammeltätigkeit im Wald immer noch eine wichtige Rolle. Vor allem die Haselnuss war beliebt. Wenn die Ernte im Herbst eingebracht worden war, so steht zu vermuten, streiften die Bewohner der kleinen Siedlung durch die Gebüsche auf den hochwasserfreien Flächen des Rheinvorlandes, um für den Winter so viele Haselnüsse wie möglich zu sammeln. Leider ist nicht überliefert, auf welche Weise die Nüsse zubereitet wurden. Neben der Haselnuss wurden auch Walnüsse und gelegentlich Bucheckern gesammelt. Walnussbäume waren schon in der Römerzeit an den Rhein gelangt. Im Mittelalter hat man sie offenbar planmäßig kultiviert, denn bei Haus Meer wurden annähernd so viele Walnuss- wie Haselnussreste ergraben.

Eine überaus wichtige Rolle in der Ernährung spielte auch das Obst. Dabei wurden am Niederrhein sogar Reste von importierten Feigen gefunden, bei denen es sich um eine besondere Delikatesse gehandelt haben muss. Unter den Kulturobstsorten spielte die Süßkirsche die mit Abstand wichtigste Rolle. Die Kirschen wurden überwiegend zu Saft und zu Mus verarbeitet, aber dem archäologischen Befund zufolge haben die Menschen die Früchte im Frühsommer häufig nicht weiterverarbeitet, sondern direkt unweit der Kirschbäume gegessen und die Steine dann ausgespuckt. Von großer Bedeutung war ferner das Wildobst. Brombeeren und Himbeeren deckten im Herbst einen wichtigen Teil des Nahrungsbedarfs.[236]

Welche Schlüsse erlaubt der archäologische Befund unter dem Aspekt der Nahrungskultur? Die große Abhängigkeit von den Jahreszeiten erstaunt zunächst nicht. Wenn man annimmt, dass sich diese Abhängigkeit auf die Struktur der Ernährung unmittelbar ausgewirkt hat, dann bleibt als plausible Erklärung, dass Brei- und Brotspeisen auch im Herbst zunächst nur in geringen Mengen auf den Tisch kamen. In Notjahren reichten die Getreidevorräte ohnehin nicht bis zur nächsten Ernte. Aber auch in guten Jahren dürfte man überschüssiges Getreide so lange wie möglich gelagert haben. Zwischen der Reifezeit der Kirschen im Juni und der Pilz- und Brombeerernte – beide konnten sich bis weit in den Oktober hineinziehen – werden die Menschen diese Quellen so intensiv wie möglich genutzt haben. Es dürfte eine breite Palette von spezifischen Frucht-, Beeren- und Pilzgerichten gegeben haben, aber deren Zusammensetzung lässt sich heute nicht mehr rekonstruieren.

Im Umfeld der Grabung bei Haus Meer sind auch zahlreiche Tierknochen gefunden wurden. Unter ihnen sind die Reste des Hausschweins am häufigsten. Erst mit deutlichem Abstand folgen Knochen von Hausrind sowie von Schaf und Ziege. Auch Pferde wurden, wenn sie ihr Arbeitsleben hinter sich hatten, verzehrt. Wild spielte im Speiseplan der hochmittelalterlichen Niederrheinbewohner nur eine geringe Rolle, und erstaunlicherweise wurden auch von Hühnern und Gänsen nur einzelne Überreste gefunden. Setzt man die Knochenfunde in Relation zu dem ungefähren Gewicht der Tiere, so gelangt man zu dem Schluss, dass Schwein und Rind jeweils zu etwa 40 Prozent an der Fleischversorgung beteiligt waren.[237]

Was am Niederrhein im hohen Mittelalter auf den Tisch kam, war zum großen Teil durch die naturgeographischen Voraussetzungen vorbestimmt. Bei der Kultivierung und beim Sammeln von Pflanzen standen – neben dem kulturell determinierten Geschmack beziehungsweise der kulturellen Wertigkeit – zwei Faktoren im Vordergrund, nämlich der Gehalt an Fett und an Zucker. Daher verwundert es nicht, dass in Frankreich und in der Schweiz unter den Früchten Walnuss und Weintraube am beliebtesten waren, denn man sammelte und aß eben immer das, was am süßesten und am fettreichsten war.[238] In diesem Zusammenhang ist auch die große Vorliebe für Wildhonig zu sehen.

Ein anderes Schlaglicht auf den mittelalterlichen Alltag wirft die neue Landesordnung, welche die Herzöge von Sachsen 1482 erließen. Diese Ordnung bestimmte unter anderem die Kost jener Untertanen, die zur Arbeit zwangsverpflichtet waren: »Es soll auch von niemand anders gehalten werden und man soll denselben Werkleuten allezeit zu ihrem Mittag- und Abendmahl vier Essen geben. An einem Fleischtag ein Suppen, zwei Fleisch und ein Gemüse. Auf einen Freitag und anderem Tag, da man nicht Fleisch isset, ein Suppen, ein Essen grün oder dürre Fisch, zwei Zugemüse. So man fasten muss fünf Essen: ein Suppen, zweierlei Fische dürre oder grün, und zwei Gemüse. Zudem morgens und abends Brot. Zwischen den Mahle soll man ihnen nicht mehr denn Käse und Brot und sonst keine gekochte Speis geben, man mag ihnen aber das Mittag- und Abendmahle und sonst über Tag Konfent (dünnes Bier) zu trinken geben«.[239]

Was bedeutete das für die Betroffenen? Bemerkenswert ist zunächst, dass es üblich war, auf der Arbeitsstelle verköstigt zu werden. Demnach aßen die Leute auch gemeinsam, und zwar auch abends, also nach getaner Arbeit. Der Gruppengedanke dominierte, während Individualität nicht zur Diskussion stand. Ferner fällt auf, dass es drei Kategorien von Tagen gab: »Fleischtage«, »Freitage« und »Fastentage«. Prinzipiell war jeder Tag außer dem Freitag ein Fleischtag.[240] Warum führt die Landesordnung den Sonntag nicht gesondert auf? Am Sonntag galten diese Bestimmungen nicht, weil an diesem Tag nicht gearbeitet wurde. Die eigentliche Fastenzeit lag zwischen Aschermittwoch und Ostern. Zumindest aus offiziellen Beständen erhielten die Arbeiter in dieser Zeit kein Fleisch.

Neben dem Fleisch machte Brot einen wichtigen Bestandteil der Arbeiterkost aus – ein großer Vorteil gegenüber der Breinahrung, die im Rahmen der häuslichen Wirtschaft vorherrschte. Einen weiteren wichtigen Bestandteil bildeten die Suppen, über deren Konsistenz und Geschmack die Quellen freilich nichts verraten. Vermutlich vereinte der Sammelbegriff *Suppe* eine große Bandbreite an gekochten Speisen. Denkbar ist etwa, dass diese Suppen hohe Bestandteile an Fleisch, Gemüse, Pilzen oder Getreide aufwiesen. Neben den Suppen war Gemüse wichtig. In Frage kamen vor allem Erbsen, Linsen und Bohnen, daneben aber auch Kohl, Lauch, Sellerie, Möhren oder Zwiebeln. Wahrscheinlich sind darüber hinaus Sorten, die auf den Speiseplänen der Gegenwart keine große Rolle mehr spielen, etwa das Salatgemüse Mangold.[241] Bei der Kost, welche die Landesordnung erwähnt, bleibt der hohe Fleischanteil am auffälligsten. Fisch dominierte die Fastentage, und zwar, wie die Ordnung bestimmte, entweder »dürr oder grün«, also getrocknet oder frisch. Darüber hinaus gab es zwischen den Mahlzeiten noch Brot und Käse sowie Dünnbier.

Die Übergänge vom frühen zum hohen und zum späten Mittelalter hatten sich allmählich vollzogen, für die Zeitgenossen kaum spürbar. Die sächsische Landesordnung des Jahres 1482 macht den massiven Unterschied zum hungergeprägten Frühmittelalter deutlich. Auch wenn wir über die genauen Zubereitungsarten praktisch nichts wissen – sicher ist doch, dass die Kost der im landesherrlichen Dienst stehenden Leute überaus reichhaltig war. Fraglich muss allerdings bleiben, ob derartige Ordnungen auch immer in die Realität umgesetzt werden konnten.

Schließlich verbot die mangelhafte Verkehrserschließung eine flächendeckende Versorgung mit der Fastenspeise Fisch, die ja, zumindest wenn es sich um Seefisch handelte, von Fernhändlern ins Binnenland gebracht werden musste. Allerdings wurde auch im Binnenland ausgiebig Fischfang betrieben, und ähnlich wie bei dem Gericht *Boquerones*, das im heutigen Spanien beliebt ist, kamen dem archäologischen Befund zufolge auch sehr kleine Fische auf den Tisch.[242] Die Fleischversorgung war ebenfalls starken Schwankungen unterworfen: Meist wurde im Herbst geschlachtet, so dass es vom November an zunächst viel Fleisch zu essen gab, während die Portionen dann im Frühjahr immer kleiner wurden.

Darüber hinaus gab es im Mittelalter auf dem Land viele Lebensformen und auch zahlreiche Ernährungsgewohnheiten, die in den Quellen allenfalls undeutliche Spuren hinterlassen haben. So bereicherten Flusskrebse wohl den Tisch vieler Menschen, aber weil die Krebse nicht zu den Abgaben an den Grundherren gehörten und sehr alltäglich waren, haben sich diesbezüglich kaum Nachrichten erhalten. Zudem haben sich im Gegensatz zu den Knochen der Säugetiere kaum Reste von Fischen erhalten, so dass uns auch der archäologische Befund im Stich lässt.[243]

Der Überfluss, den viele Quellen schildern, darf über eines nicht hinwegtäuschen. Auch im hohen und späten Mittelalter lebten 80 bis 90 Prozent der Menschen auf dem Land im bäuerlichen Umfeld. Dieses Leben war hart, oft geprägt von Mangel und Not, und dann wieder von vorübergehendem Überfluss. Dieses Moment des Unsteten und Brüchigen schlug sich auf das Lebensgefühl nieder. Den eintönigen Alltag und die harten Zeiten versuchte man durch eine ausgeprägte Festkultur zu kompensieren. Das skizzenhafte Bild des Lebens tritt auch unter dem Aspekt des Essens und des Trinkens in der spätmittelalterlichen Stadt weitaus deutlicher zutage als auf dem Land.

Verschiedentlich ist bereits von Mönchen und von Klöstern die Rede gewesen; denn die Kirche gehörte zu den prägenden kulturellen Kräften des Mittelalters. Die Ideale des Fastens und der Askese waren schon in der

Abbildung 21: Zwei Männer bei einem Alltagsmahl. Der eine schneidet Käse, der andere trinkt. Hugo von Trimberg, *Der Renner*, Österreich, 1426.

frühchristlichen Zeit geläufig. Auch im europäischen Mittelalter war die Entbehrung an die vorösterliche Fastenzeit sowie an ein bis zwei wöchentliche Fasttage geknüpft. Unter diesen Fasttagen setzte sich bald der Freitag als allwöchentlicher Tag der Askese durch. Diese Fastenpraxis blieb im Verlauf des gesamten Mittelalters weitgehend konstant. Dabei wurden einerseits die Fasttage vermehrt, andererseits z. T. willkürlich Dispense erteilt. Eine durchgreifende Änderung trat erst im Zeitalter der Reformation ein. Freilich wurden auch im Mittelalter intensive Diskussionen um Fastentheorie und Fastenpraxis geführt.[244] Inwieweit diese Debatten auf die mitteleuropäischen Lebensrealitäten Einfluss hatten, bleibt aber weiterhin im Dunkeln. Jene Menschen, die fast ununterbrochen um ihr Überleben kämpfen mussten, lebten die extreme Entsagung bereits, ohne sie theoretisch begründen oder ohne ihr gar entgehen zu können.

Auch die klösterliche Praxis liegt weitgehend im Verborgenen, denn die wichtigen Programmatiker des monastischen Lebens wurden in ihren Schriften nur selten konkret. Wenn wir Genaueres erfahren, dann sind es meist Klagen über die breite Lücke, die zwischen dem theologischen Anspruch und seiner monastischen Einlösung klaffte.

Abbildung 22: Köche am Werk. Ausschnitt aus dem *Luttrell Psalter.*

So monierte Bernhard von Clairvaux um das Jahr 1120 das Treiben in der Küche des Klosters Cluny: »Wer könnte denn aufzählen, auf wieviele Arten allein die Eier (um von anderen Speisen zu schweigen) gewendet und in die Pfanne geschlagen werden, mit welcher Sorgfalt sie umgewendet und gedreht werden, wie sie als Rühreier oder hart gekocht und zerhackt serviert werden, wie sie bald gebraten, bald geröstet, dann wieder gefüllt, jetzt mit anderen Speisen vermischt und ein anderes Mal allein auf den Tisch gebracht werden?«[245] An seinen Neffen Robert schrieb Bernhard: »Wein und Weißbrot, Met und Fett kämpfen auf der Seite des Leibes, nicht der Seele. Durch Gebratenes wird nicht die Seele gemästet, sondern das Fleisch. Viele Brüder dienten Gott in Ägypten lange Zeit ohne Fische. Pfeffer, Ingwer, Kümmel, Salbei und tausend ähnliche Arten von Fischsaucen schmecken natürlich dem Gaumen, entzünden jedoch die Begierde.«[246] Was verraten diese Belege? Wohl nur, dass Bernhard Vorwürfe erhob, die er in ein Argumentationskonzept einband, das er aus persönlicher Anschauung kannte. Bernhard beschreibt nichts anderes als die Festtagskost der Kleriker im Umfeld des französischen Klosters – das immerhin namengebend für die kluniazensische Reformbewegung war – zu Beginn des 12. Jahrhunderts. Da der Kreis der Kleriker aber analog zur übrigen Bevölkerung äußerst heterogen strukturiert war, können wir vermuten, dass fade Alltagskost, Hunger und Mangel vor allem dem niederen Klerus des Hochmittelalters durchaus geläufig waren.[247]

Das Vorbild der Geistlichkeit und vor allem die Reformbewegungen übten letztlich großen Einfluss auf die Ernährungskultur des Mittelalters aus. Unter den Persönlichkeiten, die jenen Einfluss verstärkten, schreibt man besonders der Benediktinerin Hildegard von Bingen (†1179) eine zentrale Rolle zu. Ihre naturwissenschaftlichen Studien befassen sich zu großen Teilen mit den physiologischen und den medizinischen Wirkungen einzelner Nahrungsmittel. Es sind vor allem diese Schriften Hildegards, die den Kranken weit über das Rheinland hinaus Heilung brachten. Hildegard nutzte auf diese Weise konsequent und mit Erfolg die einzige Möglichkeit, traditionellem medizinischen Volksglauben entgegenzuwirken.[248]

Obgleich darüber kaum etwas bekannt ist, soll abschließend noch über die Mahlzeiten der hoch- und der spätmittelalterlichen Landbewohner berichtet werden. Was war gleich geblieben? Auch im früheren Mittelalter war die gemeinsame Mahlzeit einer der wichtigsten Faktoren des Soziallebens. Die Kirche wirkte auf diese Mahlzeiten über die Instrumente Fastengebot und Segnung der Speisen beziehungsweise Tischgebet ein. Die Veränderungen der Agrarstruktur führten im Verlauf des Hochmittelalters zum Wandel des Nahrungsgefüges. Der Unterschied zwischen Arm und Reich manifestierte sich nicht mehr vorrangig in der Quantität, sondern auch in der Qualität der Speisen. Denn vielerorts wurde der Verzehr großer Fleischmengen zum Privileg der Reichen, während die Armen häufig fast ausschließlich Brot oder Brei aßen.

Ein weiterer prägender Faktor war schließlich das Erbrecht. Mit dem hochmittelalterlichen Landesausbau wurden im deutschen Sprachraum die Grundlagen für eine neue Siedlungsstruktur gelegt. In Gebieten, in denen Realerbteilung vorherrschte, also etwa im west- und im südwestdeutschen Raum, bildeten der Weiler oder die verschiedenen Dorfformen die kleinsten Grundeinheiten der agrarischen Welt. Mit der Geburt der Dorfgemeinschaft setzte sich die Kernfamilie als Keimzelle der Gesellschaft durch. Die Menschen aßen in der Familie und feierten mit der Dorfgemeinschaft. In beiden Fällen bildete das gemeinsame Mahl den Fokus des Soziallebens.

In den westfälischen und in den norddeutschen Gebieten, in denen das sächsische Anerbenrecht vorherrschte, bildete sich im Verlauf der Zeit eine andere Siedlungsstruktur heraus. Sie hatte zur Folge, dass die gemeinsame Mahlzeit entweder auf dem Einzelhof oder dem Gutshof eingenommen wurde. Auf dem Einzelhof lebte die Gemeinschaft jener, die auf diesem Hof arbeiteten, so dass wir von einer erweiterten Familie und einer häufig großen Tafel ausgehen können. Der Gutshof mit seinem Herrn und einer Vielzahl abhängig Beschäftigter bildete den jeweiligen Siedlungskern, wie etwa in vielen der neu erschlossenen Gebiete im Osten des Reiches. Hier gruppierten sich beim Mahl die Tischgemeinschaften in konzentrischen Kreisen um den Gutsherren. Analog zu dieser hierarchischen Ordnung dürften auch die Nahrungsausgabe und die -einnahme erfolgt sein.

KAPITEL 7

Stadtluft und Brei

Internationale Küche in der spätmittelalterlichen Stadt

Um die Mitte des 12. Jahrhunderts endete in großen Teilen Mitteleuropas jene lange Periode, die durch das weitgehende Fehlen von städtischen Lebensformen gekennzeichnet war. Dieser Umstand hatte der Zeit insgesamt einen eigentümlich provinziellen und ländlichen Charakter verliehen. Nun erlaubten die Folgen von Klimaerwärmung, Wirtschaftsaufschwung und Bevölkerungswachstum die Umformung von agrarischen Siedlungen zu urbanen Zentralorten und die Gründung zahlreicher neuer Städte.[249] In der Mitte des 13. Jahrhunderts wird dieser Aufschwung im Raum nördlich der Alpen noch deutlicher sichtbar und zudem in den schriftlichen Quellen besser greifbar.

Am 21. Mai 1254 starb mit Konrad IV. der letzte deutsche König aus dem Geschlecht der Staufer. Mit dem so genannten *Interregnum* lassen viele Forscher im deutschen Sprachraum das späte Mittelalter beginnen. Die Prozesse der Siedlungsverdichtungen und der Änderungen im Bereich der Landwirtschaft vollzogen sich natürlich auch in Regionen und Ländern, die außerhalb des deutschen Sprachraums lagen, so dass der Epoche in weiten Bereichen Europas vergleichbare Züge anhaften. So spricht man im englischen Raum von den *Late Middle Ages*, in Frankreich vom *Fin du Moyen Âge*.[250]

Um die Mitte des 12. Jahrhunderts setzte eine regelrechte Gründungs- und Ausbauwelle ein. Die Stadt wurde bald wirtschaftlich und kulturell zum zentralen Knotenpunkt der spätmittelalterlichen Welt. Zwischen 1350 und 1470 entfaltete das mitteleuropäische Städtewesen seine Blüte in den unterschiedlichsten Formen.[251]

Typische Grundzüge hatten die Städte kaum gemein. So blieb Mainz auch nach dem Abzug der Römer bedeutend und urban. Zudem war die

Stadt bereits im Frühmittelalter Sitz eines Erzbischofs. Ungewöhnlich groß war die Bedeutung von Mainz im hohen Mittelalter als Veranstaltungsort mehrerer Reichstage und als führendes Mitglied im 1254 gegründeten ersten Rheinischen Städtebund. Aus Mainz stammte der Erfinder des Buchdrucks mit beweglichen Lettern, Johannes Gutenberg. Die zentrale Stellung am Rhein im Hochmittelalter konnte die Stadt auf Dauer nicht halten; im Spätmittelalter gehörte Mainz nur noch zu den Mittelzentren. Die Bürger bemühten sich zwar um Unabhängigkeit, die Stadt blieb aber endgültig erzbischöflich, nachdem sie 1462 vom Kurfürsten Adolf II. von Nassau erobert worden war.[252]

Ganz anders verlief die Entwicklung Kölns. Auch diese Stadt spielte schon im Früh- und Hochmittelalter eine bedeutende Rolle. Seit dem 13. Jahrhundert wurde sie zum führenden Handelszentrum Mitteleuropas. Die Kölner Kaufleute zogen bis nach Russland, Spanien und Süditalien. 1288 gelang den Bürgern die Vertreibung des bischöflichen Stadtherren. Derartige Emanzipationsprozesse lassen sich in einer Reihe von Städten beobachten.[253] Köln nahm im spätmittelalterlichen Deutschland einen absoluten Spitzenplatz ein. Das betraf die Wirtschaftskraft und die Weite der Handelsverbindungen, aber auch die Einwohnerzahl von etwa 40000 Personen. Die Rheinmetropole wurde auf diese Weise zum Schmelztiegel der verschiedensten Kulturen und damit auch zu einem höchst innovativen Zentrum. Das umfasste nicht zuletzt den Bereich der Nahrungskultur, denn in Köln waren zu jener Zeit beinahe alle Gewürze erhältlich, die der europäische Markt bot, darüber hinaus orientalisches Zuckerwerk, Südfrüchte und Ostseefisch – die Liste der gehandelten Waren lässt kaum ein Produkt und kaum eine Herkunftsregion aus.[254]

Einerseits bestimmten regionale Besonderheiten die Nahrungsgewohnheiten seit dem späten Mittelalter zunehmend. Aber über den Fernhandel der Städte und ihre internationalen Wirtschaftsbeziehungen kam es auch zu einem europaweiten Transfer von Kulturmustern und Verhaltensweisen. Daher werden andererseits auch erste zaghafte Ansätze zur Homogenisierung der europäischen Nahrungskultur erkennbar.[255]

Neben den Großstädten und aktiven Mittelzentren war es vor allem die Vielzahl von Klein- und Kleinststädten, die das spätmittelalterliche Städtewesen prägte.

In den zeitgenössischen Quellen finden sich nun häufiger Beschreibungen der Nahrungsgewohnheiten in den großen und in den kleinen

Städten als in den Jahrhunderten zuvor, denn seit dem späten 13. Jahrhundert wächst vor allem das öffentliche und das private Schriftgut sehr rasch, nicht zuletzt wegen der Verfügbarkeit des preiswerten Beschreibstoffes Papier. Gleichwohl bleiben viele Folgerungen spekulativ, und die Ergebnisse neuerer Berechnungen über die Kalorien- und Vitaminversorgung bleiben hinsichtlich der spätmittelalterlichen Realität noch sehr hypothetisch.[256]

Eine Annäherung an den Lebensalltag dieser Epoche gestatten nicht nur die umfangreichen Schriftquellen, sondern auch zahlreiche Bildquellen.

Deren Ausdruckskraft, aber auch deren Überzeichnung führte der im Jahre 1450 geborene Hieronymus Bosch zu einem Höhepunkt.[257] Die Szene *Die Schlemmerei* aus dem Tondo *Die Sieben Todsünden* zeigt einen Essraum, in dem sich vier Menschen aufhalten (siehe Abb. 23). Zwei Männer sind zu sehen; einer von ihnen isst, der andere trinkt. Eine Frau bringt als Essen eine Gans oder eine Ente. Bildet die Szene die damalige Realität ab? Bilder müssen wie Schriftquellen nach ihrem Aussagewert befragt werden, und der Grenzverlauf zwischen Fiktion und Realität lässt sich nicht mit Sicherheit bestimmen. An dieser Stelle kann daher allenfalls eine Diskussion der plausiblen Erklärungsmöglichkeiten erfolgen. Hieronymus Bosch schuf seine Werke vor dem Hintergrund der Erfahrungen, die er in den Städten seiner niederländischen Heimat gesammelt hatte. Diese Erfahrungen verdichtete und stilisierte er unter dem Aspekt seines jeweiligen Themas.

Gibt die *Schlemmerei* also die Essgewohnheiten der Zeit realistisch wieder? Waren im späten Mittelalter alle Menschen mit einer derartigen Leibesfülle gesegnet? Wurde auf diese Weise gegessen und getrunken? Sicherlich nicht. Schließlich stammt das Bild aus dem Zyklus *Die Sieben Todsünden*. Eine dieser Todsünden war die Völlerei, und zwar im Essen wie im Trinken. Der Künstler verurteilt das gedankenlose, boshafte und nicht gottgefällige Fressen um des Fressens Willen mit seinem Werk scharf und überzeichnet.[258] Für den Schluss, dass genau dieser Völlerei im 15. Jahrhundert durchaus gefrönt wurde, bedarf es keiner Bildanalyse; denn die vermeintliche Todsünde wird zu jeder Zeit und in jeder Gesellschaft begangen, wenngleich nicht immer so häufig und so exzessiv wie in den modernen Industrienationen der Gegenwart.

Welche Bildelemente erlauben also eine Annäherung an die damalige Wirklichkeit? Wir sehen einen Essraum, der von der Küche getrennt ist,

Abbildung 23: Völlerei. Hieronymus Bosch, *Die Schlemmerei.* Segment aus dem Tondo (Rundbild) *Die Sieben Todsünden.* Die Kirche machte zwischen dem Vielfraß und dem Feinschmecker keinen Unterschied. Der Begriff *gula* meint sowohl Völlerei als auch Genusssucht. Die *gula* ist eine der sieben Todsünden, die direkt in die Hölle führen.

einen runden Tisch mit einem Tischtuch, und einen Stuhl an diesem Tisch. Die Speisen werden an den Tisch gebracht und teils mit der Hand, teils mit Hilfe eines Messers gegessen. Man trinkt aus Steinkrügen, weil Glas noch recht teuer ist, und Becher sind zumindest in diesem Fall nicht gebräuchlich. Die Frau bedient den Mann – eine mittelalterliche Grundkonstante. Ferner sehen wir, dass das Kind den Vater anbettelt, denn häufig aß der Mann zuerst, und erst danach durften die anderen Familienmitglieder essen. Die gemeinsame Mahlzeit nahm der Vater sonst möglicherweise mit Zunftgenossen oder Arbeitskollegen ein, also nicht immer in der Familie.

Trotz aller Übersteigerungen könnte man also zum Schluss kommen: So wie von Hieronymus Bosch dargestellt, könnte eine Ess-Szene tatsächlich ausgesehen haben.

Die Stadtgesellschaft jener Epoche war in ihrem sozialen Aufbau differenzierter als jede andere mitteleuropäische Gesellschaft zuvor. Zudem traten regionale Besonderheiten nun schärfer konturiert zutage. Überall, wo unterschiedliche soziale Gruppen zusammenleben, besteht das Bedürfnis nach Abgrenzung und nach Statuspräsentation. Diesem Bedürfnis trug das späte Mittelalter zu großen Teilen mit Hilfe des Essens Rechnung. Das Essen wurde auf diese Weise zu einem der wichtigsten Statussymbole.

Diese Differenzierung schlug sich auch sprachlich nieder. So unterschied man die *gemeine Speise* der Unterschichten von der *guten Speise* der Mittel- und Oberschichten. Außerdem waren Bezeichnungen wie *Herrenspeise*, *Schönbrot*, *panis dominicus* oder *Knechtswein* geläufig.

Eine weitere Grundlinie kann gezogen werden: Nach dem demographischen Umschwung des 14. Jahrhunderts kam es zu einer veränderten Relation zwischen der Anzahl der Menschen und der zur Verfügung stehenden Anbaufläche. Dadurch wurde es möglich, pro Kopf der Stadtbevölkerung mehr und bessere Lebensmittel zu produzieren. Zum Beispiel wurde das Brot feiner, es gab wieder mehr tierische Lebensmittel, und man konnte auch mehr Bier und Wein trinken.[259]

Prinzipiell gilt bei einer kulturwissenschaftlichen Beurteilung der Ernährung einer Gesellschaft, dass der Anteil höherwertiger tierischer Produkte einen Sozialindikator darstellt. Für das Spätmittelalter lässt sich das in Einzelfällen erstmals exakt beziffern, zum Beispiel anhand südfranzösischer Großhaushalte des 14. und 15. Jahrhunderts. Hier machte der Anteil des Brotes beim niederen Gesinde über 60 Prozent des Gesamtaufwands aus. Mit dem sozialen Rang stieg dann der Anteil der Zukost auf knapp 60 Prozent, und der Anteil des Brotes sank gleichzeitig auf zwölf Prozent.[260]

Auch bei dem ärmeren Teil der Stadtbevölkerung lag der Gesamtverbrauch an Nahrungsmitteln im Spätmittelalter wahrscheinlich höher als in den Jahrhunderten zuvor. Und er lag auch deutlich höher als in der frühen Neuzeit. Möglicherweise wurden im 14. und im 15. Jahrhundert durchschnittlich etwa 200 Kilogramm Getreide pro Kopf und Jahr konsumiert.

Beim Fleisch geht Ulf Dirlmeier für das Gebiet nördlich der Alpen von einem Verbrauch von maximal 50 Kilogramm pro Kopf und Jahr aus. Dieser Wert liegt knapp unter den Mengen, die gegenwärtig verzehrt werden. Grundsätzlich handelt es sich bei allen Angaben um grobe Schätzungen; es mag durchaus Jahre und Regionen gegeben haben, in denen einzelne Sozialgruppen auch über 100 Kilogramm Fleisch im Jahr aßen, und andere, wo der Wert deutlich unter 50 Kilogramm lag. Sicher ist zumindest, dass von einem deutlichen Nord-Süd-Gefälle auszugehen ist. So dürfte der Fleischkonsum im spätmittelalterlichen Florenz lediglich bei 30 Kilogramm gelegen haben, und im südfranzösischen Languedoc erreichte er um 40 Kilogramm.[261]

Bei den Mahlzeiten gab es zwar große regionale Unterschiede, aber auch eine Art gemeinsame Klammer: In der Regel bestand eine vollständige Tagesration aus dem Morgenimbiss und dem Abendessen. Wie in der römischen Antike wurde der Morgenimbiss *prandium* genannt. Aus dem mittelhochdeutschen *inpîz* wurde später der *Imbiss*. Die Morgenmahlzeit wurde im Spätmittelalter je nach Jahreszeit meist sehr früh eingenommen, denn das Leben begann mit Tagesanbruch, und nach dem Sonnenstand endete der Tag dann im Winter früh, im Sommer spät. Daneben gab es häufig bis zu drei Zwischenmahlzeiten, nämlich Morgensuppe, Abendbrot und Nachttrunk.[262]

Wer nahm an den Mahlzeiten teil? Auch hier brachte die städtische Lebensweise Neuerungen. In den Haushalten der Handwerker gehörten neben der Familie des Meisters auch die Lehrlinge zur Hausgemeinschaft. Auf diese Weise entstanden neue Tischgemeinschaften, bei denen die strenge Arbeitshierarchie sich auch auf die Struktur der Mahlzeit übertrug.

Das gemeinsame Mahl war ein wichtiger Teil des Soziallebens, aber natürlich kam es auch vor, dass Menschen ihre Mahlzeiten alleine einnahmen: Das Januarblatt eines nordfranzösischen Stundenbuches der Zeit um 1430 zeigt einen Mann, für den der Tisch neben dem Herd gedeckt ist, wo er eine ruhige und einfache Mahlzeit zu sich nimmt (Abb. 24). Gesellschaft leistet ihm lediglich sein Hund.[263]

Woraus bestanden die Mahlzeiten? Für die Masse der Bevölkerung bildeten Brot und Mus die Hauptbestandteile der Nahrung. Die Verpflegungslisten städtischer Armenversorgungseinrichtungen verraten, dass es sich bei dem Mus meist um Getreidebrei handelte, der zusammen mit Schmalz gekocht worden war. Brot galt als umso feiner, je weißer es war. Beim Fleisch bestand die einfachste beziehungsweise preiswerteste Variante aus gekochtem Suppenfleisch, das häufig von älteren Nutztieren

Abbildung 24: Einfaches und einsames Mahl. Der Monat Januar in einem Stundenbuch. Nordfrankreich, um 1430.

stammte. Höheres Ansehen genossen Braten, Geflügel und Wild, wobei Hochwild praktisch eine reine Herrenspeise war. Bauern dagegen wurde allenfalls die Jagd auf Niederwild gestattet.

Die Unterschiede zwischen Arm und Reich traten auch beim Verzehr von Fisch auf. Der Bedarf an Fisch war hoch, da die Kirche an bis zu 150 Fastentagen des Jahres verbot, Fleisch zu essen. Wer es sich leisten konnte, dem stand eine große Palette frischer See- und Süßwasserfische zur Verfügung. Am beliebtesten war der Lachs, der als Süßwasserfisch in den meisten Gewässern Mitteleuropas vergleichsweise leicht zu fangen war.[264] Ärmere Haushalte griffen gelegentlich auf heimische Flusskrebse zurück. Eine wesentlich größere Rolle spielte gesalzener oder getrockneter Seefisch, der auch in den Städten des Binnenlandes preiswert erhältlich war.[265]

Wachsende Bedeutung kam schließlich der Teichwirtschaft zu. Nach den ersten Pestwellen wurden in der zweiten Hälfte des 14. Jahrhunderts in einem breiten Gürtel, der von Böhmen, Polen und Schlesien über die Lausitz bis nach Württemberg und Lothringen reichte, in großer Zahl Fischteiche angelegt. Die Teichwirtschaft war sehr profitabel und stabilisierte die Rolle des Fisches im Nahrungssystem. In der Frühneuzeit war die Bedeutung der Teichwirtschaft dann allerdings wieder rückläufig. Es ist anzunehmen, dass die meisten Stadtbewohner – auch die ärmeren – zwischen 1350 und 1500 vergleichsweise viel Fisch aßen. Entsprechend viele Zubereitungsarten und regionale Rezepte muss es gegeben haben, aber mit dem Rückgang des Fischkonsums dürften viele dieser Gerichte vom täglichen Speiseplan verschwunden sein.[266]

Die große Abhängigkeit der Ernährungsweise vom Einkommen zeigt schließlich auch der Gemüseverzehr. Während der ärmere Teil der Stadtbevölkerung meist mit getrockneten Hülsenfrüchten vorlieb nehmen musste, konnten sich die Familien der Ratsherren, der gutverdienenden Handwerker oder der reichen Kaufleute frisches Saisongemüse leisten. In einigen großen und verkehrsgeographisch günstig gelegenen Städten Mitteleuropas bot der Markt sogar Zitrusfrüchte.[267]

Ein genereller Konsumwandel fand im Verlauf des Spätmittelalters bei den Getränken statt. Dafür waren im Wesentlichen zwei Gründe verantwortlich. Zum einen war der Weinanbau durch den Klimawandel rückläufig, und zum anderen führten neue Braumethoden zu tief greifenden Veränderungen bei der Bierherstellung.

Bier wurde im Mittelalter zunächst meist als Grutbier gebraut. In Brauhäusern und Klöstern, aber auch in Privathaushalten bereitete man zu diesem Zweck eine Würzmischung, die auch auf dem Markt oder bei einem Grutmonopolpächter zu kaufen war. Neben dem Malz bildeten die Blätter des Gagelstrauches häufig den Hauptbestandteil dieser Würzmischung. Daneben fanden Harz, Kümmel, Wacholder oder andere Zutaten Verwendung; die Grutherstellung variierte lokal überaus stark. Ergebnis des obergärigen Brauprozesses war meist ein leicht vergorenes, trübes, süßliches und kohlensäurearmes Getränk, das Bier genannt wurde. Von den heutigen Bieren unterschied es sich in Geschmack und Aussehen deutlich.

Hopfen als Heilmittel und Bierwürze sowie systematischer Hopfenanbau waren im süddeutschen Raum spätestens seit dem 9. Jahrhundert bekannt. Aber erst im Verlauf des Spätmittelalters fanden Hopfenbiere überregionale Verbreitung und machten den älteren Grutbieren zunehmend Konkurrenz. Das Hopfenbier kam den gegenwärtigen Bieren geschmacklich schon recht nah. Zudem genoss es den Vorteil, wesentlich haltbarer zu sein. Dadurch kamen dann Biere aus Hamburg, Wismar, Einbeck oder Dortmund auf die städtischen Märkte. Bier wurde zu einem wichtigen Fernhandelsgut, und allmählich gelang es dem Bier auch, dem Wein seinen Platz als wichtigstes alkoholisches Getränk streitig zu machen.[268]

Wein blieb aber als Getränk der Mittel- und Oberschichten verbreitet. Der Wein kam meistens aus dem Rheinland, von der Mosel und aus dem Elsass.[269] Vor allem Händler aus Köln exportierten den Rheinwein bis weit nach Nord- und Nordosteuropa, aber auch in die Niederlande und nach England. Der wachsende Weinexport führte letztlich zur Genese einer homogenen Trinkkultur des europäischen Bürgertums. Ratsherren und Kleriker, Fernhändler und Patrizier zwischen dem norwegischen Bergen, London, Antwerpen und dem russischen Novgorod tranken zumindest zu besonderen Gelegenheiten dieselben Weinsorten, die ihnen Kölner und andere Fernhändler aus den deutschen und französischen Anbaugebieten geliefert hatten.[270]

Wie bei den übrigen Getränken und Speisen unterschied sich der Geschmack von dem der Speisen und Getränke der Gegenwart. Auffallend ist wiederum die Affinität zum Süßen. Südeuropäische Dessertweine waren überaus populär. Heimische Weine wurden häufig gesüßt, gewürzt und erhitzt, so dass man diese Getränke heute eher als Punsch oder Glühwein bezeichnen würde.[271]

Was den Umfang des Wein- und des Bierkonsums betrifft, erlaubt die vergleichsweise günstige Überlieferungssituation erste Zahlenangaben und Berechnungen. Danach tranken die Erwachsenen in vielen Gegenden im Schnitt etwa zwei Liter Wein und Bier täglich. Für einige Städte des Mittelmeerraumes wurde sogar ein Durchschnittsverbrauch von über 400 Liter Wein pro Kopf und Jahr errechnet. Die Schwankungen waren allerdings groß. Beim Weinkonsum werden aus Luxemburg 0,6 Liter pro Tag gemeldet, in Paris waren es bei den Erwachsenen im 14. und im 15. Jahrhundert 0,5 bis 2,45 Liter täglich, während sich die Einwohner Basels mit 0,25 bis 0,33 Litern zufrieden geben mussten.[272] Solche Angaben sollten aber kritisch betrachtet werden, denn die spätmittelalterliche Ökonomie war noch sehr labil, und die periodischen Schwankungen waren so stark, dass letztlich kaum verlässliche Quantitäten genannt werden können. Dass die Zahlen zu hoch gegriffen sein könnten, zeigt das Beispiel Kölns: Den plausiblen Schätzungen Marianne Gechters zufolge lag der durchschnittliche Verbrauch auch in einer der reichsten Städte des Spätmittelalters allenfalls zwischen 175 und 295 Litern Bier pro Kopf und Jahr.[273]

Für viele Menschen waren diese Mengen ohne Belang, denn sie tranken vor allem oder ausschließlich Wasser. Bei der Wasserversorgung hatten aber fast alle spätmittelalterlichen Städte Probleme, die bis dahin nördlich der Alpen unbekannt waren: Die Wohnbezirke waren dicht bevölkert und Abfallgruben und Latrinen lagen oft direkt neben den Brunnen. Deshalb legten Bruderschaften, Wehrbezirke oder Kirchen oft eigene Brunnen an.[274] Die Wasserpolitik wurde in den Städten Nord- und Westeuropas vor allem nach den Pestwellen der Zeit um 1350 zu einem wichtigen Thema. Zum Beispiel verbot ein englisches Gesetz im Jahr 1388, Schmutz und Abfälle in Gräben und Flüsse zu werfen. Im Süden war man dagegen fortschrittlicher: Bereits 1319 erließ die italienische Stadt Volterra eine Verfügung, dass Lebensmittel nicht mehr in die Brunnen geworfen werden durften.[275] Zwar bildete sich allmählich ein Bewusstsein heraus, das die Zusammenhänge zwischen verschmutztem Wasser und Krankheiten erkannte, aber in den Genuss der Neuerungen und der gesetzlichen Ordnungen kamen nur wenige Menschen. Vielmehr verschlechterte sich die Trinkwasserqualität in vielen europäischen Städten mit der Expansion von Bevölkerung und Gewerbe weiter.

Letztlich führte die städtische Lebensweise zu einer sozialen Differenzierung der Wassertrinker. Während die Masse der Bevölkerung auf die öffentlichen Brunnen angewiesen blieb, konnten sich wohlhabende Bürger eigene Zisternen und Brunnen leisten. Große Probleme verursachte verseuchtes und verunreinigtes Wasser, z. B. wenn Katzen oder Mäuse in die Brunnen gefallen waren und ertranken. Abdeckungen halfen dagegen nur unzureichend. Schließlich gehörte das Vergiften von Brunnen zur Kriegstechnik. Insgesamt war die Angst davor auch in Friedenszeiten so groß, dass Gerüchte über Brunnenvergiftungen im Zuge des ersten Kreuzzuges 1096-99 und der ersten Pestwellen 1348/49 in Deutschland zu Judenpogromen führten.[276]

Im 15. Jahrhundert bildete sich jener Standard der Trinkwasserversorgung heraus, der bis zum Beginn des Industriezeitalters Gültigkeit haben sollte. Einige Städte gingen nun von offenen Wasserversorgungssystemen zu Rohrnetzen über. Die Kolbenpumpe, die in Süddeutschland bereits am Ende des 14. Jahrhunderts in Gebrauch war, beschleunigte diese Entwicklung.[277] Die Verbesserung der Wasserversorgung erforderte wachsenden organisatorischen Aufwand. Die neuen Strukturen blieben nicht ohne Wirkung auf das Sozialgefüge, denn häufig wurden die Brunnen genossenschaftlich betrieben. Meistens versorgten die *Brunnenbrüder* oder *Pipenbrüder* lediglich ihre Mitglieder und überließen der Stadt die Wasserbereitstellung für den ärmeren Teil der Bevölkerung. Brunnengemeinschaften oder -genossenschaften pflegten den tradierten Brauch der für alle verpflichtenden Brunnensäuberung mit gemeinsamen Festessen.[278]

Das städtische Leben des Spätmittelalters brachte weitere Veränderungen. Im Frühmittelalter bestand der Unterschied in der Ernährung eher in der Quantität als in der Qualität. Das wurde nun anders. Jetzt traten auch Unterschiede in der Qualität und in der Verarbeitung von Lebensmitteln deutlich hervor. So ist bei den Fleischgerichten ein klarer Trend zu aufwändigeren Gerichten erkennbar. Statt einfacher Bratenspreisen wurden nun häufig raffinierte *Pfeffer* zubereitet, zum Beispiel Hasenpfeffer. Wegen der zunehmenden Hühnerhaltung standen auch mehr Eier zur Verfügung. Eierspeisen waren überaus beliebt, aber immer noch verhältnismäßig teuer, und galten als ausgesprochene Festtagsessen. Zu diesen zählten auch Sülzen aus Fisch und aus Fleisch sowie gefüllte Pasteten und schwere Süßspeisen; aber all diese Speisen standen nur den städtischen Mittel- und Oberschichten zur Verfügung.[279]

Die weitere Differenzierung der Zubereitungsarten ging mit einer Differenzierung der Arbeit einher. Daher kam es zur Ausbildung ernährungsspezifischer Berufe, etwa des Bäckers und des Metzgers oder – in Köln – auch des Fischunterkäufers.[280]

Weil sich die Erkenntnis durchsetzte, dass der Genuss von verdorbenem Fleisch zu Krankheiten führen kann, wurden vielerorts Bestimmungen erlassen, die eine geregelte Fleischbeschau vorschrieben.[281] Dass die Beschau dringend notwendig und trotzdem häufig erfolglos war, zeigt der archäologische Nachweis von Parasitenbefall an Skelettfunden. Auf diese Weise konnte auch bewiesen werden, dass viele Menschen unter Mangelkrankheiten litten. Immerhin wurde eine zu große Ausbreitung von parasitenbedingten Krankheiten verhindert, indem die Schlachtung kranker Tiere in der Regel verboten war. Zudem durfte Frischfleisch meist nur kurz im Angebot bleiben. Nach einer gewissen Frist musste es durch Pökeln konserviert werden.[282] Freilich hätten diese Bestimmungen nicht immer wieder erneuert werden müssen, wenn die Menschen trotz hoher Strafandrohung nicht permanent gegen sie verstoßen hätten. So war zu altes und von Parasiten befallenes Fleisch wohl ebenso regelmäßig auf dem städtischen Markt anzutreffen wie das kranker Tiere; denn die Stadt gewährte eben jenes Maß an Anonymität, das auf dem Dorf meist vermisst wurde. Trotzdem wurden Verstöße immer wieder mit äußerster Härte bestraft. In Köln wurde im Spätmittelalter eine Frau hingerichtet, weil sie Wolfsfleisch verkauft hatte.[283]

Auch im Spätmittelalter unterschieden sich Rind- und Schweinefleisch noch erheblich von der Ware, die heute auf dem Markt ist. Zunächst wurden die Tiere anders gefüttert, und anstatt von Medikamenten oder Zusätzen verwendete man eine Kombination aus magischen und volksreligiösen Praktiken, die frei von Nebenwirkungen waren. Darüber hinaus unterschieden sich auch die Rassen. Weil es keine geregelte Zucht gab, gehörten die Schweine noch zu dem primitiven Typ, den Albrecht Dürer um 1495 in seinem Kupferstich *Der verlorene Sohn* abgebildet hat (siehe Abb. 25).[284] Zudem waren die Tiere deutlich kleiner als heute.

Städtische Markt- und Preisordnungen machen deutlich, dass fettes Fleisch einen höheren Wert erzielte als mageres. Das Fett war als Energielieferant wichtig. Dem hohen Preis des Fetts entsprach seine kulturelle Wertigkeit. Diese wiederum führte dazu, dass das Fett den Menschen auch besser schmeckte als mageres Muskelfleisch, denn Geschmack ist kulturell erlernt und nicht angeboren. Den meisten Menschen schmeckte Rinderfett besser als Rindersteak.[285]

Essen und Trinken spielten im städtischen Alltag des Spätmittelalters eine große Rolle. Stärker und vor allem häufiger als im Rahmen der ländlichen Lebenswelten des frühen und des hohen Mittelalters entfaltete die Kombination aus Mahl, Öffentlichkeit und Repräsentation ihre Wirkkraft. In der Stadt teilten die Arbeitstage auf der einen und die Sonnbeziehungsweise Festtage auf der anderen Seite die einzelnen Lebensbereiche klar voneinander ab. Rechnet man die Sonn-, Feier-, Fest- und Heiligentage zusammen, so bleiben ungefähr 265 Arbeitstage pro Jahr, was der modernen Fünftagewoche recht nahe kommt, wenngleich man

Abbildung 25: Phänotyp mittelalterlicher Schweine. Kupferstich *Der verlorene Sohn* von Albrecht Dürer.

die täglichen Arbeitszeiten von oft bis zu zwölf Stunden höher ansetzen muss als heute.[286]

Vor allem drei Kriterien kennzeichneten die Festtage: Zunächst und vor allem unterschied sich das Essen von dem der Wochentage. Darüber hinaus wurde zumindest in den meisten Handwerksbetrieben nicht gearbeitet. Schließlich waren die Sonn- und Feiertage auch dadurch charakterisiert, dass die Stadtbewohner diese Tage innerhalb ihrer jeweiligen sozialen Gruppe verbrachten und der Tagesablauf klar geregelt war.[287] An den Festtagen war das gemeinsame Mahl häufig das wichtigste Element. Hier wurde der soziale Status dokumentiert. Der Repräsentation kam so große Bedeutung zu. Feierliche Mahlzeiten wurden abgehalten, wenn ein Zunftmitglied die Meisterprüfung abgelegt hatte, bei Hochzeiten oder Beerdigungen, oder wenn fremde Könige oder Fürsten in die Stadt kamen. Das jeweils vorherrschende Kulturmuster und die finanziellen Möglichkeiten bestimmten, welcher Aufwand bei der Zubereitung getrieben wurde. Daneben spielte ein weiterer Faktor eine Rolle: Mit der Zeit wurden die Kaufleute in den Städten zur stärksten wirtschaftlichen Macht. Daraus leiteten sie begreiflicherwiese auch politische Führungsansprüche ab. Besonders aufwändige und repräsentative öffentliche Festgelage dienten dazu, diese Ansprüche zu dokumentieren.[288]

Ein solches Festmahl veranstalteten die Ratsherren der reichen Bodenseestadt Konstanz im Dezember 1452 zu Ehren des Bürgermeisters und des Vogtes. Ungefähr 100 Herren waren geladen. Aus der Tatsache, dass die Stadtrechnungen »100 mannen« erwähnen, können wir vermuten, dass offenbar keine Frauen geladen waren.

Die Stadtrechnungen listen genau auf, was auf den Tisch kam: Die Organisatoren kauften 95 Pfund Rindfleisch, 37 Pfund Schweinebraten und 18 Pfund Wurst ein, außerdem 30 fette Hennen, 31 Enten und 121 Krammetsvögel; dabei handelte es sich um besonders würziges und sehr beliebtes Geflügel. Setzt man pro Vogel 500 Gramm beziehungsweise für Enten und Hennen ein Kilogramm Fleisch an, dann ergibt sich insgesamt eine Menge von 196 Kilogramm Fleisch, das den 100 Herren reichen musste. Die Fleischgerichte waren bei dem Festschmaus aber nicht der wichtigste Bestandteil. Den bildete der *Galrey*, die besonders beliebte Fischsülze. Was war notwendig, um »100 mannen« mit Galrey zu sättigen? Die Stadtrechnungen geben Auskunft: Gewürze, Zucker, Mandeln, Safran und 110 Eier, ferner insgesamt 300 Karpfen und Hechte sowie 140 kleinere Fische, um den Sud bereiten zu können.

Zu diesen enormen Mengen an Fisch und Fleisch wurden Brot, Reis, Kuchen, Käse, Konfekt und Nüsse gereicht. Zum Trinken mussten 537 Liter Wein genügen.

Gegen den Aufwand, der mit den Speisen getrieben wurde, gab man sich beim Geschirr keine besondere Mühe: 120 Schüsseln und 120 Holzteller wurden gekauft, darüber hinaus Tellerbrot, das man als Speiseunterlage verwendete.[289]

Welcher Aussagewert kommt diesen Angaben im Rahmen einer Kulturanalyse zu? Aßen die Herren tatsächlich pro Kopf zwei Kilo Fleisch, mehrere Fische und Beilagen, und tranken sie jeweils fünf Liter Wein? Mit an Sicherheit grenzender Wahrscheinlichkeit nicht – denn die Mägen waren nicht voluminöser als heutige Mägen – und über fünf Liter Wein für einen Einzelnen stellten auch im 15. Jahrhundert eine annähernd tödliche Dosis dar.[290] Wurden die großen Nahrungsmengen an mehr als »100 mannen« verteilt? Wahrscheinlich nicht, denn dann wären mehr als 120 Teller angeschafft worden. Das Konstanzer Mahl stellt dennoch keine Ausnahme dar. Das bestätigt eine ganze Reihe ähnlicher Quellen aus dem spätmittelalterlichen Europa.[291]

Was geschah also mit der Menge der Nahrungsmittel? Nur eine Möglichkeit bleibt: Sie wurden anlässlich des Ratsessens nur zum Teil gegessen. Darauf gibt auch ein Brauch Hinweise, der aus Zürich überliefert ist und der im späten Mittelalter *B'haltis* genannt wurde. Dabei verfuhr man folgendermaßen: Bei festlichen Mahlzeiten berührten die meisten Gäste ihre Portionen kaum; allenfalls tunkten sie ein Stück Brot in die Soßen. Nach dem jeweiligen Gang brachte ein Bediensteter Papierbögen, und man konnte die ganzen Speisen – den »Kram«, wie die Quelle es ausdrückt – einpacken und mit nach Hause nehmen.[292] Möglich war aber auch, dass man die Reste an Bedienstete verschenkte, sie vielleicht sogar mit dem Lohn verrechnete oder das übrig gebliebene Essen zur Speisung Bedürftiger verwendete. Möglicherweise ließ man nach dem Essen der Herren auch Frauen und Kinder an den Tisch, die die Reste dann aßen – weggeworfen wurde jedenfalls nichts.

Schließlich ist eine weitere Variante denkbar: Vielleicht werden in der Quelle die »mannen« als Gäste zwar alleine aufgeführt, kamen aber doch in Begleitung ihrer Frauen, und jedes Paar aß von einem gemeinsamen Teller. Mit abschließender Sicherheit lassen sich diese Fragen nicht beantworten.

Bei der Analyse offizieller Festessen, aber auch bei der Betrachtung der privaten Verhältnisse stellt sich schließlich die Frage, wie man sich zu benehmen hatte, beziehungsweise ob man sich überhaupt irgendwie benehmen musste. Diesem Problem ist der Soziologe Norbert Elias bereits 1939 nachgegangen, aber auch heute ist das Thema innerhalb der Kulturwissenschaften und darüber hinaus noch aktuell. Die ganze Neuzeit hindurch hatten gedruckte Ratgeber, die sich mit dem komplizierten Regelwerk des *Sich-Benehmens* befassten, Konjunktur.[293] Sogar im Jahr 2000 erschien noch einer dieser gedruckten Ratgeber – bezeichnenderweise aus der Feder einer deutschen Hochadeligen, was aus dem Blickwinkel der Kulturanalyse nur den Schluss zulässt, dass diesbezüglich sogar – oder gerade – in den obersten Gesellschaftsschichten Informations- und Handlungsbedarf besteht.[294]

Informations- und Handlungsbedarf besteht immer dann, wenn die geltenden Regeln einem besonders schnellen Wandel unterworfen sind. Auch das ausgehende Spätmittelalter war eine solche Zeit des beschleunigten Wandels. In seinem Werk *Über das Verhalten beim Essen* zitiert Norbert Elias die Benimmregel *S'ensuivent les contenances de la table*, die aus dem französischen Raum des 15. Jahrhunderts stammt. Darin heißt es u. a., man solle sich die Hände vor dem Essen waschen und nicht als Erster in die Schüssel greifen – aus heutiger Sicht Selbstverständlichkeiten. Dabei ist aber zu bedenken, dass es sich um Regeln für die höchsten Gesellschaftsschichten handelte. Diese Regeln waren keine Gesetze, sondern soziale Normen, ein gemeinsamer Verhaltenskodex, der immer wieder neu definiert werden musste, solange er noch nicht allgemein verbindlich war. Daher können wir folgern, dass es im 15. Jahrhundert in Frankreich und wohl auch darüber hinaus offenbar noch üblich war, als erster in die Schüssel zu greifen, weil der *Prozess der Zivilisation*, wie Norbert Elias die Genese einer neuen Tischkultur bezeichnete, sich nur ganz allmählich vollzog.

Weiter heißt es in der genannten Regel: »Was du im Mund gehabt hast, leg nicht aufs Geschirr zurück«. Ein weiteres Gebot lautet: »Biete nicht jemandem von dem Stück an, von dem du abgebissen hast.« Und weiter: »Bei Tisch nicht kratzen, auch nicht mit dem Tischtuch.«[295] Diese Regeln machen auf eindrucksvolle Weise deutlich, wie langsam sich kulturelle Muster entwickeln, und dass dem späten Mittelalter allen Fortschritten zum Trotz noch viele archaische Züge anhafteten, Züge einer überaus zwiespältigen Zeit und zum Teil auch einer mit sehr groben und derben Verhaltensweisen: Einerseits legte man ein angebissenes Hühnerbein wieder in die Schüssel zurück, andererseits machte man sich intensiv Gedanken über Fastengebote und die Gottlosigkeit der Völlerei. Ob allerdings die moderne Esskultur des 21. Jahrhunderts, die Kultur der fabrikindustriell produzierten Fertignahrung, die häufig alleine vor dem Fernseher verzehrt wird, ob diese Kultur höherstehend und höherwertig ist als die Kultur des späten Mittelalters, das entzieht sich einer wissenschaftlichen Beurteilung, wäre jedoch zumindest zu diskutieren.

Im Verlauf des 15. Jahrhunderts kam es auch in den stärker urbanisierten Gegenden des deutschen Sprachraumes zur Diskussion der so genannten *Tischzucht*. Eines der frühesten Dokumente stellt ein Band aus der Feder der Clara Hätzerlin dar, den die Augsburger Bürgertochter 1471 unter dem Titel *Von tisch zucht* publizierte. Ihr ging es u. a. um die Frage der Rangordnung bei Tisch und um den Stellenwert des Tischgebetes. Auch legte sie den Lesern nahe, das Tischtuch nicht zum Schnäuzen der Nase zu missbrauchen. Solche Regeln wurden bald für das gesamte europäische Bürgertum verbindlich. Sie markieren den Beginn der Homogenisierung der Esskultur der europäischen Mittel- und Oberschichten.[296]

Beim Badehauswesen – man aß und trank sehr gerne im Bad – handelt es sich um eine weitere städtische Besonderheit des ausgehenden Mittelalters.

Eine französische Miniatur (siehe Farbtafel VIII) des 15. Jahrhunderts zeigt eines dieser spätmittelalterlichen Badehäuser aus dem Blickwinkel des Malers. Meist handelte es sich um multifunktionale Einrichtungen, welche die unterschiedlichsten Elemente miteinander verbanden. Gäbe es in der Gegenwart Pendants, so wären sie zwischen Hallenbad, Freizeitpark und Bordell anzusiedeln.[297]

Die Miniatur spiegelt zumindest Teile der damaligen Wirklichkeit wieder: Man bemerkt einen für die Epoche charakteristischen vergleichsweise unverkrampften Umgang der Geschlechter miteinander. Deutlich sichtbar sind die Badezuber, in denen Männer und Frauen gemeinsam baden. Ebenso eindeutig sind Anspielungen auf den manchmal fassbaren Charakter des Bades als Bordell sowie die wichtige Funktion, die das gemeinsame Essen und Trinken hatte. Die Betonung liegt dabei klar auf dem Aspekt der Gemeinsamkeit.

Mit dem Ende des Mittelalters erlebte auch das öffentliche Badewesen seinen Niedergang. Aus dem gerade entdeckten Amerika war mit der Syphilis eine gefährliche ansteckende Krankheit nach Europa gekommen und hatte zum Wandel der Moralvorstellungen beigetragen.[298] Kritik an den Badehäusern und an dem sorglosen Umgang mit der Nahrungsaufnahme kam schließlich auch von den Reformatoren. Daher wurde der Umgang zwischen den Geschlechtern nun komplizierter, und auch um das Schlemmen und um die Völlerei entbrannten neue Diskussionen.[299]

Zu den Kennzeichen der spätmittelalterlichen Stadt gehörte schließlich, dass sich dort – analog zur gesamtgesellschaftlichen Entwicklung – ein ausdifferenziertes kommerzielles Gaststättenwesen bildete. Das war allein schon deshalb nötig, weil fremde Kaufleute, Politiker, Bauern und Pilger in zunehmender Zahl in die Städte kamen.[300] Zunächst waren die Gaststätten kaum von Privathäusern zu unterscheiden, aber mit der Zeit wurde die Trennlinie zwischen der Sphäre des Privaten und des Öffentlichen immer schärfer gezogen. Das Wirtshausschild wurde zum eindeutigen Unterscheidungsmerkmal. Die Obrigkeiten legten die Öffnungszeiten der Wirtshäuser genau fest. Die Wirtschaften öffneten häufig mit Tagesanbruch, wurden aber recht früh am Abend geschlossen, meist zwischen 20 und 22 Uhr. An hohen Feiertagen und generell während des Gottesdienstes blieben die Gasthäuser ganz geschlossen.

Wie die Behörden in das Wirtswesen eingriffen, zeigt ein Kölner Ratsbeschluss des Jahres 1456. Darin wurde festgelegt, dass es wegen vieler schandbarer Vorkommnisse, die sich Tag und Nacht in den Tavernen und Schankstuben gerade auch zwischen Männern und Frauen ereignet hätten, zukünftig verboten sei, dort noch Bier auszuschenken. Das durften von nun an nur noch die konzessionierten Brauhäuser.[301] Offensichtlich hatten immer mehr Bürger »biertavernen« geöffnet und dort das von den gewerbsmäßigen Brauern im Rahmen des Hausbrauerei hergestellte Bier verkauft. Warum hat man dieses strenge Verbot erlassen? Nicht in erster Linie wegen des schlechten Betragens, sondern weil die freien Wirtschaften sich häufig der Kontrolle entzogen und dem Gemeinwesen auf diese Weise Steuereinnahmen verloren gingen. Ab jetzt war der Ausschank an die offiziellen Brauhäuser gebunden, die Herstellung und Ausschank unter einem Dach vereinten. Im 16. Jahrhundert zählte zum Beispiel Köln etwa 60 bis 70 solcher Braustätten, die nun zur vorherrschenden Form des Wirtshauses geworden waren.[302]

Neben den Brauhäusern bestimmten zahlreiche Weinschenken das Kölner Bild. Eine Ratsverordnung vom Mai 1475 bezog sich prinzipiell auf alle, »die offen taverne haldent van wyn of van bier«. Die Rechte beim Weinzapf wurden zunehmend eingeschränkt: Sie waren an den Besitz des

Bürgerrechts geknüpft und benötigten eine behördliche Genehmigung.[303] Bald durften auch die zahlreichen Unternehmer, die für auswärtige Kaufleute als Kommissionäre tätig waren oder diese während ihrer Kölnbesuche beherbergten, keinen Wein mehr an ihre Gäste ausschenken; der Rat bestimmte 1499, »dat de wyrde noch deyner ghyn wynkomerschofft driven sullen«. Einige der Weinschenken waren auf bestimmte Sorten, etwa Rot- oder Weißwein spezialisiert, aber meist war beides im Ausschank.[304]

Die Kultur der Ernährung erfuhr durch die neuen urbanen Lebensformen tief greifende Änderungen, die den Alltag breiter Bevölkerungskreise bis zu jenen Neuerungen prägen sollten, welche die Industrialisierung Jahrhunderte später brachte. Am wichtigsten waren zunächst die Anfänge einer städtischen Vorratshaltung, die zwar den Mangel nicht abschaffen, seinen lebensbedrohlichen Schrecken aber bannen konnte. Das regelrechte Verhungern wurde zur Randerscheinung. Die Anfänge einer kommunalen Armenversorgung trugen dazu maßgeblich bei. Tief greifende Neuerungen brachte auch der Fernhandel. Er erweiterte das Nahrungsangebot für breite Bevölkerungskreise ganz erheblich.

Nicht minder groß waren die Veränderungen im Bereich der Nahrungsaufnahme. Die städtische Lebensform führte dazu, dass die gemeinsame Mahlzeit der Hausgenossen und des erweiterten Familienkreises zur Keimzelle einer neuen Nahrungskultur wurde, die in ihren Grundzügen bis zu den gegenwärtigen Diskussionen um die Auflösung der Familie als gesellschaftstragende Struktur Wirkkraft entfaltet.

Zu dieser Kultur der Ernährung gehört eine immer homogener werdende Kultur der Nahrungsaufnahme und der Tischsitten, deren Anfänge in der städtischen Kultur des Spätmittelalters liegen. Eine der Voraussetzungen für diese Kultur waren schließlich die Neuerungen im Bereich des Hausbaus, denn zu der neuen Tischkultur gehörten auch rauchfreie Stuben und Herdstellen mit gemauertem Kamin.[305]

KAPITEL 8

Brot gegen Fleisch

Hungrig und satt in der frühen Neuzeit

Epochengrenzen gehen häufig mit tief greifenden Änderungen einher, die erst aus der zeitlichen Distanz deutlich zutage treten. Für die beteiligten Menschen sind diese Veränderungen nicht unbedingt erkennbar. Um 1500 endete das Mittelalter. Wer zu dieser Zeit in einer der zentralen europäischen Städte lebte und auf dem städtischen Markt einkaufte, um das tägliche Mahl zuzubereiten, für den ging das Leben seinen gewohnten Gang. Das erste Datum, das im Zusammenhang mit der Epochengrenze zu nennen ist, lag schon beinahe ein Menschenalter zurück: 1453 ist das Jahr, das mit der Erfindung des Buchdrucks in Zusammenhang gebracht wird, und in genau diesem Jahr war mit seiner Hauptstadt Konstantinopel das Byzantinische Reich in die Hände der osmanischen Eroberer gefallen und untergegangen.

Dass beide Prozesse weit reichende Folgen für die Kultur der europäischen Ernährung haben sollten, war noch nicht abzusehen. Doch bildete der Buchdruck eine der Voraussetzungen für die Verbreitung von Kochbüchern, aber auch für die Verbreitung von Tischsitten und von Kenntnissen über die positiven Wirkungen oder die Gefahren einzelner Lebensmittel. Die Eroberung der Bosporus-Metropole führte dazu, dass die byzantinischen Gelehrten ins Abendland flohen und dort maßgeblich an dem Beginn der Renaissance beteiligt waren. Zu deren weitreichendsten Folgen zählte ein neuer gesellschaftlicher Stellenwert der Wissenschaften, die wiederum die Grundlage für wesentliche Fortschritte in der Landwirtschaft bildeten. Schließlich ist eine weitere Auswirkung der neuen historischen Situation zu nennen: Da die alten Handelswege nach Indien nun unterbrochen waren, mussten neue Routen gesucht werden. Im Jahre 1492 resultierte aus dieser Suche die Entdeckung Amerikas –

aber es dauerte noch lange, bis ihre Auswirkungen auf dem täglichen Markt sichtbar wurden. Unser Marktbesucher des Jahres 1500 konnte jedenfalls weder Kartoffeln noch Mais kaufen, und wir werden sehen, dass auch Tomaten und Tabak noch viele Generationen brauchten, um sich durchzusetzen.

Den Abschluss der Epochengrenze markiert die Reformation, die im Herbst 1517 mit Luthers Thesenanschlag begann. Aber auch hier verging noch etliche Zeit, bis die Umbrüche der Reformation auf den europäischen Esstischen und in den Gaststuben spürbar wurden.[306]

Letztlich handelt es sich bei all diesen Daten um Höhepunkte von langen Prozessen, die auf den Komplex der Kultur, auf das konkrete Leben der Menschen und damit auch auf das System der Ernährung wirkten.

Was passierte im weiteren 16. Jahrhundert? Luther, Calvin und Zwingli lösten die Reformation aus. Dadurch wurde die abendländische Kircheneinheit gesprengt, es bildeten sich neue Glaubensgemeinschaften, und die religiöse Haltung des Protestantismus entstand. Durch diese neue Geisteshaltung kam es in weiten Bevölkerungskreisen auch zu einer Neubewertung von Essen und Trinken.

Martin Luther schrieb 1534: »Es muss aber ein jeglich Land seinen eigen Teufel haben. Unser deutscher Teufel wird ein guter Weinschlauch sein und muss Sauff heissen, dass er so durstig und hellig ist, der mit so großem Saufen Weins und Biers nicht kann gekühlet werden. Und wird ein solcher ewiger Durst Deutschlands Plage bleiben bis an den jüngsten Tag.«[307]

Die katholische Kirche konterte in der zweiten Hälfte des 16. Jahrhunderts mit der Gegenreformation. Die religiösen Streitigkeiten weiteten sich zu konfessionellen Kriegen aus, die schließlich 1618 zum Dreißigjährigen Krieg führten, einer Katastrophe, die Deutschland innerhalb Europas vorübergehend auf den Stand eines Entwicklungslandes zurückwarf. Als der Krieg 1648 vorbei war, waren Kaiser und Reich gegenüber den Territorialherren noch machtloser als vorher; ausländische Herrscher und Staaten hatten großen Einfluss auf Gesellschaft und Kultur, Deutschland hatte fast die Hälfte der Bevölkerung und des Volksvermögens verloren.[308] Die genauen Auswirkungen des Krieges auf das Mahlzeitensystem sind noch nicht untersucht. Aber da der Dreißigjährige Krieg viele mittelalterliche Traditionen endgültig zerstörte und bei vielen Menschen zu einer existenziellen Entwurzelung führte, dürfte es auch zu einer Ver-

Abbildung 26: In der Reformationszeit geriet übermäßiger Alkoholgenuss zunehmend in die Kritik. Holzschnitt *Der Weinschlauch* von Hans Weidlitz, Augsburg 1521.

rohung der Ess- und Kochsitten gekommen sein. Zudem sind sicherlich viele ältere Kenntnisse über Zubereitungsarten unwiederbringlich verloren gegangen.

Das nächste Stichwort lautet *Aufklärung*. Es umschreibt den Prozess der geistigen Erneuerung Europas, der im 17. Jahrhundert einsetzte und seine volle Wirkkraft im 18. Jahrhundert entfaltete. Das mittelalterliche Denksystem wurde aufgebrochen und um eine wissenschaftliche und rationale

Komponente erweitert. Diese Entwicklungen schufen wesentliche Voraussetzungen für die spätere Industrialisierung.[309]

Im 18. Jahrhundert ist schließlich noch ein parallel laufender Prozess zu beobachten: Im Deutschen Reich wurden die Folgen des Dreißigjährigen Krieges überwunden, und ebenso wie in vielen anderen europäischen Regionen wuchsen Bevölkerungszahl und Gewerbeproduktion beträchtlich. Die Abläufe, in deren Verlauf das Manufakturwesen seine Blüte erlebte, werden heute mit den Begriffen *Gewerbliche Verdichtung* und *Proto-Industrialisierung* beschrieben.[310]

Das Ende der Epoche, die heute *Frühneuzeit* oder *Early Modern Times* genannt wird, markiert die Französische Revolution des Jahres 1789.

Wie reagierte die Kultur der Ernährung auf den tief greifenden politischen, wirtschaftlichen und gesellschaftlichen Wandel? Mit Verzögerung, denn vieles blieb zunächst beim Alten.

Ein geselliges Abendessen aus dem Jahre 1571 wirft ein Schlaglicht auf den Alltag, wie er am Beginn der frühen Neuzeit aussehen konnte. Wir wissen über dieses Essen recht genau Bescheid, weil derjenige, der es ausrichtete, ein überaus fleißiger Tagebuchschreiber war. Es handelt sich um den Kölner Ratsherren Hermann von Weinsberg.[311] Weinsbergs Aufnahme in die Korporation der Bannerherren erfolgte 1571 – für den 53-jährigen Mann ein sehr wichtiges Ereignis, aus dessen Anlass er sieben Herren, allesamt wichtige Funktionsträger der frühneuzeitlichen Stadt, zu sich nach Hause einlud.

Als guter Gastgeber ließ er gebührend auftischen. Der erste Gang bestand aus einer großen Schüssel mit gebackenem Schinken. Rings herum standen zehn kleinere Schüsseln mit Rindfleisch, Hammelfleisch, Zunge, Hühnern, Suppenfleisch, Binger Wurst und Sauerkraut sowie Pasteten mit Lammfleisch. Auch beim zweiten Gang stand eine große Schüssel in der Mitte des Tisches. Darin waren Hasenbraten, Rehkeulen und Wildschweinteile. Kaninchen, Kapaune, Hühner, Schnepfen und Wachteln bildeten den Inhalt der zehn Schüsselchen, die rings um die Hauptschüssel platziert waren. Der dritte Gang bestand aus Backwaren und den obligatorischen zehn Schüsselchen, die diesmal mit Krebsen, Hechten, Karpfen, Marzipan und Sülze gefüllt waren. Außerdem gab es noch insgesamt 24 Schälchen mit Honigkuchen, Mandeln, Datteln, Birnen, Anis, Zimtstangen und andere Süßigkeiten rundeten das opulente Mahl als Dessert ab. Zwei Diener hatte Weinsberg angestellt, um die

Gäste zu bewirten. Silberne Weinkannen verliehen dem Abend eine festliche Note.

Mit 65 Gulden war die Einladung auch für einen vermögenden Ratsherren kostspielig. Aber die Investition lohnte sich: Weinsberg notierte in seinem Tagebuch, er sei froh, die Ausgabe geleistet zu haben, denn nun sei er frei vom Wachdienst. Schließlich müsse er auch einige Steuern nicht mehr entrichten, und darüber hinaus habe er fortan zweimal jährlich eine freie Zeche. Bei dem teuren Abend handelte es sich also keinesfalls um Prasserei, sondern vielmehr um eine sorgfältig überlegte Investition.[312]

Bei diesem Essen stechen einige bemerkenswerte Punkte ins Auge. Obgleich die Entdeckung Amerikas bereits 80 Jahre zurücklag, trug das Mahl noch deutlich mittelalterliche Züge, und zwar sowohl hinsichtlich der Auswahl der Speisen als auch hinsichtlich seiner Gesamtkomposition. Das trifft auch auf die Mengen zu: Derartige Quantitäten konnten die Herren unmöglich verspeisen. Offensichtlich nahmen sie – ähnlich wie beim Schweizer Brauch des *B'halis* im späten Mittelalter – die Speisen zum Teil mit nach Hause. Die mittelalterliche Komponente kommt schließlich auch bei dem gemeinschaftsbildenden Charakter des Mahles zum Tragen: Eine reine Geldleistung hätte nicht ausgereicht, und möglicherweise hatte das gemeinsame Essen sogar Rechtscharakter.

Bereits im Spätmittelalter galt, dass die allgemeine Ernährungsgrundlage in wesentlichem Maße von der Bevölkerungszahl bestimmt wird. Wilhelm Abel weist darauf hin, dass es sich dabei keinesfalls um ein unumstößliches Naturgesetz handelt. Gleichwohl galt diese Abhängigkeit auch in der Frühneuzeit: Spätestens im 16. Jahrhundert wurden die Bevölkerungsverluste des 14. Jahrhunderts ausgeglichen. Anschließend folgten ein kräftiges Wachstum, ein erheblicher Rückgang durch den Dreißigjährigen Krieg und ein erneutes stetiges Wachstum im 18. Jahrhundert.[313]

Durch den Bevölkerungsanstieg und durch die wirtschaftspolitischen Folgen der Erschließung Amerikas – Importsilber überschwemmte Europa – kam es zu einer Inflation. Es sank die Kaufkraft und damit der Lebensstandard.[314] Im 16. Jahrhundert konkurrierte die Viehhaltung vielerorts mit dem Getreideanbau. Als indirekte Folge der steigenden Bevölkerungszahl gelang es dem Getreide, sich als Grundlage für preiswerte Speisen durchzusetzen. Während des Dreißigjährigen Krieges und wegen der kriegsbedingten Bevölkerungsverluste entspannte sich die

Lage vor allem im Bereich der Städte vielerorts. Die Kalorienrationen stiegen deutlich, nicht zuletzt aufgrund eines wachsenden Fleischverbrauchs.

Insgesamt ging der Trend aber klar zum Getreideanbau. Plausible Berechnungen gehen davon aus, dass der Fleischverbrauch im Gebiet des Deutschen Reiches von etwa 100 Kilogramm pro Kopf und Jahr im Spätmittelalter auf ungefähr 16 Kilogramm um 1800 zurückging.[315]

Die Abhängigkeit des Nahrungsangebots von der Inflation hatte dramatische Auswirkungen. Welche Folgen das für die betroffenen Menschen haben konnte, zeigt ein Beispiel vom Ende der frühen Neuzeit. Im Winter 1771/1772 kam es auch in den Bergbaubezirken des Erzgebirges zu einer Krise. Die Betroffenen, deren Tische in guten Zeiten reich gedeckt waren, mussten plötzlich hungern. Woran lag das? Der Preis für ein Brot war von urspünglich zwei Groschen innerhalb kürzester Zeit auf zwölf Groschen gestiegen. Bei gleich bleibenden Löhnen hatte sich der Preis versechsfacht.[316]

Der sinkende Fleischverbrauch konnte auch vom Fisch nicht ausgeglichen werden, denn auch beim Süßwasserfisch ging der Verbrauch zwischen 1500 und 1800 deutlich zurück. Zeitweilig sinkende Bevölkerungszahlen, aber auch kriegerische Auseinandersetzungen trugen dazu bei, dass vor allem die aufwändigeren Teichanlagen funktionsunfähig wurden, und häufig kam es vor, dass die Arbeitskräfte nicht ausreichten, um neue Teiche anzulegen oder vorhandene Teiche instand zu halten. Auch bessere Fangmethoden im Bereich der Seefischerei konnten diesen Trend nicht umkehren, so dass die zurückgehende Eiweißversorgung im Verlauf der Frühneuzeit zum ernsthaften Problem wurde.[317]

Grundlegend und schneller als je zuvor wandelte sich in der frühen Neuzeit auch der Getränkekonsum. Wein und Bier blieben die wichtigsten alkoholischen Getränke. Der Weinbau allerdings ging drastisch zurück. Klimaverschiebungen spielten innerhalb dieses Prozesses eine entscheidende Rolle. Das Wetter wurde nicht unbedingt schlechter, aber vor allem in den 1580er Jahren kam es immer wieder vor, dass bis weit ins Frühjahr hinein Frost auftrat.

Warum wirkte sich das auf die Getränke aus? Am Unterlauf des Mains, vor allem aber im Gebiet von Frankfurt, waren in der ersten Hälfte des 16. Jahrhunderts immer mehr Bauern dazu übergegangen, ertragreiche Weinstöcke anzupflanzen. Die Spätfröste schädigten die empfindlichen

Pflanzen jetzt unwiederbringlich. Die Winzer wurden zu Obstbauern, und seit dieser Zeit gibt es um Frankfurt herum anstatt Wein *Äppelwoi*, dessen Grundlage die robusten Apfelbäume liefern. Innerhalb dieser Entwicklungen kam der Weinbau in Nord- und Ostdeutschland beinahe ganz zum Erliegen. Dagegen weitete er sich in Südwestdeutschland aus.[318]

Wie reagierten die Menschen auf diesen Wandel? Bei den Winzern herrschten Betroffenheit und Angst. Schließlich brachten die Spätfröste fast allen Landwirten Verluste. Auf der Suche nach Erklärungen wurde man zunächst nicht fündig, denn die Wissenschaften konnten die Wetterabläufe nicht befriedigend erklären. So hatten jene Kräfte Konjunktur, die behaupteten, Hexen seien schuld. Die Negativfolgen, die der Klimawandel für die Landwirtschaft hatte, waren auf diese Weise maßgeblich für die großen Hexenverfolgungswellen der Frühneuzeit mitverantwortlich.[319]

Innerhalb der Ernährungskultur waren die Auswirkungen ebenfalls tief greifend, aber ohne ein vergleichbares Maß an Dramatik. Immerhin gelang es dem Bier nun, den Wein als Volksgetränk Nummer eins zu verdrängen. Während die Bierproduktion in Norddeutschland leicht rückläufig war, stieg sie nun in Süddeutschland stark an.[320]

Eine moderne Gesellschaft kann Konsum- und Angebotsschwankungen leicht verkraften, nicht so die Gesellschaft der Vormoderne. Bezogen auf die Getränke hatte der Wandel daher weit reichende Folgen. Wenn ein ländliches Hochzeitsmahl vorsah, dass den Gästen Wein angeboten wurde, dann konnte dieser Wein nicht ohne weiteres durch Bier ersetzt werden. Vielmehr waren die Brauteltern – oder wer immer die Feier ausrichtete – gehalten, beim Wein zu bleiben und wenn nötig, mehr dafür zu bezahlen. Die überregionalen Märkte boten schließlich auch weiterhin Wein an, nur war er eben deutlich teurer geworden. Um der sozialen Norm zu genügen, musste man sich eben verschulden. So führte der Rückgang des Weinbaus kurzfristig zu einer Reihe von Konflikten und mittelfristig zu einem Wandel der städtischen und der ländlichen Festkultur.

Bier und Wein waren altbekannte und weit verbreitete Getränke. Daher hatten sie im System der Ernährung ihren angestammten Platz. Im Verlauf der Frühneuzeit erweiterten die alkoholfreien Heißgetränke Kaffee, Tee und Schokolade das Spektrum.

Vor allem das Beispiel des Kaffees zeigt, wie träge die Kultur der Ernährung auf den wirtschaftlichen und gesellschaftlichen Wandel reagierte und wie hartnäckig die Menschen sind, wenn es um den Geschmack geht.

Die Frühgeschichte des Kaffees ist unklar. Zumindest ist aber bekannt, dass der Kaffee aus dem arabischen Raum stammt. Die Hafenstadt *Mokha* im südlichen Jemen gab dem *Mokka* seinen Namen, und eine der äthiopischen Provinzen heißt *Kaffa*. In der Mitte des 17. Jahrhunderts – das Jahr 1637 wird genannt, ist aber nicht gesichert – erreichte der Kaffee die mitteleuropäischen Häfen. Zunächst setzte er sich nur ganz allmählich durch. Selbst die führenden Adelskreise reagierten abwartend. Im Rahmen einer kulturwissenschaftlichen Analyse kommt dem Adel eine besondere Bedeutung zu, denn bei der Ausbreitung neuer Speisen und Nahrungsmittel funktionieren die Oberschichten als Trendsetter. Die Vorbildfunktion des Adels war vor allem in Frankreich groß, aber auch in England und in Deutschland.[321] Der Geschmack war neu, und viele empfanden die ungewohnte Note als unangenehm – »wie Ruß« schrieb beispielsweise Liselotte von der Pfalz.

Im Ausbreitungsprozess spielten die Kaffeehäuser eine Katalysatorrolle.

Es handelte sich um eine neue, bürgerliche Einrichtung. In der damaligen Modemetropole Paris öffnete das erste Kaffeehaus seine Pforten im Jahre 1643. Zunächst brauchten neue Kulturelemente noch lange, um sich zu verbreiten. London und Hamburg folgten 1652 und 1671. Kaffee blieb zwar bis weit ins 18. Jahrhundert hinein ein ausgesprochenes Luxusprodukt, aber die Institution Kaffeehaus verbreitete sich am Ende des 17. Jahrhunderts doch über weite Teile Europas. In Deutschland spielten die neuen *Salons* allerdings eine wichtigere Rolle als die Kaffeehäuser.[322]

Luxusgüter sind dadurch gekennzeichnet, dass sie einen hohen Preis haben, aber auch eine hohe Wertigkeit. Sie wecken Begehrlichkeit, weil sie Erfolg und Ansehen dokumentieren und dazu dienen, der jeweiligen Stellung des Individuums in der sozialen Gruppe Ausdruck zu verleihen. Als der Kaffee diese Funktion erlangt hatte, schmeckte er den Konsumenten dann nicht mehr »wie Ruß«, sondern vorzüglich. Daher breitete sich der Kaffeekonsum in den europäischen Mittel- und Oberschichten im Verlauf des frühen 18. Jahrhunderts rasch aus, und zwar auf Kosten der alkoholischen Getränke.[323]

Abbildung 27: Das Curieuse Caffe-Hauß zu Venedig, Freyburg 1698. Titelseite mit Frontispiz. Die Abbildung zeigt rechts im Hintergrund einen Servierer mit der konischen Kaffeekannenform in der Hand, während auf dem Tisch rechts im Vordergrund des Bildes ein dreibeiniges Schankgefäß mit wenigstens zwei Kränen dargestellt ist.

Um dem Kaffee seine Bitterkeit zu nehmen, wurde er an den europäischen Höfen bald mit dem neuen Modegewürz Zucker gesüßt. Die Kombination ergab sich gewissermaßen von selbst, denn auch Zucker zählte zu den prestigeträchtigen Hochpreiswaren. Dass auch die Kombination von Kaffee und Zucker kulturell determiniert ist, zeigt das Beispiel Nordskandinaviens. Weil das Vorbild der Höfe dort fehlte, wurde es allgemein üblich, den Kaffee zu salzen.[324]

Der weitere Verlauf des 18. Jahrhunderts lässt sich mit einer Theorie beschreiben, die der Bonner Volkskundler und Germanist Hans Naumann in den 20er Jahren des 20. Jahrhunderts aufstellte, und die als *Regel vom gesunkenen Kulturgut* bezeichnet wird.[325] Danach orientieren soziale Gruppen ihr Verhalten in vielerlei Hinsicht am Verhalten höherstehender Schichten. Das Bürgertum war also bestrebt, den Adel nachzuahmen, indem es dessen Kulturmuster übernahm, in diesem Fall das Kaffeetrinken. Dadurch verlor das Kaffeetrinken seinen hohen gesellschaftlichen Stellenwert, denn wenn nun auch einfache Bürger Kaffee tranken, war dieses Getränk für die Angehörigen des Hochadels nicht mehr akzeptabel. Viele europäische Adelige gingen dazu über, der Mode zu folgen und Tee zu trinken.[326] Auf diese Weise wurde der Kaffee am Ende des 18. Jahrhunderts zum allgemeinen Volksgetränk, das sich auch ärmere Leute wenigstens gelegentlich leisten konnten. Voraussetzung dafür war allerdings auch ein niedriger Preis, den der zunehmende Anbau in den englischen und französischen Kolonien ermöglichte.[327] Wegen der starken Stellung und der großen Kaufkraft des britischen Bürgertums konnten exklusive Moden in England leichter übernommen werden. Daher wurde Tee dort bald zum bürgerlichen Getränk.

Neue Waren aus den Kolonien revolutionierten nicht nur die alte Getränkekultur, sondern auch die Zubereitungsarten der Speisen, denn die Gewürze wurden zu Massengütern. Ulrich Tolksdorf stellt zutreffend fest, dass das kulturelle System einer Küche ganz grundsätzlich in hohem Maße von dem jeweiligen Gewürzkomplex bestimmt wird. Das gutbürgerliche Hühnerfrikassee unterscheidet sich vom indonesischen *Bami Goreng* vor allem durch die Gewürze, und diese machen auch den Unterschied zwischen Pizza und Käsebrot aus.[328] Aus Indien waren zwar bereits im Mittelalter Gewürze nach Europa gelangt, aber sie wurden auf dem beschwerlichen und zeitraubenden Landweg transportiert und waren deshalb sehr teuer. So blieben sie für die Masse der Bevölkerung unerschwinglich. Das änderte sich durch die Entdeckung der neuen Seewege allmählich. Pfeffer wurde zum Modegewürz der frühen Neuzeit, kam allerdings für die Landbevölkerung und die städtischen Unterschichten auch weiterhin nicht infrage.

Die zunehmende soziale Differenzierung beeinflusste in hohem Maße die Würzkultur. Die städtischen Oberschichten würzten viel, häufig und meist zu scharf, und zwar eine breite Palette von Speisen. Aber auch der Wein wurde häufig erhitzt und stark gewürzt getrunken. Dagegen konsumierten die städtischen Unterschichten und die Mehrzahl der Landbewohner so gut wie keine Gewürze, dafür aber umso mehr heimische Kräuter.[329]

Zu den neuen Gewürzen ist schließlich auch der Zucker zu rechnen. Zwar war Hartzucker bereits im Spätmittelalter bekannt, spielte aber nur eine untergeordnete Rolle. Seit dem Beginn der Neuzeit stieg der europäische Durchschnittskonsum dann ausgehend von knapp 50 Gramm pro Kopf und Jahr kontinuierlich an, bis er um 1800 bei über 1 100 Gramm lag. Allerdings wurde der Löwenanteil des Importzuckers außer in England meist von den Angehörigen der Oberschichten konsumiert. In deren Speisesystemen tauchten vor allem seit der Mitte des 17. Jahrhunderts eine Reihe von stark zuckerhaltigen Nahrungsmitteln auf, die ihren Weg erst im 20. Jahrhundert in die Küchen der breiten Bevölkerung fanden. Dazu gehörten Likör, Limonade, Speiseeis und Pralinen.[330]

Die größte Veränderung bescherte die Entdeckung Amerikas der europäischen Küche erst nach einer gehörigen Verzögerung, und zwar durch die Kartoffel. Die ersten Kartoffeln gelangten bereits zu reformatorischer Zeit nach Europa. Um ihre Eingliederung in den Kanon der Speisen ranken sich zahlreiche Legenden, und bis heute ist es nicht gelungen, die Entwicklungslinien ihrer Verbreitung exakt nachzuzeichnen.[331]

Der Ursprung der Kartoffel liegt in den südamerikanischen Anden. Bereits die Inkas kultivierten und nutzten sie. Die frühen Konquistadoren beobachteten die Essbarkeit bei den Indios und erkannten die mögliche Bedeutung für Europa. Spätestens in der Mitte des 16. Jahrhunderts wurden Kartoffeln in größerem Umfang über den Atlantik gebracht. Um 1600 waren sie in den botanischen Gärten Europas weit verbreitet. Es waren aber zunächst nur die Wissenschaftler, die sich für die Kartoffel interessierten, weil sie in ihr besondere Heilkräfte vermuteten.

In der Folgezeit setzte sich die Kartoffel an verschiedenen Orten gleichzeitig durch. In Spanien lässt sich ein agrarischer Nutzanbau schon

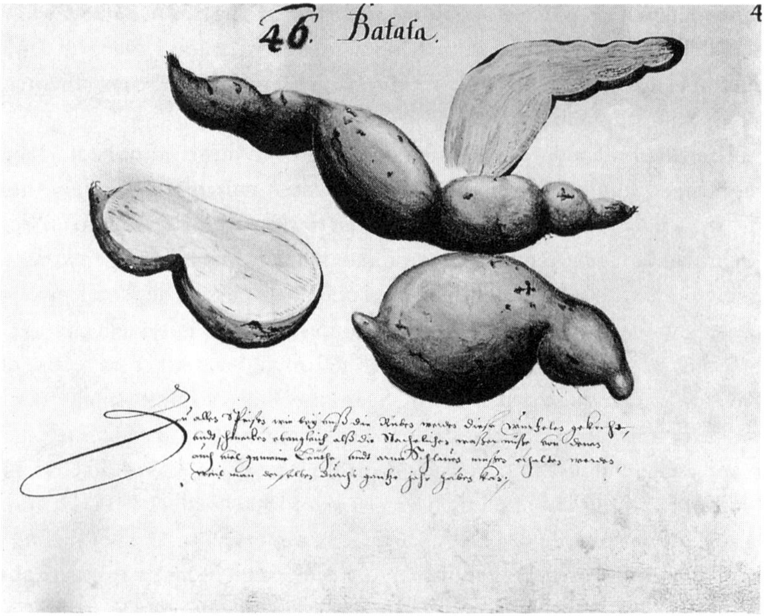

Abbildung 28: Die Kartoffel revolutionierte die europäische Ernährung. Zeichnung von Zacharias Wagner (1614-1668).

am Ende des 16. Jahrhunderts beobachten. Weil die südlichen Niederlande, das heutige Belgien, politisch ebenso wie Spanien zum Haus Habsburg gehörten, kam die Kartoffel dort bereits um 1700 auf den Tisch – ein Beispiel, an dem der bisweilen große Einfluss der Politik auf die Kultur deutlich gemacht werden kann.

Ein weiterer Verbreitungsstrang führte seit der Wende zum 17. Jahrhundert direkt von Chile nach England und weiter nach Irland. Die frühesten Anbaugebiete in Deutschland lagen im Südwesten. Im Herzogtum Pfalz-Zweibrücken begann der landwirtschaftliche Anbau auch schon im 17. Jahrhundert.[332]

In der Folgezeit lässt sich ein Phänomen beobachten, das für die Verhältnisse im frühneuzeitlichen Europa symptomatisch war. Die Kartoffel war beispielsweise im Hunsrück, in Lothringen oder im sächsischen Vogtland schon weit verbreitet, und Kartoffelgerichte gehörten zum alltäglichen Speiseplan. In den meisten anderen Gebieten des deutschen Sprachraumes konnte sich die Kartoffel dagegen erst im späten 18. Jahrhundert durchsetzten. Dafür war der Zwang der Ereignisse verantwortlich, denn unter dem Druck einer Reihe von schlechten Getreideernten und im Zuge des hohen Bevölkerungswachstums avancierte die Kartoffel zur Retterin in der Hungersnot.

Wie diverse andere Kulturelemente verbreitete sich die Kartoffel im deutschsprachigen Raum sehr ungleichmäßig, denn in der Frühneuzeit bestand das Reich aus einem Konglomerat vieler Kleinstaaten, die durch starre Grenzen getrennt waren und zwischen denen oft nur schwache Kontakte bestanden.

Die Umstellung einer Grundversorgung, die vor allem auf Getreide basierte, auf die neue Basisernährung Kartoffel bedeutete einen tiefen Einschnitt in die gesamte Ernährungskultur. Weil Individuen und soziale Gruppen aber an kaum einem Verhaltensmuster so stark festhalten wie an den Ernährungsgewohnheiten, waren die Widerstände gegen die Kartoffel entsprechend groß. Daher verhalfen erst die mitteleuropäischen Hungersnöte der Jahre 1771/1772 und des frühen 19. Jahrhunderts der Kartoffel zum endgültigen Durchbruch. Die Kartoffel begann ihre große Karriere in Deutschland letztlich als Not- und Armenspeise sowie als Viehfutter, und fast immer in landwirtschaftlich ertragsarmen Regionen.[333]

Als direkte Folge des Kartoffelanbaus gelang einem weiteren Nahrungsmittel der Durchbruch: dem Branntwein oder Schnaps. Prinzipiell lassen sich alle stärkehaltigen Substanzen durch Gärung zu Alkohol umwandeln, der dann abdestilliert werden kann. Die Technik der Destillation war zunächst im arabischen Raum bekannt und gelangte im Mittelalter nach Europa, wurde aber lange Zeit nur im Bereich der Heilkunde angewandt. Im Verlauf der Frühneuzeit wurde das »Medikament« Alkohol zum Nahrungsmittel und schließlich zur Droge. Zunächst brannte man meist auf der Grundlage von Getreide, während Obst seltener Verwendung fand. Freilich erlaubte es die vorindustrielle Mangelwirtschaft nicht, Getreide in größerem Umfang zu destillieren, weil es einfach zu kostbar war. Zudem lässt sich Getreide gut lagern, so dass keine Notwendigkeit zur unmittelbaren Weiterverarbeitung bestand. Zu Beginn der Frühneuzeit war der Branntweinkonsum daher gering, und entsprechend hoch war das Ansehen dieses Getränks.[334]

Hans Jürgen Teuteberg und Günter Wiegelmann kamen 1986 zu dem Schluss, dass »die Kartoffel zusammen mit Kaffee und Branntwein als prägende Innovation, ja sogar als kulturelle Leitnorm beim Entstehen des modernen Speisen- und Mahlzeitensystems im späten 18. Jahrhundert anzusehen ist. Dadurch ist nämlich die Breikost, die seit dem Mittelalter für breite Bevölkerungsschichten vorherrschend war, definitiv abgelöst worden.«[335]

Wie kam der Branntwein zu dieser überragenden Stellung? Zunächst waren es beinahe ausschließlich erwachsene männliche Angehörige der Mittel- und Oberschichten, die Destillate konsumierten. Diese älteren Grundmuster wurden seit dem Ende des 18. Jahrhunderts mit dem Durchbruch der Kartoffel modifiziert. Der Grund besteht darin, dass beim Kartoffelanbau relativ einfach hohe Erträge erzielt werden können, und dass die Kartoffel zudem nur schlecht lager- und transportfähig ist. Hingegen lässt sich ihr Nährwert konservieren, wenn sie zu Schnaps gebrannt wird. Dieser verstärkte Kartoffelanbau führte dazu, dass die Branntweinpreise am Ende des 18. Jahrhunderts fielen, während der Konsum anzog.[336] Weil der Branntwein bis zur Massenverbreitung der Kartoffel sehr teuer war und vor allem vom Adel und vom Bürgertum konsumiert wurde, genoss er auch über diese Wendezeit hinaus ein hohes gesellschaftliches Ansehen. Entsprechend avancierte der Schnaps auch bei der breiten Mehrheit zum prestigeträchtigen Statussymbol. Zwar wird in der Literatur immer wieder darauf hingewiesen, der Branntwein sei in der Vormoderne vor allem von den Ärmsten getrunken worden, um ihr Elend ertragen zu können, aber tatsächlich waren es in erster Linie bürgerliche oder adelige erwachsene Männer, die sich den Schnaps überhaupt leisten konnten. Im späten 18. Jahrhundert kamen als neue Konsumenten lediglich die gutverdienenden Handwerker hinzu.[337]

Woher rührt das verbreitete Bild von der Schnapsseligkeit des 18. Jahrhunderts? Bezüglich des vermeintlich hohen Alkoholkonsums erlebte die bürgerlich geprägte öffentliche Meinung in weiten Teilen Europas eine regelrechte Thematisierungskonjunktur.[338]

Ein Ausdruck dieser Konjunktur ist William Hogarths Bilderpaar *Beer Street – Gin Lane*, das bald nach seiner Entstehung 1751 internationale Berühmtheit erlangte (siehe Abb. 29a/29b).[339] Während in der *Beer Street* allgemeiner Wohlstand herrscht und die Gesundheit gerade wegen des reichhaltigen Bierkonsums zu blühen scheint, kennzeichnet die *Gin Street* ein abgrundtiefes Elend.

Allerdings sind diese Bilder mit Vorsicht zu interpretieren, denn sie spiegeln nicht die Realität wider, sondern sind als scharfe Polemik gegen die im Bürgertum herrschenden Verhältnisse zu interpretieren.[340]

I: So könnte das Dorf des Ötzi ca. 3200 v. Chr. ausgesehen haben.

II: Getreide worfelnde Bauern. Malerei im Grab des Menna in Theben-West, 18. Dynastie. Die Zusammenarbeit Vieler ist besonders und zuerst in der Landwirtschaft zu beobachten, denn gerade in diesem Bereich waren Aufgaben zu erfüllen, die der Einzelne nicht mehr bewerkstelligen konnte.

III: In Europa wurde die Gabel als Essbesteck erst im 16. Jahrhundert allgemein gebräuchlich, in Byzanz wurde sie dagegen schon um 1000 verwendet, was die Menschen in Europa verwunderte und irritierte. Tischszene aus Hrabanus Maurus, *De rerum naturis*, Montecassino 1023.

IV: Der Fischfang spielte im frühen Mittelalter eine wichtige Rolle. Darstellung aus dem *Stuttgarter Psalter* (um 830).

V: Honigernte (links) und Einfangen des Bienenschwarms im Frühjahr (rechts). Aus einer Exultetrolle von Montecassino, um 1187. Die Bilder stehen auf dem Kopf, damit die Mitfeiernden sie sehen, während der Diakon vorträgt.

VI: Anlässlich des Zusammentreffens Kaiser Friedrichs III. mit Herzog Karl dem Kühnen wurde ein aufwändiges Festessen veranstaltet. Darstellung von Diebold Schilling dem Älteren aus der *Großen Burgunderchronik* (1474-1483).

VII: Prunkvolles Festessen. Miniatur aus der *Geschichte Olivers von Kastilien und Artus' von der Algarve.* Französische Übersetzung aus dem 15. Jahrhundert. Der Ehrentisch steht separat unter einem Baldachin, während die übrigen Gäste an einem langen Tisch sitzen.

VIII: Das Badehaus war eine Einrichtung, die es so nur im späten Mittelalter gab. Die Bandbreite reichte von der einfachen Badestube bis zu aufwändigen Häusern, die mehr der Geselligkeit und dem Vergnügen dienten als der Körperhygiene. Darstellung des Valerius Maximus aus einer Miniatur in einer französischen Übersetzung (15. Jahrhundert).

IX: Üppiges Mahl. Monatsbild zu den Monaten Januar, Februar und März (Detail), Augsburg, um 1550.

X: Das Kolonialzeitalter brachte neue Speisen und Getränke, aber die breite Masse der Bevölkerung blieb noch lange älteren Mustern verhaftet. *Boerenherberg*. Niederländische Bauernherberge des 17. Jahrhunderts nach Frans van Mieris de Oude (1635-1681).

XI: Fabrikarbeiterinnen während der Mittagspause. Die fortschreitende Industrialisierung bringt Wohlstand. Gemälde von Eyre Crowe, 1874.

XII: Hastiges Mahl in der Fabrik. Ausschnitt aus dem Bild *Das Eisenwalzwerk* von A. von Menzel, 1875.

XIII: *Fish and Chips*, die englische *Fast Food*-Variante, wurde im späten 19. Jahrhundert zum nationalen und schichtspezifischen Symbol.

XIV: Über die Einkaufsgenossenschaften der *Konsumvereine* konnten neue Nahrungsmittel preisgünstig eingekauft werden. Konserven und Fertigprodukte waren beliebt, weil sie schmackhaft waren und schnell zubereitet werden konnten. Ihr ernährungsphysiologischer Wert wurde zwar kontrovers diskutiert, aber der Fortschrittsglaube überwog. Werbeanzeige der *Grosseinkaufsgesellschaft Deutscher Consumvereine mbH*, Hamburg, 1932.

XV: In Wien hält der *Würstelstand* der großen Konkurrenz der Schnellrestaurants immer noch erfolgreich stand.

XVI: Übergewicht wurde in der zweiten Hälfte des 20. Jahrhunderts in weiten Teilen Europas zum ernsthaften Gesundheitsproblem. Zunächst begegnete man dem Fett mit radikalen Kuren, inzwischen mit *Functional Food*. Anzeige aus dem Jahr 2000.

Wie die Realität aussehen konnte, das wird im Tagebuch deutlich, das der Deutsche Johann Wilhelm von Archenholz auf seiner Englandreise geschrieben hat. 1787 notierte er in London, das Essen sei »eigenthümlich karg«. Weiter heißt es: »Was jedoch an Speisen abgeht, ersetzt das Getränk; bey diesem Bedürfnisse findet keine Sparsamkeit statt. Wenn aber die Franzosen viel essen und wenig trinken, so ist dieses hingegen bey den Engländern auch umgekehrt, die das Trinken als den Hauptartikel bey Tische ansehen. Sie sitzen daher auch nur kurze Zeit bey der Eßtafel, um nur bald zu der geliebten Trinktafel zu kommen. An dieser nimmt das Frauenzimmer keinen Antheil, sondern sie entfernen sich, um den Mannspersonen desto mehr Freyheit zu lassen. Dann wird das Tischtuch abgenommen, die Weinflaschen erscheinen, und die Damen verschwinden. Nun werden beständig Gesundheiten getrunken. Nach der Trinktafel, die eine Stunde, auch länger dauert, begeben sich die Mannspersonen zu den Frauenzimmern.«[341]

Archenholz' Reisetagebuch ist ein persönliches Dokument. Dennoch kann es in hohem Maße als repräsentativ gelten. Das wird bei einer systematischen Durchsicht dieser und anderer Quellen deutlich. Ein weiteres Beispiel: 1783 reiste der Deutsche Karl Gottlob Küttner ins nordenglische Manchester. Auch er verkehrte bei reichen Kaufleuten. In die Heimat meldete er jene Ereignisse, die ihm besonders auffielen. Von einen Phänomen war Küttner in besonderem Maße fasziniert, und zwar von der »Zutrinksitte«. Er beschrieb sie folgendermaßen: »Sobald die Frauenzimmer den Tisch verlassen haben, fängt unter den Mannspersonen ein neues Leben an. Der ganze Tisch wird nun mit spanischen und portugiesischen Weinen, wohl auch Rum und Brandewein, barrikadirt. Der Hausherr sitzt am Ende der Tafel, und ist Präsident oder Toastmeister, und wenn die Gesellschaft stark ist, muss einer am andern Ende der Tafel den Sitz der Hausfrau einnehmen und Vicepräsident seyn, damit die Toasts oder Gesundheiten in gehöriger Ordnung herumgetrunken werden. Die erste Gesundheit, die der Hausherr ausbringt, ist hier in allen Häusern die nämliche, ausgenommen, wenn man des Königs Gesundheit trinkt, welche in diesem Falle vorher geht. Diese erste Gesundheit nun ist einem Frembden nicht wenig auffallend und anstößig; sie ist immer die nämliche, ob sie schon unter fünfzig verschiedenen Namen getrunken wird. Bald ist's ›our all mothers‹, bald ›our old friend‹ bald ›the center of attraction‹. Diese Gesundheit muss allemal in einem bumper, d.h. in einem

Abbildung 29a/29b: Gin Lane – Beer Street von William Hogarth aus dem Jahre 1751. Während in der Schnapsgasse Not herrscht, blüht in der Bierstraße der Wohlstand.

vollen Glase, getrunken werden; für die übrigen Gesundheiten schenkt sich ein jeder so viel oder so wenig ein, als er will. Sobald diese Gesundheit herum ist, verlangt der Hausherr von seinem Nachbar die Gesundheit eines Frauenzimmers, welche ein jeder trinken muss; und so nach und nach ein jeder die seinige geben. Auf diese Art sitzt man gewöhnlich

bis um acht Uhr beysammen, da man denn wieder zu den Frauenzimmern geht, um Tee zu trinken.«[342]

Diese beiden literarischen Quellenbeispiele ermöglichen den Übergang von der vordergründigen Beschreibung und vom Objekt zur Analyse der sozialen Funktion. Wie lassen sie sich interpretieren? Die beiden Deutschen hatten mit reichen Kaufleuten gegessen. Sie bewegten sich in einer eindeutig männlich dominierten Welt, und die Gemeinschaft der

Männer hatte eine höhere Wertigkeit als die der Familie. Ein Vergleich mit den Kölner Schilderungen des Hermann von Weinsberg aus dem 16. Jahrhundert macht deutlich, dass die identitätsstiftende Wirkung des gemeinsamen Verzehrs unter Männern auf ähnliche Weise zum Ausdruck kam. Gemeinsames Essen schafft Vertrauen und wirkt identitätsbildend – daran vermochten die großen Umwälzungen der Frühneuzeit nichts zu ändern. Es blieb das wichtigste Element des Soziallebens. Davon waren die Frauen in allen drei Quellenbeispielen pauschal ausgeschlossen.

Dennoch ist ein Wandel zu beobachten: Im 16. Jahrhundert gestanden die gesellschaftlichen Verhältnisse den englischen und den deutschen Frauen noch zu, Bier oder Wein zu trinken. Dagegen wiesen ihnen die gesellschaftlich dominierenden Männer des 18. Jahrhunderts die neuen alkoholfreien Heißgetränke zu.

Schließlich weisen die Quellen auch auf nationale Differenzen innerhalb Europas hin: Während das Essen bei den geselligen Zusammenkünften in Deutschland und auch in Frankreich eine dominierende Rolle spielte, lag der Schwerpunkt in England eindeutig auf dem Trinken.

Letztlich lassen sich aber für kaum eine Epoche so wenige Pauschalurteile fällen wie für die Frühneuzeit. Vor allem im Gebiet des Deutschen Reiches gab es eine Fülle von regionalen Besonderheiten und Entwicklungen, die nicht linear verliefen. So konnte es vorkommen, dass die Insassen westfälischer Fürsorgeeinrichtungen in Zeiten, in denen der Fleischverbrauch rückläufig war, vergleichsweise große Portionen gereicht bekamen, oder dass rheinischen Gefängnis- und Waisenhausinsassen noch regelmäßige Bierdeputate erhielten, als der landesweite Trend schon lange zu Kaffee und Wasser ging, weil der Alkoholkonsum inzwischen zunehmend in die Kritik geraten war.[343]

Zu den vielen Neuerungen, die aus der Neuen Welt nach Europa gelangten, gehörte schließlich der Tabak.

Zum einen handelte es sich um eine Modeerscheinung, zum anderen passte der Tabak gut in das neuzeitliche Ernährungssystem, zumal er eine physiologische Wechselwirkung mit Alkohol entfaltet: Wer trinkt, der raucht meist auch gern.[344] Ähnlich wie der Gebrauch des Alkohols war der Tabakkonsum heftig umstritten, so dass ein breiter Fundus frühneuzeitlicher Diskursliteratur vorliegt.[345]

Abbildung 30: Der teutsche Tabacktrincker. Einblattdruck aus dem 17. Jahrhundert. Die Dreiergruppe am Tisch raucht vergnügt vor sich hin, der Narr demonstriert die üblen Folgen des unmäßigen Rauchens.

Die Ausbreitung verlief in Wellen. In Spanien, aber auch in Frankreich und in England setzten sich das Rauchen und das Schnupfen bereits im Verlauf des 16. Jahrhunderts durch – zumindest bei den wohlhabenden Männern der fortschrittlichen Hafen- und Handelsstädte. Daneben wurden auch die Heilkräfte des Tabaks gelobt. So führte André Thevet den Tabak in Frankreich ein, indem er damit warb, auch die Ureinwohner Brasiliens würden ihn erfolgreich gegen »den Säfteüberschuß des Gehirns« einsetzen. Ähnlich wie beim Kaffee witterten die Obrigkeiten europaweit Gefahr. In der ersten Hälfte des 17. Jahrhunderts wurden diverse Verbote erlassen, die jedoch nie erfolgreich durchgesetzt werden konnten.[346]

Das war häufig auch gar nicht notwendig, denn über den Tabak wurde zwar viel diskutiert, aber für die Masse der Bevölkerung blieb er über die ganze Frühneuzeit hinweg etwas Kurioses, das ihren Alltag nicht betraf.

So erfuhr die Einführung des Tabaks im Rheinland erst zur Zeit des Dreißigjährigen Krieges wichtige Impulse, aber der Prozess der Verbreitung und der kulturellen Akzeptanz benötigte noch Jahrzehnte.[347] Darauf deutet zumindest die geringe Zahl von Quellen hin, die über den

Tabakkonsum berichten. Letztlich kann am regionalen Beispiel nicht annähernd bestimmt werden, wie groß der rauchende Bevölkerungsteil war. Auf den hohen Prestigewert des Tabaks deutet zumindest der Tatbestand hin, dass zu dem »freyen Zech«, der den Anhängern der Krämerzunft im Rahmen der Unruhen des Jahres 1786 gewährt wurde, neben Schinken und Bier »auch Rauch-Tabak« gehörte.[348] Andererseits war Rauchen kein Oberschichtphänomen, denn die Verwalter des *Herwartz'schen Armeninstituts* in Aachen sahen sich im März 1776 gezwungen, allen Bewohnern das Rauchen auf den Zimmern zu verbieten.[349] Obgleich medizinische Streitschriften bereits seit langem vor den schädlichen Folgen des Nikotins warnten, hatte der rheinische Arzt Kortum 1791 keine Bedenken: »Die Männer pflegen häufig beim Weine Toback zu rauchen, welches durch die Gewohnheit unschädlich wird.«[350] Allerdings beschrieb Kortum eher die reichen Touristen des Modebades Aachen. Wie es in Köln ausgesehen haben könnte, meldete ein Franzose 1780 an seinen Bruder aus Köln nach Paris: Die Geistlichen »bestehen hier … aus groben, ungehobelten Klötzen, über und über mit Tobak und dem Ausfluss der Nase beschmiert, die im dicken Tobaksdampf in den offenen Bierhäusern mit den Bauern um Pfennige auf dem Brett oder mit Karten spielen.«[351]

Allerdings lassen derartige Quellen oft nicht genau erkennen, wo die Grenzen zwischen Realität, Polemik und Phantasie liegen, so dass vorläufig im Dunkeln bleiben muss, wie sich die Praxis des europäischen Tabakkonsums in der Frühneuzeit gestaltete.

1789 führte die Französische Revolution zu einem geradezu abrupten Ende der frühen Neuzeit. Im Grunde war sie überfällig; denn die neuen Denk- und Handlungsansätze hatten die Vormoderne ohnehin geistig unterhöhlt, und in England war die Industrialisierung bereits auf den Plan getreten. Alle drei Strömungen – Industrialisierung, Aufklärung und Französische Revolution – wirkten in den unruhigen Jahrzehnten um 1800 als dreifache Revolution.

Hätte sich der städtische Marktbesucher, der zu Beginn dieses Kapitels vorgestellt wurde und um das Jahr 1500 für das tägliche Mahl einkaufte, drei Jahrhunderte darauf noch zurechtgefunden? Hätte er etwas ähnliches gekocht? Ja und nein. Der Wandel hatte sich regional ganz unterschiedlich vollzogen. In der nordenglischen Region um Manchester war das Industriezeitalter bereits angebrochen und hatte das vormoderne Landleben verdrängt. In Manchester bestimmte die Kartoffel den Speiseplan der Mehrheit. Tomaten, Paprika oder Mais gab es hier allerdings noch lange nicht, und auch der Branntwein wurde nicht in den großen Mengen getrunken, die übereifrige Zeitgenossen vermuteten. Immerhin: Der Marktbesucher wäre in Manchester nach drei Jahrhunderten Abwesenheit nicht gut zurechtgekommen, und auch in Städten wie Lüttich, Birmingham, Lille oder Aachen nicht.[352] Außerdem war es in den großen Städten enger und schmutziger geworden. Die hygienischen Verhältnisse schlugen sich in der Qualität der Nahrungsmittel, der Mahlzeiten und der des Trinkwassers nieder.[353]

Auf den ersten Blick lagen die Verhältnisse in der Masse der mittel- und westeuropäischen Kleinstädte anders. Die Bausubstanz hatte sich nur behutsam weiterentwickelt, und wie schon im späten Mittelalter boten die Bauern der Umgebung die heimische Ware auf dem Markt feil. Lediglich die Kartoffel war auf dem Vormarsch, und viele Konsumenten konnten sich auch schon Kaffee oder Zucker leisten. Die Vormoderne lebte hier noch bis weit ins 19. Jahrhundert weiter.

Auf den zweiten Blick hatte aber auch die kleine Stadt einen tiefen Wandel erfahren, und das Land erst recht.[354] Gegenüber der Zeit um 1500 war Fleisch von der Hauptnahrungsspeise zum seltenen Leckerbissen geworden. Für die tägliche Durchschnittsmahlzeit bedeutete das eine Revolution. Die Kartoffel hatte, als sie erst einmal unverzichtbar geworden war, viele alte Speisesysteme, die auf Getreideprodukten aufbauten, bis zur Unkenntlichkeit modifiziert. Die familiäre Tischgemeinschaft funktionierte um 1800 ähnlich wie um 1500; aber sie aß anders, und sie aß weniger. Zudem hatte sich die gesellschaftliche Stellung der Frau drastisch verschlechtert.

Ein weiterer Faktor, der sich schmerzlich beim täglichen Brot bemerkbar machte: Während die unteren Schichten, diejenigen Menschen, die gerade eben genug zu essen hatten, und häufig nicht einmal das, um 1500 noch ungefähr 20 Prozent der Bevölkerung gestellt hatten, waren es nun etwa 40 Prozent. Als Fastenspeise galt ihnen nicht der Teller mit Hering oder Karpfen, sondern eine Handvoll Kartoffeln.

Besonders harte Bedingungen herrschten auf den Gutsbetrieben im Osten Deutschlands. Wer um 1500 noch gutverdienender Knecht oder freier Bauer gewesen war, fand sich nun meist als Landarbeiter wieder, der den Tag in einer gutsherrlichen Arbeitskolonne verbrachte und abends zu seiner Familie zurückkehrte, um eine karge Mahlzeit einzunehmen, die wenig mehr als Kartoffeln bot. Von der Kalorienversorgung seiner Urgroßeltern des 16. Jahrhunderts konnte der Agrarproletarier der Revolutionszeit nur träumen.[355]

Es sollte noch eine Weile dauern, aber später führte die Trias der politischen, der industriellen und der geistigen Revolution dazu, dass sich seinen Enkeln dieser Traum erfüllte.

KAPITEL 9

Der hungrige Fabrikarbeiter

1789-1850

Tief greifende Veränderungen hatten sich bereits im Laufe des 18. Jahrhunderts angekündigt, aber sie waren nur in Ansätzen zum Durchbruch gekommen. Das änderte sich 1789 mit der Französischen Revolution, als das alte Europa von einer Welle des Aufbruchs erfasst wurde. Zunächst verlief die Entwicklung turbulent, aber dann erfüllte sich für die breite Bevölkerung der alte Traum, endlich richtig satt zu werden.[356]

So weit die Theorie. Die Praxis erlebte Joseph Gregor Lang, der im Jahre 1789, also zur Zeit der Französischen Revolution und der Aufklärung, den Rhein entlang reiste. Auf seinem Weg nach Köln zog er durchs rechtsrheinische Hinterland und gelangte so in die vergleichsweise wohlhabende Kleinstadt Siegburg, wo der Reisende hungrig einkehrte. Waren auch die Gaststuben und Speiselokale Stätten der beginnenden Moderne? Später notierte Lang: »Ich kehrte in das erste beste Haus ein, verlangte für Geld eine Mittagssuppe, die mir die Wirtin sogleich zusagte. Beim Eintritte in die Stube stieß mir ein fauler mephytischer Dunst auf, dass ich mich gern wieder hinausgeschlichen hätte, wenn die Wirtin nicht schon alle Bereitschaft getroffen, mich in forma zu bewirten. Im anderen Winkel der Stube saß die Familie des Hauses. Hier sah ich schon mein Elend, und die Eßlust verschwand, ehe für mich zugerichtet wurde. Alles war unrein und in der größten Unordnung. Die Suppe ward aufgetragen, aber mir war es unmöglich zu essen. Die Brühe roch mir schon einige Schritte entgegen, das Gemüse mit etwas Schöpsenbeilage war nicht besser und das Tischgeräte in solchem unsauberen Zustande, dass ich mich fürchtete, es anzugreifen. Ich ließ alles stehen und labte mich nur an dem vorgelegten bon pour Nicle und einem herben roten Weine.«[357]

Der kurze Abschnitt zeigt: Für den modernen Reisenden war zumindest diese Gaststube eine Zumutung. Er ließ das Essen angewidert stehen, weil es ihm durch die Einfachheit, die Unsauberkeit und die Zutaten geradezu als Sinnbild der Vormoderne erscheinen musste. Lang aß daher nur das Schwarzbrot, und dazu trank er Wein. Er konnte es sich leisten, das Essen abzulehnen, denn er hatte Geld.

So gut ging es den Textilarbeitern in der kleinen Industriestadt Monschau am Nordrand der Eifel nicht. Obgleich sie hart arbeiteten, bestand ihre Nahrung meist nur aus schwarzem Roggenbrot, über das sie etwas Butter kratzten, und aus Kartoffeln mit Salz. An Fleisch durften sie nicht denken, und zu trinken gab es nur verwässerten Kaffee oder Ersatzkaffee.[358]

In den gewerblich orientierten und in den frühindustriellen Regionen herrschte also vielfach Elend. Und gerade in diese Regionen waren die Menschen geflohen, weil es in der Landwirtschaft noch schlechter aussah. Aber die Lage war verworren. Denn anstatt in Hunger und Not lebte man in der fruchtbareren und wärmeren Gegend von Jülich, damals gerade eine Tagesreise nördlich von Monschau, offenbar im Überfluss. 1839 meldete eine statistische Bestandsaufnahme: »Der wichtigste Theil der Speisen ist die Fleischnahrung, indem die Viehzucht sowohl in der Stadt, als auf dem Lande sehr bedeutend ist. Unser Rindfleisch [ist] durchgehends gut, wie auch das Schweinefleich, welches letztere auf dem Lande am häufigsten genossen wird. Selten genießt der gemeine Landmann Rind-, Kalb- oder Hammelfleisch, sondern seine Nahrung besteht aus Milch, Käse und vielem Gemüse.« Und dazu gab es noch häufig Fisch![359]

Wie war es zu diesen Ungleichheiten gekommen? Lassen sich die Punkte zu einem Gesamtbild vereinigen? Nur schwer, denn wie immer, wenn Kultur und Gesellschaft sich rasch wandeln, kam es zu gegenläufigen Entwicklungen, zu Phasen des Rückschritts und rasanter Neuerungen. Zudem änderten sich die Dinge von Land zu Land, aber auch von Region zu Region auf höchst unterschiedliche Weise.

Bis zum Beginn des Industriezeitalters hatten die europäischen Gesellschaften allen Unterschieden zum Trotz eine Reihe struktureller Gemeinsamkeiten. So lebte die absolute Mehrzahl der Bevölkerung auf dem Land und war direkt oder indirekt in der Landwirtschaft tätig. Ferner waren die Menschen und damit auch die Ökonomie und die Kultur unmittelbar von äußeren Einflüssen wie Bodenbeschaffenheit und Klima abhängig. Viele Faktoren änderten sich in den Jahren um 1800 grundlegend; das galt in besonderer Weise für die Ernährungsgewohnheiten.

Die Neuerungen hatten sich lange zuvor angekündigt, und sie werden auch bei der Analyse der Nahrungsgewohnheiten erkennbar, denn Kartoffel und Branntwein, die sich in der zweiten Hälfte des 18. Jahrhundert immer weiter verbreitet hatten, waren gewissermaßen die Vorboten des Industriezeitalters. Zu diesen Vorboten gehörte ebenso ein kräftiges Wachstum der Wirtschaft und der Bevölkerungszahl. Den eigentlichen Beginn der neuen Epoche markiert das Jahr 1765, als James Watt in England die erste Dampfmaschine der Welt baute und damit die Grundvoraussetzung für die spätere Industrialisierung schuf. Das Zusammentreffen verschiedenster Faktoren führte schließlich zum Ausbruch der politischen Revolutionen, die 1789 mit dem Sturm auf die Bastille begannen, und die mit der Neuordnung Europas im Jahre 1815 ihr vorläufiges Ende fanden.[360] Die Ideen der Revolution hatten sich inzwischen europaweit verbreitet, Napoleons Truppen waren bis nach Moskau gelangt. Nach dem Ende der revolutionären Phase wurde die konservative Erneuerung vielerorts von einem wirtschaftlichen Aufschwung begleitet.

Die Industrialisierung war der Motor dieses Aufschwungs. In der ersten Hälfte des 19. Jahrhunderts durchdrang sie lediglich einige besonders fortschrittliche Gewerbegebiete. Dazu gehörten u. a. der Süden Sachsens, Lothringen, die rheinische Stadt Aachen und vor allem die Region Lancashire im Norden Englands. Manchester wurde am Ende des 18. Jahrhunderts zur ersten Industriestadt der Welt, weil sich wichtige Entwicklungen gegenseitig verstärkten: Bevölkerungsexplosion, neue Agrarstrukturen, Modernisierung des Transportsystems, Kapitalakkumulation, niedriges Zinsniveau, technischer Fortschritt, optimale Marktbedingungen und unternehmerisches Können.[361]

Dieser Aufschwung ist genauer unter die Lupe zu nehmen, denn er breitete sich rasch aus und veränderte die Welt ebenso tief greifend wie nachhaltig. Die Baumwollindustrie war das Herz des Aufschwungs. Die ersten Spinnmaschinen standen nicht mehr in kleinen Werkstätten, sondern in fünf- und sechsstöckigen Fabriken mit Tausenden von Beschäftigten.

Das hatte weit reichende Folgen, die die Ernährung beeinflussten und die sich vor allem anhand der Ernährung beschreiben lassen. Bis zu dieser Zeit versorgten sich die meisten Menschen mit dem, was sie selbst anbauten. Auch in den Städten gab es Gärten. Jetzt aber, etwa in Manchester, wohnten die Menschen in Mietwohnungen, zu denen oft weder Gärten noch eigene Küchen gehörten. Wann hätte man dort auch kochen sollen? In den dynamischen Jahren der Frühindustrialisierung betrug die Arbeitszeit für Männer, Frauen und Kinder häufig über zwölf Stunden am Tag, sechsmal in der Woche. Die neue Klasse der Industriearbeiter war entstanden, das Proletariat, und damit auch eine ganz neue Lebensform. In Manchester brach das alte agrarische Ernährungssystem völlig zusammen und wurde in kürzester Zeit radikal durch ein industrielles System ersetzt.[362]

Auf der anderen Seite blieben die vorindustriellen Strukturen vielerorts – zum Beispiel in den rheinischen Mittelgebirgen – noch bis ins 20. Jahrhundert erhalten.[363]

Um 1800 beschäftigten die jungen Industrien in Europa nur einen Bruchteil der Bevölkerung. Seit den 1820er Jahren stieg dieser Anteil, aber von einer großflächigen Industrialisierung kann erst seit der zweiten Jahrhunderthälfte gesprochen werden. Die Frühzeit ist jedoch von besonderem Interesse, denn sie brachte mit den Fabrikarbeitern eine bis dahin unbekannte soziale Gruppe hervor. Diese Gruppe schuf eigene Verhaltensweisen und verlieh ihrer Identität auch durch eine neue Form der Ernährung Ausdruck.

Auf lange Sicht steigerte die Industrialisierung den allgemeinen Lebensstandard. Aber in der Frühphase blieb er noch lange sehr niedrig. Zudem brachte die neue Lebensweise eine Reihe neuer Probleme mit sich. Viele Arbeiter kamen vom Land und waren es gewohnt, sich aus dem eigenen Garten zu versorgen. Als Fabrikarbeiter waren sie dann aber allein vom Lohn abhängig. In Zeiten schlechter Konjunktur, bei Krankheit oder Arbeitslosigkeit wurde der eigene Garten besonders schmerzlich vermisst.

Regelmäßige Hungersnöte und eine instabile Versorgungslage hatten die vorindustrielle Ernährung gekennzeichnet. Unter beiden Elementen litten die Menschen noch in der Phase der Frühindustrialisierung. Erst um 1850 war die Talsohle bei der mitteleuropäischen Nahrungsversorgung durchschritten.

Noch 1845 meldete sich Friedrich Engels mit einer zwar polemischen, aber dennoch realitätsnahen Beobachtung aus Manchester: »Die gewöhnliche Nahrung der einzelnen Arbeiter selbst ist natürlich nach dem Arbeitslohn verschieden. Die besserbezahlten Arbeiter, besonders solche Fabrikarbeiter, bei denen jedes Familienmitglied im Stande ist, etwas zu verdienen, haben, solange es dauert, gute Nahrung, täglich Fleisch und abends Speck und Käse. Wo weniger verdient wird, findet man nur sonntags oder zwei- bis dreimal wöchentlich Fleisch, dafür mehr Kartoffeln und Brot; gehen wir allmählich tiefer, so finden wir die animalische Nahrung auf ein wenig unter die Kartoffeln geschnittenen Speck reduziert – noch tiefer verschwindet auch dieses, es bleibt nur Brot, Hafermehlbrei und Kartoffeln, bis auf der tiefsten Stufe, bei den Irländern, nur Kartoffeln die Nahrung bilden. Dazu wird allgemein ein dünner Tee, vielleicht mit etwas Zucker, Milch oder Branntwein vermischt, getrunken.«[364]

Im ganzen 19. Jahrhundert blieb der Fleischverbrauch ein wichtiger Indikator für den Wohlstand. Für den Bereich des späteren Deutschen Reiches ergibt sich folgendes Bild: Um 1816 betrug der jährliche Durchschnittskonsum ungefähr 13,6 Kilogramm pro Kopf. Diese Menge entspricht gut einem Fünftel der heutigen Menge und sogar nur knapp dem siebten Teil der spätmittelalterlichen Fleischmengen. Zwar erlaubte der Fortschritt nach 1830 eine leichte Steigerung des Konsums, aber die Versorgung mit tierischem Protein blieb mangelhaft.[365]

Fabriksystem und Industriestädte konzentrierten sich zwar auf wenige Regionen, aber die Folgen des vielschichtigen Wandels waren auch im ländlichen und im kleinstädtischen Bereich zu spüren. Das betraf vor allem die Veränderung des Warenangebots und die Übernahme neuer Nahrungsmittel.

Unter diesen Nahrungsmitteln widmeten die Wissenschaften zunächst der Herstellung von industriell raffiniertem Zucker ihre Aufmerksamkeit. Die chemischen Prozesse, deren Grundlagen im 18. Jahrhundert bereits gründlich erforscht worden waren, wurden in der ersten Hälfte des 19. Jahrhunderts immer stärker in Hinsicht auf ihre praktische Verwertbarkeit untersucht. Gleichzeitig wurde mit dem großflächigen Anbau von Zuckerrüben begonnen, wenngleich der endgültige Durchbruch des heimischen Zuckers als Grundnahrungsmittel erst in der zweiten Hälfte des 19. Jahrhunderts erfolgte.[366]

Den größten Wandel brachte zunächst wiederum die Kartoffel. Sie war zwar schon lange bekannt, aber erst die erste Hälfte des 19. Jahrhunderts brachte den Durchbruch. Jetzt lösten die Kartoffelgerichte das frühneuzeitliche System der Brot- und Breikost in vielen Gebieten Europas endgültig ab. Für viele bedeutete dies einen grundlegenden Wandel der Alltagskost.[367] Der einsetzende Massenanbau der Kartoffel führte auch zu einer Expansion des Brennereigewerbes, wo sie in zunehmendem Maße zu Branntwein verarbeitet wurde. Zwischen 1820 und 1840 verdoppelte sich die preußische Schnapsproduktion nahezu. Diese Zahlen sind aber in Relation zum niedrigen Ausgangskonsum und zur wachsenden Bevölkerungszahl zu sehen, so dass die *Branntweinpest*, ein Schlagwort, das in dieser Zeit in Mode war, keine so gravierenden Auswirkungen auf die soziale Realität hatte wie von vielen Zeitgenossen und späteren Forschern behauptet.[368]

Große Veränderungen brachten auch die besseren Transportmöglichkeiten (Chausseen, Eisenbahnen und Kanäle) sowie der Wegfall der vielen Zollgrenzen und Währungssysteme mit sich, denn lange vor der politischen Einheit erfolgte eine wirtschaftliche Annäherung der deutschen Territorien. Viele Speisenelemente, die sich im 18. Jahrhundert vor allem Wohlhabende kaufen konnten, wurden jetzt auch auf dem Land und von der breiten Bevölkerung übernommen. Günter Wiegelmann spricht in diesem Zusammenhang von einer »breiten Popularisierung«. Er nennt u. a. Kaffee, Tee, Zucker und Reis. Aber auch neue Essgeräte und Tischsitten setzten sich rasch durch.[369]

Trotz einer stärkeren Angleichung blieben regionale Differenzierungen markant, denn zu einer umfassenderen Nivellierung kam es erst im 20. Jahrhundert.

Allerdings lassen sich um 1800 im Gebiet Deutschlands drei Zonen unterscheiden. Im Norden blieb die alte Kost vorherrschend. Sie beruhte vor allem auf Fleisch- und Gemüsegerichten. Daneben war es aber zu einer stärkeren Verbreitung von Mehlspeisen gekommen. Auf diese Weise war zum Beispiel der Pfannkuchen vom Süden her ins norddeutsche Flachland gelangt. Wegen der Nähe zu den Seehäfen wurden im Norden nun auch deutlich mehr Import- und Kolonialgüter verzehrt, etwa Kaffee oder Reis.

In der süddeutschen Küche blieben dagegen die Mehlspeisen vorherrschend. Schwäbische Spätzle, bayerische Klöße oder böhmische *Knedlik* zeugen noch heute von dieser Ernährung.[370]

Wie groß die Veränderungen waren, die sich in der ersten Hälfte des 19. Jahrhunderts vollzogen, zeigt das Wareneingangsbuch eines Hökers

Abbildung 31: Kaffeetafel. Familienstück für die Stube eines Bauern im Kirchspiel Badbergen, Landkreis Osnabrück, von C. Dilly, 1819.

namens Salomon, der in den Jahren um 1850 im Einzugsbereich der Ostseehafenstadt Schleswig seinem Gewerbe als Landhändler nachging. Zu Salomons Kunden zählten neben wohlhabenden Bürgern auch zahlreiche Bauern; sein Warensortiment spiegelt daher den Wandel der Nahrungsgewohnheiten in einer prosperierenden Agrarregion anschaulich wider. Salomon vertrieb kaum Grundnahrungsmittel; diese kauften die Kunden von ortsansässigen Händlern. Dagegen bot der Reisekaufmann eine breite Palette von Luxuswaren an. Sein Getränkesortiment umfasste diverse Südweine wie Portwein, Xeres und Madeira, mehrere französische Weine, aber auch Destillate wie Rum und Kornbranntwein. Außerdem verkaufte Salomon viele Import- und Kolonialwaren, die sich breitere Bevölkerungskreise im deutschen Norden erst seit einigen Jahren leisten konnten. So gab es getrocknete Südfrüchte und diverse Gewürze, welche den traditionell bereiteten Speisen einen völlig neuen Geschmack verliehen. Dazu zählten Rosinen, Korinthen und Feigen, ferner Nelken, Kardamom, Ingwer und Orangenschalen – womit noch lange nicht alles aufgezählt ist. Darüber hinaus waren verschiedene Schokoladensorten sowie Lakritz erhältlich. Schließlich fällt die große Bandbreite an Reissorten auf, die aber wohl nicht als Sättigungsbeilage, sondern als Basis für süße Desserts gedient haben dürften. Von der zunehmenden Bedeutung der Süßwaren zeugt auch die Menge des verkauften Zuckers, der auf karibischem Zuckerrohr basierte und den Honig als Hauptsüßmittel nun endgültig ablöste.

Das eigentliche Schwergewicht des Sortiments lag aber bei den Tabakwaren. Vor allem kubanische und südamerikanische Zigarren waren beliebt und wurden von den Landbewohnern in erstaunlich großer Zahl gekauft.[371]

Der Wohlstand der norddeutschen Küstenregionen steht im krassen Gegensatz zu den Lebensbedingungen, die in ärmeren Gegenden herrschten. In den Jahrzehnten nach 1800 erlebten vor allem die Gebiete des mitteldeutschen Gürtels die umfassendsten Veränderungen. Die Mittelgebirge waren besonders betroffen. In Regionen wie dem Hunsrück, der Eifel, dem Taunus oder dem Westerwald brachte die Fleischverknappung das größte Elend. Die Kartoffel setzte sich in diesen Regionen am stärksten durch.[372]

Was bedeutete dieser Wandel für die Menschen? Wie traurig die Lebensrealität sein konnte, zeigen die Schilderungen Joseph Kalberschs, der 1854 aus seinem luxemburgischen Heimatdorf Erpeldingen meldete: »Die Haupt-, das ist die allgemeinste Nahrung unserer Landleute, sind Grundbirnen, Brod und Milch.« Kartoffeln und Brot deckten also den Hauptkalorienbedarf der Mehrzahl. Aber es gab auch hier große Unterschiede. Kalbersch teilt die Bewohner Erpeldingens in fünf Klassen ein. »Die 1. Klasse hat in der angeführten Hauptnahrung Ueberfluss, isset auch in der Woche ein- oder zweimal Fleisch.« Das galt immerhin für zehn Familien.

Weiter schreibt Kalbersch: »Die 2. Klasse hat an der Hauptnahrung eine Genügsamkeit, aber nicht immer Milch, und an einigen Sonntagen Fleisch.« Diesen leichten, aber nicht bedrohlichen Mangel litten elf Familien.

Der dritten Klasse – und die war mit 37 Familien die größte – ging es wesentlich schlechter: »In gesegneten Jahren, besonders ehe der Himmel über die Kartoffeln als Branntweinstoff geflucht, hatten sie Kartoffeln genug. Das Brod musste gespart werden. Zwei Drittel des Jahres haben sie mehr oder weniger Milch. In der Regel schlachtet jedes dieser Häuser ein Schweinchen.«

Insgesamt 29 Familien mussten unterhalb des Existenzminimums leben, 24 von ihnen gehörten der vierten Klasse an. »Diese haben auch in glücklichen Jahren Grundbirnen zu wenig. Ihr in Fleiß und Schweiß erwonnenes Brod können sie bei der Sparsamkeit im halben Jahre essen. An's Fleischessen darf nicht gedacht werden, haben doch Milch, soviel eine hungrige Kuhe gibt. Zur fünften und letzten Klasse zähle ich fünf Familien. Die leben hauptsächlich von der christlichen Barmherzigkeit.«[373]

Die Schilderungen Kalberschs sind drastisch; aber eine Fülle ähnlicher Nachrichten deutet darauf hin, dass die Lage tatsächlich so ernst war. Um 1800 heißt es über die Mahlzeiten der Bauern im Spessart, dass »Brotwasser mit etwas Milch geschmelzt das Frühstück, gequellte Kartoffeln mit Sauermilch das Mittagessen, Brotwassersuppe das Nachtessen bilden«.[374]

Nicht weit entfernt konnte die Lage völlig anders sein. Als große Teile Westdeutschlands im Zuge der Ausbreitung der Revolution zu Frankreich gehörten, meldete eine Statistik 1804 über die Nahrung der rheinischen Bauern, sie würden sich vor allem von dunklem Roggenbrot, Kartoffeln, Kohl, Kalbfleisch und gepökeltem Schweine- und Rindfleisch ernähren. Dazu gebe es meist Bier und Wacholderschnaps, und fast nie würde die Tabakspfeife den Mund der Männer verlassen. Dagegen tränken die Frauen meist Tee und Kaffee.[375] Wir können aus diesen Zuständen folgern, dass die Ausbreitung der Kartoffel nicht unbedingt ein Indikator für Not und Elend sein muss und dass sie sich durchaus in ein System integrieren lässt.

Ebenso vielschichtig wie im mitteleuropäischen Bereich war die Ernährungssituation an der Peripherie des Kontinents. Auch hier gab es viele Systeme und Kulturmuster nebeneinander. Im Osten Deutschlands und im Übergangsraum zu den angrenzenden Gebieten, die nun größtenteils zum russischen Zarenreich gehörten, hatte sich die Ernährungssituation der breiten Bevölkerung im späten 18. und im frühen 19. Jahrhundert zunehmend verschlechtert. Die großen Gutsbetriebe ließen immer mehr Kartoffeln anbauen, um damit die Landarbeiter, bei denen es sich oft um Abhängige und im russischen Bereich sogar um Leibeigene handelte, zu versorgen. Getreide war für die Ernährung häufig zu wertvoll, denn es ließ sich gewinnbringend exportieren. Wir müssen aber im Auge behalten, dass das Bild auch im Osten nicht einheitlich war, und dass der Forschungsstand gerade hier noch sehr unbefriedigend ist.

Schließlich zeigt die spätere Entwicklung der osteuropäischen Küchensysteme, dass viele Traditionen auch im Bereich der Gutsherrschaft lebendig blieben. Das gilt vor allem für die Sammelwirtschaft. Heute noch oder gerade heute wieder decken Pilze und Beeren einen bedeutenden Teil der Nahrung und ermöglichen eine große Bandbreite an regionalen und lokalen Sonderformen, die es auch in der ersten Hälfte des 19. Jahrhunderts gegeben haben muss.

Vielerorts herrschte im Osten ein dramatischer Proteinmangel, aber auch hier gab es etliche Ausnahmen. Von Mecklenburg erstreckt sich ein breiter wasserreicher Gürtel über Pommern, Westpreußen und Masuren bis zu den großen nordwestrussischen Seen um Novgorod. Hier standen Fische in ausreichender Zahl zur Verfügung und erlaubten trotz des im Grunde niedrigen Lebensstandards eine komfortable Eiweißversorgung; es bildete sich dort ein eigenes Nahrungssystem mit einer Fülle an Fischgerichten und regional unterschiedlichen Zubereitungsformen.[376]

Ganz anders roch und schmeckte es in den Küchen der orthodoxen Juden. Vor allem im Osten des russisch besetzten Polen, in Litauen und im heute ukrainischen Galizien wurde es in den jüdischen Vierteln und in den *Schtetln* immer enger. Hier entstand eine Synthese aus regionalen und aus jüdischen Speiseelementen. Diese orientierten sich zum einen an den strengen Schlacht- und Reinigungsvorschriften und zum anderen am Festkalender. Das Verbot, am Sabbat zu kochen, führte außerdem zur Genese einer spezifischen materiellen Kultur, etwa zur Entwicklung von Sabbatöfen, welche die Speisen über den ganzen Festtag hinweg warm hielten.

Zu den besonderen Delikatessen gehörte der *Gefilte Fisch*: Aus den Filets weißer Fische und aus Matzenmehl werden Klößchen geformt, die in einer Fischbrühe gekocht, mit Thymian, Petersilie und Sellerie abgeschmeckt und mit Meerrettich und Rote Bete serviert werden. Dieses Gericht konnte mit diesen Zutaten nur im europäischen Osten entstehen; eine Entwicklungslinie zur israelitischen Küche der vorrömischen Zeit ist dabei ebenso wenig zu erkennen wie bei der in den *Schtetln* des Ostens so beliebten Schweinsfußsülze. Bei diesen Gerichten handelt es sich um reine Festtagsspeisen, die im krassen Gegensatz zur mageren Alltagskost standen. Sie wurden im 20. Jahrhundert und vor allem nach dem Holocaust überragend wichtige Elemente im Prozess der Identitätsbildung der amerikanischen Juden.[377]

Im frühen 19. Jahrhundert spielte die Sammeltätigkeit auch in Skandinavien noch eine große Rolle. Im nördlichen Teil war die Kost deutlich ärmer an Kohlenhydraten, aber umso fett- und eiweißreicher. Die Küche der Lappen und Samen orientierte sich sogar ganz überwiegend am Verzehr der Rentiere. Auch diese Kost war Teil des Nahrungssystems des frühindustriellen Europa, wenngleich sie mit den modernen Formen nur wenig gemein hatte und sich an den Mustern der archaischen Vormoderne orientierte.[378] Während die Fabriken das Leben mancherorts grundlegend veränderten, war andernorts das Mittelalter noch präsent.

Auch im Mittelmeerraum war vom Industriezeitalter noch wenig zu spüren. Hier führten die Ernährungssysteme häufig frühneuzeitliche Entwicklungslinien fort. Agrarische Strukturen blieben weitgehend erhalten, so dass ältere Ernährungstraditionen fortgeführt wurden. Sie wurden allerdings von anderer Seite bedroht, denn das Bevölkerungswachstum führte zu einer Verengung des Nahrungsspielraums. Oft wurden die Mahlzeiten sogar noch getreidelastiger. Wichtigste Neuerung war der Mais, der im Nordosten Italiens zwar schon im späten 16. Jahrhundert angebaut, aber erst im frühen 19. Jahrhundert zum wichtigen Kalorienlieferant wurde. Im Süden Italiens eroberten die Nudeln in dieser Zeit die Speisepläne weiter Bevölkerungskreise.[379]

Dramatisch verlief der Wandel in Irland. Hier führte eine Kombination aus Bevölkerungsexplosion, ungünstigen politischen Verhältnissen und Agrarstrukturen sowie Missernten im 19. Jahrhundert zur letzten großen europäischen Hungerkatastrophe, der zwischen 1845 und 1849 rund 800 000 Menschen zum Opfer fielen. Bereits im späten 18. Jahrhundert hatten die besseren Erträge, welche die Kartoffel lieferte, zum Massenanbau geführt und das bestehende Nahrungssystem eher zerstört als verändert. Die Krise der 1840er Jahre gab einen Vorgeschmack darauf, welche Formen der Abhängigkeit und welche Konsequenzen die Ausweitung von Monokulturen der Welt noch bringen sollte.

In den Industriezentren wurde die Fabrikarbeit in der ersten Hälfte des 19. Jahrhunderts zum Merkmal der neuen Zeit, und diese Fabrikarbeit brachte den alten Ernährungs- und vor allem den Mahlzeitensystemen ganz gravierende Umbrüche. In der Frühzeit der Fabrik arbeiteten dort vor allem un- oder angelernte Mitglieder der Unterschichten. Ihnen standen traditionelle Handwerker gegenüber, die in den Fabriken qualifiziertere und besser bezahlte Arbeiten verrichteten.

Was kennzeichnete die Arbeit des frühen Industrieproletariats? Im Gegensatz zum bäuerlichen und handwerklichen Bereich war die Arbeitszeit genau festgelegt. Erst von nun an wurden Freizeit und Arbeitszeit strikt voneinander getrennt. Ebenso scharf verlief die neue Trennlinie zwischen dem Wohnen und dem Arbeiten. Der Mensch musste sich an die Maschine und an die neuen Organisationsformen anpassen. Essen und Trinken dienten jetzt nicht mehr nur der Stillung von Hunger und Durst, sondern auch dazu, den langen und monotonen Arbeitstag zu gliedern, der im günstigsten Fall zehn bis zwölf Stunden dauerte, häufig aber wesentlich länger.

Eine weitere Neuerung brachte ein veränderter Umgang mit der Zeit. Die Fabrik zwang allen, die in ihrem Umfeld tätig waren, ihren Zeitrhythmus auf. Daran waren die Menschen nicht gewöhnt, denn in der vorindustriellen Zeit verlief das Leben langsamer. Der Herzschlag der Gesellschaft orientierte sich an der Natur. Tiere lieferten wesentliche Arbeitskraft; Wind, Sonne, Regen, Jahreszeiten und der Wechsel von Tag und Nacht bestimmten den Rhythmus. Das lag nicht zuletzt daran, dass nur wenige Menschen Uhren besaßen, dass die Arbeitstiere das Tempo vorgaben und dass Energie teuer war. Kerzen und Öllampen waren unzureichend und kostspielig. Deshalb wurde nach Anbruch der Dunkelheit kaum mehr gearbeitet.[380] All diese Faktoren prägten den kulturellen Umgang mit der Nahrung: Mahlzeiten dauerten länger, man nahm sich Zeit zum Essen. Dagegen galt im Fabrikzeitalter Benjamin Franklins Devise: *time is money*.

Ein weiterer Unterschied: In der Vormoderne waren die meisten Menschen an der Produktion, der Konservierung, der Lagerung und der Zubereitung ihrer Nahrungsmittel beteiligt. Sie kannten die Feldarbeit, den Garten und oft auch die Tiere, die sie aßen. Dann kam das Fabrikzeitalter, in dessen Konsequenz die Menschen von ihren Nahrungsmitteln entfremdet wurden. Sie arbeiteten oft nachts, und weil die Maschine das Tempo vorgab, war keine Zeit mehr zum Essen da. Zudem gab es für die Arbeiter in der Regel nur eine kurze Mittagspause und keine Frühstückspause, denn diese war und blieb lange ein hart umkämpftes Privileg der Meister oder Aufseher. Die Arbeiter mussten nebenbei essen, etwa ein Stück Brot aus der Jackentasche. Für die betroffenen Arbeiter bedeutete das eine große Umstellung, denn die Form des Frühstücks, mit der sie aufgewachsen waren, hatte sich von der gemeinsamen Mahlzeit mit all ihren sozialen Folgen zum Individualimbiss gewandelt, der nur noch der Befriedigung des Hungers diente und der nun alleine eingenommen wurde. Auf diese Weise verhinderte die neue Struktur des Mahlzeitensystems die Entwicklung einer Gruppenidentität und einer Solidarität der frühen Arbeiter untereinander.

Umstellungen gab es auch beim Mittagessen. Dafür hatte man sich in der handwerklichen und in der bäuerlichen Welt eher Zeit genommen. Es wurde in der Gruppe verzehrt, und es war meistens warm. Auch dieses Muster wurde vom Fabrikzeitalter zerstört. Nun mussten auch die Frauen, die für die Zubereitung zuständig blieben, lange arbeiten, und ihr Weg zur Fabrik war häufig weit. Deshalb hatten die Arbeiterinnen und Arbeiter insgesamt wenig freie Zeit, und vor allem wenig Zeit zum Kochen. Vielen blieb daher nichts anderes übrig, als das hastig zubereitete und oft kalte oder halbgare Mahl in der kurzen Mittagspause unter Zeitdruck zu verschlingen.

Die Maschinen mussten sich amortisieren, und dem schwächsten Glied in der Kette, dem Arbeiter, gestand das System den Luxus langer Pausen nicht zu.[381]

Wie sich die Fabrikarbeit auf die Praxis der Ernährung auswirkte und welche Schlüsse sich aus diesen Prozessen ziehen lassen, macht der Wandel der Rolle der Frau besonders deutlich. Zu Beginn des Fabrikzeitalters hatten die Frauen in der Regel die Hauptlast der häuslichen und einen Großteil der landwirtschaftlichen und handwerklichen Arbeit zu tragen. Ihr sozialer Status verschlechterte sich in dieser Phase deutlich. Im frühindustriellen Zentrum Aachen zum Beispiel waren etwa zwei Drittel der Almosenempfänger weiblich, und sie bildeten auch das beliebig einsetz- und austauschbare Reserveheer der Fabriken, wo sie über 40 Prozent der Belegschaft stellten.[382]

Der wirtschaftliche und der gesellschaftliche Wandel bewirkten die Auflösung tradierter Strukturen. Dadurch wurde die Rolle der Frau diffuser. Dennoch lassen sich einige Grundlinien erkennen.[383] So blieb die Ehe für die Stellung der Frau in der Gesellschaft ein wesentlicher Faktor. Verheiratete Frauen blieben hinsichtlich der Freizeitgestaltung, aber auch hinsichtlich des Alkoholkonsums stark an den Mann gebunden. Ein Aachener Wachtmeister meldete zum Beispiel, dass ein Tagelöhner namens Franzen in der Nacht zum 27. Mai 1828 »aus der Schenke des Carl Esser in Begleitung seiner Ehefrau in einem sehr betrunkenen

Zustande herausgekommen sey«. Getrunken hatte vor allem Franzen; er hatte das Geld verdient, und ihm kam das Privileg zu, sich zu betrinken.[384]

Dagegen wurden die unverheirateten Frauen meist dann alkoholauffällig, wenn sie erwerbstätig waren und über Geld und das im Beruf erworbene Selbstvertrauen verfügten.

Wie die soziale Realität aussehen konnte, das zeigt der Bericht eines Landrates von 1844: »Der Schänkbetrieb in Verbindung mit Hökerei und dem Viktualienhandel stellt eine Gefahr dar, indem bei einer solchen Verbindung ein großer Anreiz zur Verleitung des Branntweintrinkens vorhanden ist. Namentlich sind es die Frauenzimmer«, fuhr er fort, »welche, da sie nicht füglich in die Schänke gehen können und auch zu Hause keinen Branntwein bekommen, bei Gelegenheit, dass sie etwas für ihre Haushaltung in den Viktualienläden einkaufen, sich auch gleichzeitig einen Schnaps reichen lassen und sich so nach und nach an das Branntweintrinken gewöhnen.«

Verheirateten Frauen, ob arbeitend oder nicht, wurde von den Ehemännern der Alkoholkonsum meistens verboten. Sie begleiteten ihre Männer auch nicht in die Wirtschaft, und wenn doch, bekamen sie dort weder Bier noch Branntwein. Was der Landrat im Weiteren über das in der Eifel gelegene Eupen schrieb, galt für viele Industriestandorte: »Hier in der Stadt kommt es z.B. sehr häufig vor, dass schon Mädchen von 17 bis 18 Jahren, Fabrikarbeiterinnen, in den Viktualienläden einen Schnaps trinken, und je älter sie werden, desto mehr Schnäpse haben sie nöthig.«[385]

Die Schriftquellen kritisieren den Alkoholkonsum der Fabrikmädchen in der Regel vehement, aber die Quellen sind von Männern verfasst worden, und den Blickwinkel der betroffenen Frauen kennen wir nicht. Das Bürgertum kritisierte zwar diffus, aber ein Normensystem für die Industriebeschäftigten konnte erst in der Mitte des 19. Jahrhunderts mit der Klassenbildung und der Konsolidierung der gesellschaftlichen Strukturen entwickelt werden. Den aktenkundig gewordenen Ausnahmefällen steht die Regel gegenüber: Die Fabrikmädchen schufen eine eigene, spezifische Trinkkultur, die auch den gemäßigteren Konsum einer selbstbewussten, völlig neuen Vorreitergeneration implizierte. Der eigenständige und neue Alkoholgebrauch steht dabei für einen neuen Lebensstil, der weite Bereiche des täglichen Lebens betraf, u.a. wohl auch die

Beziehungen der Geschlechter zueinander. Diejenigen Frauen, die in den ersten Fabriken arbeiteten, die nicht verheiratet waren und ihr eigenes Geld in der Gaststätte ausgaben, waren die Pioniere der späteren Emanzipationsbemühungen.[386]

Eine Fülle von Beispielen macht deutlich, dass die Stellung der bürgerlichen Gesellschaft zum Alkoholkonsum der Frauen in der frühindustriellen Zeit einen tief greifenden Wandel erfuhr. Bereits im Zuge der Aufklärung war die Alkohol trinkende Frau in der ersten Hälfte des 18. Jahrhunderts zunehmend kritisch beurteilt worden. In der ersten Hälfte des 19. Jahrhunderts durften die Bürgerfrauen nur noch dann trinken, wenn die Männer ihnen zu besonderen Anlässen, auf Bällen oder Gesellschaften, etwas anboten: Sie waren zu passiven Konsumentinnen mit stark eingeengtem Handlungsspielraum geworden. Der Mann hatte die Frau zum *Frauenzimmer* gemacht und der alten Bezeichnung eine neue negative und zunehmend lächerliche Konnotation verliehen.

Über die Bürgerfrauen ist für das Industriezeitalter nur schwer etwas zu erfahren, weil die Quellen die tatsächlichen Trinkgewohnheiten verschweigen und verschleiern. Dieses Schweigen der Quellen können wir als Tabuisierung des Alkoholkonsums weiblicher Mittel- und Oberschichtangehöriger interpretieren. Die Bürgerfrauen durften jetzt nur noch versteckten Alkohol trinken, zum Beispiel ein Glas Fruchtwein zum Dessert oder Rumtopf zum Pudding, immer eingebunden in den festen Speiseplan, kontrolliert von den Augen des männlichen Haushaltsvorstandes.

Bäuerinnen und Landarbeiterinnen konnten offener Alkohol trinken. Weil der Krug Bier unverzichtbarer Nährstofflieferant und Durstlöscher war, blieb er bei der Ernte gebräuchlich; aber auch hier gönnten sich die Männer weit größere Freiheiten.

Bereits im 18. Jahrhundert hatten stärkere Verbreitung des Branntweins, Strukturveränderungen der Gesellschaft, Verarmung weiter Bevölkerungskreise und Protoindustrialisierung zu neuen Verhaltensweisen der Unterschichten geführt, und dazu gehörte auch, dass Frauen manchmal Schnaps tranken. Aber erst in der Frühindustrialisierung übernahmen junge, unverheiratete Fabrikarbeiterinnen männliche Verhaltensweisen und verliehen ihrer neuen Selbstständigkeit durch den Wirtshausbesuch Ausdruck. In vorindustrieller Zeit wurde in vielen Haushalten das Bier selbst hergestellt. Zu Beginn des Industriezeitalters zwangen engere

Wohnungen und mangelnde Zeit häufig dazu, diese Praxis aufzugeben. Der Rückgang der Hausbrauerei führte gleichzeitig dazu, dass Heimarbeiterinnen, Mütter und Ehefrauen bald gar keinen Alkohol mehr tranken, es sei denn, ihre Männer nahmen sie mit in die Gaststätte.[387]

In der Zeit der ersten Fabriken entwickelten sich nicht nur die Welten der Männer und der Frauen verstärkt auseinander, sondern viele Bereiche der Gesellschaft differenzierten sich stärker. Wer geschickt in die Landwirtschaft oder in die Industrie investierte, konnte traumhafte Gewinne erzielen, während die Armut der Unterschichten zum Massenphänomen wurde. In diesem Zusammenhang sprechen wir auch vom Zeitalter des *Pauperismus*.[388]

Die Transformation der Gesellschaft lässt sich am Wandel der Ernährungskultur besonders deutlich ablesen, denn Essen und Trinken gehörten nach wie vor zu den wichtigsten Statussymbolen. Die karge Kost der Unterschichten in den Mittelgebirgsregionen ist bereits geschildert worden. Friedrich Hesses Beschreibung des rheinischen Burtscheid aus dem Jahre 1804 macht die Spannbreite deutlich: »Der Vornehmere und Reichere hält im Durchschnitt eine regelmäßige Lebensart. Zwar ist der Genuss zu fett zubereiteter Speisen und die gewöhnliche Verspätung seiner Abendmahlzeit ein Diaetfehler der mehresten dieses Standes, jedoch scheint der mäßige und beliebte Genuß eines guten Weins diesen Diaetfehler wieder etwas gut zu machen.« Über die, wie er schrieb, »etwas weniger bemittelten Einwohner«, also die Handwerker und Bürger, die noch weit von der Unterschicht entfernt waren, schrieb Hesse: »Auch ihre Kost ist fett und ziemlich fleischreich. Zum Hauptgetränk steht das Bier vor dem Wein, welches auch dem Trinckenden gewöhnlich gut bekömmt, aber auch allezeit ihnen gut bekommen würde, wenn es mit seiner guten und schlechten Beschaffenheit nicht so häufig abwechselte.«[389]

Zu diesen Unterschieden kam ein weiteres Strukturmerkmal. Die Ober- und die Mittelschichten zogen sich in allen gewerblich orientierten Gebieten Europas in der ersten Hälfte des 19. Jahrhunderts zunehmend aus dem öffentlichen Raum zurück. Um 1700 war es vielerorts noch üblich, dass Handwerker, Kaufleute und Adelige und vielleicht auch reichere Bauern im selben Gasthof verkehrten. Die Industrialisierung zerstörte diese Gemeinsamkeiten, und die einzelnen sozialen Gruppen setzten sich zunehmend voneinander ab.

Trotz der Geschwindigkeit des Wandels blieben aber viele vormoderne Traditionen noch lange erhalten, und zwar auch bei den Oberschichten. Wenn man einen der teuren Gasthöfe besuchte, dann setzte man sich selbstverständlich an die *Table d'hôte*, die gemeinschaftliche Tafel im Speisesaal, der man sich nicht entziehen konnte. Wie beim Familienmahl wurde in Schüsseln aufgetragen, aus denen man sich dann nahm – wobei es durchaus zu Konflikten kommen konnte. In einer zeitgenössischen Beschreibung heißt es: »Man hat hier nicht essen, wenn man will; man muss es vorher bestellen oder warten. Die Traiteurs haben ihren Schlendrian und jedermann muss sich demselben unterwerfen. Die Zubereitungen dauern lang; das Ceremoniel ist langweilig und bleibt immer auf einer Leyer. Hat man etwa Lust, von einer Lieblingsspeise zu essen, und man sitzt unten am Tische, so ist man in Gefahr, nichts zu bekommen; denn viele Gäste halten nur eine Mahlzeit und eignen sich ohne das geringste Bedenken die Portion von drey bis vier Personen zu. Der Wirth giebt auf dergleichen Kleinigkeiten nicht Achtung.«[390]

Was bleibt bei der Betrachtung der frühindustriellen Verhältnisse als Ergebnis? Dynamik und Zerrissenheit drückten der Epoche ihren Stempel auf. Grundsätzliche Neuerungen im Bereich der Nahrungsmittel gab es kaum. Vor allem die Kartoffel war zwar schon lange bekannt, aber erst jetzt gelang ihr vielerorts die revolutionäre Veränderung der vormodernen Mahlzeitensysteme. Auch Kaffee, Tee, Reis oder Zucker fanden nun immer weitere Verbreitung, aber nicht in dem Maße wie die Kartoffel. In einigen Gegenden konnten sich die Konsumenten in der Mitte des 19. Jahrhunderts den Genuss erheblicher Mengen von Kolonialwaren leisten, während andernorts an Luxus nicht zu denken war.

Stärker als auf die Nahrungsmittel selbst wirkte sich die Frühindustrialisierung auf die Kultur der Ernährung aus. Die zunehmende Trennung der Bereiche *Wohnen* und *Wirtschaften* modifizierte die Sozialstruktur der Ernährung. Tief greifende Auswirkungen hatten auch der zeitweilig stark sinkende Lebensstandard, die weiterhin schlechte Proteinversorgung und der niedrige Fleischkonsum. Auch die Statusverschlechterung der Frauen wirkte auf die Ernährungskultur.

Schließlich brachte das 19. Jahrhundert mit Kunstdünger und Eisenbahn zwei völlig neue Komponenten ins Spiel. Aber das waren zunächst nur zaghafte Anfänge – die Auswirkungen dieser Faktoren linderten die Not der breiten Masse noch nicht. Größere Folgen hatten zunächst neue

Formen der Bewirtschaftung des Landes und erste Ansätze zur Flurbereinigung; durch diese organisatorischen Maßnahmen konnten die Erträge in manchen Regionen deutlich gesteigert werden.

Hinsichtlich der Ernährung brachten die Fabriken zunächst mehr Elend als Vorteile. Das galt auch für die Bereiche der Umwelt und der Hygiene. Von nun an wurde sauberes Wasser vielerorts immer mehr zum Luxusgut. Das Spannungsfeld, in dem die Menschen als Konsumenten der notwendigen Industriegüter einerseits und als Verbraucher sauberen Wassers andererseits standen, verdeutlicht eine Preisaufgabe der Göttinger Akademie der Wissenschaften. Sie erbat Vorschläge, wie gegen die Verseuchung des Wassers der Harzflüsse vorzugehen sei, die unter den Schwermetallen der Bergwerke litten. Den Preis gewann der Landesökonomierat Georg Friedrich Wilhelm Meyer, der 1822 den Vorschlag gemacht hatte, das Trinkwasser nur an Montagen zu entnehmen, »weil es alsdann«, so seine Begründung, »weniger durch Bleitheile verunreinigt ist«.[391]

KAPITEL 10

Die Industrie auf dem Tisch

1850-1914

Jene Mitteleuropäer, die in den 1840er Jahren auf ein langes Leben zurückblickten, hatten beinahe unglaubliche Veränderungen erlebt. Das betraf Wirtschaft und Politik, und das betraf auch den heimischen Tisch. Die Kartoffel hatte den Getreidebrei und das Brot der Kindheit ersetzt, und statt Biersuppe trank man nun Kaffee und vielleicht auch etwas Branntwein. Gab es Anlass zu Optimismus? Zumindest brauchte man Mut, um mit Hoffnung in die Zukunft zu blicken. Denn der Hunger wütete in Europa nach wie vor, sogar so schlimm wie schon seit Generationen nicht mehr. Nur wenige konnten ahnen, dass Besserung in Sicht war. Dass alle gegenwärtigen Probleme bald gelöst sein würden, erschien unwahrscheinlich. Und dass sich das Leben in der Zukunft noch radikaler ändern sollte, schien utopisch. Aber genau so kam es.

Trotz viel versprechender Ansätze war die Welt in der ersten Hälfte des 19. Jahrhunderts noch überwiegend agrarisch geprägt. Die Industrialisierung beschränkte sich auf einige Regionen. Das änderte sich erst in der zweiten Hälfte des 19. Jahrhunderts.

Dafür war wiederum eine Kombination aus gesellschaftlichen, wirtschaftlichen und politischen Faktoren verantwortlich. Die Wirkkräfte lassen sich nicht auseinander dividieren; aber sie führten in ihrer Summe dazu, dass der Markt innerhalb von zwei Generationen Bier und Zucker aus großindustrieller Fertigung bot und mit der Margarine ein völlig neues Produkt in Erscheinung trat. Diese Güter führten ebenso wie die aufkommende Konservenindustrie in den entwickelten und geographisch günstig gelegenen Regionen Europas zu einer zunehmenden Standardisierung der Alltagskost.[392]

Gibt es in der Mitte des 19. Jahrhunderts einen markanten Wendepunkt? Allenfalls in politischer Hinsicht – wenngleich etwa die deutsche Revolution des Jahres 1848 letztlich kaum direkte Wirkungen zeitigte. Viel wichtiger war das Zusammenwachsen der Wirtschaft. Nach dem formalen Ende des alten Reiches im Jahre 1806 gab es keinen tragfähigen gemeinsamen Rahmen mehr, aber eine hinreichende Anzahl von Versuchen, die bloßgelegten und isolierten Elemente zu vereinigen. Einen entscheidenden Schritt stellte 1834 die Gründung des Zollvereins dar. Die Territorien arbeiteten nun immer enger zusammen.

Im deutschen Raum stellten die Erfolge dieser Bemühungen eine Voraussetzung für den Wirtschaftsaufschwung und damit auch für die Überwindung des Hungers dar. Mit der wirtschaftlichen Einigung ging die Diffusion von Nahrungselementen und ernährungsspezifischen Verhaltensweisen einher. Die Neugründung des Deutschen Reiches kam aber erst 1871 zustande. Sie bildete die Grundvoraussetzung für einen riesigen Wirtschaftsaufschwung, der unter dem Schlagwort *Hochindustrialisierung* bekannt wurde. Auf breiter Basis kam es nicht nur im Bereich der Industrie zu bahnbrechenden Neuerungen, sondern auch das Transportwesen, die Landwirtschaft und der Handel änderten sich grundlegend. Dadurch verbesserte sich die Ernährungssituation im letzten Drittel des 19. Jahrhunderts deutlich. Deutschland war wie viele seiner Nachbarländer endgültig zum Industrieland geworden, vom Land der Bauern und des *Deutschen Michel* zum Land der Arbeiterklasse und des Industrieproletariats.

Unter Reichskanzler Otto von Bismarck wurde das Reich dann zur Weltmacht, bis die Katastrophe des Ersten Weltkriegs zu einem radikalen politischen und wirtschaftlichen Bruch führte, der sich auch gravierend auf die Ernährungskultur auswirkte.[393]

Was geschah außerhalb Deutschlands? Die Industrieproduktion stieg rapide, und der Einfluss der Landwirtschaft ging relativ zurück. Weil Dampfschiffe die alten Segler ersetzten, wurde die Erschließung der Kolonien vor allem von England und Frankreich, aber auch von den Niederlanden und Belgien stark vorangetrieben. Deshalb wurden die Kolonialwaren auf dem europäischen Tisch immer wichtiger.[394]

Die Ausweitung der Schifffahrt führte darüber hinaus zu einer Verbesserung der Fischereimethoden.

Die Kombination aus Industrialisierung und besseren Fangmethoden führte in England in den 1870er Jahren zur Genese einer Essenskombi-

Abbildung 32: Die Mechanisierung der Landwirtschaft bildete eine der wesentlichen Voraussetzungen für die Verbesserung der Ernährungssituation. Wichtige Anregungen kamen dabei aus den USA und Kanada, so etwa der 1892 vorgestellte Dampfpflug von E. Ingleton.

nation, die später für die britische Arbeiterschaft ebenso signifikant wie symbolträchtig werden sollte: *Fish and Chips*.[395]

Wie dramatisch die industrielle Umgestaltung im europäischen Vergleich verlief, zeigt der Index der industriellen Produktion. Zwischen 1850 und 1913 verzehnfachte sich die Produktion in Deutschland und in Russland. Frankreich und Italien blieben eher auf die Landwirtschaft hin orientiert, aber auch hier betrugen die Zuwächse über 300 Prozent. Großbritannien hatte ein deutlich höheres Ausgangsniveau, aber immerhin stieg die Produktion noch um das Dreieinhalbfache.[396]

Was bedeuteten diese Zahlen für die Bevölkerung? Die steigende Industrieproduktion brachte weiten Teilen Mitteleuropas nach 1850 eine deutliche Verbesserung der Versorgung und das Ende des Hungers, der bis dahin immer gedroht hatte. Drei Faktoren ermöglichten die Überwindung des Systems der europäischen Mangelwirtschaft.

Am wichtigsten war die Produktionssteigerung im Zuge der so genannten *Agrarrevolution*. Dazu gehörten der Übergang zur Fruchtwechselwirtschaft und damit die Abkehr von der Dreifelderwirtschaft, die Anwendung von Kunstdünger, die Mechanisierung der Landwirtschaft und schließlich eine weit reichende Agrargesetzgebung, die von den preußischen Reformen zu Beginn des 19. Jahrhunderts bis zur Bauernbefreiung und der Aufhebung der russischen Leibeigenschaft im Jahre 1861 reichte.

Maßgebliche Bedeutung hatte auch die *Transportrevolution*, also die Nutzbarmachung von Überseeschifffahrt und Eisenbahn für die Nahrungsversorgung. Das Eisenbahnnetz, das um 1850 nur im europäischen Nordwesten und vor allem in England einigermaßen dicht war, wurde nun zügig ausgebaut. Das begünstigte den Lebensmittelhandel. Überschüssige Kartoffeln, die man bis dahin verfüttern oder zu Schnaps brennen musste, konnten nun exportiert werden.

Der dritte Faktor bei der Überwindung der Mangelwirtschaft und der Genese einer modernen Massenkonsumgesellschaft bestand aus einem Bündel von Neuerungen. Zunächst sind die Ausweitung und die Neuorganisation des Handels zu nennen. Die gestiegene Leistungsfähigkeit beruhte vor allem auf der Expansion des Kleinhandels. Bis in die frühen 1860er Jahre hinein wuchs die Zahl der selbstständigen Kleinhändler in Deutschland schneller und stärker als die Bevölkerung. Für die Verbraucher hatte das zur Folge, dass sie nun nicht mehr die zentralen Märkte besuchen mussten um einzukaufen, sondern dass es auch in unmittelbarer Umgebung Läden gab, die den ganzen Tag über und bis in den Abend hinein geöffnet waren. Bald entstanden zudem völlig neue Handelsstrukturen. Das bestehende und inzwischen dichte Netz von Händlern erfuhr durch neue Be- und Vertriebsformen eine Erweiterung. Den Kunden standen nun auch Kaufhäuser, Bazare, Wanderauktionen und Konsumvereine zur Verfügung. Dadurch sanken die Preise, und das Angebot weitete sich wiederum aus. Seit den frühen 1890er Jahren lässt sich ein weiteres Novum beobachten: Die Geschäfte wurden wesentlich größer.[397] Allmählich wurde der Kunde zum König.

Zu den grundlegenden Neuerungen zählten schließlich die Verbesserung der Konservierungsmethoden und der Nahrungsmittelverarbeitung sowie die stärkere Verwendung der Metallkonserve.[398]

Das hatte folgende Auswirkungen: Um 1800 waren noch vier Bauern nötig, um einen nichtlandwirtschaftlichen Verbraucher zu ernähren. Um 1900 versorgte ein Bauer bereits vier Verbraucher. Die verbesserte

Abbildung 33: Der Aufschwung der Konservenindustrie trug im Kaiserreich seit den 1870er Jahren zögerlich, seit den 1890er Jahren dann aber verstärkt zu einer allgemeinen Verbesserung der Lebensbedingungen bei.

Ernährungslage ermöglichte einen starken Bevölkerungsanstieg. Lebten im Europa des Jahres 1850 noch 266 Millionen Menschen, so waren es um 1900 bereits 401 Millionen.[399]

Schließlich löste die Industrialisierung in der zweiten Hälfte des 19. Jahrhunderts auch eine enorme Binnenwanderung aus. In Deutschland betrafen die Wanderungen vor allem den agrarischen Osten, aus dem die Menschen in den industrialisierten Westen zogen, vor allem ins Ruhrgebiet.[400] Diese Wanderungen hatten tief greifende Auswirkungen auf die Kultur der Ernährung. Da dieser Wandel am Beispiel der Nahrungsgewohnheiten bislang noch nicht analysiert wurde, kann an dieser Stelle nur ein Gedankenspiel gewagt werden, das den Mechanismus verdeutlicht, aber natürlich auch spekulativen Charakter hat.

Als Beispiel mag die Stadt Essen dienen. Essen zählte im Jahre 1861 ungefähr 20000 Einwohner, 1905 waren es 130000.[401] Um 1850 waren die Auswirkungen der Industrialisierung in Essen kaum spürbar. Essen war damals eine beschauliche Stadt an der Ruhr, in der das katholische Bürgertum den Gang der Dinge bestimmte. Zum täglichen Leben gehörte ein fester Kanon von Speiseelementen. Die Kost war das Ergebnis einer langen Entwicklung. So bevorzugten die Oberschichten Weißbrot, das es für die Masse der Bevölkerung allenfalls am Sonntag gab. Eine große Bandbreite regionalspezifischer Besonderheiten prägte den Speiseplan, etwa lokale Varianten von Fischgerichten, Kuchen oder Milchsuppen.

Dieser Kanon war zwar relativ fest eingespielt, aber wie überall waren Kultur und Nahrungssysteme auch im frühen 19. Jahrhundert permamentem Wandel unterworfen. Aber es gab auch eine Reihe von beständigen Elementen. Dazu gehörten im katholischen Rheinland die strengen Fastengebote oder die etwas starreren Regeln im Bereich des Hochzeitsmahles.

Dann kam der Wandel. In die beschauliche Stadt Essen strömten zwischen 1860 und 1905 ungefähr 110000 neue Einwohner, viele von ihnen Angehörige der Unterschichten aus Ostdeutschland und protestantischen Glaubens. Als abhängig beschäftigte Landarbeiter hatten sie eine von den westlichen Verhältnissen grundverschiedene Nahrungskultur gepflegt. Das betraf den deutlich geringeren Fleischkonsum ebenso wie eine andere Art, die Mahlzeiten einzunehmen.

In der neuen Umgebung wurden die Zuwanderer zu Industriearbeitern. Die Getreidesorten, an die sie gewöhnt waren, gab es ebenso wenig zu kaufen wie die Obstsorten des Ostens. In den Gewässern des Ruhrgebietes konnten und durften sie keine ostpreußischen Süßwasserfische angeln, und in den umliegenden Wäldern wuchsen weniger und andere Pilze als in der alten Heimat.

Heutige Zuwanderer aus dem Osten haben mit ähnlichen Problemen zu kämpfen. So ist der Frischkäse, aus dem im Baltikum Quarkbällchen zum Frühstück und die Piroggenfüllung zu den Hauptmahlzeiten bereitet werden, in Deutschland nur schwer erhältlich. In Kombination mit anderen Faktoren führt der Frischkäsemangel dazu, dass viele Zuwanderer ihre Ernährung grundlegend umstellen müssen.[402]

Wie reagierten die vielen Neuankömmlinge in der Industriestadt Essen? Sie mussten sich in vielerlei Hinsicht umstellen. Beispielsweise wurden sie nun mit neuen baulichen Voraussetzungen konfrontiert. Die eigene Hütte mit ihrem offenen Herdfeuer mussten die meisten gegen ein ganz anders gebautes Häuschen oder gegen eine Mietwohnung eintauschen. Oft gab es dort für die ganze Familie nur ein einziges Zimmer mit einem kleinen Herd. Eine Möglichkeit zum Räuchern boten diese Wohnungen nicht, so dass die Selbstversorgung mit konserviertem Fisch nicht mehr gegeben war.[403]

Abbildung 34: Neue Ernährungs- und Wohnkultur: Die Familie des Essener Bergmanns Karl Müller genießt bescheidenen Wohlstand. Aufnahme aus dem Jahr 1905.

Weiteren Wandel bewirkte die Erwerbsstruktur. Häufig mussten nun auch die Frauen in der Fabrik arbeiten, so dass sie keine Zeit mehr für die Zubereitung preiswerter, aber aufwändiger Gerichte hatten.

In ihrer Summe führten die Faktoren zum weitgehenden Zusammenbruch der traditionellen Küchensysteme der Neuankömmlinge, die in der zweiten Hälfte des 19. Jahrhunderts neue Formen der Nahrungszubereitung und des Verzehrs schufen. Menschen, die ihre eigene Nahrung vorher selbst angebaut hatten, wurden jetzt von den Produkten entfremdet, weil sie diese einkaufen mussten, denn trotz der Bemühungen der Industrie und der Behörden verfügten nicht alle Arbeiterhaushalte über einen eigenen Nutzgarten. Auf der anderen Seite konnten sich die meisten Neuankömmlinge nun einen deutlich höheren Fleischkonsum leisten. Das bedeutete sowohl unter subjektiven und kulturellen als auch unter ernährungsphysiologischen Gesichtspunkten einen erheblichen Zugewinn an Lebensqualität.

Zur Steigerung der Lebensqualität trugen auch neue Wirtschafts- und Produktionsweisen bei. Die Intensivierung internationaler Handelsbeziehungen erlaubte den Nahrungsmittelimport in großem Stil. Wandel brachte schließlich die Anwendung der Errungenschaften von Naturwissenschaften auf die Technik der Agrarproduktion und auf den Haushalt. So begann eine Zeit des vergleichsweise reichlichen und billigen Angebots, das nur noch in Kriegszeiten deutlich kleiner war.[404]

Die technische Seite lieferte die Voraussetzungen für den Aufschwung. 1840 veröffentlichte Justus von Liebig sein Standardwerk *Die Chemie in ihrer Anwendung auf Agricultur und Physiologie*. Liebig und seine Kollegen Gerard Johannes Mulder und Jakob Moleschott revolutionierten die Ernährungswissenschaften, indem sie die Nahrungsstoffe in Eiweiß, Fett, Kohlenhydrate, Wasser und Mineralsalze unterteilten. Zwar blieben die Analysen zu Blut- und Fettbildung noch arm an verwertbaren Ergebnissen, aber die entscheidenden Grundsteine der modernen Ernährungsphysiologie waren gelegt.

Der Theorie ließ Liebig praktische Studien folgen. Er untersuchte Fäulnis, Gärung und Verwesung von Nahrungsmitteln und legte mit seinen Schlussfolgerungen das Fundament für neue Konservierungsmethoden. Bevor die Neuerungen zur Anwendung kommen konnten, erlebte Mitteleuropa genau in dieser Umbruchphase, nämlich zwischen 1846 und 1847, seine letzte große Hungersnot. Die Gründung der ersten deutschen Düngermittelfabrik im Jahre 1855 markiert dann den Beginn eines neuen Zeitalters.

Die Geschwindigkeit des Industrialisierungsprozesses in der zweiten Hälfte des 19. Jahrhunderts wurde nicht zuletzt durch die neuen Methoden der wissenschaftlichen Nahrungsmittelkonservierung ermöglicht. Zu diesen zählten die industrielle Konserven-, die Teigwaren- und die Marmeladenproduktion sowie die Anwendung des Liebig'schen Fleischextrakts.[405] 1874 setzte Carl von Linde mit der Erfindung der *Kältemaschine* einen weiteren Meilenstein.[406]

Die Anwendung wissenschaftlicher Methoden vollzog sich auch auf dem Gebiet der Landwirtschaft. Das betraf vor allem die Tierzucht. Bemühungen in dieser Richtung hatte es zwar schon seit langem gegeben, aber die Erfolge stellten sich meistens entweder ziemlich zufällig oder gar nicht ein. Der Ausbau der landwirtschaftlichen Universitäten und der Aufschwung der Biologie als Wissenschaft führten nach 1850 dazu, dass Rinder und Schweine durch Züchtung deutlich größer wurden und dass die Fleisch- und Milcherträge stiegen.[407] Gleichzeitig nahm die Metallindustrie einen riesigen Aufschwung und erlaubte die Massenherstellung besserer Pflüge, Sensen und Eggen, wenngleich ältere Formen noch lange in Gebrauch blieben.[408]

Im Zuge der großen Veränderungen des Industriezeitalters gingen Expansion und Vereinheitlichung Hand in Hand. Auf der einen Seite verschwanden manche vorher wichtigen Pflanzen wie Hirse, Buchweizen oder Dinkel. Auf der anderen Seite ermöglichten neue Produkte und Vertriebsformen den Konsumenten eine bis dahin ungeahnte Bandbreite an Speisenvariationen, so dass regionale Sonderformen nun zum Teil markantere Ausprägungen erfuhren. Gleichzeitig stieg der Verbrauch von Importgütern drastisch, weil die neuen Eisenbahnen die Güter schnell und preiswert selbst in die entlegensten Winkel brachten, und weil die Dampfschifffahrt über die Ozeane immer zuverlässiger und billiger wurde.[409]

Die Folgen dieser Transportrevolution verdeutlicht das Beispiel Reis. 1836 wurden in Deutschland 180 Gramm Reis pro Kopf und Jahr verzehrt. Bis 1881 verzehnfachte sich diese Menge. Ähnliche Steigerungsraten lassen sich bei einer ganzen Reihe von Produkten beobachten, so zum Beispiel bei Zitrusfrüchten.[410]

Dagegen blieb der Verbrauch von heimischen Produkten einigermaßen konstant. Mit zwei gravierenden Ausnahmen: Der Hülsenfruchtkonsum nahm stark ab, während der Fleischverbrauch drastisch stieg.[411] Im täglichen Leben der Menschen spielte Fleisch eine große Rolle. Der Fleischverzehr war sowohl unter objektiven ernährungsphysiologischen als auch unter politischen Gesichtspunkten ein wichtiger Indikator. Naturwissenschaftler mahnten eine bessere Versorgung mit tierischen Proteinen an. Politiker und Industrielle wussten ebenfalls um die wichtigen Zusammenhänge zwischen Fleischrationen und Unruhe beziehungsweise Zufriedenheit. Auch die Masse der Bevölkerung sah in der Höhe beziehungsweise im zeitweise lächerlich niedrigen Niveau des Fleischverbrauchs einen wesentlichen Gradmesser für die eigene Lage.

Um die Wende zum 19. Jahrhundert war der Durchschnittsverbrauch an Fleisch in weiten Teilen Mitteleuropas stark zurückgegangen. Bis 1830 trat eine leichte Erholung ein. In den folgenden 30 Jahren blieb die Quote dann aber relativ konstant. Diese Konstanz brachte aber noch lange keine gleichmäßige Versorgung mit sich. 15 Kilogramm jährlicher Durchschnittsverbrauch im deutschen Sprachraum konnten um 1800 bedeuten, dass die Angehörigen der Unterschichten meist überhaupt kein Fleisch aßen, in Norddeutschland und im Gebiet der Alpen aber durchaus weit größere Mengen üblich waren. Prinzipiell stieg der Fleischverbrauch proportional zu den finanziellen Möglichkeiten.

Nach etwa 1855 bis 1860 erfolgte ein grundsätzlicher Wandel. Der Fleischverbrauch stieg von nun an kontinuierlich und erreichte in Deutschland um 1900 einen Wert von etwa 50 Kilogramm pro Kopf und Jahr. Die Krisen des 20. Jahrhunderts machten diese Entwicklung bald zunichte, und erst nach 1960 wurde der Fleischkonsum des Jahres 1900 wieder erreicht.

Von den Konsumsteigerungen der zweiten Hälfte des 19. Jahrhunderts profitierte die breite Bevölkerungsmehrheit, auch die Industriearbeiterschaft. Schlachthöfe, Wurstfabriken und Großmetzgereien trugen maßgeblich zur Genese einer völlig neuen Fleischkultur bei. Die große Wertschätzung, die dem Fleisch entgegengebracht wurde, machte es zum begehrten Statussymbol. Bis dahin galt reichlicher Fleischkonsum als Privileg der Reichen; nun konnte sich auch die Unterschicht den sonntäglichen Braten leisten. Die Steigerungen dieser Zeit betrafen fast nur Schweinefleisch, das zum absoluten Marktführer wurde.[412]

Der Aufschwung, den die Hochindustrialisierung brachte, zeigt schließlich auch die Rolle des Zuckers, der innerhalb kurzer Zeit vom Luxus- zum Massenprodukt wurde. Bereits in der ersten Hälfte des 19. Jahrhunderts war es allmählich gelungen, die Zuckerrübe in Mitteleuropa nutzbar zu machen. Parallel stiegen die Rohrzuckerimporte aus der Karibik. So betrug der Pro-Kopf-Verbrauch in Deutschland im Jahre 1840 bereits 2,4 Kilogramm jährlich. Bis 1894 stieg er auf 10,7 Kilogramm, und am Vorabend des Zweiten Weltkrieges erreichte er mit 26 Kilogramm seinen vorläufigen Höhepunkt.

Mehr Zucker zu essen, bedeutete für viele ein Mehr an Lebensqualität, denn der Mensch besitzt eine natürliche Affinität zum Süßen. Weniger als bei jedem anderen Nahrungsmittel ist die Vorliebe für den Zucker kulturell erlernt – vielmehr ist sie angeboren. Aber Zucker ist auch ein hochwertiger Energieträger. Zucker hilft schnell gegen das Hungergefühl. Daher hat der höhere Zuckerkonsum maßgeblich zur Steigerung der Lebensqualität beigetragen.[413]

Lebensmittel- und Agrikulturchemie sowie neue Möglichkeiten im Bereich der Organisation und der Produktion ermöglichten in der zweiten Hälfte des 19. Jahrhunderts die Entstehung einer leistungsfähigen Lebensmittelindustrie. Günter Wiegelmann unterscheidet drei Stufen bei der Herstellung der neuen Lebensmittel. Zunächst kam die technische Behandlung von Nahrungsmitteln zum Einsatz, etwa beim Schönen von Fleisch oder beim Bleichen von Mehl. Die zweite Stufe führte die industrielle Fertigung von Lebensmitteln ein, welche es im Prinzip vorher schon gegeben hatte, etwa die Großproduktion von Nudeln oder die Herstellung von Obst-, Gemüse- und Wurstkonserven. Im Rahmen der dritten Stufe kam es zur Herstellung völlig neuer Esswaren, zum Beispiel von Backpulver, Kunsthonig, Milchpulver oder Margarine.[414]

Das Kunstprodukt Margarine wurde planmäßig wissenschaftlich entwickelt. Wachsende Bevölkerung und gestiegener Lebensstandard hatten in den entwickelten Ländern zu einem Buttermangel geführt. In Frankreich beauftragte die Regierung die chemischen Institute, einen billigen und haltbaren Buttererersatz zu entwickeln. Schließlich gelang es Mège Mouriès nach langwierigen Versuchen, in einem komplizierten Prozess aus Ochsenfett, Wasser, Pottasche, Tiermägen, Salz und zerhackten Kuheutern die erste Margarine zu synthetisieren.

1869 kam das neue Produkt in Frankreich auf den Markt, wenig später auch in Deutschland. Die Margarine passte nur schlecht in jenes Kulturmuster, das Butter eine große Wertigkeit zuwies, anderen Fetten aber nicht. Wie konnte die *Sparbutter* den Durchbruch trotzdem schaffen? Neben dem niedrigen Preis war es eine neue und geschickte Vermarktung, die den Erfolg brachte. Der Margarine war es zu verdanken, dass der jährliche Pro-Kopf-Verbrauch an Speisefetten in Deutschland zwischen 1869 und 1913 von 2,42 auf 5,24 Kilogramm steigen konnte.[415]

Maggi machte eine ähnliche Entwicklung durch. Es handelte sich um eine genormte und industriell gefertigte Würze, die im späten 19. Jahrhundert half, die deutsche Küche zu homogenisieren und regionale Einflüsse zurückzudrängen. Auch hier wurde der Erfolg erst durch eine Form der aggressiven Werbung möglich.

Bei der Zubereitung der Speisen brachte der *Sparherd* nach 1850 tief greifenden Wandel. Bis zu dieser Zeit kochten selbst die Oberschichten vielerorts noch am offenen Herdfeuer. Die neuen Herde wurden industriell gefertigt. Sie standen auf einem Eisengestell oder waren als gekachelte Herde in die Wand eingelassen. Sie arbeiteten energiesparend und hielten die Küche rauchfrei. Vor allem konnte man aber in mehreren

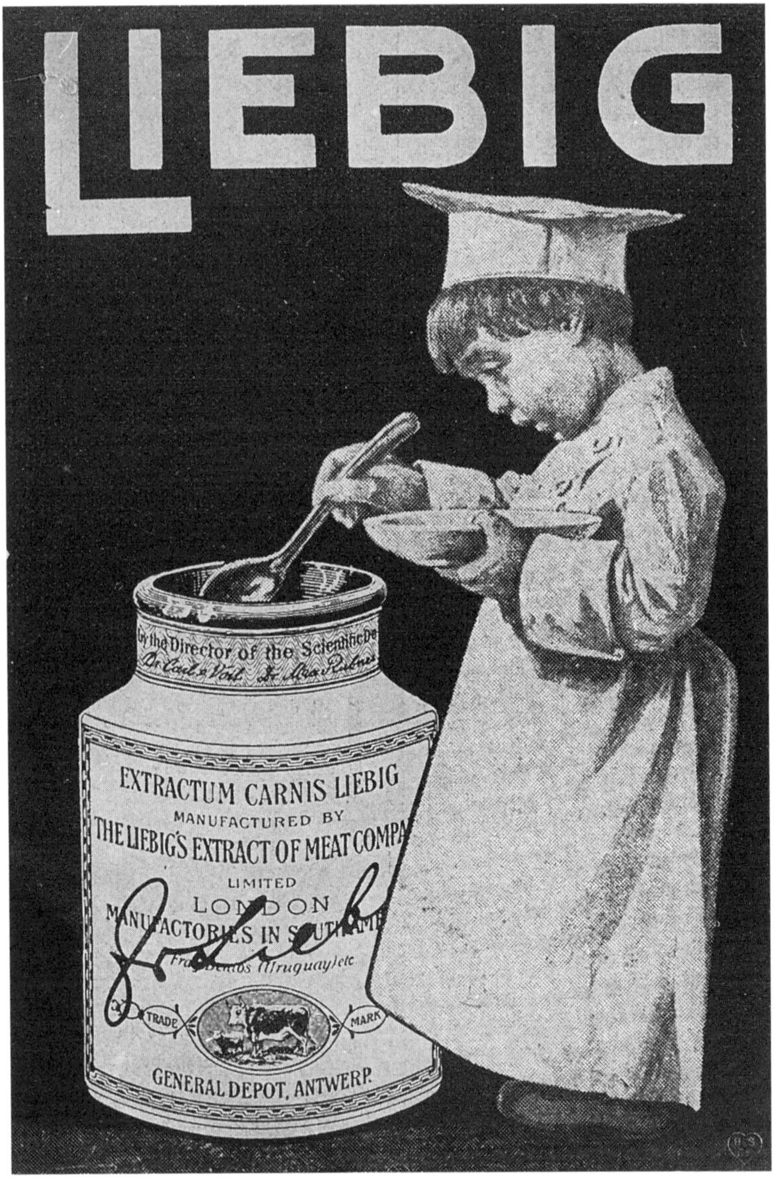

Abbildung 35: Im Kaiserreich spielte die Werbung bei der Vermarktung neuer und industriell gefertigter Lebensmittel eine tragende Rolle. Am Entwurf der Anzeigen – hier für *Liebig*-Fleischextrakt im Jahre 1905 – waren häufig namhafte Künstler beteiligt.

Töpfen und im Ofen gleichzeitig kochen – eine wesentliche Voraussetzung für eine differenziertere Kochkultur.[416]

Die neue Kochkultur basierte nur zum Teil auf älteren Traditionen. Daher waren neue Wege der Kulturvermittlung notwendig. Diese Vermittlung geschah nun zu großen Teilen über das Kochbuch. Kochbücher waren bereits in der Antike verbreitet, aber die Rezeptliteratur betraf stets die Küche der Oberschichten. Das änderte sich, als die Lesefähigkeit zunahm. Das war im hochentwickelten England bereits vor 1750 der Fall. In Manchester brachte Elizabeth Raffald in den 1740er Jahren den Kassenschlager *The Experienced English Housekeeper* auf den Markt, und in Leeds wurde *The English Housewifry* von Elizabeth Moxon veröffentlicht. Offenbar kochten tatsächlich viele Frauen nach diesen Ratgebern, denn die Bücher wurden immer wieder neu aufgelegt.[417]

In Nordwestdeutschland avancierte das *Praktische Kochbuch für die gewöhnliche und feine Küche* von Henriette Davidis seit der Mitte des 19. Jahrhunderts zum beliebten Hochzeitsgeschenk.[418]

Die meisten Kochbücher waren auf das Bürgertum zugeschnitten, wo Sprüche wie etwa »Jede Gattin klug und weise – kocht des Mannes Lieblingsspeise« beliebt waren und in gestickter Form die Küche verzierten. Die neue Kochkultur macht deutlich, in welche starre Rolle im Heim und am Herd die jungen Bürgerinnen gepresst wurden.[419]

Die Ergebnisse der bürgerlichen Kochkultur kamen auf den täglichen Tisch. Sie wirken bis in die gegenwärtige *gutbürgerliche Küche*. Das Aufkommen der neuen Kochkultur führte darüber hinaus dazu, dass der Einfluss der mündlichen Überlieferung auf die Nahrungskultur allmählich nachließ. Das beeinflusste nicht zuletzt das Verhältnis zwischen den Generationen, denn die junge Bürgerin entnahm wesentliche Teile der Ausbildung zur perfekten Hausfrau nicht mehr den Kulturmustern der älteren Generationen, sondern der neuesten Mode. Die Kochbücher verstärkten den Trend zur Regionalisierung, denn viele Vertreter der neuen Literaturgattung hatten landschaftliche Bezüge.[420]

Eine wichtige Rolle spielte auch das außerschulische Ausbildungswesen.[421] In Deutschland setzte in den späten 1880er Jahren eine öffentliche Diskussion ein, wie den jungen Arbeitermädchen mehr häusliche Tugenden und insbesondere Kenntnisse auf dem Gebiet der Nahrungszubereitung zu vermitteln seien. Einer der Reformer brachte das auf die griffige Formel, die Lösung der *socialen Frage* stecke im Kochtopfe der Arbeiterfrau.[422] 1907 nahmen bereits 22 Prozent der jungen Frauen in den deutschen Städten an hauswirtschaftlichen Fortbildungskursen teil. Hier spielte der Kochunterricht eine wichtige Rolle. Ähnliche Schulen waren auch in Belgien, in England und in der Schweiz verbreitet. Die dort erworbenen Kenntnisse wurden von den städtischen Dienstmädchen im Laufe der Zeit in deren ländlichen Heimatregionen verbreitet. Zu Beginn des 20. Jahrhunderts trugen darüber hinaus so genannte *Wanderhaushaltungsschulen* zur flächendeckenden Verbreitung der neuen Kochmethoden bei.

Letztlich waren es mehrere parallel verlaufende Entwicklungsstränge, welche die Nahrungskultur des späten 19. Jahrhunderts prägten. Hinzu kam eine strukturelle Neuerung. Zwar war es auch zuvor immer wieder zur Diffusion von Kulturelementen im Bereich der Küche gekommen, aber nie zuvor waren städtische Elemente so stark in die ländlich-agrarische Welt eingedrungen wie zu dieser Zeit. Günter Wiegelmann kommt zu dem Ergebnis, dass diese Entwicklung für die ländliche Nahrungskultur weit reichende Folgen hatte, nämlich ein weitgehendes »Aufgeben des kräftig abgestuften Mahlzeitenrhythmus und Angleichung an den abgeflachten Rhythmus der Städter«. Dieser Prozess vollzog sich vor allem in den Jahren um 1880.[423] Im ländlichen Bereich bestimmte der Rhythmus der Jahreszeiten das europäische Mahlzeitensystem bis in die zweite Hälfte des 19. Jahrhunderts ganz maßgeblich. Daneben gab es häufig einen festgelegten Wochenplan, der jedem Tag ein bestimmtes Gericht zuwies, und eine klar hierarchische Struktur bei den Festspeisen. All diese Determinanten strukturierten das tägliche Leben in hohem Maße. Ihre positiven Folgen waren die Vermittlung eines Gefühls von Gruppenzusammengehörigkeit und von sozialer und regionaler Identität. Zu den negativen Folgen zählte ein hohes Maß an Unfreiheit, denn das System übte starke Zwänge aus, und häufig unterdrückte es Formen der Individualität und der Kreativität.

Hans-Jürgen Teuteberg und Peter Lesniczak haben sich unlängst intensiv mit der »Phase sich intensivierender Verbürgerlichung« nach 1880 auseinander gesetzt.[424] Ihre Untersuchung zeigt anschaulich, wie stark die ländlichen Nahrungsgewohnheiten zunächst noch den vormodernen Mustern verhaftet waren, und wie sich der Wandel dann im Einzelnen vollzog. Nach Teuteberg und Lesniczak war die Eigenproduktion von Nahrungsmitteln bis zum zweiten Drittel des 19. Jahrhunderts vielerorts vorherrschend. Vor allem in den Städten stieg die Fremdversorgung dann durch Wochenmärkte, Lebensmittelhandel und Lebensmittelhandwerk immer mehr an. Während die Kommerzialisierung die Lebensmittelversorgung bis 1900 auch im kleinstädtischen Bereich durchdrang, blieb die Selbstversorgung auf dem Land und damit für die Mehrzahl der Deutschen vorherrschend.[425]

Nach wie vor lagen Vorratswirtschaft und Zubereitung in den Händen der Bäuerin. Häufig wurden Güter, die nicht selbst produziert wurden, nur einmal jährlich zugekauft. Dazu zählten neben dem lebensnotwendigen Salz: Zucker, Mandeln, Rosinen, Gewürze, Reis und Nudeln, ferner geröstete Kaffeebohnen und gemahlener Ersatzkaffee.[426] Noch um 1930 war es zumindest in einigen besonders rückständigen Gegenden üblich, dass die Bäuerinnen die Kaufleute nicht mit Geld bezahlten, sondern eigene Naturalien gegen hochwertige Fremdprodukte tauschte, z. B. Eier gegen Reis.[427]

Trotz vieler Neuerungen bestimmte das Festhalten an althergebrachten Mustern die Mahlzeitenfolge und den Speiseplan vieler Menschen im bäuerlichen Bereich. Hans-Jürgen Teuteberg und Peter Lesniczak kamen zum Ergebnis, dass beim festlichen und beim alltäglichen Frühstück meist noch ein Nebeneinander von Milchsuppen und Breien auf der einen und von Brotspeisen mit Kaffee auf der anderen Seite vorherrschte. In der preußischen Provinz Westfalen etwa tischte man den Knechten und Mägden um 1900 morgens entweder eingedickte Mehlsuppen, Buttermilchsuppen oder geröstetes Weißbrot beziehungsweise Schwarzbrot mit Butter auf. In einem Dorf bei Bielefeld erhielten die Angehörigen eines reicheren Hofes im Jahre 1910 zum Frühstück Bohnenkaffee mit Milch, dazu Brot, Butter, Käse, Quark, Marmelade oder Honig. Dazu wurden Eier, Tomaten und eine Aufschnittplatte gereicht. Im Sommer waren zum Brot Speck und Mettwurst, im Winter Leberwurst und Sülze und zu jeder Jahreszeit geschnittener Räucherschinken üblich. Kein Fleisch gab es, wenn es gekochte Frühstückseier gab, davon je drei für den Bauern und den Großknecht, für die übrigen Erwachsenen jedoch nur zwei. Zur gleichen Zeit frühstückte man in einem ärmlichen Dorf in der Eifel nur Haferbrei und Brot mit Quark beziehungsweise Schmalz, oder man aß Reste vom Vortag. Dazu gab es Malzkaffee mit Milch. Breispeisen blieben aus zwei Gründen weit verbreitet. Zum einen sind ältere Traditionen im Bereich des Speisensystems ohnehin langlebig, und zum anderen konnten viele ältere Menschen nicht problemlos auf das harte Brot umsteigen. So bestand das Frühstück auch in weiten Teilen des Rheinlands bei vielen Familien noch lange aus Grütze oder Bratkartoffeln mit Kornkaffee.[428]

Während das Frühstück insgesamt weniger regionale Besonderheiten aufwies, weil es einen funktionalen und kaum repräsentativen Charakter hatte, wurde vor allem dem sonn- und festtäglichen Mittagessen ein hoher symbolischer Wert beigemessen. Wichtigster Bestandteil des Festessens war das Fleisch. Im Verlauf der zweiten Hälfte des 19. Jahrhunderts orientierten sich die bäuerlichen Haushalte dabei immer stärker an bürgerlichen Vorbildern. Das städtische Menü setzte sich zunächst bei den Großbauern durch, erreichte später aber auch die ärmeren Kleinbauern. Es bestand aus Vorsuppe, Hauptgericht und Nachspeise. Als Suppe wurde meist eine leichte Fleischbrühe gereicht, die der Appetitanregung diente. Beim folgenden Hauptgericht setzte sich die Kombination aus Fleisch, Kartoffeln beziehungsweise Klößen oder Nudeln und regional unterschiedlichen Beilagen immer stärker durch. Beim Fleisch ging der Trend eindeutig zum Braten, und nur ärmere ländliche Haushalte hielten noch länger am Kochfleisch fest.[429]

Welche Auswirkungen die materielle Seite der Ernährungskultur auf das soziale Leben hatte, zeigt die Entwicklung des Essgeschirrs zwischen 1850 und 1900.

Das obere linke Ensemble der Darstellung (Abb. 36) zeigt ein Essgeschirr, das Angehörige der Unterschicht um 1850 benutzten. Besonders markant ist die große Schüssel. In vielen Gegenden Europas war es noch üblich – in Teilen der rheinischen Mittelgebirge sogar noch bis in die 1930er Jahre – dass alle, die am Tisch saßen, aus einer gemeinsamen Schüssel aßen. Niemand hatte einen eigenen Teller. Neben der Schüssel liegt ein grob geschnitzter Holzlöffel. Aus dem großen Krug dürfte Wasser getrunken worden sein. Schüssel, Krug und Löffel spiegeln die Reduzierung der Nahrung auf das Nötigste wider. Beim Essgeschirr, aber auch bei den Nahrungsmitteln und möglicherweise auch bei der sozialen Situation des Verzehrs dominierte der funktionale Charakter.

Derartige Interpretationen können allenfalls eine Annäherung an die Realität ermöglichen und dürfen keinen Anspruch auf Allgemeingültigkeit erheben. Aber wie gut das Essgeschirr des Jahres 1850 mit dem schriftlichen Befund korrespondiert, zeigt ein zeitgenössischer Bericht

Abbildung 36: Genau wie die Gesellschaft und die Nahrungsmittel änderte sich zwischen 1850 und 1900 auch der gedeckte Tisch tief greifend.

aus dem Landkreis Köln. Darin heißt es über die Landbevölkerung: »Löffel, Messer und Gabel stellt sich das Gesinde selbst; Teller werden nicht gegeben. Auf den gedeckten Tisch wird zu beiden Seiten ein gehobeltes Brett gelegt, worauf das Fleisch geschnitten wird. Im Hause speist das Gesinde alle aus der Schüssel bei gänzlichem Stillschweigen und nach dem Vorgang des Meisterknechts. Legt dieser den Löffel hin, darf keiner mehr zugreifen.«[430]

Den Aufschwung, der sich bis 1875 vollzogen hatte, zeigt das obere rechte Gedeck. Ein individueller Teller hat die Schüssel ersetzt. Der multifunktionale Holzlöffel musste einem kompletten Besteckset weichen, und zwar einer Gabel mit drei Zinken, einem einfachen Messer und einem Löffel. Neben dem glasierten Krug findet sich ein emaillierter Trinknapf. Mit derartigen Krügen konnte man in eine Wirtschaft gehen und sich das Bier für den heimischen Tisch holen. Seit den 1880er Jahren kamen industriell gefertigte Glasflaschen auf und machten die Bierkrüge überflüssig.

Der schlicht gedeckte Tisch der Zeit um 1900 macht den weiteren Fortschritt deutlich. Es gibt einen aufwändigeren Trinknapf und eine verschließbare Glasflasche, deren Form allerdings noch an einen Krug erinnert. Die Gabel hatte inzwischen vier Zinken.

Das untere rechte Ensemble zeigt ein großbürgerliches Gedeck aus der Gründerzeit: So aß die Oberschicht um 1875. Die aufwändig verzierte Kanne und der Trinkpokal orientieren sich ebenso wie der Porzellanteller an adeligen Vorbildern. Die älteren Formen zeigen, dass sich das junge Bürgertum in der Phase seiner Identitätsfindung zunächst schwer tat, einen eigenen Stil zu entwickeln.

Die rasant wachsenden Städte des jungen Kaiserreichs entwickelten mit ihren neuen Bürgern und den industriell produzierten Nahrungsmitteln eine urbane Esskultur, die im deutschen Sprachraum neu war. Im innerstädtischen Bereich führte sie bürgerliche, bäuerliche und proletarische Elemente bisweilen zu einer Synthese und übte ihrerseits auf das Umland große Wirkkraft aus. Letztlich gab es aber nur wenige Restaurants, Kantinen und Wirtschaften, die von Angehörigen aller Gesellschaftsschichten gleichermaßen besucht wurden, denn das Kaiserreich wurde von einer Klassengesellschaft geprägt, und zur spezifischen Kultur des Bürgertums wie der des Proletariats gehörte eine entsprechende Ess- und Trinkkultur.

Dafür waren nicht zuletzt die Wohn- beziehungsweise die Küchenverhältnisse verantwortlich. Waren die Zubereitungsmöglichkeiten bereits in den Wohnkolonien der Industrievororte unzureichend, so boten die städtischen Mietskasernen, die zunächst in modernen Industriestädten wie Berlin und Bremen entstanden, oft noch schlechtere Voraussetzungen. Zudem konnten viele Arbeiter und Angestellte zum Essen nicht nach Hause kommen oder lebten als Industrienomaden weit weg von ihren Familien. Dadurch erfuhr das Gaststättenwesen einen enormen Aufschwung. In Frankfurt verdoppelte sich die Zahl der Gast- und Schankwirtschaften zwischen 1890 und 1914, und eine völlig neue Kultur entstand. Sie war in der Regel männlich dominiert und je nach Einkommen der Gäste proletarisch oder bürgerlich ausgerichtet.[431]

In der Summe brachten die Durchdringung des Fabriksystems und die wissenschaftlich entwickelte Nahrungsmittelproduktion der europäischen Ernährungskultur unschätzbare Vorteile. Die Not wurde endgültig überwunden, denn die Quantität der Nahrungsmittel war drastisch gestiegen. Der Wohlstand der Bevölkerungsmehrheit – zumal der der Fabrikarbeiter – blieb freilich bescheiden, obgleich beispielsweise die Reallöhne der Nürnberger MAN-Arbeiter zwischen 1891/92 und 1913/14 um 80,1 Prozent stiegen. Aber zu Beginn des 20. Jahrhunderts mussten die Arbeiterhaushalte im Durchschnitt immer noch ungefähr zwei Drittel der gesamten Haushaltskasse aufwenden, damit die Menschen einigermaßen satt wurden. Außerdem kamen die Steigerungen nicht allen Familienmitgliedern im gleichen Maße zugute, denn der Vater bekam bei Tisch meist die mit Abstand größten Portionen. Zudem wirkte sich ein altes Kulturmuster nun drastisch auf den Alltag aus: Essen und Trinken waren in allen vor- und frühindustriellen Gesellschaften wichtige Statussymbole. Der Präsentationscharakter kam allerdings vor allem im Rahmen von Brauchtumsterminen und Festen zum Ausdruck und weniger im Alltag. Das änderte sich in der zweiten Hälfte des 19. Jahrhunderts, denn der Fabrikarbeiter war meist gezwungen, seine Hauptmahlzeit auf dem Fabrikgelände unter den Augen seiner Arbeitskollegen einzunehmen. Diese Kollegen stellten aber eine weitaus anonymere Menge dar als die Kollegen im bäuerlichen oder im handwerklichen Bereich. Dörthe Stockhaus kam bei der Analyse der Nürnberger Verhältnisse zu dem Schluss, dass viele Arbeiter aus Gründen der Repräsentation mehr und aufwändiger aßen als die Haushaltskasse es gestattete. Der soziale Druck, der sich am Essen festmachen lässt, zwang zu hohen Ausgaben. Eine andere und ebenso häufige Reaktion war, dass sich die Arbeiter ihr Essen in der Mittagspause von Familienangehörigen bringen ließen und es dann abseits der Kollegen aßen, um die Zusammensetzung der Gerichte nicht preisgeben zu müssen.

Hinsichtlich der Alltagsmahlzeiten kommt Stockhaus zu einem plausiblen Fazit, das weit über Nürnberg hinaus gegolten haben dürfte: »Gegessen wurde vermutlich sehr schnell und zügig, viel gesprochen wurde dabei nicht. Die Situation bei Tisch war angespannt, von Futterneid und sozialen Zwängen geprägt. Das Essen war eher knapp und wurde nach den sozialen Rollen differenziert und nicht nach den leeren Bäuchen verteilt.«[432]

Seit den 1870er Jahren errichteten einzelne Fabriken so genannte *Menagen* um die Arbeiterschaft zu verköstigen, aber auch, um die Menschen enger an die Unternehmen zu binden. Dadurch bekam das Essen eine politische Dimension: Die Arbeiterbewegung lehnte diese Formen

Abbildung 37: Die ersten *Menagen* versorgten die Fabrikarbeiter seit den 1870er Jahren mit Essen aus den neuen Großküchen. Seit der Jahrhundertwende setzten sich die Fabrikkantinen dann allgemein durch. Über einen großen Speisesaal mit Warmöfen verfügte zu Beginn des 20. Jahrhunderts auch die Daimler-Motoren-Gesellschaft in Stuttgart-Untertürkheim.

der Abhängigkeit zunächst ab. Um die Jahrhundertwende setzten sich die Fabrikkantinen dann aber stärker durch.

Die neue soziale Klasse der Angestellten ging zu den Arbeitern auf Distanz und beanspruchte getrennte *Erfrischungsräume.*

Bis zur Wende zum 20. Jahrhundert war zwar die Quantität der zur Verfügung stehenden Nahrungsmittel stark gestiegen, aber diese Verbesserungen wurden häufig von erheblichen Qualitätsverschlechterungen begleitet. Industriell gefertigte Nahrungsmittel waren ärmer an Vitaminen und Ballaststoffen. Zudem wurde die Fertigkost immer fett- und salzhaltiger.[433] Zwar machte die wissenschaftliche Ernährungslehre bereits vor der Wende zum 19. Jahrhundert bedeutende Fortschritte, aber die Mutmaßungen über die Zusammenhänge zwischen Krankheiten wie Skorbut oder Beriberi und ihrer primären Ursache, dem Vitaminmangel, konnte noch nicht bewiesen werden. Erst in den 1920er Jahren gelang es, die ersten Vitamine zu isolieren und synthetisch herzustellen.[434]

Abbildung 38: In den Jahren vor dem Ersten Weltkrieg entstand die neue Klasse der Angestellten. Die Esskultur und die Kantinen der Angestellten unterschieden sich von jenen der Arbeiter deutlich. Auch das Kaufhaus N. Israel in Berlin unterhielt für seine Angestellten einen eigenen Erfrischungsraum.

So führte die kohlenhydratarme und fettreiche Kost in Kombination mit den steigenden Konsumzahlen von Bier und Branntwein und dem Mangel an Vitaminen mit dem steigenden Wohlstand des Kaiserreichs bei gutverdienenden Handwerkern, Arbeitern und Bürgern zu Fehl- und Überernährung.[435] Besonders deutlich lässt sich der Verlust an Qualität anhand des Trinkwassers zeigen. Fabriken und Privathaushalte konkurrierten immer erbitterter um die Ressourcen, denn das reichhaltige Wasserangebot hatte sich inzwischen dramatisch verringert. Eine Denkschrift, die der *Verein zur Wahrung der Interessen der chemischen Industrie* 1890 bei dem Chemietechnologen Konrad Jurisch zur Flussreinigungsfrage in Auftrag gab, verdeutlicht die Problematik. Der Wissenschaftler kam zu dem Ergebnis, die hygienischen Verhältnisse wären weit schlimmer, wenn »Flüsse wie der Main nicht glücklicher Weise eine ganze Reihe von Fabrikwässern aufnähmen, deren mineralische Bestandtheile desinficierend und fällend wirken«[436].

Zu dieser Zeit kamen schon viele Menschen in den Genuss einwandfreien Trinkwassers, denn nachdem Hamburg nach englischem Vorbild 1848 die erste deutsche zentrale Flusswasserversorgung sowie eine städtische Entwässerung im Schwemmkanalisationssystem gebaut hatte, waren viele Städte dem Beispiel gefolgt.[437] Allerdings gab es auch Regionen, die hinsichtlich ihrer Wasserversorgung noch lange vorindustriellen Standards verhaftet blieben. Noch um 1880 musste das Regenwasser in der bergischen Stadt Remscheid in Zisternen auf Hausdächern gesammelt werden, weil die Brunnen oft versiegten. In einer Quelle heißt es: »In der wasserarmen Zeit fand dann vor Sonnenaufgang ein Wettrennen der Bevölkerung nach den Thalgründen statt, um in Eimern von dem geringen Vorrathe der Bäche, der sich über Nacht gesammelt hatte, wenn auch, gleichgültig, ob das Wasser trüber oder lehmig war, nur noch den letzten Rest zu erhaschen.«[438]

Vor allem in den Industriestädten hielt die Wasserversorgung häufig nicht mit den wachsenden Anforderungen Schritt. So belieferte das Duisburger Wasserwerk seine Kunden noch zu Beginn des 20. Jahrhunderts mit ungeklärtem Flusswasser. Immer noch teilten viele die Ansicht Reinhard Baumeisters. Der Karlsruher Professor hatte 1877 erklärt, dass die Gewässer »die natürlichen Wege zur Beseitigung allen Unrathes« seien.[439]

Was bleibt als Fazit? Die Entwicklung der europäischen Ernährung verlief zwischen der Mitte des 19. Jahrhunderts und dem Beginn des Ersten Weltkrieges außerordentlich vielschichtig. Das fabrikindustrielle System wurde zum Massenphänomen. Für alle, die in den Sog der Industrie gerieten, änderten sich die Grundbedingungen der Ernährung tief greifend. Der Hunger wurde überwunden, völlig neue Nahrungsmittel traten auf den Plan, und alte hierarchische Mahlzeitenordnungen verloren an Bedeutung. Die bessere Grundversorgung musste mit einer zunehmenden Entfremdung von der täglichen Kost erkauft werden. In dem Maße, in dem die Quantität der Nahrungsmittel zunahm, verminderte sich ihre Qualität.

Während in den Städten eine völlig neue Konsumkultur entstand, in deren Rahmen Restaurant, Café und Kneipe immer wichtiger wurden, blieben viele vorindustrielle Strukturen im ländlichen Bereich noch bis weit ins 20. Jahrhundert hinein dominierend. Das betraf vor allem die mitteleuropäischen Reliktgebiete, die mediterrane Welt und die Peripherie des europäischen Ostens. Während die Kultur der Ernährung in Mitteleuropa eine zunehmende Homogenisierung erfuhr und die Bedeutung regionaler Sonderformen zurückging, wurden nationale und soziale Unterschiede signifikanter.

KAPITEL 11

Das Essen und der Krieg

1914-1945

Wie kaum eine Zeit zuvor stand die erste Hälfte des 20. Jahrhunderts unter dem Einfluss von Katastrophe und Krise, denn der Krieg war zum Weltkrieg mutiert. Die Folgen für das System der europäischen Ernährung waren dramatisch.

Aber neben den Kriegen gab es noch andere Motoren des Wandels. Zu ihnen zählten die politische und die geistesgeschichtliche Modernisierung, die wirtschaftlichen Faktoren und die Veränderungen in der Landwirtschaft. Schließlich gab es eine Reihe von Elementen, welche die Entwicklung bremsten; von ihnen wird noch zu sprechen sein.

Der Erste Weltkrieg wütete von 1914 bis 1918. Mit ihm endete in Deutschland das Kaiserreich, und in weiten Teilen Europas zerstörte dieser Krieg die Strukturen, die das 19. Jahrhundert geprägt hatten. Der Krieg brachte der Zivilbevölkerung und den Soldaten eine spezifische Ernährungskultur, die noch näher zu betrachten sein wird. Aber auch auf anderen Ebenen vollzog sich ein tief greifender Wandel.

Frankreich gilt als Gewinner der Schlachten. Hier beendete der Krieg eine lange Phase des nationalen Selbstzweifels, die von der Niederlage gegen Deutschland und von den Gebietsverlusten, welche die Jahre 1870/71 gebracht hatten, ausgelöst worden war. Nach 1914 begann die Zeit der Aufwertung nationaler Elemente, die ihren praktischen Niederschlag wiederum in den französischen Küchen fand.

In Russland führte der Erste Weltkrieg zur Hungerkatastrophe und zur Oktoberrevolution. Innerhalb kurzer Zeit wurden adelige und bürgerliche Elemente zurückgedrängt. Bald wurde es zunehmend gefährlich, regionale Besonderheiten oder Schichtspezifika beim Essen in der

Öffentlichkeit zu betonen. Auf diese Weise kam es landesweit zu einer wachsenden Vereinheitlichung der russischen Küche. Die Zentralisierung der Nahrungsproduktion und die Einrichtung von Betriebskantinen und Großküchen verstärkten diesen Trend. Schließlich führte die Expansion der Sowjetmacht in den kaukasischen und in den zentralasiatischen Raum zu massiven Bevölkerungsverschiebungen. Dadurch gelangten viele Elemente der osteuropäischen Ernährungskultur bis nach Sibirien und an die Grenzen Chinas und Persiens.[440]

Auch im europäischen Südosten führte der Krieg zu einer Umstrukturierung der Ernährungskultur, denn er brachte das Ende des maroden Osmanenreichs und den Verlust der türkischen Dominanz über den Balkan. Mit den türkischen Beamten und Kaufleuten verließen auch deren Nahrungsgewohnheiten Südosteuropa. Im ungarischen, im südslawischen und im bulgarischen Raum verstärkten sich die nationalen Tendenzen in der Volksnahrung, da sie als konstitutive Faktoren bei der Genese der neuen nationalen Identitäten fungierten. Zudem brachte das Ende der osmanischen Herrschaft auch die weitgehende Abkehr von den moslemischen Speisevorschriften.[441]

Zurück zu den Rahmenbedingungen der Epoche. Nach dem Krieg kam es im Deutschland der Weimarer Republik zu einer stärkeren Betonung des bürgerlichen auf der einen und des proletarischen Elements auf der anderen Seite.[442]

Die Machtergreifung Hitlers markiert im Januar 1933 den Beginn der nationalsozialistischen Epoche, die wiederum weit reichende Folgen für das System der europäischen Ernährung haben sollte. Eine direkte Konsequenz der nationalsozialistischen Eroberungspolitik war der Hunger. Er suchte praktisch alle Gebiete heim, die mit dem Krieg in Berührung kamen. Die dramatischsten Konsequenzen zeitigte der Hunger im europäischen Osten, wo das Verhungern zum Massenphänomen wurde. In Deutschland und darüber hinaus führte der Hunger zur Wiedergeburt der aus der Not geborenen Sonderküche, die aber nur kurze Zeit Bestand hatte. Dagegen brachte der Holocaust das unwiederbringliche Ende der alten jüdischen Kochtraditionen in Europa.

Die Deportation der Russlanddeutschen von ihrer angestammten Heimat im Wolgaraum in die Steppen Zentralasiens zeigt eine andere Dimension des Wandels. Auf diese Weise wurde auch die spezifische wolgadeutsche Küche in die Verbannung geschickt.[443]

Das Kriegsende bedeutete 1945 also in weiten Teilen der Welt nicht nur eine politisch-militärische, sondern eine ebenso markante ernährungskulturelle Zäsur.

Eine Zäsur steht auch am Beginn der Epoche, denn der Erste Weltkrieg wirkte sich direkt und unmittelbar auf die Ernährung aus, wenngleich er im Gegensatz zum Zweiten Weltkrieg vor allem auf den Schlachtfeldern und damit in siedlungsarmen Zonen ausgetragen wurde. Bereits vor 1914 hatte die Nahrungsmittelproduktion in Deutschland nicht mit dem Bevölkerungswachstum Schritt halten können, so dass es bei Kriegsbeginn sofort zu Engpässen kam. Seit Oktober 1914 waren alle deutschen Getreidemühlen verpflichtet, Brotgetreide stärker auszumahlen. Die Bäcker mussten dem Weizenbrot einen bestimmten Anteil Roggen beimengen. Roggenbrot wurde nun häufig mit Kartoffelmehl gestreckt. Die gängige Abkürzung für das Kriegsbrot war *K-Brot.* Wenig später regelten erste Verordnungen die Herstellung dieses Brotes. Nun musste Weizenbrot mindestens zehn Prozent Roggenmehl enthalten; Roggenbrot war mit mindestens fünf Prozent Kartoffelflocken, -walzmehl oder -stärkemehl zu strecken. Dennoch blieb die Brotversorgung kritisch und wurde im Verlauf des Krieges immer unzureichender. Seit 1917 wurde der Brotteig zunehmend mit Kohlrüben gestreckt.[444]

Die Anpassung des Backens an die Not verdeutlicht einen idealtypischen Zug: Die Ernährungskultur ist zählebig. Wenn die Ausgangsstoffe knapp werden, orientiert man sich an althergebrachten Mustern. Das Brot wird gestreckt, aber man kommt nicht auf die Idee, Brot zu reduzieren und verstärkt Brei zu essen, obgleich die Umstellung auf Breikost den Umständen weit besser Rechnung getragen hätte.

Im Verlauf des Krieges wurde die gesamte Grundversorgung immer mangelhafter. Auch der Fleischverbrauch ging rapide zurück. Bis zum Kriegsende fiel er auf ein Fünftel der vor 1914 verzehrten Mengen.[445] Dadurch wurde das System der Ernährung aber zunächst noch nicht erschüttert. Die Konsequenz war nämlich nicht, dass das Fleisch verschwand, sondern dass der Sonntagsbraten kleiner wurde oder dass an einzelnen Sonntagen kein Fleisch mehr serviert wurde.

Im weiteren Kriegsverlauf lässt sich in Deutschland ein klarer Trend beobachten: Die Brotversorgung blieb in einigen Gegenden einigermaßen ausreichend, brach aber in weiten Gebieten im Winter 1916/17 stark ein. Die Kartoffel wurde mit der Zeit immer wichtiger. Gleichzeitig wurden Reis, Gries, Graupen und Hülsenfrüchte immer teurer. Daher reduzierte sich der Nahrungsmittelkonsum auf eine geringere Palette von Grundnahrungsmitteln, und die Bevölkerung hatte immer weniger Möglichkeiten, abwechslungsreich und ausgewogen zu essen.[446] Hinzu kam das Problem, dass der Staat die Nahrungsmittel immer stärker rationierte. Der freie Markt war unterbunden und meist gab es nur noch zugeteilte Waren, die man auf Berechtigungsschein kaufen musste. 1917 betrug die Mehlration beispielsweise nur noch 170 Gramm pro Kopf und Tag. Ob Getreide, Kartoffeln oder Zucker – es gab kaum ein Gut, dessen Produktion und Vermarktung nicht von einer *Reichsstelle* organisiert wurde. Die Distribution erfolgte allerdings über lokale Behörden.[447]

Die Verwaltung des Mangels gelang den Reichsbehörden häufig nur unzureichend. So betrug die Kartoffelration pro Kopf der Bevölkerung zunächst 500 Gramm täglich. Wenn davon drei Mahlzeiten zu bestreiten sind, so ist diese Menge bereits knapp kalkuliert, zumal der Umfang der Beilagen stark rückläufig war. Im Dezember 1916 wurde diese Ration schließlich auf 375 Gramm herabgesetzt. Aber selbst diese kleine Portion blieb häufig ein unerfüllbarer Wunsch. Zwar standen die staatlich festgelegten Mengen an Kartoffeln in Nord- und in Ostdeutschland meistens zur Verfügung, aber im verarmten Bayern war an solch üppige Mahlzeiten nicht zu denken. In den Städten war die Versorgungslage meist noch schlechter als auf dem Land.[448]

Der Ersatz war ein weiterer Aspekt, der die tägliche Kost dominierte. Mit zunehmender Lebensmittelverknappung war es immer notwendiger geworden, gewohnte und nun rar gewordene Speisen zu ersetzen. Die Wirtschaft reagierte mit der massenweisen Produktion von Ersatzstoffen. Bis Ende 1919 genehmigten die Behörden die Herstellung von rund 11 000 verschiedenen Ersatzprodukten.[449] Aber auch private Initiative war gefragt. Im langen und frostigen Winter 1916/17 wurde die Not so groß, dass die Menschen in weiten Teilen Deutschlands auf die Kohlrübe zurückgriffen. Kohlrüben standen in ausreichender Menge zur Verfügung, da sie ein gängiges Futtermittel waren. Allerdings waren sie den meisten wegen des schlechten Geschmacks und der mangelnden Bekömmlichkeit verhasst.[450] Um die Not zu lindern, wurden weitere neue Ressourcen erschlossen: Blumenbeete wurden zu Gemüsegärten, und selbst kleine Balkone und Hinterhöfe nutzten viele Menschen, um Gemüse anzubauen.

No. 3646
Bd. 142 (21)

Preis 30 ₰

Fliegende Blätter

(Alle Rechte an Texten und Illustrationen vorbehalten.)

Im Übereifer.

„Um Himmels willen, Frau Kohl, was ist denn bei Ihnen geschehen?" – „Mein Mann hat alle Schubfächer ausgeleert und Kriegsgemüse hineingepflanzt."

24

Abbildung 39: Not macht erfinderisch. Im Ersten Weltkrieg wurden Hinterhöfe, Balkone und Blumenkästen genutzt, um Gemüse anzubauen – ein gefundenes Fressen für Karikaturisten.

Es gab eine ganze Palette von Produkten, die in der Krisenzeit auf den Tisch kamen und nach dem Krieg nicht mehr im Speiseplan auftauchten. So bereitete man im Rheinland Gemüsegerichte aus Brennesseln, Löwenzahn und Spitzwegerich; Rübenblätter wurden wie Spinat zubereitet, und auch Bucheckern wurden in die Küche integriert. Bei den meisten dieser Produkte handelte es sich um schwer verdauliche und bittere Nahrungsmittel. Aber auch gesunde und heute als wohlschmeckend bekannte Ersatzprodukte waren oft nicht beliebt. Ein Lehrer aus dem niederrheinischen Griethausen erinnerte sich später: »Mein Vater legte schon früh ein Spargelbeet an. Die Leute, die jene Pflanze nicht kannten, verulkten uns, weil wir weiße Wurzeln essen mussten.«[451] Der permanente Mangel wirkte sich auch auf den Kanon der Getränke aus. So erlebte der Ersatzkaffee eine Renaissance. Auf dem Land führten die Bauern Experimente mit den verschiedensten Körnern und Wurzeln durch, aber auch auf wissenschaftlicher Ebene fand eine intensive Grundlagenforschung statt.

Das primäre Problem stellte die Fettversorgung dar. Vor allem in Frankreich, in den Beneluxstaaten und in Deutschland war die Margarine seit dem späten 19. Jahrhundert zur Stütze der Fettversorgung geworden. Durch diesen Konsumwandel war Deutschland immer stärker auf die Importe von Öl und von Fett angewiesen. Im Krieg brachen die Einfuhren durch die englische Seeblockade zusammen, und die Versorgung mit Fetten wurden zum ernsten Problem. Der Staat reagierte, indem er zum Beispiel den Gaststätten im Oktober 1915 verbot, mit Fett gebratene Speisen anzubieten.

Derartige Maßnahmen konnten den Mangel nicht beheben. In Deutschland lag der Fettverbrauch zu Beginn des 20. Jahrhunderts mit 230 Gramm pro Kopf und Woche bereits vergleichsweise niedrig. Im Verlauf des Ersten Weltkriegs rutschte er auf den kritischen Wert von knapp 70 Gramm ab. Zwei Faktoren konnten zumindest etwas Abhilfe schaffen. Zum einen sorgte der Schwarzmarkt für eine bessere Verteilung der Güter und setzte viele Ressourcen frei, und zum anderen war wegen des zunehmenden Zuckerrübenanbaus vergleichsweise viel Zucker auf dem Markt. Pro Kopf der Bevölkerung standen im Notjahr 1917 in den meisten Gemeinden immerhin 175 Gramm Zucker wöchentlich zur Verfügung.[452] In der Summe führte der Erste Weltkrieg in Deutschland zu einem durchschnittlichen Körpergewichtsverlust von 20 Prozent pro

Naive Gemüter.

(Aus dem Anzeigenteil einer Zeitung.) Arme Frau hat gestern aus der Markthalle versehentlich einen Kinderwagen mit einem Sack Kartoffeln nach Hause gefahren und dafür einen solchen mit einem einjährigen Kinde dagelassen. Falls Umtausch gewünscht wird, ist Näheres in der Expedition der Zeitung zu erfahren.

Phantasie des Herrn Rentier Hinterhuber.

„Schön wär's, wenn statt Kohlrabi und Salat, Würst' und Schweinshaxen wachsen würd'n!"

56

Abbildung 40: Während der Ernährungskrise des Ersten Weltkriegs regten Hunger und Not sowohl die Phantasie der Bevölkerung als auch die der Karikaturisten an.

Person. Die Menschen waren aber nicht nur leichter geworden, sondern auch kleiner: Gegenüber 1913 waren die Jugendlichen im Jahre 1919 mehr als drei Zentimeter kleiner.

Andere europäische Länder hatten zum Teil noch mit erheblich tiefergreifenden Problemen zu kämpfen. So kam es zu Beginn des Krieges und vor allem in der revolutionären Phase in Russland zu einer ausgeprägten Hungersnot.[453] In England war die Masse der Bevölkerung zu Beginn des 20. Jahrhunderts noch so schlecht ernährt, dass die Rationierungen der Kriegsjahre und das staatliche Versorgungssystem für viele letztlich eine Steigerung des Lebensstandards brachten, obgleich die Rationen außerst dürftig waren. Als in den Kriegsjahren 1917/18 in England Musterungen durchgeführt wurden, musste man feststellen, dass 41 Prozent der Männer untauglich für den Kriegsdienst waren, und zwar in allererster Linie aufgrund von Unter- beziehungsweise Mangelernährung.[454]

Welche Folgen hatte der Krieg für die europäische Ernährungskultur? Zunächst Mangel und Entbehrung. Außerdem stürzte er auch die Gastronomie, die Bierbrauerei, den Weinbau und die Branntweinindustrie in eine schwere Krise.[455] Aber der Krieg brachte abgesehen davon, dass sich die Marmelade nun als Brotaufstrich endgültig durchsetzte, kaum grundlegende Innovationen, denn die Nahrungskultur erweist sich auch in Kriegszeiten als außerordentlich zählebig, während sich neue Nahrungselemente vor allem in Wohlstands- und allgemeinen Innovationsphasen durchsetzen können.

Diese Regel erfuhr lediglich durch Elemente der Truppenverpflegung, die nach dem Krieg zum allgemeinen Standard wurden, eine Modifikation. Zunächst brachte der Erste Weltkrieg den endgültigen Durchbruch der Konserve. Dieses Verfahren der Konservierung war zwar bereits seit langem bekannt, aber die Weißblechdosen waren zunächst noch teuer, und die Konservennahrung ließ sich nicht ohne weiteres in den Kanon der althergebrachten Ernährung integrieren. Der Krieg brachte dann neue Aspekte ins Spiel. Die Versorgung der Truppen war häufig nur mit Konserven zu bewerkstelligen. Die Soldaten gewöhnten sich rasch an diese Form der Kost. Zudem erlebte die Konservenindustrie einen rasanten Aufschwung, so dass die Produktion standardisiert und billiger wurde. Allerdings führte der Weißblechmangel 1916 dazu, dass die Konservenproduktion wieder rückläufig war. Zwar stieg die Akzeptanz gegenüber der Dosenkost durch den Krieg, aber auch in der Weimarer Zeit blieb die Blechversorgung problematisch, so dass sich die Konservennahrung nicht stärker durchsetzen konnte.

Die Tütensuppe und die Schokolade erlebten eine ähnliche Entwicklung. Bereits 1875 ließ sich der Schweizer Apotheker Henri Nestlé die Milchschokolade als Kindernahrungsmittel patentieren, aber sie blieb zunächst ein reines Luxusprodukt. Den Durchbruch schaffte die Schokolade, nachdem die britische Armee sie 1899 im Burenkrieg als Truppenverpflegung eingesetzt hatte. Als Nahrung für die englischen und die amerikanischen Soldaten wurde sie im Ersten Weltkrieg dann endgültig zum Massenprodukt, während die deutschen Truppen wegen des Mangels an Kakao ohne Schokolade auskommen mussten.[456]

Der Erste Weltkrieg erschütterte das alte Europa bis ins Mark und führte in jeder Hinsicht zu tiefen Umbrüchen. Die genauen Auswirkungen auf das System der Ernährung sind vor allem im internationalen Vergleich noch nicht systematisch analysiert worden. Immerhin wurden 1960 die Ergebnisse jener Untersuchung publiziert, die Erika und Heinrich Schmitthenner nach dem Ersten Weltkrieg durchführten.[457] Ihre Schlussfolgerungen sind zwar fundiert, aber in vielerlei Hinsicht zu pauschal; sie dienen eher als Grundlage für weitere Forschungen denn als abschließendes Ergebnis. Obgleich sie mit aller Vorsicht zu interpretieren sind, seien sie an dieser Stelle erörtert.[458]

Danach gab es um 1920 und zumindest in den zwei Jahrhunderten zuvor 13 europäische Küchensysteme: eine lappländische, eine schottisch-norwegische, eine schwedisch-finnische, eine englische, eine französische, jeweils eine nord- und eine süddeutsche sowie eine nord- und eine südslawische Küche, eine spanische, eine italienische, eine ungarische und eine griechisch-türkische Küche. Diese Systeme unterschieden sich vor allem durch ihre Zubereitungsarten. Erika und Heinrich Schmitthenner kamen dabei zu dem Ergebnis, dass sich die lappländische Küche bis weit in den nordwestrussischen Raum erstreckte und die »primitivste und altertümlichste in Europa« gewesen sei. Vieles habe man roh gegessen, und wichtige Bestandteile seien neben Rentierfleisch, -blut und -käse auch Blüten, Blätter und Beeren gewesen.

Auch die schottisch-norwegische Küche sei fleischorientiert gewesen, allerdings mit einem deutlich höheren Anteil an Fisch, an Importwaren (Tee) und an Kartoffeln.

Abbildung 41: Im Ersten Weltkrieg war auch die Genussmittelindustrie auf den Krieg hin orientiert. Werbung für *Asbach »Uralt«* aus dem Jahre 1918.

Die englische Küche sei einfach, die Gerichte aber stark gewürzt, und die Getränke seien vielfach wichtiger als das Essen – ein Ergebnis, das sich mit unseren Befunden deckt. Von den weiteren Ergebnissen seien lediglich einige genannt, die für unsere Betrachtung von besonderem Interesse sind. So heben die Autoren zurecht die strengen Fastenregeln der russisch-orthodoxen Küche hervor, die weit größeren Einfluss auf die Praxis hatten als die Bestimmungen der katholischen und der protestantischen Kirchen. Im russischen Raum sei der Fisch aus dem Binnenland weit wichtiger als Fleisch, und »der russische Bauer der Zwanzigerjahre« lebe vor allem »im Gebiet des früheren Großrußland praktisch vegetarisch«. Die Kartoffel sei bis Weißrussland vorgedrungen, weiter im Osten werde mehr Getreide und Kohl gegessen. Unter dem Aspekt dieser Studie erscheint der polnische Raum als Übergangsgebiet zwischen Deutschland und Russland.

Ergebnisse wie jenes, dass die griechisch-türkische Küche »eigenartig« sei, bringen einer modernen Analyse keine entscheidenden Impulse. Interessanter ist die Beobachtung der Mahlzeiten. Nirgends spiele das Frühstück die Rolle der Hauptmahlzeit. Diese werde im Mittelmeerraum sowie in England und in Teilen des niederländischen Raumes am Abend eingenommen, in Frankreich sowie in Mittel-, Ost- und Nordeuropa dagegen am Mittag.[459]

Zurück zur Entwicklung in Deutschland. Das Ende des Krieges brachte kein Ende der Not, sondern eine schwelende Krise, die in den 1920er Jahren zunächst noch keinen deutlichen Wandel zum Positiven erlebte.[460] Das Jahrzehnt der Ernährungskrise endete erst nach der Inflation des Jahres 1923.[461] Immerhin brachten die *Goldenen 20er* aber einen enormen Kulturaufschwung, etwa im Bereich der Malerei oder im Umfeld der Dessauer Bauhaus-Architektur. In den modernen europäischen Städtelandschaften erfuhr das Bürgertum in dieser Zeit eine deutliche Aufwertung. Obgleich der Adel seine dominante Position zum Teil behaupten konnte, wurden Industrielle, Wissenschaftler und vor allem Künstler immer stärker zu Trendsettern.[462]

Welche Konsequenzen ergaben sich für die Nahrungskultur? Die neue gesellschaftliche Balance wirkte intensiv auf die Architektur der Gaststätten und auf das Design von Geschirr und Besteck. Das Mahlzeitensystem war dagegen deutlich weniger betroffen. Erstaunlicherweise kam es nicht zu einer vergleichbaren Revolutionierung der Mahlzeiten sowie der

Nahrungsmittel und ihrer Zubereitungsarten. Möglicherweise währte die Weimarer Umbruchphase zu kurz, denn das System der Küche benötigt eine längere Zeit als andere Bereiche der materiellen Kultur, um grundlegenden Wandel zu erfahren.

Deutliche Auswirkungen lassen sich dagegen beim Getränkekonsum beobachten. Weil die Frauen jetzt größere Rechte hatten, suchten sie Wege, diesem neuen Lebensgefühl Ausdruck zu verleihen. Das taten einige von ihnen, indem sie sich von älteren Kulturmustern lösten und dazu übergingen, in der Öffentlichkeit selbstbewusst alkoholische Getränke zu konsumieren und auch zu rauchen. Die Wirtschaftskrise schränkte diese Möglichkeiten aber zunehmend ein, und die nationalsozialistische Machtergreifung führte schließlich zu einer deutlichen Statusverschlechterung, die sich auch gravierend auf den Getränkekonsum der Frauen auswirkte.[463]

Der Aufschwung der Wissenschaften führte in der Weimarer Zeit zu neuen Diskussionen über die Lebensmittel. Nicht mehr die Quantität der Nahrung allein bestimmte die Debatte, sondern auch die Qualität. Wissenschaftliche Erkenntnisse fanden Eingang in die Hauswirtschaftslehre. Neue Erkenntnisse führten dazu, dass sich die durchschnittliche Kochdauer der Speisen verringerte. Neue Zubereitungsarten, die schonender waren, wurden propagiert. Dampf- und Schnellkochtöpfe kamen in Mode. Uwe Spiekermann zufolge wurde der Wert ganzer Produktgruppen, etwa der Konserven, grundsätzlich in Frage gestellt. Zudem entwickelte sich ein neues Misstrauen gegenüber jenen Konservierungsmethoden, die die Qualität der Nahrung negativ beeinflussten.

Die Summe dieser Faktoren führte zu einer Verbesserung der Alltagskost bei jenen, die die neuen Methoden anwandten. Gleichzeitig wurde die gesundheitsfördernde Kraft der Vitamine erkannt und auf die Ernährungslehre übertragen. Erste Versuche künstlicher Vitaminzufuhr gingen seit dem Ende der 1920er Jahre mit einem steigenden Konsum von Südfrüchten einher.[464]

Die Weimarer Zeit war in Deutschland durch ein hohes Maß an Ambivalenz und Vielschichtigkeit gekennzeichnet. Mit den Angestellten war eine neue Gesellschaftsschicht unterhalb des Bürgertums entstanden, die auch eine neue Lebens- und Ernährungsweise entwickelte. Vor allem das Leben der weiblichen Angestellten war durch Genügsamkeit gekennzeichnet, ein Ergebnis der niedrigen Einkommen.[465] Insgesamt wurden die einzelnen Gesellschaftsschichten nun durch immer tiefere Gräben getrennt, und auch die Unterschiede zwischen dem städtischen und dem ländlichen Leben waren gravierend. Auf dem Land wirkten vielerorts die Traditionen des 19. Jahrhunderts fort. Die Not der 1920er Jahre führte dann häufig zur Genese einer neuen Ernährungsweise.

Wie die Mahlzeiten in den Agrargebieten des Rheinlands strukturiert sein konnten, zeigt das Beispiel des Dorfes Groß Klev bei Dabringhausen im Rhein-Wupper-Kreis. Die neuen Erkenntnisse der wissenschaftlichen Ernährungslehre waren hier noch unbekannt. Im Rahmen einer Umfrage berichtete eine 71-jährige Bäuerin 1983, was es zwischen den Weltkriegen bei ihnen zu Essen gab.

In ihrem ländlichen Haushalt frühstückte man an allen Werktagen morgens gegen sieben Uhr Bratkartoffeln, Ersatzkaffee und Milch, außerdem Schwarzbrot mit Margarine, denn die Butter wurde verkauft. Außerdem gab es Quark und Apfelkraut. Sonntags gab es zum Frühstück außerdem ein gebratenes Ei mit Mehl, Milch, Salz und Speck. An allen Tagen war es üblich, gegen zehn Uhr Graubrot mit Margarine, Wurst, Schinken oder Käse zu essen.

Das Mittagessen wurde stets um 12 Uhr serviert. An Werktagen bestand es zunächst aus angedickter Milchsuppe mit Haferflocken, Gries, Mondamin, Puddingpulver oder Buttermilch, dazu gab es Schwarzbrot. Dann wurden Salzkartoffeln oder Püree aufgetragen, und, so die Gewährsperson wörtlich, »jeden Tag Fleisch vom Geschlachteten, eingepökelt, geräuchert oder aus dem Einkochglas«. Dazu verzehrte man »Gemüse, dazu Kompott von Äpfeln, Birnen oder Pflaumen. Kein Getränk«.

Sonntags war das Mittagessen reichhaltiger. Es bestand aus Fleischsuppe, Salzkartoffeln, Rinder- oder Schweinebraten, Gemüse oder Salat, Kompott und Pudding. Dann gab es nachmittags noch ein Brot, sonntags Kuchen und Bohnenkaffee, und werktags gegen acht Uhr abends Bratkartoffeln, Salzkartoffeln mit Zwiebelsauce oder Kartoffeln mit Hering. Sonntags abends aß man Obstpfannkuchen oder Kartoffelsalat mit Wurstbroten.[466]

Dieses Beispiel veranschaulicht die Realität eines einzelnen Haushalts; es ist nicht mehr als eine Momentaufnahme. Zwar waren die Mahlzeiten vieler Haushalte des Bergischen Landes ähnlich, aber im noch stärker agrarischen geprägten Westerwald, im armen Hunsrück oder in den reinen Industriegebieten herrschten grundverschiedene Verhältnisse.

Während die materielle Seite der Mahlzeiten eine große Varianz aufwies, gab es im Bereich der sozialen Strukturen weniger Abweichungen. In der Regel folgte man einem klaren Plan und festen Vorgaben, denn allen Umbrüchen zum Trotz verlief das Leben der meisten Menschen in überlieferten Ordnungen. Sonn- und Festtage sowie die Jahreszeiten prägten die tägliche Kost der meisten Mitteleuropäer noch bis weit in die zweite Hälfte des 20. Jahrhunderts hinein. Die Konzentration des Fleischverzehrs auf die Schlachttermine im Herbst und auf die folgenden Wochen war ein wesentliches Element dieser Ordnungssysteme.

Ordnungssysteme bedürfen einer mehr oder weniger stabilen Grundlage. Diese Grundlagen wurden von der *Großen Depression*, welche die modernen Industrienationen 1929 traf, angegriffen. In Deutschland trug die Wirtschaftskrise maßgeblich zur Krise und zum Zusammenbruch der Demokratie bei.[467] Während die Bevölkerung der ländlichen Gebiete heimische Ressourcen nutzen konnte, herrschte in den Großstädten entsetzliche Not. Im Winter 1930/31 berichtete der Sonderkorrespondent der *New York Evening Post* über ein Berliner Restaurant: »Hinter den Stäben des eisernen Gitters, welches das Büfett einfasste, war eine von Fliegen beschmutzte Schüssel mit abgebratenem Pferdefleisch und ein paar Pferdewürstchen zu sehen. Die Gäste im Lokal hatten Hunger, sie saßen an ihren Tischen und starrten auf das Pferdefleisch hinter den Eisenstäben. Es war Essenszeit, aber niemand bestellte etwas. Der Hunger dieser Leute hatte mit der Essenszeit nichts zu tun.« An Rind- oder Schweinefleisch war nicht zu denken, und auch von Kaninchen, Huhn oder Ziege, der eisernen Reserve der Kleingartenbesitzer, konnten die Hungerleider nur träumen.[468]

Situationen wie jene in dem Berliner Lokal sollten keine Episode bleiben. Vielmehr wurden sie zum Dauerzustand und zum prägenden Faktor der späten Weimarer Jahre. Zu Beginn des Jahres 1933 resümierten die bekannten Autoren Ruth Fischer und Franz Heimann unter Bezug auf Kalorienberechnungen des Berliner Ernährungswissenschaftlers von Hoeßlin: »Aus dem Budget, das einer Familie zukommt, die weit über dem Durchschnitt versorgt ist, ergibt sich: *Unterernährung*.« Im Fall einer Durchschnittsfamilie ermittelten die Autoren, dass täglich immerhin 125 Gramm Wurst zur Verfügung standen. Bezeichnenderweise wurden Fleisch und Wurst aber vom Vater gegessen, der »die schwerste körperliche Arbeit« zu leisten hatte. Für die Kinder blieben daher nur Gemüse

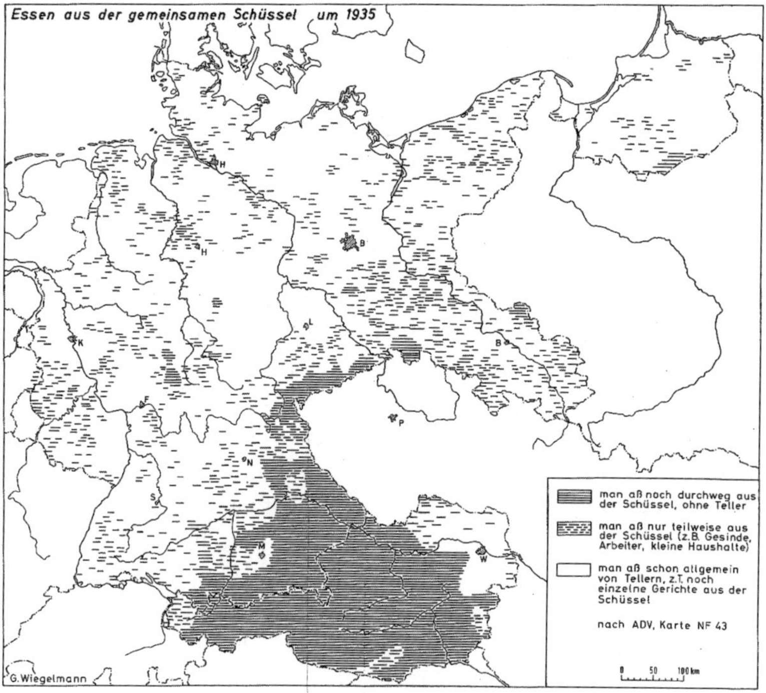

Abbildung 42: Essen aus der gemeinsamen Schüssel um 1935.

und Kartoffeln, und wenn die Mutter zur Arbeit ging, bekamen sie allenfalls Schmalzbrote und Malzkaffee. Die 2540 Kalorien, welche die Ernährungsphysiologen jener Zeit als Minimum errechnet hatten, konnten sich die meisten Menschen während der Krise nicht leisten. Sie mussten mit 2179 Kalorien auskommen.[469]

Trotz aller individuellen Varianz und trotz der großen regionalen Unterschiede lassen sich für die Zwischenkriegszeit auch übergeordnete Züge feststellen.

Das zeigt die Karte *Essen aus der gemeinsamen Schüssel um 1935*, die Günter Wiegelmann 1967 auf der Grundlage des Materials gezeichnet hat, das in den 1930er Jahren im Rahmen des *Atlas der deutschen Volkskunde* erhoben wurde (siehe Abb. 42). Zwar stellt die Karte beinahe ausschließlich den ländlichen Raum dar, aber dennoch oder gerade aus diesem Grund erlaubt sie weit reichende Interpretationen.

So ist deutlich zu sehen, dass es in sehr vielen Gegenden noch Haushalte oder soziale Gruppen gab, in denen man bei der Mahlzeit aus einer gemeinsamen Schüssel aß. Bei Tisch gab es demnach keine individuellen Teller. Der Kulturzug des Essens aus einer gemeinsamen Schüssel war in vorindustrieller Zeit weit verbreitet und im Verlauf des 19. Jahrhunderts im Rahmen der Industrialisierung immer weiter zurückgedrängt worden. In den 30er Jahren des 20. Jahrhunderts war er lediglich noch in den Reliktgebieten vorherrschend, also in verkehrsgeographisch abgelegenen Regionen, wo die naturräumlichen Voraussetzungen eine Modernisierung erschwerten und wo die landwirtschaftlichen Erträge gering waren, etwa im schlesischen Teil des Riesengebirges, in den Hochlagen von Eifel und Hunsrück oder in Ostfriesland.

Die Karte zeigt schließlich einen Aspekt, der für die gesamte Ernährungskultur signifikant war, nämlich die große Rückständigkeit des deutschen Südostens. Darüber hinaus wird deutlich, dass ältere und überkommene Kulturzüge in den überwiegend katholischen Gebieten deutlich zählebiger waren als in vorwiegend protestantischen Regionen, und zwar unabhängig von den wirtschaftlichen Faktoren.

Welche Konsequenzen hatte es, wenn die Teilnehmer einer Mahlzeit aus einer gemeinsamen Schüssel aßen? Einerseits handelte es sich durchaus um ein Zeichen von Rückständigkeit. Aber andererseits profitierte die Tischgemeinschaft von der »ungeheuer sozialisierenden Kraft gemeinsamen Essens und Trinkens«, die der Kultursoziologe Georg Simmel zu Beginn des 20. Jahrhunderts in die Diskussion gebracht hatte.[470] Daher galt auch in den ländlichen Regionen der 1930er Jahre: Das gemeinsame Essen aus der Schüssel schuf ein Zusammengehörigkeitsgefühl, eine Gruppenidentität, und es war gleichzeitig Ausdruck dieser Identität und damit auch einer speziellen Lebensform. In keiner anderen Erscheinung wird diese Lebensform so deutlich sichtbar wie in dieser gemeinsamen und intimen Form des Mahles.[471]

Die Zeit des Nationalsozialismus brachte vielen älteren Lebensformen das endgültige Aus. Gleich zu Beginn zwang die Diktatur alle freiwilligen Verbände der Landwirtschaft sowie die Landwirtschaftskammern in den *Reichsnährstand*. Die Kombination aus Krieg und Mangel führte dann in weiten Teilen Europas zu einem tief greifenden Wandel des täglichen Lebens und der täglichen Kost.[472] Die Rationalisierungen vollzogen sich in Deutschland ähnlich wie während des Ersten Weltkriegs. Auch jetzt gab es eine breite Palette an Notspeisen. Eine der frühesten Maßnahmen der Kriegswirtschaft bestand in der Verbrauchsrationierung vom 27. August 1939. Der *Verordnung zur vorläufigen Sicherstellung des lebenswichtigen Bedarfs des deutschen Volkes* folgten diverse weitere Bestimmungen, deren Einhaltung mit unnachgiebiger Härte überwacht wurde. Im Verlauf des Krieges ging die landwirtschaftliche Produktion stark zurück, denn es mangelte an Dünger, an Arbeitskräften und an Maschinen. Gleichzeitig wurden die meisten Lebensmittel rationiert, auch Brot und Bier.[473]

Die Änderungen in der Landwirtschaft hatten auch weit reichende Folgen für die traditionellen Mahlzeitenordnungen. Die meisten wehrfähigen Männer zogen in den Krieg. Ihr Platz am heimischen Tisch blieb leer. Das kulturell erlernte System der Tischordnung konnte man für eine gewisse Not- und Übergangszeit problemlos umstellen. Aber mit zunehmender Kriegsdauer wuchs eine Generation heran, für die der Ausnahmezustand zur Normalität geworden war. Die klar hierarchische Tischordnung und den festen wöchentlichen Speiseplan konnte diese Generation nicht kennen lernen und daher nach dem Krieg auch nicht weitertradieren. Die massiven Änderungen konfrontierten die Menschen zudem mit vielen Situationen, für die ihr kulturelles System keine Lösung parat hielt. Wo etwa sollten bei Tisch die russischen oder die polnischen Zwangsarbeiter sitzen? Verbot die Politik streng, die Fremden in die Familien zu integrieren, geboten religiöse und ethische Sozialisation vielen, sich gegen die staatlichen Vorgaben zu stellen. So kam es zu Konflikten, und kaum ein Platz im täglichen Leben stand so sehr im Spannungsfeld wie die gemeinsame Mahlzeit.

Wo der Staat nicht kontrollieren konnte, gab es individuelle Handlungsspielräume. Das war in den Gefängnissen und in den Konzentrationslagern nicht der Fall. Hier, aber auch in vielen von der Wehrmacht besetzten Gebieten Europas wurde der planmäßig verordnete Hunger zum bewusst eingesetzten politischen Instrument.[474]

Der Nationalsozialismus instrumentalisierte nicht nur den Hunger, sondern auch die Esskultur für seine politischen und ideologischen Ziele. Nach der offiziellen Doktrin sollte alles Fremde abgelehnt werden: fremde Speisen, ihre Bezeichnungen, Rezepte und Zubereitungsarten. Dazu zählte auch alles Jüdische, obgleich viele jüdische Elemente inzwischen zu integrativen Bestandteilen der Esskultur Mitteleuropas geworden waren.

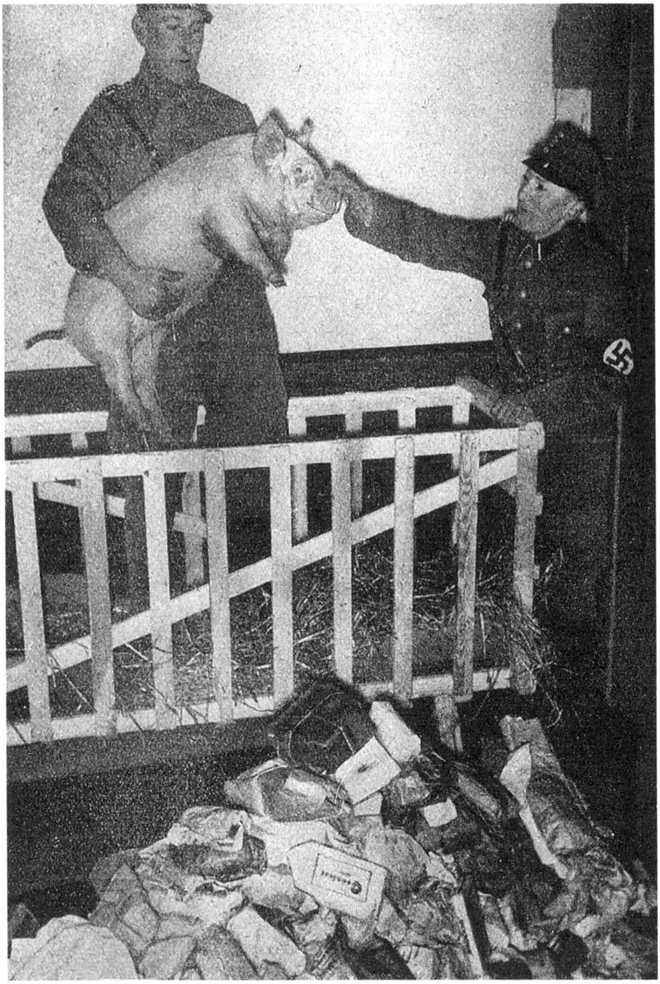

Abbildung 43: Ob Wurstkonserve oder ganzes Schwein – bei den Lebensmittelsammlungen der NS-Zeit war alles willkommen, was half, den Hunger der Bevölkerung und der Truppe zu stillen.

Im Nationalsozialismus hatte schließlich auch die Esskultur ihren Beitrag zur Propagierung der Volksgemeinschaft zu leisten. Das kulturelle System des Essens wurde dabei planmäßig genutzt. Winterhilfswerk und Eintopfsonntage, Straßensammlungen und fleischlose Tage sollten die Beteiligung aller am nationalen Aufbau ausdrücken.

Umgekehrt konnte man über das Essen definieren, wer nicht zur Volksgemeinschaft gehörte. Das kam zum Ausdruck durch Restaurantverbote für Juden und Zigeuner oder öffentliche Diskriminierung von Sozialdemokraten und Farbigen oder einfach nur durch Denunziation von verdächtigen Personen in Gaststätten. Äußerst subtil wurden diese Methoden in den 1930er Jahren in Schulen angewandt: Wer im Verdacht stand, nicht arisch zu sein, durfte zunächst nicht an der gemeinsamen Schulspeisung teilnehmen.[475]

Die Esskultur und die Versorgung der Nation wurden bereits in der frühen NS-Zeit zur nationalen Aufgabe erklärt. Der Reichsparteitag des Jahres 1936 formulierte die »Nahrungs- und Wehrfreiheit« als vorrangiges Ziel des Vierjahresplans. Ein wesentliches Mittel zur Durchsetzung dieses Ziels bestand in einer staatlich gelenkten Brotpolitik, die um die Verbreitung des damals kaum bekannten Vollkornbrotes bemüht war. Seit den 1890er Jahren hatte die Gruppe um die so genannten *Brotreformer* ein Verfahren entwickelt, um ein natürliches und gesundes Brot herzustellen. Die neue Brotsorte setzte sich aber zunächst allenfalls zögernd durch. Die Nationalsozialisten integrierten den neuen Brotgedanken schließlich in ihre Ideologie: Vollkornbrot sei gesund, nahrhaft und helfe gegen Karies, es sei gewissermaßen ein Nahrungsmittel, das den deutschen Volkscharakter in besonderem Maße unterstreiche. Die nationale Gesetzgebung, die das neue Brot fördern sollte, ging mit regionalen Maßnahmen einher. 1939 wurde die Vollkornbrotpolitik reichsweit institutionalisiert und ein *Reichsvollkornbrotausschuß* gegründet. Das Vollkornbrot entsprach den NS-Hygienevorstellungen. Das typisch arische Brot wurde den Volksgenossen über das Kartensystem zugeteilt, während Nichtarier vom Verzehr ausgeschlossen blieben. Im weiteren Verlauf der NS-Herrschaft blieb die Brotpolitik bedeutend. »Bis zum Ende«, so Uwe Spiekermann, »schied das Brot zwischen Deutschen und Nicht-Deutschen. Vollkornbrot hier – ›Russenbrot‹ dort.«[476]

Begrenzten Erfolg hatte die Verbrauchslenkung schließlich auch im Bereich der Versorgung mit Fisch. Von Beginn an zielte die nationalsozialistische Agrar- und Gesundheitspolitik auf eine zumindest nach damaligen Gesichtspunkten *gesunde* Ernährung. Propagiert wurde eine möglichst fettarme Kost mit relativ geringem Anteil tierischer Produkte. Die eingespielten deutschen Mahlzeitensysteme kannten in den küstennahen Regionen einen hohen Fischanteil, aber im Binnenland

Abbildung 44: Vorschlag für ein Fischwerbeschaufenster, 1934.

beschränkte sich der Konsum von Fisch stärker auf die Fastenzeit und auf die Freitage. Bereits unter Reichskanzler Bismarck hatten die Behörden versucht, den Seefischkonsum anzukurbeln, aber diese Bemühungen zeitigten ebenso wenig durchschlagenden Erfolg wie diesbezügliche Initiativen in der Weimarer Zeit. Die nationalsozialistischen Dienststellen verfügten freilich über durchsetztungsfähigere Methoden der Lenkung.

Sie organisierten den Umbau der Fischindustrie. Die Bevölkerung zögerte noch, aber die Versorgungskrise des Winters 1935/36 sorgte schließlich dafür, dass Fisch als Eiweißlieferant und als Ersatz für Fleisch an Bedeutung gewann. Der Vierjahresplan von 1936 sah dann eine Verdoppelung der deutschen Fischfänge bis 1940 vor. Dass dieses Ziel nicht verwirklicht werden konnte, hatte drei Gründe. Zunächst konnte die zivile Flotte nicht rasch genug ausgebaut werden, weil das Militär die Ressourcen der Werften absorbierte. Darüber hinaus gestattete die Organisation des Einzelhandels nicht, den Handel mit Fisch problemlos zu integrieren. Und schließlich erwiesen sich die Beharrungskräfte des tradierten Mahlzeitensystems wiederum als zu stark, um sich von einem kurzfristigen Wechsel in der Politik erschüttern zu lassen; der Nationalsozialismus hatte die Eigendynamik des kulturellen Wandels verkannt.[477]

Besser ließen sich die Neuerungen dort durchsetzten, wo sie nicht in die Mahlzeitensysteme eingreifen mussten, sondern lediglich Ersatzstoffe bereitstellten. Das betraf vor allem die Produkte, welche die Walfangflotte erzeugte. Um Devisen zu sparen und um die Fett- und Eiweißversorgung den Kriegsvorbereitungsplänen anzupassen, beteiligte sich Deutschland seit 1936 wieder am Walfang. Dem Projekt wurde ein großer Stellenwert eingeräumt. 1937 wurde in Hamburg eine eigene *Reichsstelle für Walfangforschung* eingerichtet. 1938 bestand die Walfangflotte bereits aus sieben Mutterschiffen und 53 Fangdampfern, die im Sommer in die antarktischen Fanggründe ausliefen, um hochtechnisiert Jagd auf Wale zu machen. Die Schiffe waren mit umfangreichen Anlagen ausgestattet, um die Wale auf hoher See weiterzuverarbeiten. Das Fleisch wurde teils tiefgefroren, teils eingepökelt. Um Fracht zu sparen, wurden die Meeressäuger zunehmend auch zu Fleischextrakt verarbeitet. Besonderes Augenmerk galt der industriellen Nutzung des Fetts. Aufwändige Anlagen zur Fettextraktion und zur Fetthärtung ermöglichten es, bereits an Bord Grundstoffe für die Margarineherstellung zu produzieren.[478] Darüber hinaus galt es, das wertvolle Eiweiß der Wale nutzbar zu machen. Mit Hilfe neuer Verfahren gelang es, Eiweißersatzstoffe herzustellen. Diese Produkte wurden in Deutschland mit breiten Anzeigenkampagnen beworben und fanden bald Eingang in die Küchen und Backstuben (siehe Abb. 45).

Überaus stark wirkte sich der Nationalsozialismus auf das Mahlzeitensystem im Bereich der kommerziellen Gastlichkeit, im Bereich der Arbeitswelt, etwa bei Arbeitsessen oder in Kantinen sowie im gesamten öffentlichen Leben aus.

In seinem »Rück- und Ausblick« auf die »Gemeinschaftsverpflegung im fünften Kriegsjahr« resümierte der stellvertretende Leiter der *Fachgruppe Gemeinschaftsverpfleger* Hans Kappert im Dezember 1944: »Die Entwicklung des Krieges machte es notwendig, viele Tausende von Männern und vor allem von Frauen neu in den Arbeitsprozess einzubeziehen. Das hatte zur Folge, dass deren Versorgung von der zu Hause gekochten Einzelmahlzeit auf das gemeinschaftliche Essen in der Werks- und Lagerküche oder Gefolgschaftskantine umgestellt werden musste. Vielfach handelte es sich um Vollverpflegung.«[479] In dem Publikationsorgan

Abbildung 45: Mit aufwändigen Kampagnen wurden die Ersatzstoffe beworben, welche die deutsche Walfangflotte seit 1936 bereitstellte. Fette lieferten unter anderem die Basis für Margarine. Auch das so genannte *Wiking-Eiweiß* fand vielfältige Verwendung. Anzeige der deutschen Eiweiß-Gesellschaft, 1941.

Gemeinschaftsverpflegung wurden die Probleme der Großküchenversorgung intensiv diskutiert und die Ergebnisse der zielgerichteten Forschungen den betroffenen Institutionen zugänglich gemacht. Die Vorteile lagen vor allem auf der Seite der Behörden: In den Großküchen

Abbildung 46: Die verschiedenen Formen der Gemeinschaftsverpflegung wurden in der Zeit des Nationalsozialismus immer wichtiger. Am Ende des Zweiten Weltkrieges prägten sie den Alltag von einem Drittel der Deutschen. Anzeige der Firma Alfred Teves aus dem Jahr 1941.

konnten die Menschen mit genau dosierten Mengen versorgt werden. Sie wurden nach genauesten Vorgaben verpflegt, denn es galt, die Arbeits- und Kriegsfähigkeit der Werktätigen zu erhalten, ohne Ressourcen zu verschwenden. Dazu zählten auch die planmäßige Versorgung mit Mineralstoffen und Vitaminen; die Menschen wurden auf diese Weise eher nach den Prinzipien der modernen Agrarwissenschaften als nach den Grundlinien der Ernährungslehre versorgt, denn zur Kultur des menschlichen Essens und Trinkens gehören Individualität und Freiheit.

Am Ende des Zweiten Weltkrieges bestimmte die Nahrungsaufnahme in den Gemeinschaftsküchen den Alltag von etwa einem Drittel aller Deutschen. In der Zeit der Not konnte die organisierte Speisung durchaus ein Privileg bedeuten. Aber ihr war auch ein starker Zwangscharakter zu eigen, der die Menschen ihrer Individualität beraubte und sie zu nationalsozialistischen Funktionsträgern degradierte.

Schließlich wirkte sich der Nationalsozialismus auch auf den privaten Sektor aus. In einer vermeintlichen *Gemeinschaft des Volkskörpers* wurde das Bild einer Gastlichkeit propagiert, die sich am mythischen Bild eines gesunden *Urbauerntums* orientierte.

So erklärte der nationalsozialistische Kulturhistoriker Friedrich Hussong 1937: »Eine der schönsten Wandlungen aber erleben wir Deutschen gerade jetzt, da wir uns auf die Gaben und Kräfte des eigenen Bodens besinnen und wohl die schönste und stärkste Tischsitte und Tischzucht uns anleben aus einem großen Gedanken zu einem großen Zweck: Das neue Tischbrauchtum, wie es in den Gaben für das Winterhilfswerk, in den Eintopfsonntagen, in der Sorgfalt des Kampfes gegen den Verderb zum Ausdruck kommt. Nie war eine Tischzucht so groß entworfen und eine Tischsitte so einmütig angenommen wie diese eines ganzen Volkes, das um den großen Tisch des Lebens enger zusammenrückt, damit auch der letzte Mann noch Raum daran finde. Und vielleicht wird dieses Rückgreifen auf das Eigene gerade uns wiederbringen, was seit Jahrzehnten immer mehr allen abhanden kam: Nationalküche eigener Artung.«[480]

Auch diese Hoffnungen der Nationalsozialisten erfüllten sich letztlich nicht, denn die so genannte *deutsche Küche* geriet nach der Befreiung in den Sog der Westorientierung und adaptierte viele Elemente fremder Esskulturen.

Zu großen Teilen hing dieser Trend mit den demographischen Veränderungen zusammen, die der Zweite Weltkrieg der europäischen Kultur beschert hatte. Flucht und Vertreibung brachten Millionen von Menschen um ihre Heimat. Pommern, Schlesier und Ostpreußen zogen nach Westen. In ihre angestammten Siedlungsräume zogen nun Menschen, die ihrerseits den Verlust der ostpolnischen Heimat zu beklagen hatten. Auch in der Sowjetunion kam es zu dramatischen Bevölkerungsverschiebungen.

Welche Auswirkungen hatten diese Wanderungen auf die Kultur der Ernährung? In der Forschung ist immer wieder betont worden, wie stark die ostdeutschen Regionalküchen in der neuen Bundesrepublik zur Wahrung der gefährdeten Identität beigetragen hätten.[481] Tatsächlich ist unbetritten, dass etwa schlesische Metzgereien oder Königsberger Klopse über Jahrzehnte hinweg eine wichtige Rolle spielten und heute immer noch spielen. Aber der stete Mangel und die Ausnahmesituation, in der sich die meisten Flüchtlinge befanden, führten dazu, dass viele Traditionen nicht mehr weitergegeben werden konnten. Eine ganze Generation von Köchen und Hausfrauen konnte die regionalen oder lokalen Muster der Ernährungskultur nicht mehr lernen und in der neuen Heimat anwenden. Sie wurden dann zu den Pionieren der neuen europäischen Küche nach 1945. Der Krieg zerstörte die ostdeutschen Küchensysteme in ihrer ganzen Komplexität. Nur folkloristisch umgedeutete Einzelelemente überlebten, denn zum System der Ernährung gehörten Zutaten, die im Westen nicht erhältlich waren, und Mahlzeitenordnungen, die zerbrechen mussten, da sie Ausdruck einer komplizierten Sozialstruktur waren.

Was brachten die Jahre 1914 bis 1945 den europäischen Küchen im Ergebnis? Vor allem Mangel und Hunger. Die Krisen und Kriege führten kaum zu Neuschöpfungen. Sie modifizierten und sie behinderten, aber mit nur wenig Schaffenskraft. Technische Neuerungen, die außerhalb Deutschlands entwickelt wurden, wie etwa der gefriergetrocknete Kaffee in Pulverform, blieben noch in Amerika. Lediglich für die Wehrmachtsangehörigen wurde Diverses entwickelt. So versorgte man die Soldaten so weit möglich unter anderem mit Schokolade und Traubenzucker. Zudem erhielten viele von ihnen Fertiggerichte auf Sojabasis sowie Tiefkühlkost.[482] Für die Masse der Bevölkerung brachten Ersatzstoffe gewisse Veränderungen. So wurde Lebertran durch künstliche Vitamine ersetzt, und auch die Anfänge der Vitaminisierung der Margarine fallen in die Zeit um 1940. Grundlegende Neuerungen kamen aber erst nach 1945.

KAPITEL 12

Vom Hunger zur »Fresswelle« und zurück

1945-2001

Das Jahr 1945 brachte Europa mit dem Ende des Zweiten Weltkrieges eine Zeitenwende: Die Kapitulation der Wehrmacht im Mai markiert mit der so genannten *Stunde Null* den Beginn der gesellschaftlichen Gegenwart. Überall dort, wo der nationalsozialistische Apparat noch funktioniert hatte, brach er zusammen. Das bedeutete aber auch das Ende vieler Strukturen, die die Verteilung der Lebensmittel organisiert hatten. Allerdings blieb der Reichsnährstand faktisch bestehen, und die Besatzungsbehörden bedienten sich der Reste dieses Apparates.

Das Ende des Dritten Reiches und der Beginn des Besatzungsregimes bedeutete für das politische, wirtschaftliche und kulturelle Leben in Deutschland Einschnitte, wie sie tiefer nicht sein konnten. Ähnlich großen Wandel erfuhren die Nachbarländer. Sie erlebten Befreiung, Neuorientierung oder neue Besatzungen.

Wie wirkte sich der radikale Wandel auf die Kultur der Ernährung aus? Die historische Betrachtung zeigt, dass die Nahrungssysteme auf Neuerungen prinzipiell schwerfällig reagieren, dass die Menschen bestrebt sind, am Bewährten festzuhalten. Dem Ende des Nationalsozialismus und der veränderten materiellen Basis folgte ein zwangsläufiger Wandel.

Welche Veränderungen die ideologische Basis im Hinblick auf die Nahrungskultur erfuhr, ist jedoch bislang noch nicht genauer untersucht worden. Die Volksgemeinschaft der NS-Zeit hatte ihre Entsprechung in der ideologisch orientierten Tischgemeinschaft. Auch wenn das Bestreben, die täglichen Mahlzeit ideologisch umzuformen, keine durchschlagenden Erfolge gezeitigt hatte, so war es doch immerhin zu Ansätzen gekommen, die so bald nicht untergehen konnten. Daher fanden ver-

Abbildung 47: Kölner Frauen haben im ländlichen Umland Lebensmittel *gehamstert*. Mit voll bepackten Rucksäcken kehren sie im März 1946 heim.

mutlich auch Elemente der spezifisch nationalsozialistischen Nahrungskultur zunächst Eingang beziehungsweise blieben in der Esskultur der Nachkriegszeit bestehen, aber diese Annahme muss vorerst Spekulation bleiben.

Kehren wir zu gesicherten Fakten zurück.[483] Nach der Kapitulation herrschte in Deutschland Hunger, und die Lage wurde immer dramatischer. In Köln beispielsweise wurde das alte Ernährungsamt zwar bereits zwei Tage nach dem Einmarsch der amerikanischen Truppen im März 1945 neu gebildet, aber die Ernährungskrise verschärfte sich dennoch. Zunächst wurden die letzten Vorräte aufgebraucht. Es blieb den Rheinländern nichts anderes übrig, als zu betteln oder bei den Bauern der Umgebung Sachgüter und Dienstleistungen gegen Lebensmittel einzutauschen. Dieses so genannte *Hamstern* war vielen bereits aus dem Krieg bekannt. Nun wurde es auf Jahre zur wichtigen Überlebensstrategie.

Gegen den blühenden Schwarzmarkt konnten die Behörden trotz regelmäßiger Razzien kaum etwas ausrichten. Zwar begannen die ersten Hilfsorganisationen schon im November 1945, etwa in den Kölner

Abbildung 48: In verschiedenen Schulen – hier in Köln-Ehrenfeld – wird die *Cralog-Kinderspeisung* aus Spenden von Deutsch-Amerikanern im Juni 1947 an Kleinkinder ausgegeben.

Volksschulen, Mahlzeiten an die Kinder auszugeben, aber die Hilfe erreichte nur wenige. Für die meisten Menschen blieb der Hunger eine konkrete Bedrohung, zumal die offiziellen Kartoffelzuteilungen zwischen Dezember 1945 und Juni 1946 vollständig eingestellt wurden.

Der *Manchester Guardian* schilderte der englischen Öffentlichkeit im Februar 1946 eindringlich, wie ernst die Lage war: »Zwei Scheiben Brot, vielleicht mit einem dünnen Häubchen Margarine darüber,

Abbildung 49: Januar 1947, Razzia am Kölner Stapelhaus. Der Polizist erwischt den alten Mann mit zwölf Riegeln Schokolade. Die kostbare Ware wird sofort konfisziert.

einen Löffel voll Milchsuppe und zwei kleine Kartoffeln«, also allenfalls 1 046 Kalorien – umfangreicher seien die Tagesrationen der Kölner nicht gewesen.

Die Talsohle war damit aber noch nicht erreicht. Im März 1946 wurden die Brotrationen halbiert. Der Ausbau des Kartensystems brachte zunächst keine durchgreifende Besserung, obwohl im August 1946 490 000 Menschen in Köln mit Hilfe von Lebensmittelkarten versorgt wurden.[484]

Köln war kein Einzelfall. In weiten Gebieten Deutschlands verschärfte sich die Situation in den folgenden Monaten sogar noch. Vor allem der Winter 1946/47 brachte vielen Menschen extreme Härten; das Schlagwort vom *8. Kriegswinter* war in aller Munde. Es war außergewöhnlich kalt, Industrie und Kohlenversorgung lagen lahm. Plausible Schätzungen gehen davon aus, dass das Zusammenwirken von Kälte und Unterernährung bis zu 20 000 Todesopfer forderte. Die Zahlen wären allerdings weit größer gewesen, wenn die Alliierten nicht massiv eingegriffen hätten. Ihre Hilfe verhinderte eine totale Hungerkatastrophe. Vor allem die Briten unterstützten die Deutschen mit großen Lebensmittellieferungen

rungen, obwohl deren eigene Bevölkerung enorme Opfer bringen musste.[485]

Mangel und Hunger führten in der Zeit des radikalen Umbruchs zu einer Situation, die nicht nur wegen der materiellen Entbehrungen schwer zu ertragen war. Hinzu kam eine weit verbreitete Identitätskrise; viele alte Werte galten nicht mehr, und neue Werte waren noch nicht gefunden. In schwierigen Zeiten greifen Menschen auf bewährte Verhaltensmuster zurück, um emotionale Sicherheit zu erlangen. Dass gerade das alte Ernährungssystem vom Wandel am stärksten betroffen war, verschlimmerte die Lage. Allerdings besteht die Esskultur nicht nur aus der materiellen Komponente. Mahlzeitenfolge, Sitzordnung oder Tischgebet – viele Faktoren konnten beibehalten werden. Die Wahrung traditioneller Muster erlangte für die heimische Zivilbevölkerung und in noch stärkerem Maße für die Ostflüchtlinge überragende Bedeutung im Prozess der Identitätsbildung.[486]

Die alliierte Besetzung brachte Deutschland die Einteilung in unterschiedlich strukturierte Besatzungszonen. Damit erlangte die Politik überragenden Einfluss auf die Ernährungslage und somit unmittelbar auf die Esskultur. So führten die restriktiven Maßnahmen in der sowjetisch besetzten Zone zu einer neuen Welle zwangsverordneten Hungers und zudem zu einem politisch initiierten Bruch mit alten Traditionen. Innerhalb der Westzonen war die Ernährungslage im Vergleich dazu besser, wobei die Situation im französisch besetzten Gebiet schlecht, in der amerikanischen und in der britischen Zone dagegen günstiger war. Der Unterschied zwischen Ostdeutschland und den drei Westzonen bestand in erster Linie in den alliierten Hilfslieferungen, die die Lage im Westen erträglicher machten. Vergleichbare Hilfen erreichten den Osten nicht. Die durchschnittliche Kalorienzahl lag dort zwischen 1946 und 1948 wie im Westen bei teilweise nur 1 000 Kalorien pro Kopf und Tag; aber 1 800 Kalorien sind die errechnete Mindestmenge für eine Grundversorgung. Während die Hilfslieferungen im Westen immer wieder zumindest vorübergehende Entspannung brachten, blieb der Osten auf niedrigem Niveau. Immerhin gelang bis 1948 eine Steigerung auf etwa 1 500 Kalorien.

Die Unterschiede zwischen Ost und West macht die Statistik der Tuberkulose-Todesfälle deutlich, denn diese Quote kann als Gradmesser für den Lebensstandard dienen. Kurz vor Ausbruch des Zweiten Weltkrieges, also bereits in der Phase der Rationierungen, kamen im Deutschen Reich 6,2 Tuberkulose-Todesfälle auf 10000 Einwohner. Diese Quote betrug im Jahre 1946 in den Westzonen 7,4. In der sowjetischen Zone lag sie mit 18,0 Todesfällen um 143 Prozent darüber![487]

Anfangs zögerten auch die britischen und amerikanischen Behörden bei der Zulassung von Hilfsmaßnahmen. Eine deutlich bessere Versorgung stellte sich erst ein, nachdem der amerikanische Außenminister Marshall am 5. Juni 1947 das *European Recovery Program* angekündigt hatte.[488] Die Konsequenzen dieser Politik brachten weiten Teilen Westeuropas das Ende des Hungers, während in Osteuropa die Lage noch lange kritisch blieb, zumal die UdSSR den Plan abgelehnt hatte und die Kriegsschäden im eigenen Land deutlich größer waren. Die Deutschen hatten die Sowjetunion systematisch ausgeplündert und nicht nur etwa 80000 Städte und Dörfer zerstört, sondern auch die Infrastruktur. Die Versorgung der eigenen Bevölkerung und der Wiederaufbau stellten die Sowjetunion vor große Aufgaben, die für die USA so nicht bestanden.[489]

Im europäischen Osten vollzog sich nach 1945 ein besonders tief greifender Wandel. Mit den baltischen Ländern, Polen, Ostdeutschland, der Tschechoslowakei, Ungarn, Rumänien und den Balkanländern war eine ganze Reihe von Staaten unter sowjetischen Einfluss geraten. Was bedeutete das für die Nahrungskultur? Deren Grundlagen werden von kulturellen Mustern und Normen gebildet, daran beteiligt sind aber auch Landwirtschaft und Industrie. Alle diese Faktoren änderten sich nun in den Ländern, die inzwischen sozialistisch regiert wurden, aber mit unterschiedlicher Intensität.

Zwei Beispiele machen diese Entwicklung deutlich. Das erste Beispiel ist die Tschechoslowakei. Vor allem im östlichen slowakischen Landesteil erfolgte die Kollektivierung der Landwirtschaft zügig. Aus den Kleinbauern wurden agro-industrielle Kolchosenarbeiter nach Sowjetvorbild. Bald aßen viele von ihnen die regionalspezifischen Gerichte nur noch selten. Stattdessen kamen standardisierte Nahrungsmittel auf den Tisch, die den zentral gelenkten Planvorgaben zu entsprechen hatten. Zugleich ersetzte die Massenabfertigung in der Kantine die festgefügte Mahlzeitenordung am heimischen Tisch. Ähnliche Entwicklungen vollzogen sich im Süden Rumäniens, in den großen Kolchosgebieten Weißrusslands und in Litauen. In diesen Regionen lassen sich der gesellschaftliche und der kulturelle Wandel besonders deutlich an der Veränderung der Nahrungskultur ablesen.[490]

Ein Küchensystem schafft kulturelle, soziale und vor allem auch nationale, regionale und lokale Identität.[491] Wesentliche Elemente der traditionsgeprägten Identität gingen mit der Sowjetisierung verloren. Dafür kam es zu ersten Ansätzen einer neuen Identität. Dass sich dieses Bewusstsein nicht so stark ausbildete wie historisch gewachsene Identitäten, sollte die spätere gesellschaftliche Entwicklung in diesen Gebieten nachhaltig behindern.[492]

Dass solche Prozesse noch radikaler und brutaler ablaufen können, zeigt das chinesische Beispiel. Hingegen beweist das Beispiel der Vereinigten Staaten, dass der Prozess der Homogenisierung der Esskultur auch ohne staatlichen Zwang ablaufen kann.

Eine andere Entwicklung nahmen die Dinge in Polen. Hier blieben die alten Agrarstrukturen in viel stärkerem Maße bestehen, und mit ihnen auch die Siedlungs- und die Nahrungskultur. Dieses höhere Maß an Kontinuität sowie die traditionsbewahrende Funktion der Kirche sind dafür verantwortlich, dass Polen einen anderen Weg als seine »sozialistischen Bruderländer« genommen hat und dass sich ein weit grösseres Maß an nationaler Identität erhalten konnte.[493]

Eine Sonderrolle spielte auch die Deutsche Demokratische Republik. Obgleich deren Führung intensiv darum bemüht war, die Versorgungslage zu bessern, gelang dies zunächst nicht im gewünschten Umfang. Während das Nahrungsangebot in der Bundesrepublik kontinuierlich stieg, musste das Politbüro der SED im *Bericht zur Versorgungslage* im Mai 1960 ein ernüchterndes Fazit ziehen: »Viele beziehungsweise die meisten Käufe kommen nur dadurch zustande, weil die Kundschaft resigniert; sie kauft, weil sie nicht daran glaubt, doch zu der Ware zu kommen, die sie tatsächlich kaufen möchte.«

In den folgenden Jahren besserte sich die Versorgungslage dann allerdings zunehmend, zumal die Landwirtschaft auf fruchtbareren Böden und meist auch auf größeren Flächen betrieben werden konnte als im Westen. Seit dem Ende der 1960er Jahre wurden in der DDR zunehmend hochpreisige Genussmittel wie Süßwaren, Kaffee und vor allem alkoholische Getränke nachgefragt. Dennoch gelang es in den folgenden Jahren nicht, den Abstand zur Bundesrepublik zu verringern, denn dort wurde die Landwirtschaft immer stärker mechanisiert und industrialisiert. Zusätzlich stiegen die Agrarimporte. Daher beschloss die politische Führung der DDR 1977, das bestehende Netz von *Delikat-* und *Exquisit-*

Läden auszubauen, um die Wünsche der Bevölkerung nach Importlebensmitteln zumindest zum Teil erfüllen zu können.[494]

Letztlich spiegelte sich die Sehnsucht der DDR-Bürger nach westlichem Lebensstandard in kaum einer Objektivation so deutlich wider wie in der Nahrung. Bohnenkaffee, Schokolade und Bananen wurden zu Symbolen der Begehrens. Das Regime erkannte den vor allem psychologischen Mechanismus und versuchte mit großem Aufwand und mit teilweise beachtlichem Erfolg, bei der Fleischversorgung der Bevölkerung mit Westdeutschland Schritt zu halten. Der eintretende Effekt war jedoch, dass die Bürger Orangen und Bananen zu Ikonen des Wohlstandes erkoren und damit genau das taten, was ihr Staat in seinen Plänen nicht hinreichend berücksichtigt hatte. Bis zur Wende des Jahres 1989 waren diejenigen Lebensmittel, die in der DDR gut zugänglich waren, vergleichsweise unbeliebt, während die schwer erhältlichen Waren besonders begehrt waren. Das änderte sich bald nach 1989: Heute sind die Zigaretten der Marke *F6*, *Spreewaldgurken*, das als *Goldbroiler* bezeichnete Brathähnchen oder *Radeberger Pils* Träger einer neuen Identität und für viele auch Mittel, um ihrer Sehnsucht nach der alten DDR-Geborgenheit Ausdruck zu verleihen.[495]

Auch im westlichen Teil Deutschlands bestimmte die Politik die Esskultur nachhaltig. Der Begriff *Fresswelle* wurde zum vielzitierten Schlagwort, das jenes Jahrzehnt charakterisiert, das der Einführung der D-Mark im Juni 1948 folgte.[496] Zunächst war diese Welle von einem massiven Anstieg der Kalorienversorgung gekennzeichnet. Hinzu kam eine Verschiebung der Nachfrage. Grobgemüse, etwa Kohl, ging im Preis ebenso zurück wie Fischkonserven und Frühkartoffeln, weil das Angebot die Nachfrage nun überstieg. Jetzt standen die Lebensmittel in der Käufergunst ganz oben, denen eine höhere kulturelle Wertigkeit zugesprochen wurde und die den Geschmacksidealen entsprachen: Sahne, Butter, Alkoholika und vor allem Fleisch.

Woher kam dieses Bedürfnis? Eine große Rolle spielte die Tatsache, dass die meisten Waren über lange Jahre hinweg rationiert worden waren. Nun gab es endlich eine Vielfalt des Angebots. Alle diejenigen Güter, die es zuvor – wenn überhaupt – *auf Karte* und damit zwangsverordnet gegeben hatte, wurden nun vergleichsweise unbeliebt. Dagegen fragten die Konsumenten die Waren verstärkt nach, die zuvor nur schwer erhältlich gewesen waren. Bei diesem Mechanismus wirkten sich psychologische Faktoren stark auf das Konsumverhalten aus.[497]

Einige Verbrauchszahlen verdeutlichen die quantitativen Dimensionen der *Fresswelle*. So nahm der Pro-Kopf-Verbrauch an Schweinefleisch im Jahr in der Bundesrepublik zwischen 1950 und 1960 von 19 auf beinahe 30 Kilogramm zu. Der Eierverbrauch stieg von 7,4 auf 13,1 Kilogramm, und der Verbrauch von Geflügel verdreifachte sich sogar. Der Kartoffelverzehr nahm hingegen von 184 auf 132 Kilogramm ab. Die Politik hatte diese Trends nachhaltig gefördert. Bei dem *Grünen Plan* des Jahres 1955 handelte es sich um eine Bundesinitiative, die vorsah, den heimischen Agrarmarkt wettbewerbsfähiger zu machen und ihn vor billigen Importen zu schützen. Großzügige Subventionen erlaubten beispielsweise die Anlage riesiger agro-industriell betriebener Hühnerfarmen. Der Grüne Plan führte auf diese Weise zu einer erheblichen Produktionssteigerung, aber auch zu einer Mechanisierung und Chemisierung der gesamten Landwirtschaft.[498]

Mit der *Fresswelle* gingen schließlich auch eine Rauch- und eine Trinkwelle einher. Der jährliche Zigarettenverbrauch pro Kopf stieg von 498 auf 1 619 Stück. Zudem rauchten nun immer mehr Frauen. Und anstatt 37 Liter pro Kopf und Jahr, wie noch 1950, tranken die Menschen in der Bundesrepublik 1960 bereits jeweils 120 Liter Bier. In den Nachbarländern kam es überall dort zu stark steigenden Konsumzahlen, wo die ökonomischen Rahmenbedingungen es erlaubten.[499]

Während die Verbrauchsteigerungen in den 50er Jahren des 20. Jahrhunderts enorm waren, blieben viele andere Bereiche der Nahrungskultur weitgehend unverändert. Das traf vor allem auf wesentliche Elemente der Kultur des Essens und des kulturellen Systems der Küche zu.

Insbesondere die Struktur der Mahlzeit änderte sich nicht grundlegend. So blieb die Vorsuppe mit Einlage, die bereits im 19. Jahrundert Karriere im Bürgertum gemacht hatte, grundlegender Bestandteil des Festessens. Mit dem steigenden Fleischverbrauch fand die Suppe mit Einlage in der Nachkriegszeit auch auf dem Land flächendeckende Verbreitung.[500]

In ländlichen Regionen gab es seit der Vormoderne feste Normen, die das Zusammenleben der Menschen regelten und zu großen Teilen das Essen betrafen. Über die Betrachtung des Essens sind viele gesellschaftsprägende Normen überhaupt erst zu erschließen. Ländliche Festessen wurden anlässlich von Geburtstagen, Taufen, Beerdigungen und vor allem Hochzeiten ausgerichtet. Die Trägergruppe erwartete, wenn das

Abbildung 50: Wichtiger Bestandteil eines Festessens war die Suppe mit Einlage, hier mit Markbällchen. Aufnahme aus dem rheinischen Meindorf (Siegkreis), 1951.

soziale Muster es wie im rheinischen Meindorf bestimmte, eine Mahlzeit, bei der es vor dem Hauptgericht eine Suppe mit Markbällchen gab (siehe Abb. 50). Ein Abweichen von dieser Norm wäre sanktioniert worden.

Ein weiterer wichtiger Brauchtumstermin war Silvester. Auch dieses Fest wurde nach genau definierten Regeln gefeiert, die allerdings nicht

Abbildung 51: Silvesterfeier mit Weck und Wurst. Mastershausen, 1950.

schriftlich fixiert wurden. In Mastershausen (Landkreis Zell an der Mosel) beispielsweise aß eine in ihrer Zusammensetzung fest definierte Gruppe an Silvester *Weck* (Brötchen) und Wurst (siehe Abb. 51).

Vor allem zwei Gründe waren dafür verantwortlich, dass die alten Kulturmuster auch in der zweiten Hälfte des 20. Jahrhunderts vorerst noch nicht aufgebrochen wurden. Zunächst war zwar die verfügbare Menge an Nahrungsmitteln deutlich gestiegen, aber Vielfalt und Auswahl hatten noch keine Erweiterung erfahren. Fehlende Mobilität und Mangel an attraktiven Alternativen ließen die traditionelle Feier fortbestehen. Damit blieb auch die Funktion des gemeinsamen Essens, nämlich das Gefühl der Gruppenidentität zu vermitteln, erhalten.

In den 60er Jahren erreichten die Veränderungen der Esskultur eine neue Dimension. In den westlichen Industrieländern wurde ein langanhaltender Wirtschaftsaufschwung zum Kennzeichen der *Sixties*. In der Bundesrepublik markiert das Inkrafttreten des Atomgesetzes am 1. 1. 1960 den Beginn der optimistischsten Dekade des 20. Jahrhunderts. Das Gesetz regelte die freie und ungehinderte Erforschung und Nutzung der Kernenergie. Es war Ausdruck einer beinahe hemmungslosen Fortschrittsgläubigkeit.[501] Die Technisierung begann, weitere Bereiche des täglichen Lebens zu durchdringen. Die meisten Menschen kamen mit den Neuerungen in ihrer Küche in Berührung. Dort hielten Kühlschrank und Küchenmaschine Einzug, Fertiggerichte waren auf dem Vormarsch, und viele traditionelle Muster galten nun als altmodisch.

Das Prinzip der modernen Kühltechnik wurde bereits im 19. Jahrhundert entwickelt, fand aber zunächst fast ausschließlich in Gastronomie und Industrie Verwendung. Der Haushaltskühlschrank setzte sich in Mitteleuropa erst in den 1960er Jahren durch, nun aber rasch und bald flächendeckend. Der Einsatz des Kühlschranks bedeutete für die traditionelle Hauswirtschaft eine bahnbrechende Neuerung. Bis zu dieser Zeit hatten die traditionellen Konservierungsmethoden Trocknen, Einsalzen, Räuchern und Einkochen den Alltag im Haushalt beherrscht. Zudem hatten sie den Speisenplan im Jahreslauf bestimmt und damit große Teile des kulturellen Systems der Küche geprägt. Jetzt ermöglichten der Kühlschrank und die Gefriertruhe beispielsweise denjenigen, die im Herbst selbst schlachteten, das Fleisch einzufrieren. Dadurch verdrängten Kotelett und Schnitzel die geräucherten Würste, die Wurstkonserven und Wurstgläser. Durch die neuen Kühlmethoden konnten außerdem mehr frische Nahrungsmittel verzehrt werden.

Dieser Trend wurde durch die Einführung der Fertig-Tiefkühlkost, die in den Vereinigten Staaten bereits auf eine längere Tradition zurückblickte, beschleunigt. In Deutschland spielten diese Nahrungsmittel in der Nachkriegszeit noch keine Rolle, und auch im Jahre 1960 verzehrten die Bundesbürger lediglich 400 Gramm pro Kopf. Bis 1990 stieg dieser Wert auf rund 16 Kilogramm. Auch der Geschmack der Fertiggerichte veränderte sich durch den zunehmenden Einsatz von Geschmacksverstärkern wie *Natriumglutamat*. In den Kühltruhen der Geschäfte lagen zunächst vor allem zubereiteter Spinat sowie Tiefkühlhähnchen. Bald erweiterte sich das Spektrum. Seit den späten 70er Jahren wurde die Tiefkühlpizza so wichtig, dass sie bald eine zentrale Rolle in der westeuropäischen Ernährungskultur spielte.[502] Die Fülle der Neuerungen führte dazu, dass die Experimentierfreude in den europäischen Haushalten stieg und der Faktor Tradition an Einfluss verlor.

Dazu trugen auch neue Vertriebsformen maßgeblich bei, denn der *Supermarkt* revolutionierte den Einkauf. Seit der Mitte der 50er Jahre gingen immer mehr Lebensmittelgeschäfte in den urbanen Zentren Westeuropas dazu über, die Waren nicht mehr über die Ladentheke zu reichen, sondern die Kunden sich selbst bedienen zu lassen. Die Selbstbedienung kam den Wünschen der Menschen offenbar entgegen. Sie ermöglichte

Abbildung 52: Der Haushaltskühlschrank setzte sich in den europäischen Industrieländern in den Jahren um 1960 durch.

einen neuen Zugang zu den Dingen. Man konnte die Waren anfassen und hatte direktere Auswahlmöglichkeiten. Die Waren wurden nun auch viel aufwändiger verpackt. Infolge des Konzeptes der Sichtverpackung wurde das Aussehen der Waren bei der Auswahl immer wichtiger. Eine der Konsequenzen war die zunehmende Relevanz von Markenidentitäten.[503]

Für die Genese der modernen Ernährungskultur spielte schließlich auch die so genannte *Reisewelle* eine tragende Rolle. Der allgemeine Wirtschaftsaufschwung, die Lockerung vieler Grenzbestimmungen und die Massenmotorisierung führten in den frühen 60er Jahren zu dieser Reisewelle: Nun begannen in den Niederlanden, in Skandinavien und in Deutschland, bald darauf in Frankreich und in England auch die Durchschnittsverdiener zu reisen. Der Strom ergoss sich zunächst in den Alpenraum sowie an die Nord- und die Ostsee, bald aber auch nach Italien und schließlich bis nach Spanien und Griechenland.

Die Mobilität eröffnete den Reisenden den Blick auf andere Kulturen, so auch auf die des Essens. Die große Kaufkraft machte den Restaurantbesuch im Süden zudem sensationell billig. Viele der Reisenden erlebten die Gastländer in erster Linie am Strand und im Restaurant. Auf diese Weise entstanden die ersten Kontakte mit fremden Mahlzeitensystemen, mit Pizza, Spaghetti, Paella und Gyros.

Zurück in der Heimat ließ sich der Urlaub dann nachdrücklich in Erinnerung rufen, wenn man in die Pizzeria ging oder die Gerichte aus den Urlaubsländern nachkochte. Auf diese Weise übte die *Reisewelle* großen Einfluss auf die Entwicklung der mitteleuropäischen Nahrungskultur aus.

Neben der Kühltechnik und der Reisewelle gehörte die Imbisskultur zu jenen Faktoren, welche die mitteleuropäische Nahrungskultur in den 60er Jahren nachhaltig veränderten. Drei Voraussetzungen waren notwendig, um den Aufstieg der zeitigsten deutschen Variante der neuen Imbisskultur, nämlich der *Pommes frites-Bude*, zum Erfolg werden zu lassen. Zunächst bedurfte es eines Netzes von Kiosken und mobilen Buden. Erst auf der Grundlage dieser infrastrukturellen Basis war die Durchsetzung der Pommes frites-Kultur möglich. Außerdem mussten die neuen Buden in ein kulturelles Raster passen, um überhaupt akzeptiert zu werden. Und schließlich benötigte man einen Weg, über den die neue Kultur von ihrem Ursprungsgebiet nach Deutschland kommen konnte.[504]

Eine größere Zahl von separaten Ständen, an denen Getränke und zum Teil auch Nahrungsmittel verkauft wurden, gab es in Deutschland seit der zweiten Hälfte des 19. Jahrhunderts. Im Rheinland und im westfälischen Ruhrgebiet tragen sie seit dieser Zeit einen Namen, der nun wieder im Verschwinden begriffen ist: *Trinkhallen*. In Köln gelang es Carl Nebgen zu Beginn des 20. Jahrhunderts, ein ganzes Netz solcher Trinkhallen aufzubauen. Bis 1945 verkauften die Nebgen-Trinkhallen wie die übrigen Kioske des Rheinlandes vor allem Getränke und Tabakwaren, in geringerem Umfang auch Kekse. Mahlzeiten wurden nicht angeboten, denn bisher war es verpönt, auf der Straße zu essen.

Schon bald nach Kriegsende wurden die ersten Trinkhallen wieder aufgebaut. In den Notjahren war das Verkaufsangebot vor allem vom Improvisationstalent der Betreiber abhängig. So verkaufte die Erbin der Nebgen-Kette bisweilen *Fondant*, eine gerührte Masse aus gekochtem Zucker, wenn sie den Rohstoff beschaffen konnte. Anderen Betreibern gelang es bereits 1946, Reibekuchen anzubieten. Wer Beziehungen zum bäuerlichen Land hatte, der brachte, wenn sich die Gelegenheit ergab, Backwaren und Fleisch in die Stadt. Man erzielte damit die höchsten Handelsgewinne, wenn man daraus Fertigprodukte herstellte und sie an der Straße verkaufte. Zu diesem Zweck wurden oft provisorische Bretterbuden aufgestellt. In diesen *Trümmerbuden* wurden in der Zeit der Besatzung die spöttisch *Frikabrötchen* genannten Hackfleischbällchen gegen Reichsmark an die wenigen verkauft, die sich diesen Luxus leisten konnten.[505]

Warum stieß die mobile Esskultur auf immer breitere Resonanz? Köln gehörte zur britischen Besatzungszone. Fremde Soldaten patrouillierten durch die Stadt, im Gehen essend, wie es in ihrer Heimat bereits seit längerer Zeit üblich war.[506] Viele Einheimische imitierten diese Verhaltensweisen und akzeptierten die Angebote der *Trümmerbuden* bald. Insgesamt aber bewegte sich das Angebot noch auf einem sowohl qualitativ als auch quantitativ recht niedrigen Niveau.

Erst die Währungesreform brachte einen deutlichen Aufschwung. In der Kölner Fleischmenger-Gasse eröffnete die *Pußta-Hütte*, in der es scharf gewürzten ungarischen Gulasch gab. Das Angebot der Kölner Buden wurde zu Beginn der 50er Jahre um die Brühwurst erweitert.

Um 1960 erlebte der klassische Nachkriegskiosk seine Blütezeit. Fast konkurrenzlos beherrschte er den expansiven Imbissmarkt.

Dem Publikum, das immer kaufkräftiger wurde, genügte das Angebot dieser Buden aber bald nicht mehr. Zu den aus Schweinefleisch gefertigten Würsten trat Geflügel aus der neu entstehenden Großproduktion hinzu. Synomym für den neuen Trend steht der Name *Wienerwald*.[507]

Die Reisewelle brachte in den 60er Jahren ein weiteres Novum. In den Niederlanden und in Belgien lernten die Reisenden die frittierten Kar-

Abbildung 53: Ein Schnellimbiss zu Beginn der 50er Jahre.

toffeln kennen und lieben. Dort war in Fett Gebratenes schon länger weit verbreitet, weil der höhere Viehbestand und die Kolonien beziehungsweise die guten Beziehungen zu den ehemaligen Kolonien eine bessere Speiseöl- und Fettversorgung ermöglicht hatten als in Deutschland.[508] Der heimische Markt reagierte prompt und bot das neue Leibgericht bald an. Die wachsende Beliebtheit der Pommes frites rührt nicht zuletzt von einem Wandel des Geschmacks her, der gebratene beziehungsweise frittierte Speisen den gekochten Speisen vorzuziehen begann. Der Siegeszug, den *Schnitzel* und *Kotelett* nun antraten, ist in diesem Zusammenhang zu sehen.[509]

Die 50er Jahre brachten größere Lebensmittelquantitäten, während sich in den 60er Jahren neue Lebensmittel, neue Zubereitungsarten und neue Kühlmethoden durchsetzten. Bis auf die Imbisskultur und das neue Essen im Stehen veränderte sich das System der Mahlzeiten dagegen zunächst noch nicht. Die Art und Weise, wie man aß, die Kommunikation bei der Mahlzeit, die Tischordnung – alle diese Aspekte blieben strukturell unverändert. Lediglich die stärkere Verbreitung des Fernsehapparates hatte in den 60er Jahren zu zunächst leichten Modifikationen geführt.[510] Erst zögerlich, bald aber immer mehr löste das Fernsehen die Tischordnung auf und wurde gewissermaßen zum Haupt des Tisches: Auf den Fernseher richteten sich die Blicke und er beeinflusste die Gespräche. Mit der Zeit gelang es dem Fernseher, die gewachsene Tischkultur maßgeblich zu modifizieren oder gar zu zerstören.

Zu weiteren strukturellen Änderungen kam es dann im Rahmen der westeuropäischen Studentenunruhen der Jahre 1967 und 1968. Der neuen und vehement vorgebrachten Kritik an den bürgerlichen Normen folgte bald eine Kritik an der bürgerlichen Esskultur. Diese Kritik fand zunächst Ausdruck in der völlig neuen Form des Zusammenlebens, in der *Kommune*.[511]

Wie konnte man dem alternativen Lebensentwurf in der Kommune Ausdruck verleihen? Meist wird in diesem Zusammenhang vor allem die Sexualität thematisiert, aber die Realität des Jugendprotests lässt sich allein mit Hilfe dieses Indikators kaum nachzeichnen.

Weit größeren Niederschlag fanden die revolutionären Bemühungen am Esstisch, oder besser gesagt sie fanden in allererster Linie am Esstisch statt. Bis zu dieser Zeit beherrschte die *Tischzucht* die westeuropäische Mahlzeitenkultur. Die strenge Tischordnung war ein Produkt von Kaiserzeit, Weimarer Intermezzo und Nationalsozialismus. 1945 brachte der Struktur der Mahlzeit keine scharfe Zäsur: Mahlzeitenordnung und Tischsitten hatten sich während der NS-Zeit weniger schnell entwickelt als viele andere Kulturmuster, und sie erlebten anschließend auch keine *Stunde Null*.

Für die Analyse der Tischsitten des 20. Jahrhunderts ist ein weiterer Punkt wichtig. Speisenangebot und Zubereitungsarten hatten sich seit dem Ende des Krieges nachhaltig verändert, das Verhalten bei Tisch jedoch nicht. Da aber die Erziehung der Kinder und der Jugendlichen auch bei Tisch erfolgt, waren Tischsitten und gesellschaftliche Entwicklung der Jugend bald nicht mehr kompatibel.

Ein wichtiger Leitspruch der Erziehung bei Tisch war der mahnende Satz »So lange Du die Füße unter meinen Tisch steckst …«, der bis in die Gegenwart nachwirkt. Die Protestbewegung der späten 60er Jahre wandte sich sowohl in Deutschland als auch in den westlichen Nachbarländern gegen jenes hierarchisch-patriarchalische Gesellschaftssystem, das in diesem Satz zum Ausdruck kam. In den zunächst nur wenigen Wohngemeinschaften und Kommunen bestand ein wesentlicher Teil des alternativen Lebenskonzeptes in dem Versuch, jede repressive Ordnung abzuschaffen und damit eine andere Ordnung bei Tisch zu installieren.

Spielte die Kultur des Essens bereits während der Studentenunruhen eine tragende Rolle, so wurde ihr Stellen- und Indikatorwert in der Folgezeit noch wichtiger. 1973 zeigte die Energiekrise die Grenzen des Wachstums, die bislang nur theoretisch erörtert worden waren, am konkreten Beispiel auf. Die Folge waren wachsende Zweifel an der Allmacht und am Sinn des technischen Fortschritts.[512]

Der Krisencharakter der 70er Jahre wurde schließlich noch – global betrachtet – von einer weiteren Komponente beeinflusst: Inzwischen waren die meisten Kolonien in die Unabhängigkeit entlassen worden. Die Hoffnung, dies bedeute das Ende der Ausbeutung und den Beginn des Wohlstands in den Entwicklungsländern, erwies sich bald als trügerisch. Nun flackerte die Angst vor einer hungernden Welt erneut auf.

Diese Faktoren führten in den Industrieländern zu einer Intensivierung der Diskussionen über einen kritischeren Umgang mit der Nahrung und der Ernährung. Zunehmend wurden Fragen nach den Inhaltsstoffen und Produktionsweisen gestellt, die im Zuge des zunehmenden Einsatzes von Chemikalien in der Landwirtschaft bereits in den 50er Jahren aufgekommen waren. In mehreren europäischen Ländern hatten diese Debatten in der Nachkriegszeit zu staatlichen Maßnahmen geführt. In der Bundesrepublik brachte die Novelle des Lebensmittelgesetzes 1958 eine klare Einschränkung von Zusatzstoffen in Lebensmitteln. In dieser Zeit lassen sich ein europaweiter Trend zu Lebensmittelkontrollen sowie erste Ansätze zu einem wirkungsvollen Verbraucherschutz beobachten.

Der Schutz der Verbraucher stand allerdings häufig im Gegensatz zu den Interessen der Industrie und der Agrarlobby. Was auf den Tisch kam und kommt, das war in der europäischen Geschichte meist von Angebot und Nachfrage, von kulturellen Mustern und von den Möglichkeiten der Landwirtschaft bestimmt worden. Seit den frühen 1960er Jahren verlagerten sich diese Faktoren. Nun spielten agrarpolitische Entscheidungen eine zunehmende Rolle. Durch die enge Zusammenarbeit der Politik, der Bürokratie und der Interessenverbände sowie durch grundlegende natur- und agrarwissenschaftliche Neuerungen kam es zu einer verstärkten Regulierung der Agarproduktion. Nach der Gründung der *Europäischen Wirtschaftsgemeinschaft* im Jahre 1957 erfolgte nun auch eine zunehmende Europäisierung und Normierung des Lebensmittelangebots.[513]

Die Fülle der Neuerungen im Bereich der Landwirtschaft, der Ernährung und der Lebensmittel riefen die Verbraucher in der Krisensituation der 70er Jahre verstärkt auf den Plan. Seinen Ausdruck fand das neue Denken in der Ökologiebewegung und 1980 schließlich in der Gründung der Partei *Die Grünen* sowie in der Folgezeit mit dem Aufkommen der ersten Einzelhandelsgeschäfte, die ausschließlich ökologisch hergestellte Lebensmittel und Produkte verkauften.[514]

Die alte Idee von der gesünderen Nahrung findet seit dieser Zeit zunehmende Akzeptanz in der Bevölkerung, wenngleich die Prozesse am Ende des 20. Jahrhunderts nicht einheitlich verliefen. Während über gesunde Nahrung intensivere Diskussionen als zuvor geführt wurden, reagierte die Politik noch lange abwartend.[515] Kennzeichen dieser ambivalenten Situation sind die nationalen und internationalen legislativen Maßnahmen. Während die Richtlinien der Europäischen Union vorschreiben, welche Größe und welche Farbe standardisierte Äpfel haben sollen, spielen der Geschmack sowie der Gehalt an Spurenelementen oder Vitaminen für die Gesetzgeber immer noch keine Rolle.

Der Wandel, der sich in den 70er Jahren anbahnte, betraf auch die Gastronomie. Bis zu dieser Zeit verlief eine scharfe Trennlinie zwischen der Imbisskultur auf der einen und den Restaurants und Gaststätten auf der anderen Seite.

Nun griffen amerikanische Konzerne nach Europa aus. Am 4. Dezember 1971 eröffnete der Konzern *McDonald's* seine erste deutsche Filiale in München.[516] Anders als beim Beginn der Pommes frites-Kultur, die von kleinen Privatunternehmern getragen wurde, planten die Unternehmen die Ausbreitung der neuen Schnellrestaurants marktstrategisch. Köln bekam 1974 sein erstes *McDonald's*-Restaurant, aber genau wie der Konkurrent *Burger King*, der wenig später folgte, bewegten sich die neuen Geschäfte noch lange in der Verlustzone, denn die Hamburgerkultur passte zunächst in kein vorhandenes Raster – sie musste erst erlernt und akzeptiert werden.[517]

Die Ausbreitung der amerikanischen Ketten zerstörte die Kultur der Imbissbuden nicht, sondern sie ergänzte sie. Während die Palette der Speisen an den einzelnen Imbissen in den ersten Jahren nach dem Krieg stark variierte und in hohem Maß vom Organisationstalent des Betreibers abhing, setzte in der Folgezeit eine Standardisierung ein. Immer weniger Speisen wurden selbst zubereitet, immer höher wurde der Anteil der vorproduzierten Waren. Eine große Rolle spielte dabei die fabrikindustrielle Fertigung von Fertig- und Halbfertigprodukten. So wurden die Pommes frites in den 60er Jahren oft noch vor Ort aus Kartoffeln zubereitet, wohingegen sich bereits in den 70er Jahren eine flächendeckende Versorgung mit tiefgekühlter Fertigware durchsetzte.

Seit den 80er Jahren verkaufen nicht nur amerikanische Ketten, sondern auch die meisten Pommes frites- und Würstchenbuden ausschließlich standardisierte Einheitsware. Größere Vielfalt und Individualität bieten dagegen die zahlreichen griechischen, türkischen, arabischen und asiatischen Schnellimbisse. Diese Gaststätten erfuhren einen großen Bedeutungszuwachs, weil sie dem Trend zum Einpersonenhaushalt entgegenkommen. Zu Beginn der 90er Jahre erweiterten schließlich einige Luxusimbisse im innerstädtischen Bereich das Angebot.

Ein großer Wandel vollzog sich auch hinsichtlich der sozialen Funktion. Traditionelle Trinkhallen und Kioske waren und sind in hohem Maße Stätten der Begegnung und der Kommunikation.

Heinrich Böll bezeichnete die Imbissbude sogar als den »neuen Ort der Menschlichkeit«.[518] Im Gegenzug wurden die anonymen Kettenrestaurants eher zu Orten der Isolation.

Der Wandel der Imbisskultur ist letztlich als Ausdruck der wirtschaftlichen und gesellschaftlichen Veränderungen zu sehen. Das lang anhaltende Wachstum wirkte sich deutlich auf das Konsumverhalten aus. Während die Westdeutschen in der Nachkriegszeit noch einen Großteil des Einkommens für Nahrung aufbringen mussten, schrumpften diese Ausgaben im Verhältnis vor allem seit den 60er Jahren stetig.[519] In den meisten Ländern Westeuropas verlief die Entwicklung ähnlich, während sich der Trend in Osteuropa mit dem Ende der Subventionswirtschaft zuungunsten der Verbraucher umkehrte.

In den 80er Jahren des 20. Jahrhunderts erlebte der biologische Landbau zunächst einen deutlichen Aufschwung, konnte sich aber wegen der hohen Produktionskosten bis zum Beginn des 21. Jahrhunderts nicht entscheidend durchsetzen. Wesentlich größeren Einfluss auf das Konsumverhalten und auf die Kultur der Ernährung hatten neue Produkte, welche die Industrie gezielt bewarb und anbot. *Lightprodukte* wurden ein großer Erfolg, denn den übergewichtigen europäischen Wohlstandsbürgern bot sich keine bequemere Alternative, um den Idealen des beginnenden Informationszeitalters zu genügen – schließlich braucht man beim Konsum der Lightprodukte lediglich das Kaufverhalten, nicht aber die Ernährung umzustellen. Daher honorierten die Konsumenten die Bemühungen der Industrie, die vor allem in den Bereichen der Fetterzeugung und der Erfrischungsgetränke eine breite Palette an Produkten auf dem Markt gebracht hatte, die man angeblich ohne Reue genießen darf.

In den 90er Jahren lancierte die Industrie mit *Functional Food* eine weitere neue Warengruppe, welche die Kunden seit der Mitte der Dekade fast europaweit akzeptieren. Auch hier spielte die Vermarktung eine entscheidende Rolle. Das Prinzip der *Functional Food*-Produkte beruht darauf, dass sie über ihren Nährwert hinaus weitere Wirkungen zeitigen sollen, wobei die Hersteller die Beweise der Wirkung bislang oft schuldig bleiben müssen. Immerhin entsprechen die neuen Lebensmittel den Kundenwünschen, denn im Bereich der Vermarktung können die *Functional Food*-Artikel zusammen mit den Bioprodukten gegenwärtig die höchsten Zuwachsraten verzeichnen. Für den gesellschaftlichen und technologischen Wandel ist es bezeichnend, dass weite Teile der europäischen Bevölkerung bereit sind, Lebensmittel in ihren Speisenplan einzubinden, denen eine medizinische Wirkung zugeschrieben wird oder deren normale ernährungsphysiologische Wirkung künstlich verstärkt wird, etwa durch den Zusatz von Fettsäuren oder Bakterien in Speiseöl oder Joghurt. Der Prozess der Entfremdung von der Nahrung, den die Industrialisierung in Gang gesetzt hatte, erfährt auf diese Weise am Ende des Industriezeitalters seine logische Weiterentwicklung. Es kennzeichnet die gegenwärtige Umbruchsituation, dass viele Konsumenten sowohl *Functional-* oder *Designerfood* als auch Bioprodukte essen, denn immer, wenn sich am Beginn einer neuen Epoche ein neues Ernährungssytem herausbildet, kommt es zu einer Übergangsphase, in der verschiedene Verhaltensweisen zusammenfließen, bis sich neue Standards gebildet haben.

An der Wende zum 21. Jahrhundert hat die europäische Ernährungskultur einen Punkt erreicht, an dem der Konsum einzelner Nahrungsmittel keine dramatischen Schwankungen aufweist. Dass der Nahrungsmangel, der diese Kultur wie kein zweiter Faktor über Jahrtausende prägte und der für viele Europäer noch in der Mitte des 20. Jahrhunderts lebensbedrohlich war, nun weitgehend überwunden ist, wird heute kaum mehr zur Kenntnis genommen, wenngleich das Problem im europäischen

Osten wieder virulent ist und auch bei den Diskussionen um den globalen Klimawandel zunehmende Aufmerksamkeit erfährt.

Hinsichtlich des Hungers haben die modernen Überflussgesellschaften eine völlig neue Variante entwickelt. Nun wird der Hunger freiwillig gesucht. Auf ihrem Weg zu jenem Körper, der den vermeintlichen Idealen der Mediengesellschaft entspricht, ist der Hunger für viele zur Sucht und damit zur Krankheit geworden.[520]

Auch die Analyse weiterer Faktoren zeigt den Charakter der Wendezeit. Bis zum Ende des 19. Jahrhunderts lässt sich das Wachstum des Wohlstands fast immer am Fleischverbrauch ablesen. Dieser Trend erfuhr seit den 1970er Jahren eine allmähliche Umkehr. Gegenwärtig zeigt diese Verbrauchskurve sogar nach unten. Ebenso wie der Alkoholkonsum ist der Fleischverbrauch in vielen Ländern Mittel- und Nordeuropas bei wachsendem Wohlstand rückläufig.[521] In welche Richtung die Entwicklung gehen wird, ist aber unklar, denn Küchensysteme reagieren in der Regel vor allem dann schwerfällig und langsam, wenn kein ökonomischer Druck zur Änderung zwingt.

Der Charakter der gegenwärtigen Wende tritt schließlich auch bei der Mahlzeitenkultur zutage. Im Laufe der Geschichte wurden die Esswerkzeuge und Bestecke immer differenzierter und aufwändiger, während gegenwärtig ein beträchtlicher Teil der Nahrung als *Fast Food* aus der Hand gegessen wird.

Diesem neuen Trend zur Vereinfachung steht eine zunehmende Differenzierung des Angebots gegenüber. Führte das durchschnittliche deutsche Lebensmittelgeschäft im Jahre 1950 in seinem Angebot noch etwa 1 400 Produkte, so waren es 1990 breits 6 600 Produkte – Tendenz steigend.[522]

Diese Vielfalt der Nahrungsmittel und Zubereitungen fand auf dem täglichen Tisch keinen vergleichbaren Niederschlag, denn hinsichtlich der Esskultur haftet der Gegenwart der Charakter der Orientierungslosigkeit und der gesellschaftlichen Neuordnung an. Essen dient der Bedürfnisbefriedigung, aber darüber hinaus spiegelt es die jeweilige gesellschaftliche Stellung wider, es ist also ein wichtiges Statussymbol. Eine klar strukturierte Gesellschaft kennt feste Speisepläne, und jedem Mitglied der Gesellschaft wird ein spezifisches Nahrungsverhalten zugewiesen. Die soziale Norm legt etwa fest, wie eine Hochzeit oder eine Beerdigung zu gestalten ist. Beim mittelalterlichen Ratsherrenessen sah diese Norm vor, gefüllten Hecht, Wildbraten und süßen Wein zu servieren, und noch 1950 bestimmte die Norm in einigen Gegenden, dass zu bestimmten Anlässen eben Markklößchen-Suppe zu servieren war.

Heute gestaltet sich die Ausrichtung eines Festessens zumindest für die Mitglieder der modernen großstädtischen Kulturkreise ungleich komplexer, denn hier existieren viele soziale Normen nebeneinander. Zudem wandeln sie sich rasch und sind nicht klar definiert. Allerdings gehen, wenn es etwa um die Gestaltung von Familienfesten oder Geschäftsessen geht, moderne Catering-Unternehmen dazu über, diese Bereiche zu kommerzialisieren und neue Standards zu setzen. Dennoch ist die Gefahr heute immer noch gegeben, etwas verkehrt zu machen, sich falsch zu benehmen.[523] Auf der anderen Seite ist aber auch die Möglichkeit der individuellen Entfaltung so groß wie nie.

Allerdings zeigt sich in Teilen der gegenwärtigen Esskultur derjenige gesellschaftliche Trend, den der Soziologe Herbert Marcuse bereits in den 60er Jahren erkannte: In dem Maße, in dem das Individuum zusätzliche Möglichkeiten zur Entfaltung seiner Persönlichkeit gewinnt, verliert es die Fähigkeit, diese Möglichkeiten zu nutzen. So begegnet uns auch am gegenwärtigen Esstisch *der eindimensionale Mensch*, der Titelheld der Monographie Marcuses.[524]

Warum nutzt der *eindimensionale Mensch* seine Freiheit nicht, isst abwechslungsreich und kreiert laufend neue Kompositionen? Weil ihm das Unbekannte keine emotionale Sicherheit verschafft. Genau diese Sicherheit braucht der Mensch aber. Soziale Normen sind dagegen in der Lage, die notwendige emotionale Sicherheit zu vermitteln. Sobald diese Normen verloren gehen, zieht sich der Konsument auf die wenigen *Geschmacksinseln* zurück, die ihm bleiben, und er sucht das standardisierte Mahl.

Bei der Betrachtung der gegenwärtigen Esskultur fallen schließlich weitere Charakteristika auf, die ebenfalls völlig neu sind. Es handelt sich um die deutliche Zunahme des Konsums von Fertiggerichten und um die zunehmende Angleichung der Essgewohnheiten. Diese hängen mit dem Anstieg der Werbung, den vielfältigeren technischen Möglichkeiten und mit der Globalisierung zusammen.

Wie sich die Angleichung der Essgewohnheiten in der Praxis auswirkt, hat Claude Thouvenot 1997 bei seiner Analyse der französischen Verhältnisse gezeigt. Thouvenot kommt zu dem Ergebnis, dass es 1974 im elsässisch-lothringischen Raum üblich war, zu bestimmten Anlässen im eng umgrenzten Familienkreis Zwiebelkuchen zu essen. Außerhalb dieses Gebietes war dieses Muster weitgehend unbekannt. Innerhalb von nur zehn Jahren erlangte dieses Verhalten dann in Frankreich beinahe eine landesweite Verbreitung.[525] Wie lässt sich dieser Wandel erklären? Wird die Folge sein, dass bei einer weiteren Ausbreitung bald alle Europäer im Familienkreis Zwiebelkuchen essen werden? Wohl kaum. Vielmehr ist der Verzehr des Zwiebelkuchen als Ausdruck einer zunächst regionalen und schließlich nationalen Identität zu interpretieren. Daher wirkt er in einigen Gebieten identitätsstiftend, in anderen dagegen nicht.

Menschen und soziale Gruppe haben ein Bedürfnis nach Identität. Deshalb werden regionale Besonderheiten beim Essen bestehen bleiben, zumal andere Möglichkeiten der Identitätsstiftung im Verschwinden begriffen sind: Dialekte verschwimmen mit zunehmender Mobilität, regionale Trachten und Moden sind bereits weitgehend ausgestorben, während die regionalspezifischen Esskulturen eine Renaissance erleben, die kein Strohfeuer bleiben wird.

»Europa ohne Identität?« Mit der Formulierung dieser Frage hat Bassam Tibi unlängst eine intensive Diskussion entfacht.[526] Unter dem Aspekt der Esskultur fällt die Antwort leicht: Europa verliert seine spezifischen Identitäten nur dann, wenn die regionalen Besonderheiten der Nahrungskultur verloren gehen. Aber dazu essen die Europäer einfach zu gerne.

Anmerkungen

1 Apotheken-Umschau, 15.12.1997, S. 46-47, zit. nach Bayer u.a., Ernährung und Gesellschaft, 1999, S. 11.

2 Bimmer, Sich benehmen, 1993. Vgl. Thurn und Taxis/Borghese, Unsere Umgangsformen, 2000.

3 Urban, Ich kann kochen, 1909, S. 280-283.

4 Deissner, Die Volkskunde und ihre Methoden, 1997, S. 102 ff.

5 Vgl. zum Überblick Kaschuba, Einführung in die Europäische Ethnologie, 1999.

6 Vgl. die graphische Darstellung der kulturellen Systeme bei Wiegelmann, Diskussion zur System-Umwelt-Theorie, 1991, S. 70. Kirche, Staat und Ökonomie – diese Punkte brachte der Soziologe Max Weber Anfang des 20. Jahrhunderts ins Spiel; Gephart, Handeln und Kultur, 1998.

7 Mellinger, Fleisch, 2000.

8 Vgl. aus kulturwissenschaftlicher Perspektive zu den Lebensmittelskandalen, die im Zuge der BSE-Krise zunächst England und später auch Kontinentaleuropa erschüttert haben, Tanner, Der Mensch ist, was er isst, 1996, S. 399 ff.; Mellinger, Fleisch, 2000, S. 160 f.

9 Vgl. etwa Ariès/Duby, Geschichte des privaten Lebens, 1991; Braudel, Sozialgeschichte des 15. bis 18. Jahrhunderts, 1985.

10 Irsigler, Vergleichende Landesgeschichte, 1987, S. 35 ff. Die Historiker Wolfgang Hardtwig und Hans-Ulrich Wehler schrieben 1996 in der Einleitung zu ihrem Sammelband *Kulturgeschichte heute*: »Eine trennscharfe begriffliche Unterscheidung von Kulturgeschichte, Historischer Kulturwissenschaft, Neuer Ideen- oder Geistesgeschichte, Mentalitätsgeschichte, Alltagsgeschichte und Historischer Anthropologie ist dabei vorläufig kaum möglich und auch nicht sinnvoll.« Dem ist zuzustimmen; allerdings haben sie in ihrer Aufzählung die Volkskunde vergessen. Hardtwig/Wehler, Kulturgeschichte heute, 1996.

11 Vgl. Bifulco, Marco: In Search of an Identity for Europe, 1998; Koslowski, Vaterland Europa, 1997; Schlumberger, Europa – aber was ist es?, 1994. Vgl. zur Bezeichnung Karls des Großen als »Pater Europae« Hägermann, Karl der Große, 2000, S. 10, 399 f.; Simek, Artikel »Weltbild«, 1997, Sp. 2163 ff.

12 Vgl. zu den Nahrungstabus Harris, Wohlgeschmack und Widerwillen, 1988; Simoons, Eat not this Flesh, 1994.

13 Neuloh/Teuteberg, Psychosoziale Ursachen des Fehlverhaltens in der Ernährung, 1976, S. 397.

14 Simmel, Soziologie der Mahlzeit, 1957, S. 244. Vgl. zu Simmel Böhringer/Gründer, Ästhetik und Soziologie um die Jahrhundertwende, 1976.

15 Wiegelmann, Alltags- und Festspeisen, 1967; Teuteberg/Wiegelmann, Der Wandel der Nahrungsgewohnheiten unter dem Einfluss der Industrialisierung, 1972.

16 Beste Zusammenschau der Forschungslage bei Spiekermann, Nahrung und Ernährung im Industriezeitalter, 1997, S. 35 ff.

17 Duden. Etymologie, 1989, S. 433, 435.

18 Wiegelmann, Was ist der spezielle Aspekt ethnologischer Nahrungsforschung?, 1986, S. 29. Vgl. Bayer u. a., Ernährung und Gesellschaft, 1999; Teuteberg, Homo edens, 1997, S. 1 ff.

19 Hirschfelder, Das Wassertrinken, 1998, S. 325 ff.

20 Hirschfelder, Bemerkungen zu Stand und Aufgaben, 1994, S. 87 ff.

21 Tolksdorf, Nahrungsforschung, 1994, S. 229.

22 Goodall, The Chimpanzees of Gombe, 1986, S. 231 ff., 263 ff. Vgl. dazu auch Tomasello, The Cultural Origins of Human Cognition, 1999; Diamond, Der Dritte Schimpanse, 1998.

23 Bei dem Himbeerketon handelt es sich um das 1-(p-Hydroxyphenyl)-3-butanon; Eisenbrand/Schreier, Römpp Lexikon der Lebensmittelchemie, 1995. Vgl. Belitz/Grosch, Lehrbuch der Lebensmittelchemie, 1992.

24 Bosinski, Die ersten Menschen in Eurasien, 1995, S. 131 f.; Müller-Karpe, Grundzüge früher Menschheitsgeschichte, 1998, S. 15 ff., 56 ff.

25 Bosinski, Die ersten Menschen in Eurasien, 1995, S. 139; Goudsblohm, Feuer und Zivilisation, 1995, S. 24 ff., 35 ff.; Schmidt-Glintzer, China, 1997, S. 51; Herrmann/Ullrich, Menschwerdung, 1991, S. 285-287.

26 Leakey, Die Suche nach dem Menschen, 1981, S. 94.

27 Rosendahl, Der Mensch im Eiszeitalter, 1995, S. 189 ff.

28 Brøndegaard, Ethnobotanik, 1985; Schmitz, Geschichte der Pharmazie, 1998, S. 409 ff., 553 ff. Vgl. dazu auch Hoffmann, Lexikon der Steinzeit, 1999, S. 195 f.

29 Müller-Karpe, Grundzüge früher Menschheitsgeschichte, 1998, S. 69-71; Petrikovits, Urgeschichte und römische Epoche, 1978, S. 15 ff.

30 Der Fundort liegt bei Lehringen nahe Verden an der Aller. Müller-Karpe, Grundzüge früher Menschheitsgeschichte, 1998, S. 57; Bosinski, Der Neandertaler und seine Zeit, 1985, S. 31 f.

31 Orschiedt u. a., Familientreffen Deutsche Neanderthaler, 1999, S. 18-20; Kuckenburg, Lag Eden im Neandertal?, 1997, S. 148-154; Bosinski, Der Neandertaler und seine Zeit, 1985, S. 29-31. Diskussion der Ernährung des Neandertalers nun auch bei Tattersall, Neandertaler, 1999, S. 148-153.

32 Rust, Das altsteinzeitliche Rentierjägerlager Meierdorf, 1937.

33 Bosinski, Eiszeitjäger am Mittelrhein, 1981. Vgl. Lüning, Steinzeitliche Bauern in Deutschland, 2000, S. 178.

34 Bonsall, The Mesolithic in Europe, 1990.

35 Lüning, Steinzeitliche Bauern in Deutschland, 2000, S. 21; Montanari, Der Hunger und der Überfluss, 1993, S. 11 f. Vgl. Haidle, Mangel – Krisen – Hungersnöte?, 1997, S. 33 ff., 95-98.

36 Lüning, Anfänge und frühe Entwicklung der Landwirtschaft, 1997, S. 26 ff.
37 Meurers-Balke/Lüning, Experimente zur frühen Landwirtschaft, 1990, S. 82-92.
38 Adameck u. a., Versuche zum Brotbacken in der späten Bronzezeit, 1990, S. 131.
39 Knörzer, Vom neolithischen Ackerbau im Rheinland, 1986, S. 32-37; Petrikovits, Urgeschichte und römische Epoche, 1978, S. 24 f.; Ennen/Janssen, Deutsche Agrargeschichte, 1979, S. 22 ff.
40 Behrens, Die Jungsteinzeit im Mittelelbe-Saale-Gebiet, 1973; Ennen/Janssen, Deutsche Agrargeschichte, 1979, S. 34; Gleser, Die Epi-Rössener Gruppen in Südwestdeutschland, 1995.
41 Petrikovits, Urgeschichte und römische Epoche, 1978, S. 27 ff. Vgl. zur Michelsberger Kultur zuletzt Felder, Excavations of Prehistoric Flint Mines, 1998; Wallbrecht, Die Höhensiedlung der Michelsberger Kultur, 1995.
42 Kehnscherper, Hünengrab und Bannkreis, 1990.
43 Spindler, Der Mann im Eis, 1993, S. 257, 260 f.; Taraboi, Der Similaunmann, 1998.
44 Nachweis der Sauerteiges in der späten Bronzezeit bei Währen, Das Brot in der Bronzezeit und älteren vorrömischen Eisenzeit, 1987, S. 68; Adameck u. a., Versuche zum Brotbacken in der späten Bronzezeit, 1990, S. 131.
45 Jankuhn, Wirtschafts- und Sozialgeschichte der Vor- und Frühzeit Mitteleuropas, 1971, S. 24; Spindler, Die frühen Kelten, 1991, S. 355-367.
46 Ennen/Janssen, Deutsche Agrargeschichte, 1979, S. 44.
47 Ennen/Janssen, Deutsche Agrargeschichte, 1979, S. 52.
48 Schematische Darstellung nach: Jankuhn, Wirtschafts- und Sozialgeschichte der Vor- und Frühzeit Mitteleuropas, 1971, S. 24.
49 Jankuhn, Wirtschafts- und Sozialgeschichte der Vor- und Frühzeit Mitteleuropas, 1971, S. 25.
50 Vgl. Nissen, Grundzüge einer Geschichte der Frühzeit des Vorderen Orients, 1995, mit weiterführender Literatur; Herzog, Staaten der Frühzeit, 1998, S. 15 ff.
51 Ünal, Artikel »Mahlzeit«, 1987-1990, S. 267-270; Greengus, Legal and Social Institutions of Ancient Mesopotamia, 1995, S. 496 f.
52 Bienkowski/Millard, British Museum Dictionary of the Ancient Near East, 2000, S. 47 f.; McGovern u. a., The Origins and Ancient History of Wine, 2000.
53 Allchin/Allchin, The Birth of Indian Civilization, 1968; Jansen, Die Indus-Zivilisation, 1986, S. 125; Herzog, Staaten der Frühzeit, 1998, S. 22 ff.
54 Schmidt-Glintzer, China, 1997, S. 54 f.; Swann, Food and Money in Ancient China, 1950.
55 Butzer, Early Hydraulic Civilizations in Egypt, 1976; Hirschfelder, Das Wassertrinken, 1998, S. 325-350, mit weiterführender Literatur; Garbrecht, Der Nil und Ägypten, 1984, 59-105; ders., Wasser, 1985, S. 33.
56 Vgl. Schipper, Israel und Ägypten in der Königszeit, 1999, S. 1 ff., 285 ff.; Assmann, Weisheit und Mysterium, 2000, S. 3 ff.
57 Montet, Ägypten, 1978, S. 358 f., 372.
58 Assmann, Artikel »Totenkult, Totenglauben«, 1986, Sp. 659-676.
59 Seipel, Staat und Gesellschaft, 1984, S. 176. Vgl. Spencer, Death in Ancien Egypt, 1982.
60 Geller, Bread an Beer in Fourth-Millenium Egypt, 1993, S. 260 ff.
61 Helck, Das Bier im Alten Ägypten, 1971; Montet, Ägypten, 1978, S. 104.

62 Vgl. Hoffmann, Ägypten, 2000. Allerdings lebten viele Kulturelemente auch nach der Eroberung durch Alexander noch fort. Einen tief greifenden Wandel brachte erst die römische Zeit.
63 Grant, Mittelmeerkulturen in der Antike, 1974, S. 50ff.; 4. Mosis 11:5.
64 Zit. nach Herodot, Historien. 2. Bd., 1977, S. 265.
65 Boessneck, Die Tierwelt des Alten Ägypten, 1988, S. 47f.
66 Vgl. Störle, Artikel »Nilpferd«, 1982, Sp. 501-506.
67 Zit. nach Herodot, Historien. 2. Bd., 1977, S. 259-261.
68 Helck/Otto, Kleines Lexikon der Ägyptologie, 1999, S. 328; Poo, Wine and Wine offering in the Religion of Ancient Egypt, 1995; Grant, Mittelmeerkulturen in der Antike, 1974, S. 54f.
69 Lurker, Lexikon der Götter und Symbole der alten Ägypter, 1989, S. 17, 224f.; Ruffing, Weinbau im römischen Ägypten, 1999.
70 Montet, Ägypten, 1978, S. 91.
71 Boessneck, Die Tierwelt des Alten Ägypten, 1988, S. 35ff., 43f., 66f., 72f., 76f.
72 Vgl. Verhoeven, Grillen, Kochen, Backen im Alltag und im Ritual Altägyptens, 1984.
73 Boessneck, Die Tierwelt des Alten Ägypten, 1988, S. 92-107; Montet, Ägypten, 1978, S. 90ff., 101f.
74 Boessneck, Die Tierwelt des Alten Ägypten, 1988, S. 44f.
75 Herodot, Historien, 2. Bd., 1977, S. 273-275.
76 Montet, Ägypten, 1978, S. 102; Helck/Otto, Kleines Lexikon der Ägyptologie, 1999, S. 56.
77 Helck/Otto, Kleines Lexikon der Ägyptologie, 1999, S. 52, 65; Fridell, Altägyptischer Gutsbetrieb, 1994, S. 292; Montet, Ägypten, 1978, S. 90ff., 98f.
78 Paczensky/Dünnebier, Leere Töpfe, volle Töpfe, 1994, S. 97, 499. Vgl. zu den Zusammenhängen zwischen dem Vitaminmangel, Nachtblindheit und zur hohen Konzentration dieses Vitamins in Rinderleber: Kofrányi, Einführung in die Ernährungslehre, 1977, S. 71ff., 129. [Anonym:] Von außen gegen Hautalterung, von innen gegen Wachstumsstörung, 1999, S. 380-382.
79 Bottéro, Artikel »Küche«, 1980, S. 277-298; vgl. Zaccagnini, Artikel »Markt«, 1987-1990, S. 421-426.
80 Helck/Otto, Kleines Lexikon der Ägyptologie, 1999, S. 177.
81 Montet, Ägypten, 1978, S. 106.
82 Vgl. Herzog, Staaten der Frühzeit, 1998, S. 15ff.; Lichtheim, Moral Values in Ancient Egypt, 1997.
83 Herodot, Neun Bücher der Geschichte, Bd. 2, 1984, S. 78.
84 Zit. nach: Herodot, Historien, 2. Bd., 1977, S. 265.
85 Kaplony, Artikel »Wasser«, 1992, Sp. 16-44. Vgl. Chassinat, Le temple de Dendara, 1934, Abb. 15.
86 Helck, Wirtschaftsgeschichte des Alten Ägypten, 1975, S. 187, 282f.
87 Pendlebury, Les fouilles de Tell el Amarna, 1936, S. 114, 140. Vgl. Montet, Ägypten, 1978, S. 24f.
88 Vgl. zu den periodischen Hungersnöten im Mittleren Reich Helck, Wirtschaftsgeschichte des Alten Ägypten, 1975, S. 195; Kohns, Artikel »Hungersnot«, 1994, Sp. 836.
89 Vgl. zu diesen Berufsgruppen und ihrem Alltag: Drenkhahn, Die Handwerker und ihre Tätigkeiten im Alten Ägypten, 1976.

90 Zit. nach Gutgesell, Arbeiter und Pharaonen, Wirtschafts- und Sozialgeschichte im Alten Ägypten, 1989, S. 83. Vgl. zum Verlauf des Streiks S. 83-97. Vgl. auch Hirschfelder, Das Wassertrinken, 1998, S. 325-350.

91 Gehrke, Alexander der Große, 1996, S. 10, 14. Vgl. Hampl, Alexander der Große, 1992; Will, Alexander der Große, 1986. Überblick über den aktuellen Forschungsstand: ders., Alexander der Große, 1998.

92 Gehrke, Alexander der Große, 1996, S. 14.

93 Feuerlein u. a., Alkoholismus – Missbrauch und Abhängigkeit, 1998; Hirschfelder, Bemerkungen zu Stand und Aufgaben, 1994, S. 87 ff.; Rolshoven, Der Rausch, 2000, S. 29 ff.

94 Pomeroy u. a., Ancient Greece, 1999; Shipley, The Greek World after Alexander, 2000.

95 Vgl. etwa zu den neueren Grabungen von Sardis: Gleason, Display Garden, 1994, S. 79 ff. Auswertung literarischer Quellen bei Schwarz, Diaita, 1995.

96 Shipley, The Greek World after Alexander, 2000, S. 368 f.

97 Dalby, Essen und Trinken im alten Griechenland, 1998, S. 14 f.

98 Peyer, Von der Gastfreundschaft zum Gasthaus, 1987.

99 Gross, Artikel »Wirtshäuser«, 1979, Sp. 1384 f.; Schmitt-Pantel, Artikel »Gastronomie«, 1998, Sp. 806-808.

100 Schmitt-Pantel, Artikel »Gastmahl«, 1998, Sp. 801 f.; dies., La cité au banquet, 1992; Gross, Artikel »Symposion«, 1979, Sp. 449-450.

101 Naguib, Der sozialhistorische Hintergrund von Nagib Machfus' Romanen, 1977, S. 125 ff.

102 Henry, Honours and Privileges in Athenian Decrees, 1983.

103 Pomeroy u. a., Ancient Greece, 1999, S. 240 ff.; Burford, Land and Labor in the Greek World, 1993; Wells, Agriculture in Ancient Greece, 1992.

104 Nafissi, La nàscita del Kosmos, 1991; Pomeroy u. a., Ancient Greece, 1999, S. 131 ff.

105 Quellennachweise bei Dalby, Essen und Trinken im alten Griechenland, 1998, S. 92 f.

106 Nikander, Fragment 68 bei Athenaios, Das Gelehrtenmahl, Buch I-VI, 1998, Nr. 126 b-d, S. 216; Treu/Treu, Athenaios von Naukratis. Das Gelehrtenmahl, 1985; Gow/Scholfield, Nicander. The Poems and Poetical Fragments, 1953, S. 145-147.

107 Barnes, The Complete Works of Aristotele, Volume One, 1984, S. 856; Aristoteles' Naturgeschichte der Thiere, Zweites Bändchen, Buch 4-5, 1866, 5. Buch, Achtes Kapitel, S. 75; Werke des Galenos. Band IV: Die Kräfte der Nahrungsmittel. 3. Buch: Gute und schlechte Säfte der Nahrungsmittel, Die säfteverdünnende Diät. Die Ptisane, 1952, Abschn. 3,1,11, S. IV/13 f.; Hünemörder, Artikel »Hund«, 1998, Sp. 755-758. Erwähnung von Wurst in literarischen Quellen bei Schwarz, Diaita, 1995, S. 24. Anthropologische Diskussion des Vermeidens von Schoßtierverzehr bei Harris, Wohlgeschmack und Widerwillen, 1988, S. 188 f.

108 Dent, Donkey, 1972.

109 Werke des Galenos. Band IV: Die Kräfte der Nahrungsmittel. 3. Buch: Gute und schlechte Säfte der Nahrungsmittel. Die säfteverdünnende Diät. Die Ptisane, 1952, Abschn. 3,1,6, S. IV/12; Arens, The Man-Eating Myth, 1979.

110 Dalby, Essen und Trinken im alten Griechenland, 1998, S. 94-97. Vgl. zu Galenos Nutton, Galen ad multos annos, 1995, S. 25-39; Kollesch/Nickel, Galen und das hellenistische Erbe, 1993.

111 Hünemörder, Artikel »Hase«, 1998, Sp. 174-176.

112 Dalby, Essen und Trinken im alten Griechenland, 1998, S. 97-102.

113 Kunisch, Griechische Fischteller, 1989; Thompson, A Glossary of Greek Fishes, 1947.

114 Dalby, Essen und Trinken im alten Griechenland, 1998, S. 42, 48; Keydell, Artikel »Philoxenos«, 1979, Sp. 786.

115 Jones, Hives and Honey of Hymettus, 1976, S. 80 ff.

116 Dalby, Essen und Trinken im alten Griechenland, 1998, S. 114 f. Der Begriff *Geoponica* bezeichnet die Gesamtheit der literarischen Werke antiker Autoren über die Landwirtschaft. Wilkins, Social Status and Fish in Greece and Rome, 1993, S. 191 ff.

117 Dalby, Essen und Trinken im alten Griechenland, 1998, S. 116-123.

118 Richter, Die Landwirtschaft im homerischen Zeitalter, 1990, S. H123-H127.

119 Garnsey, Famine and Food Supply in the Graeco-Roman World, 1988.

120 Zohary/Hopf, Domestication of Plants of the Old World, 1993, S. 117.

121 Dalby, Essen und Trinken im alten Griechenland, 1998, S. 131-135.

122 Ruprechtsberger, Bier im Altertum, 1992, S. 137-149. Dalby, Essen und Trinken im alten Griechenland, 1998, S. 137-149. Aigner, Vom Weinbau im Altertum, 1990, S. 135 ff.

123 Barnes, The Complete Works of Aristotle. The Revised Oxford Translation, Volume One, 1984, S. 924 f.; Aristoteles' Naturgeschichte der Thiere, Drittes Bändchen, Buch 6-8, 1866, 8. Buch, Drittes Kapitel, S. 126; Alpers, Wasser bei Griechen und Römern, 1988, S. 75.

124 Strong, Greek and Roman Gold and Silver Plate, 1966.

125 Vgl. Bleicken, Geschichte der römischen Republik, 1999, passim, sowie Gehrke, Kleine Geschichte der Antike, 1999, mit detaillierten Angaben und neuester Literatur. Vgl. auch Christ, Die Römer, 1979, S. 66 f. Vgl. zum römisch-etruskischen Verhältnis Aigner-Foresti, Die Integration der Etrusker, 1998.

126 Gruber, Private Life in Canaa and Ancient Israel, 1995, S. 633-648; Rienecker/Maier, Lexikon zur Bibel, 1994, Sp. 1016 f., 1505 f. Vgl. Schmitt, Das Essen in der Bibel, 1994.

127 Frayn, Subsistence Farming in Roman Italy, 1979; Spurr, Arable Cultivation in Roman Italy, 1986; White, Latifundia, 1976, S. 311 ff.

128 Garnsey, Famine and Food Supply in the Graeco-Roman World, 1988; Kohns, Artikel »Hungersnot«, 1994, Sp. 828 ff.; Will, Der römische Mob, 1991, S. 39 f.

129 Essayistischer Überblick jüngst bei Garnsey, Food and Society in Classical Antiquity, 1999. Vgl. Gerlach, Essen und Trinken in römischer Zeit, 1986, S. 5, 8.

130 Weeber, Die Weinkultur der Römer, 1999.

131 Dalby, Essen und Trinken im alten Griechenland, 1998, S. 131-135; Gerlach, Essen und Trinken in römischer Zeit, 1986, S. 12.

132 Dalby, Küchengeheimnisse der Antike, 1996, S. 82 ff.; Grimal, Römische Kulturgeschichte, 1961, S. 260-264. Vgl. zum Hunger auch Garnsey, Food and Society in Classical Antiquity, 1999, S. 34-42.

133 Vgl. zum *garum* Grimal, Römische Kulturgeschichte, S. 411; André, Essen und Trinken im alten Rom, 1998, S. 169 ff.; Peters, Römische Tierhaltung und Tierzucht, 1998; Barnish, Pigs, Plebeians and Potentes, 1987, S. 157 ff.; Corbier, The Ambigous Status of Meat in Ancient Rome, 1989, S. 223 ff.

134 Gutsfeld, Artikel »Mahlzeit«, 1999, Sp. 705-707; André, Essen und Trinken im alten Rom, 1998, S. 51, 61; Nielsen, Meals in a Social Context, 1998.

135 Dalby, Küchengeheimnisse der Antike, 1996, S. 98; Paczensky/Dünnebier, Leere Töpfe, volle Töpfe, 1994, S. 311 f., 318.

136 Veyne, Das Römische Reich, S. 185.

137 Gellius, Die Attischen Nächte, 1965. Zitat: XIII. Buch, 11. Kapitel, S. 181.

138 Veyne, Das Römische Reich, 1989, S. 184 ff.

139 Grimal, Römische Kulturgeschichte, 1961, S. 410 f.

140 Das Buch in seiner heutigen Form dürfte aber erst aus dem vierten Jahrhundert stammen. Es ist nur in seiner spätmittelalterlichen Überlieferung bekannt. Schmitt-Pantel, Artikel »C. Apicius«, 1997, Sp. 903; Apicius, L'art culinaire, 1965; Milham, Apicii decem libri cvi dicvntur de re coquinaria a vinidario conscripta, 1969; Maier, Marcus Gavius Apicius. De re coquinaria, 1991; Flower/Rosenbaum, Apicius. The Roman Cookery Book, 1958. Vgl. zur Quellenproblematik Staesche, Das Privatleben der römischen Kaiser in der Spätantike, 1998, S. 73 f.

141 Grimal, Römische Kulturgeschichte, 1961, S. 411.

142 Grimal, Römische Kulturgeschichte, 1961, S. 412; Apicius, Das Kochbuch der Römer, 1999, S. 49.

143 Petron: Satyricon. Ein römischer Schelmenroman, 1968, S. 81.

144 Albrecht, Geschichte der römischen Literatur, 1994, S. 1179-1183; Flamant, Artikel »Macrobius«, 1999, Sp. 627 ff.

145 Grimal, Römische Kulturgeschichte, 1961, S. 412 f.; Apicius, Das Kochbuch der Römer, 1999, S. 49 f., 78.

146 Will, Der römische Mob, 1991, S. 15 f.

147 Gröber, Immer Hunger auf Süßes?, 1999, S. 1202-1208.

148 Gutsfeld, Artikel »Honig«, 1998, Sp. 710.

149 Schönberger, Marcus Porcius Cato, Vom Landbau, 1980, S. 97.

150 Weeber, Die Weinkultur der Römer, 1999, S. 51 f., geht davon aus, dass sich die Bezeichnung *honey moon* für Flitterwochen von der römischen Vorliebe für Honigwasser herleitet. Dafür liegen derzeit aber keine gesicherten Hinweise vor. Etymologisches Wörterbuch des Deutschen, 1989, S. 705. Vgl. Dalby, Küchengeheimnisse der Antike, 1996, S. 97 ff.

151 Plinius Secundus d. Ä., Naturkunde, 1994, S. 145, 224; Hünemörder, Artikel »Hund«, 1998, Sp. 755 ff.

152 Peters, Römische Tierhaltung und Tierzucht, 1998, S. 25 ff.; Gerlach, Essen und Trinken in römischer Zeit, 1986, S. 19, 23 f.; Ruprechtsberger, Bier im Altertum, 1992; Fischer/Herborn, Geschichte des rheinischen Brauwesens, 1985, S. 12.

153 Veyne, Das Römische Reich, 1989, S. 187; Peyer, Von der Gastfreundschaft zum Gasthaus, 1987, S. 14, 18.

154 Veyne, Das Römische Reich, 1989, S. 187; Will, Der römische Mob, 1991, S. 41 f.

155 Garbrecht, Wasserversorgungstechnik in römischer Zeit, 1982, S. 9 ff.

156 Brödner, Die römischen Thermen und das antike Badewesen, 1983.

157 Frontinus, Wasser für Rom, 1979, S. 47 f.

158 Cowell, Leben im Altertum, 1964, S. 197 f.; Weeber, Die Weinkultur der Römer, 1999, S. 84 f.

159 André, L'alimentation et la cuisine à Rome, 1981, S. 163.

160 Maier-Weber, Traubentrester als Grundstoff für römischen Soldatenwein, 1993, S. 70-72.

161 Frézouls, Gallien und römisches Germanien, 1990, S. 437 f.
162 Doppelfeld, Kölner Wirtschaft von den Anfängen bis zur Karolingerzeit, 1975, S. 64.
163 Hirschfelder, Das Wassertrinken, 1998, S. 336.
164 Will, Der römische Mob, 1991, S. 33. Besonders gut sind die Wohnverhältnisse für Ostia untersucht; Pasini, Ostia Antica, insule e classi sociali, 1978.
165 Lamprecht, Bau- und Materialtechnik bei antiken Wasserversorgungsanlagen, 1988, S. 134 f.
166 Gregor von Tours: Zehn Bücher Geschichten, Bd. 1, 1959, S. 207. Vgl. zu Gregor: Heinzelmann, Gregor von Tours, 1994.
167 Kaiser, Das römische Erbe und das Merowingerreich, 1997, S. 47 f.
168 Martin, Spätantike und Völkerwanderung, 1987, S. 29 ff.; Schulze, Vom Reich der Franken zum Land der Deutschen. 1993, S. 21 ff.; Wolfram, Geschichte der Goten, 1979.
169 Bleiber, Das Frankenreich der Merowinger, 1988, S. 50 ff.; Fuhrmann, Deutsche Geschichte im hohen Mittelalter, 1985, S. 187 f.; Schieffer, Die Karolinger, 1997, S. 11 ff.
170 Dirlmeier, Artikel »Ernährung«, 1986, Sp. 2162.
171 Zimpel, Zur Bedeutung des Essens, 1999, S. 1 ff.
172 Dalby, Essen und Trinken im alten Griechenland, 1998, S. 251 ff., 264 ff.; Kislinger, Artikel »Ernährung. Byzantinisches Reich«, 1986, Sp. 2171-2174.
173 Kislinger, Artikel »Ernährung. Byzantinisches Reich«, 1986, Sp. 2171-2174.
174 Rösener, Agrarwirtschaft, Agrarverfassung und ländliche Gesellschaft, 1992, S. 3 ff.
175 Baum, Artikel »Fleisch, Fleischer«. In: Lexikon des Mittelalters, Bd. 4, München/Zürich 1989, Sp. 541-545; Benecke, Der Mensch und seine Haustiere, 1994, S. 258 f.; Schmidt-Wiegand, Der »Bauer« in der Lex Salica, 1975, S. 136 ff.; Schneider, Das Frankenreich, 1982, S. 63 f.
176 Gregor von Tours, Zehn Bücher Geschichten, Bd. 1, 1959, S. 165-167.
177 Benecke, Der Mensch und seine Haustiere, 1994, S. 377 f.; Weidemann, Kulturgeschichte der Merowingerzeit, Teil 2, 1982, S. 367 f.
178 Doll, »Im Essen jedoch konnte er nicht so enthaltsam sein…«, 1999, S. 445 ff.
179 Benecke, Der Mensch und seine Haustiere, 1994, S. 406-412; Prinz, Frühes Mönchtum im Frankenreich, 1988; Weidemann, Kulturgeschichte der Merowingerzeit, Teil 2, 1982, S. 368.
180 Gregor von Tours, Zehn Bücher Geschichten, Bd. 1, 1959, S. 243.
181 Körber-Grohne, Nutzpflanzen in Deutschland, 1995, S. 31, 49.
182 Gregor von Tours, Zehn Bücher Geschichten, Bd. 2, 1959, S. 153.
183 Gregor von Tours, Zehn Bücher Geschichten, Bd. 1, 1959, S. 169, 205; Rösener, Agrarwirtschaft, Agrarverfassung und ländliche Gesellschaft, 1992, S. 4, 52 f.
184 Fouquet, Artikel »Milch«, 1993, Sp. 621 f.
185 Weidemann, Kulturgeschichte der Merowingerzeit, Teil 2, 1982, S. 369.
186 Auflistung von Quellenbelegen bei Weidemann, Kulturgeschichte der Merowingerzeit, Teil 2, 1982, S. 372.
187 Ennen/Janssen, Deutsche Agrargeschichte, 1979, S. 117 f.; Weber, Studien zum Weinbau der altbayerischen Klöster, 1999; Willerding, Über Klima-Entwicklung und Vegetationsverhältnisse, 1977, S. 367.
188 Andrews/Klauser, Artikel »Ernährung«, 1966, Sp. 234 f.

189 Sage, Die fränkische Siedlung bei Gladbach, 1969, S. 29. Vgl. Hinz, Artikel »Brunnen«, 1983, Sp. 766.

190 Garbrecht, Wasser. Vorrat, Bedarf und Nutzung in Geschichte und Gegenwart, 1985, S. 19.

191 Houtte, Europäische Wirtschaft und Gesellschaft von den großen Wanderungen bis zum Schwarzen Tod, 1980, S. 31 ff.

192 Irsigler, Mehring. Ein Prümer Winzerdorf, 1995, S. 299 ff., 317 ff.

193 Dion, Histoire de la vigne et du vin en France, 1990.

194 Schneider, Das Frankenreich, 1982, S. 65.

195 Dirlmeier, Artikel »Ernährung«, 1986, Sp. 2163.

196 Gregor von Tours, Zehn Bücher Geschichten, Bd. 1, 1959, S. 191.

197 Weidemann, Kulturgeschichte der Merowingerzeit, Teil 2, 1982, S. 370.

198 Vgl. zu den Verfassungs- und Siedlungsverhältnissen Irsigler, Untersuchungen zur Geschichte des frühfränkischen Adels, 1981; ders., Gesellschaft, Wirtschaft und religiöses Leben im Obermosel-Saar-Raum, 1989, S. 5 ff.; ders., Mehring. Ein Prümer Winzerdorf, 1995, S. 298 ff.; Zöllner, Geschichte der Franken, 1970, S. 190 ff., 219.

199 Kramer, Artikel »Mahl und Trunk«, 1984, Sp. 154-156.

200 Vgl. dazu etwa Baumer, König Artus und sein Zauberreich, 1991, S. 103-107.

201 Gregor von Tours, Zehn Bücher Geschichten, Bd. 1, 1959, S. 129; Bd. 2, 1959, S. 257 f.

202 Althoff, Der frieden-, bündnis- und gemeinschaftsstiftende Charakter des Mahles, 1987, S. 14 f., 17.

203 Migne, Patrologiae cursus completus, Tomus CXXV, 1879, S. 776. Vgl. dazu Althoff, Der frieden-, bündnis- und gemeinschaftsstiftende Charakter des Mahles, 1987, S. 17 f.

204 Wasserschleben, Reginonis Abbatis Prumiensis Libri duo de synodalibus causis, 1840, S. 22. Vgl. Kyll, Tod, Grab, Begräbnisplatz, Totenfeier, 1972, S. 129 f.

205 Althoff, Der frieden-, bündnis- und gemeinschaftsstiftende Charakter des Mahles, 1987, S. 24.

206 Zit. nach Marquardt, Das höfische Fest im Spiegel der mittelhochdeutschen Dichtung, 1985, S. 183 f., S. 183 Anm. 475.

207 Peyer, Von der Gastfreundschaft zum Gasthaus, 1987, S. 77-115.

208 Padberg, Mission und Christianisierung, 1995; Thrams, Christianisierung des Römerreiches und heidnischer Widerstand, 1992. Vgl. diverse Beiträge in Bauer u. a., Mönchtum – Kirche – Herrschaft, 1998.

209 Gregor von Tours, Zehn Bücher Geschichten, Bd. 2, 1959, S. 367.

210 Düring u. a., Artikel »Fasten, -zeiten, -dispensen. Christlicher Bereich«, 1989, Sp. 304-307; Schwaiger, Mönchtum, Orden, Klöster, 1994, S. 186-188.

211 Weidemann, Kulturgeschichte der Merowingerzeit, Teil 2, 1982, S. 231 f.

212 Bloch, Die Feudalgesellschaft, 1982, S. 93; Duby, L'économie rurale et la vie des campagnes, Vol. 1, 1962, S. 134.

213 Althoff, Die Ottonen, 2000.

214 Offenbarung 20, 7-10; vgl. Offenbarung 20, 1-3.

215 Rippmann, Vorspeise, 2000, S. 8 f.; Eickhoff, Kaiser Otto III., 1999, S. 291-303.

216 Moraw, Von offener Verfassung zu gestalteter Verdichtung, 1985.

217 Hartmann, Der Investiturstreit, 1996.

218 Foster, Schlemmen hinter Klostermauern, 1980.

219 Meyer, Geschichte der Kreuzzüge, 2000. Vgl. zur englischen Perspektive Runciman, Geschichte der Kreuzzüge, 1995.
220 Schwinges, Die Kreuzzugsbewegung, 1987, S. 195.
221 Hirschfelder, Die Kölner Handelsbeziehungen im Spätmittelalter, 1994; Pirenne, Sozial- und Wirtschaftsgeschichte Europas im Mittelalter, 1974, S. 19 ff.
222 Rösener, Agrarwirtschaft, Agrarverfassung und ländliche Gesellschaft, 1992, S. 72-75.
223 Die Umbrüche werden in der Forschung gegenwärtig kontrovers diskutiert, ohne dass ein Ende dieser Diskussionen in Sicht wäre. Vgl. dazu Comet, Die Vorherrschaft des Getreides, 2000, S. 167; Brombacher u. a., Mittelalterliche Kulturpflanzen aus der Schweiz und Lichtenstein, 1997, S. 95-111; Houtte, Europäische Wirtschaft und Gesellschaft von den großen Wanderungen bis zum Schwarzen Tod, 1980, S. 11.
224 Vgl. zur Ostsiedlung Higounet, Die deutsche Ostsiedlung im Mittelalter, 1986; Erlen, Europäischer Landesausbau und mittelalterliche deutsche Ostsiedlung, 1992.
225 Ennen, Die europäische Stadt des Mittelalters, 1987, S. 77 ff.
226 Bergdolt, Der Schwarze Tod in Europa, 1995. Vgl. zum Krisencharakter der Zeit den Überblick von Graus, Pest, Geissler, Judenmorde, 1987.
227 Zitate nach Montanari, Der Hunger und der Überfluss, 1993, S. 85 f. Vgl. Abel, Stufen der Ernährung, 1981, S. 7; Montanari, Hungerleben, 2000, S. 18-24.
228 Vgl. zur Risikostreuung Jacomet u. a., Verkohlte Samen und Früchte, 1988, S. 169-243.
229 Ennen/Janssen, Deutsche Agrargeschichte, 1979, S. 154-156; Montanari, Der Hunger und der Überfluss, 1993, S. 90.
230 Montanari, Der Hunger und der Überfluss, 1993, S. 91 f.
231 Montanari, Der Hunger und der Überfluss, 1993, S. 92.
232 Herborn, Römerbier – Grutbier – Hopfenbier, 1998, S. 201 f.; ders., Bierbrauen im Mittelalter, 1996, S. 451 ff.
233 Irsigler, Essen, Trinken und Feiern im Mittelalter, 1998, S. 43 f.; ders., Viticulture, vinification et commerce du vin, 1989, S. 49-65; Weiter-Matysiak, Weinbau im Mittelalter, 1985; Matheus, Weinbau zwischen Maas und Rhein, 1997; Weber, Studien zum Weinbau der altbayerischen Klöster, 1999, S. 372 f.
234 Janssen/Janssen, Die frühmittelalterliche Niederungsburg bei Haus Meer, 1999.
235 Janssen, Mittelalterliche Gartenkultur, Nahrung und Rekreation, 1986, S. 224-243.
236 Vgl. Knörzer, Die Pflanzenfunde, 1999, S. 186-192. Vgl. zu den erwähnten Nutzpflanzen auch: Körber-Grohne, Nutzpflanzen in Deutschland, 1995, passim, sowie Knörzer, Kölner Obstfunde bei Ausgrabungen von der Eisenzeit bis zur frühen Neuzeit, 1985, S. 184-189. Diskussion des Schweizer Befundes bei Rippmann, Gärten, Obstbäume und Obst im Mittelalter, 1996, S. 87-94.
237 Reichstein, Untersuchungen an Tierknochen, 1999, S. 225 ff.
238 Brombacher, Gemüse und Obst, 2000, S. 177 ff.
239 Zit. nach Abel, Wandlungen des Fleischverbrauchs und der Fleischversorgung, 1937, S. 415 f.
240 Vgl. zum Freitag Schreiber, Die Wochentage im Erlebnis der Ostkirche und des christlichen Abendlandes, 1953, S. 168-176; Hirschfelder, Freitag der 13., 2001.
241 Vgl. Knörzer, Die Pflanzenfunde, 1999, S. 188 ff.
242 Hüster-Plogmann, Fische und Fasten, 2000, S. 239 ff.

243 Vgl. Desse/Desse-Berset, Les poissons, 1993, S. 116-120. Hinweise zu Krebsen finden sich auch bei Dirlmeier, Untersuchungen zu Einkommensverhältnissen, 1978, S. 398 f.

244 Auch über das vorösterliche Fasten hinaus gab es eine breite Diskussion darüber, welche Nahrungsmittel man essen durfte, und welche unrein oder theologisch vorbelastet waren; Lutterbach, Die Speisegesetzgebung in den mittelalterlichen Bußbüchern, 1998, S. 1 ff.

245 Bernhard von Clairvaux, Apologia ad Guillelmum Abbate, 1992, S. 180. Vgl. Zimmermann, Ordensleben und Lebensstandard, 1973. Diskussion und Analyse der Nahrungsgewohnheiten S. 36-87. Hinweis auf die Eierspeisen in Cluny S. 59.

246 Bernhard von Clairvaux, Epistola I, 1992, S. 258 f. Vgl. Lohmer, Gemüsesuppe und Rhetorik, 2000, S. 17 f.

247 Vgl. Lohmer, Ausgewählte Aspekte der mittelalterlichen Ernährung für Mönche, 1988, S. 179 ff.

248 Vgl. Jütte, Geschichte der Alternativen Medizin, 1996, S. 174 f., mit weiterführender Literatur, sowie die verschiedenen Beiträge in: Haverkamp, Hildegard von Bingen, 2000.

249 Opll, Stadt und Reich im 12. Jahrhundert, 1986.

250 Troßbach/Zimmermann, Agrargeschichte, 1998; Verhulst/Morimoto, Economie rurale et Economie urbaine au Moyen Age, 1994.

251 Isenmann, Die deutsche Stadt im Spätmittelalter 1250-1500, 1988; Boockmann, Die Stadt im späten Mittelalter, 1986.

252 Vgl. diverse Beiträge zur Mainzer Geschichte in Dumont u. a., Mainz, 1998.

253 Planitz, Die deutsche Stadt im Mittelalter, 1997; vgl. Janssen, »Freiheit macht ihre Stütze, Gleichheit ihren Reiz«, 2000, S. 361 ff.

254 Hirschfelder, Die Kölner Handelsbeziehungen im Spätmittelalter, 1994, passim.

255 Vgl. Henn, Der hansische Handel mit Nahrungsmitteln, 1996, S. 23 ff.

256 Vgl. mehrere Beiträge in dem Sammelband Herrmann, Mensch und Umwelt im Mittelalter, 1986.

257 Marijnissen, Hieronymus Bosch. Das vollständige Werk, 1988. Vgl. zu den sieben Todsünden S. 329-345.

258 Blöcker, Studien zur Ikonographie der Sieben Todsünden, 1993, S. 107-115; De Rijk, Jeroen Bosch. The Garden of Earthly Delights, 1993, S. 33-53; Maguire, Die dunklen Begleiter der Seele, S. 145-175.

259 Mittermayr, Das Mahl – Handlungsrahmen für Repräsentation und Kommunikation, 2000, S. 9-10, sowie die weiteren Beiträge dieses Bandes. Vgl. grundlegend Houtte, Europäische Wirtschaft und Gesellschaft von den großen Wanderungen bis zum Schwarzen Tod, 1980, S. 31-48.

260 Dirlmeier, Artikel »Ernährung«, 1986, Sp. 2167 f.; Hundsbichler, Nahrung, 1986, S. 196-231. Vgl. Abel, Stufen der Ernährung, 1981, S. 9 f.

261 Hundsbichler, Nahrung, 1986, S. 196-231; Dirlmeier, Artikel »Ernährung«, 1986, Sp. 2167 f.; Abel, Stufen der Ernährung, 1981, S. 9 f.; Peyer, Zur Getreidepolitik oberitalienischer Städte, 1950.

262 Hundsbichler, Nahrung, 1986, S. 218; Wiegelmann, Alltags- und Festspeisen, 1967, S. 28-40.

263 Herborn, Hund und Katze, 2000, S. 397-413. Vgl. Münch, Tiere und Menschen, 1998.

264 Wagner, Der Kampf des Fastens gegen die Fastnacht, 1986; Düring u.a., Artikel »Fasten, -zeiten, -dispensen. Christlicher Bereich«, 1989, Sp. 304-307.

265 Hirschfelder, Die Kölner Handelsbeziehungen im Spätmittelalter, 1994, S. 502ff., 514ff. Erwähnung von Krebsen bei Dirlmeier, Untersuchungen zu Einkommensverhältnissen, 1978, S. 398f.

266 Abel, Stufen der Ernährung, 1981, S. 13ff., 17; Riis, Artikel »Fischfang, -handel«, 1989, Sp. 496-499.

267 Dirlmeier, Artikel »Ernährung«, 1986, Sp. 2167.

268 Umfangreiche Darstellung und Analyse mit Quellenverweisen bei Irsigler, »Ind machden alle lant beirs voll«, 1996, S. 377-397.

269 Clemens, Trier – Eine Weinstadt im Mittelalter, 1993; Matheus, Weinproduktion und Weinkonsum im Mittelalter, 1999; Pauly, Luxemburg im späten Mittelalter, Bd. 2, 1994.

270 Hirschfelder, Die Kölner Handelsbeziehungen im Spätmittelalter, 1994, S. 175ff., 267ff., 395ff.

271 Sprandel, Von Malvasia bis Kötzschenbroda, 1998.

272 Pauly, Luxemburg im späten Mittelalter, Bd. 2, 1994, S. 75-84, mit einer Fülle regionaler Beispiele auch aus Frankreich und Deutschland.

273 Gechter, Kirche und Klerus in der stadtkölnischen Wirtschaft, 1983, S. 108ff.; Fischer/Herborn, Geschichte des rheinischen Brauwesens, 1985, S. 50f.

274 Höfler/Illi, Versorgung und Entsorgung der mittelalterlichen Stadt, 1992, S. 351ff.; Schmid, Brunnen und Gemeinschaften im Mittelalter, 1998, S. 571ff.

275 Garbrecht, Wasser. Vorrat, Bedarf und Nutzung in Geschichte und Gegenwart, 1985, S. 169; Colasanti, Le fontane d'Italia, 1926; Schmid, Brunnen und Gemeinschaften im Mittelalter, 1998, S. 577f.

276 Kluge/Schramm, Wassernöte, 1988, S. 16, 19; Greive, Die Juden, 1992, S. 93, 104f.

277 Garbrecht, Wasser. Vorrat, Bedarf und Nutzung in Geschichte und Gegenwart, 1985, S. 169.

278 Kluge/Schramm, Wassernöte, 1988, S. 9ff.; Hirschfelder, Das Wassertrinken, 1998, S. 339f.

279 Diverse Beispiele finden sich in folgenden Publikationen: Ehlert, Das Kochbuch des Mittelalters, 1990; Laurioux, Kochbücher vom Ende des Mittelalters, 2000, S. 157ff.; Lemmer, »So wirt es gut und wolgeschmack«, 1991; Wiswe, Kulturgeschichte der Kochkunst, 1970.

280 Kuske, Quellen zur Geschichte des Kölner Handels und Verkehrs, Bd. 2, 1917, S. 153-156.

281 Bitsch, Gesundheitsschädigung und Täuschung im mittelalterlichen Lebensmittelverkehr, 1987, S. 192f.

282 Baum, Artikel »Fleisch, Fleischer«, 1989, Sp. 541-545; Fouquet, Artikel »Konservierung«, 1991, Sp. 1370.

283 Vgl. Irsigler/Lassotta, Bettler und Gaukler, Dirnen und Henker, 1984, S. 228ff.

284 Benecke, Der Mensch und seine Haustiere, 1994, S. 259f.

285 Baum, Artikel »Fleisch, Fleischer«, 1989, Sp. 541-545; Dirlmeier, Artikel »Ernährung«, 1986, Sp. 2168. Zudem bietet das Fett küchentechnische Vorteile; Kofrányi/Wirths, Einführung in die Ernährungslehre, 1994, S. 59.

286 Dirlmeier, Untersuchungen zu Einkommensverhältnissen, 1978, S. 121, 130f.

287 Schmugge, Feste feiern wie sie fallen, 1978, S. 61-87.

288 Vgl. Schultz, Das Fest, 1988; Gebhardt, Fest, Feier und Alltag, 1987. Wolter, Der Mainzer Hoftag von 1184 als politisches Fest, 1991, S. 193-200.

289 Genaue Verweise auf die im Stadtarchiv Konstanz lagernden Quellen bei Fouquet, Das Festmahl in den oberdeutschen Städten des Spätmittelalters, 1992, S. 103f.

290 Feuerlein u. a., Alkoholismus – Missbrauch und Abhängigkeit, 1998, S. 19, 115.

291 Vgl. etwa Vale, Provisioning Princely Households in the Low Countries, 1995, S. 33ff.

292 Hauser, Vom Essen und Trinken im alten Zürich, 1973, S. 73f.

293 Elias, Über das Verhalten beim Essen, 1978, S. 110-174; Schürmann, Tisch- und Grußsitten im Zivilisationsprozess, 1994; Bimmer, Sich benehmen, 1993.

294 Thurn und Taxis/Borghese, Unsere Umgangsformen, 2000.

295 Zit. nach Elias, Über das Verhalten beim Essen, 1978, S. 115f.

296 Hundsbichler, Nahrung, 1986, S. 218.

297 Irsigler/Lassotta, Bettler und Gaukler, Dirnen und Henker, 1984, S. 186ff., 189f., 204; Stein, Sozialhistorische Aspekte der städtischen Prostitution, 1995/96, S. 31.

298 Winkle, Geisseln der Menschheit, 1998, S. 541ff.

299 Schuster, Das Frauenhaus, 1992, S. 180ff.

300 Clark, The English Alehouse, 1983.

301 Der *Morgensprache* genannte Ratsbeschluss beklagte am 16. Januar 1456, »dat in der verkeuffere ind vurkeufferschen huysere, die biertavernen uphaldent ind beir verkouffent, vijell suntliche, schentliche ind unmynschliche sachen nacht ind dach gehandelt ind ouch roekeloisse, wilde, unnutze geselschafft van manne ind frauwen upgehalden ind geherbergt werden ind vergaderen, da unse here got ind sijne heiligen wenich mit geert werden«. Stein, Akten zur Geschichte der Verfassung und Verwaltung der Stadt Köln, Bd. 2, 1895, S. 374f. Nr. 231.

302 Fischer/Herborn, Geschichte des rheinischen Brauwesens, 1985, S. 51.

303 Kuske, Quellen zur Geschichte des Kölner Handels und Verkehrs, Bd. 2, 1917, S. 232f.

304 Stein, Akten zur Geschichte der Verfassung und Verwaltung der Stadt Köln, Bd. 2, 1895, S. 660f. Nr. 499. Vgl. Hirschfelder, Zwischen Öffentlichkeit und Privatsphäre, 2000, S. 321-336.

305 Tränkle, Zur Geschichte des Herdes, 1992, S. 38-42. Kaspar, Die Herdstelle als Indikator von Nahrungsgewohnheiten, 1996, S. 69ff.

306 Vgl. zur neueren Forschungsdiskussion um Grenzen und Charakter der Epoche Leimgruber, Die Frühe Neuzeit in der Geschichtswissenschaft, 1997; Mieck, Europäische Geschichte der Frühen Neuzeit, 1994. Aspekte des Wandels der Nahrungsgewohnheiten bei Fenton/Kisban, Food in Change, 1986; Flandrin, Der gute Geschmack und die soziale Hierarchie, 1991, S. 269ff.

307 Zit. nach Drescher, D. Martin Luthers Werke, Bd. 51, 1914, S. 257.

308 Vgl. zum Charakter des 17. Jahrhunderts Münch, Das Jahrhundert des Zwiespalts, 1999.

309 Vgl. zu den Auswirkungen dieser Prozesse auf den Alltag Dülmen, Kultur und Alltag in der Frühen Neuzeit. Bde. 1-2, 1990-1992; Münch, Lebensformen in der frühen Neuzeit, 1992.

310 Schlumbohm, »Proto-Industrialisierung« als forschungsstrategisches Konzept, 1994, S. 23ff.; Ebeling/Mager, Protoindustrie in der Region, 1997.

311 Herborn, Hermann von Weinsberg, 1988.

312 Höhlbaum, Das Buch Weinsberg, Zweiter Band, 1887, S. 221-224.
313 Bacci, Europa und seine Menschen, 1999, passim.
314 Bozorgnia, The Role of Precious Metals, 1998; Cipolla, Die Odyssee des spanischen Silbers, 1998.
315 Teuteberg, Der Fleischverzehr in Deutschland und seine strukturellen Veränderungen, 1986, S. 63 ff.; Abel, Massenarmut und Hungerkrisen, 1986, S. 65 f.; ders., Stufen der Ernährung, 1981, S. 39 ff.
316 Saalfeld, Die Bedeutung des Getreides, 1964, S. 31 f.
317 Hitzbleck, Die Bedeutung des Fisches für die Ernährungswirtschaft Mitteleuropas, 1971, S. 224.
318 Schreiber, Deutsche Weingeschichte, 1980, S. 290-292. Beschreibung der Auswirkungen auf England bei Simon, History of the Wine Trade in England, Vol. 3, 1909.
319 Münch, Das Jahrhundert des Zwiespalts, 1999, S. 93 f. Vgl. Heuser, Hexenverfolgung und Volkskatechese, 1999, S. 95 ff.; Franz/Irsigler, Methoden und Konzepte der historischen Hexenforschung, 1998.
320 Fischer/Herborn, Geschichte des rheinischen Brauwesens, 1985, S. 37 ff.; Hirschfelder, »... dass sie so schlecht dun bier musten drincken«, 1998, S. 243-252; Huntemann, Bierproduktion und Bierverbrauch in Deutschland, 1970.
321 Vgl. Reif, Der Adel in der modernen Sozialgeschichte, 1987, S. 35 ff., sowie zur Relevanz der Oberschichtforschung aus kulturwissenschaftlicher Sicht Warneken/Wittel, Die neue Angst vor dem Feld, 1997, S. 3 f.
322 Vgl. zur Frühgeschichte des Kaffees Ball, Kaffee im Spiegel europäischer Trinksitten, 1991; Heise, Kaffee und Kaffeehaus, 1987; Schnyder-v. Waldkirch, Wie Europa den Kaffee entdeckte, 1988. Diskussion regionaler Aspekte bei Kaiser, Der große Durst, 1995, S. 135 ff., sowie bei Meiners, Volkskultur und Geschichte, 1991, S. 11-30.
323 Die Prozesse verliefen nicht linear, sondern es kam zu heftig geführten Auseinandersetzungen über Schädlichkeit beziehungsweise Nutzen des Kaffees. Vgl. beispielsweise Paldamus, Über die Schädlichkeit des Kaffees, Tabaks und Branntweins, 1788. Vgl. dazu auch Wiegelmann, Der Wandel von Speisen- und Tischkultur im 18. Jahrhundert, 1982, S. 149 ff.
324 Wiegelmann, Zucker und Süßwaren im Zivilisationsprozess der Neuzeit, 1986, S. 143.
325 Naumann, Grundzüge der deutschen Volkskunde, 1922. Vgl. dazu Jeggle, Volkskunde im 20. Jahrhundert, 1994, S. 57 f.
326 Meiners, Volkskultur und Geschichte, 1991, S. 24; Reimertz, Vom Genuß des Tees, 1998.
327 Stella, Das Buch vom Kaffee, 1997.
328 Tolksdorf, Nahrungsforschung, 1994, S. 237.
329 Wiegelmann, Regionale Unterschiede der Würzgewohnheiten in Mitteleuropa, 1986, S. 203-215; Paczensky/Dünnebier, Leere Töpfe, volle Töpfe, 1994, S. 91 ff.
330 Wiegelmann, Zucker und Süßwaren im Zivilisationsprozess der Neuzeit, 1986, S. 141 ff., mit weiterführender Literatur. Statistische Angaben nach Mauruschat, Gewürze, Zucker und Salz im vorindustriellen Europa, 1975.
331 Vgl. zum Folgenden Ottenjann/Ziessow, Die Kartoffel, 1992; Teuteberg/Wiegelmann, Einführung und Nutzung der Kartoffel in Deutschland, 1986, S. 93-114.

332 Kleinschmidt, Die Einführung der Kartoffel in der Westpfalz, 1978.
333 Wiegelmann, Alltags- und Festspeisen, 1967, S. 75-111.
334 Hirschfelder, Bemerkungen zu Stand und Aufgaben, 1994, S. 88 f.; Göbel, »Wem der geprant wein nutz sey oder schad ...«, 1989; Frank, Alkohol und ländliche Gesellschaft in der frühen Neuzeit, 1996, S. 107 ff.
335 Teuteberg/Wiegelmann, Einführung und Nutzung der Kartoffel in Deutschland, S. 93.
336 Tappe, Auf dem Weg zur modernen Alkoholkultur, 1994, S. 33-37.
337 Hirschfelder, »Und also die ganze Woche ein grosses Gesaufte war«, 1994, S. 5-14. Zahlreiche Hinweise bei ders., Alkoholkonsum an der Schwelle zum Industriezeitalter, 2000. Vgl. Spode, »Der Sauf bleibt ein allmächtiger Abgott bei uns Deutschen«, 1997.
338 Vgl. Marrus, Social Drinking in the Belle Epoque, 1974, S. 115 ff.; Oddy, Food, Drink and Nutrition, 1990, S. 251-278; Stel, Drinken, drank an dronkenschap, 1995.
339 Coffey, Beer Street, Gin Lane, 1966, S. 669-692; Hinz, William Hogarth 1697-1764, 1980.
340 Vgl. zu den Konsumzahlen Hirschfelder, Alkoholkonsum an der Schwelle zum Industriezeitalter, 2000, Kapitel 3.2.
341 Archenholz, England und Italien, 3. Theil, 1787, S. 9 f. Vgl. zur kulturwissenschaftlichen Klassifizierung und Auswertung von Tagebüchern Schulze, Ego-Dokumente, 1996. Vgl. zur Interpration dieser Quelle Hirschfelder, Women's Drinking Usages, 1999, S. 62 f.
342 Küttner, Beyträge zur Kenntniß vorzüglich des Innern von England, Erstes Stück, 1791, S. 115 ff.
343 Vgl. etwa Krug-Richter, »Item gekaufft 1 viertell herings«, 1991; dies., Zwischen Fasten und Festmahl, 1994; Kraus, Auf dem Weg in die Moderne, 1994, S. 234 f.
344 Vgl. zum Stand der kulturwissenschaftlichen Auseinandersetzung mit dem Thema Rien/Dorén, Das neue Tabagobuch, 1985, sowie Hengartner, Tabakkonsum und Rauchen, 1996, S. 113-137.
345 Immensack, Bibliographie als Geschichte der deutschsprachigen Tabakliteratur, 1996.
346 Braudel, Sozialgeschichte des 15. bis 18. Jahrhunderts, Bd. 3, 1985, S. 276-281.
347 Schäfke, Blauer Dunst, 1984, S. 9.
348 Stadtarchiv Aachen, Gedruckte Edikte III, Nr. 548, S. 88 f.
349 Salm, Historische Darstellung des Armenwesens der Stadt Aachen, 1870, S. 141.
350 Kortum, Beiträge zur praktischen Arzneiwissenschaft, 1786, S. 25.
351 Risbeck, Briefe eines reisenden Franzosen, Bd. 2, 1784, S. 350 f.
352 Hirschfelder, Women's Drinking Usages, 1999, S. 62 f.
353 Hilger, Umweltprobleme als Alltagserfahrung, 1984, S. 112-138.
354 Vgl. zum Funktionswandel der Stadt Behringer/Roeck, Das Bild der Stadt in der Neuzeit, 1999.
355 Klonder, Die Nahrung der unteren und mittleren städtischen Sozialschichten, 1996, S. 349 ff.
356 Hudson, The Industrial Revolution, 1992; Wehler, Deutsche Gesellschaftsgeschichte, Bde. 1-2, 1987-1989; Hartmann, Kontinuitäten oder revolutionärer Bruch? 1998, S. 389 ff.
357 Lang, Reise auf dem Rhein, 1790, S. 53 f.

358 Die Angaben beruhen auf den Schilderungen des örtlichen Arztes Dr. Jonas; in: Brans, Gesundheitswesen und Heilkunde in Stolberg, 1992, S. 125.

359 Brockmüller, Entwurf einer historisch-, statistisch-, medizinischen Topographie, 1839, S. 82.

360 Cerman/Ogilvie, Einleitung: Theorien der Proto-Industrialisierung, 1994, S. 9 ff.; Hudson, Proto-Industrialisierung in England, 1994, S. 61 ff.; Komlos, Ein Überblick über die Konzeptionen der Industriellen Revolution, 1997, S. 461 ff.

361 Vgl. Buchheim, Industrielle Revolutionen, 1994.

362 Neuere Literaturangaben und Diskussion des Forschungsstandes: Berg, The Age of Manufactures 1700-1820, 1994; Hewitt, The Emergence of Stability in the Industrial City, 1996; Oddy, Food, Drink and Nutrition, 1990, S. 251 ff.; Lloyd-Jones/Lewis, Manchester and the Age of Factory, 1988. Vgl. zu den sozialen Folgen Walton, Lancashire. A Social History, 1990; ders., Die Baumwollindustrie und die Arbeiterklasse von Lancashire, 1992, S. 364 ff.

363 Kellenbenz, Wirtschafts- und Sozialentwicklung der nördlichen Rheinlande seit 1815, 1976, S. 31-35. Beispiele bei Fischer/Herborn, Rheinische Landwirtschaft um 1820, 1987, passim.

364 Engels, Die Lage der arbeitenden Klasse in England, 1845, S. 303; vgl. Schmidtgall, Friedrich Engels' Manchester-Aufenthalt, 1981.

365 Teuteberg, Die tägliche Kost unter dem Einfluss der Industrialisierung, 1986, S. 355; ders., Der Fleischverzehr in Deutschland und seine strukturellen Veränderungen, 1986, S. 63 ff.

366 Schaumann, Technik und technischer Fortschritt im Industrialisierungsprozess, 1977, S. 32 ff., 59 ff.; Teuteberg, Der Verzehr von Nahrungsmitteln in Deutschland pro Kopf und Jahr, 1986, S. 238. Vgl. zur Ernährungswissenschaft in der ersten Hälfte des 19. Jahrhunderts Cremer, Justus von Liebig und die Entwicklung der Ernährungswissenschaft, 1973, S. 20 ff.

367 Teuteberg/Wiegelmann, Einführung und Nutzung der Kartoffel in Deutschland, 1986, S. 115 ff.; Kleinschmidt, Die Einführung der Kartoffel in der Westpfalz, 1978.

368 Konsumzahlen bei Tappe, Auf dem Weg zur modernen Alkoholkultur, 1994, S. 55; Spode, »Der Sauf bleibt ein allmächtiger Abgott bei uns Deutschen«, 1997, S. 283 ff., mit Diskussion einer angeblichen *Rauschkultur*; vgl. dagegen Hirschfelder, Alkoholkonsum an der Schwelle zum Industriezeitalter, 2000, Kap. 3.

369 Wiegelmann, Alltags- und Festspeisen, 1967, S. 44.

370 Wiegelmann, Alltags- und Festspeisen, 1967, S. 45.

371 Wulf, »Cattun, Traubrosienen, Caffee und Brodmesser«, 1997, S. 184, 190 f. Vgl. zu den neuen Vertriebsstrukturen Spiekermann, Basis der Konsumgesellschaft, 1999.

372 Wiegelmann, Alltags- und Festspeisen, 1967, S. 45.

373 Kalbersch, Gebrauch und Missbrauch geistiger Getränke, Theil 2, 1854, S. 356 f.

374 Zit. nach Abel, Stufen der Ernährung, 1981, S. 42.

375 Dorsch, Statistique du Département de la Roer, 1804, S. 112.

376 Hitzbleck, Die Bedeutung des Fisches für die Ernährungswirtschaft Mitteleuropas, 1971, S. 313; Wiegelmann/Mauss, Fischversorgung und Fischspeisen im 19. und 20. Jahrhundert, 1986, S. 78 f. Vgl. Simoons, Eat not this Flesh, 1994.

377 Wolf Cohen, Jüdische Küche, 1995, S. 64; Bruer, Geschichte der Juden in Preußen, 1991; Daxelmüller, Die deutschsprachige Volkskunde und die Juden, 1987, S. 1 ff.; Greive, Die Juden, 1992.

378 Hietala/Lepistö, Arctic Finland and the new Technology of Food Preservation and Refrigeration, S. 308 ff.

379 Montanari, Der Hunger und der Überfluss, 1993, S. 160 f., 168 ff.

380 Vgl. zur *Entdeckung der Nacht* und zum Zeitrhythmus Nahrstedt, Die Entstehung der Freizeit, 1988, S. 132, sowie Roeck, Lebenswelt und Kultur des Bürgertums in der frühen Neuzeit, 1991, S. 23 f.

381 Teuteberg, Die tägliche Kost unter dem Einfluss der Industrialisierung, 1986, S. 357.

382 Vgl. zu Aachen Herres, »Die geringeren Klassen und der Mittelstand«, 1992/93, S. 428, 431 ff. Überblick bei Nipperdey, Deutsche Geschichte 1800-1866, 1983, S. 120, 129; Scott, Die Arbeiterin, 1994, S. 451 ff.; Frevert, Frauen-Geschichte zwischen bürgerlicher Verbesserung und neuer Weiblichkeit, 1986, S. 63 ff.; Schildt, Die Arbeiterschaft im 19. und 20. Jahrhundert, 1996, S. 89 ff.

383 Sledziewski, Die Französische Revolution als Wendepunkt, 1994, S. 45 ff.

384 Stadtarchiv Aachen, Burtscheid, Preußische Zeit 26-9, Vol. II; Hirschfelder, »Nur allzu oft sind die Gasthäuser blosse Kerkerlöcher«, 1998, S. 51 f.

385 Hauptstaatsarchiv Düsseldorf, Regierung Aachen, Nr. 4793; Hirschfelder, Fruchtwein und Schnaps, Bürgertochter und Fabrikmädchen, 1999, S. 289.

386 Hirschfelder, Women's Drinking Usages, 1999, S. 62 ff.

387 Hirschfelder, Fruchtwein und Schnaps, Bürgertochter und Fabrikmädchen, 1999, S. 282 ff.

388 Wehler, Deutsche Gesellschaftsgeschichte, Bd. 2, 1989, S. 281 f.

389 Hesse, Einige medizinische Nachrichten und Bemerkungen über Burtscheid bei Aachen, 1804, S. 8 f.

390 Schilderung der Stadt Aachen, 1787, S. 132 ff.

391 Meyer, Beiträge zur chorographischen Kenntnis des Flußgebiets der Innerste, 1822, S. 8.

392 Ellerbrock, Geschichte der deutschen Nahrungs- und Genußmittelindustrie, 1993.

393 Wehler, Deutsche Gesellschaftsgeschichte, Bd. 3, 1995, S. 5. Vgl. Eisenberg, »English sports« und deutsche Bürger, 1999; Kocka, Industrial Culture and Bourgeois Society, 1999.

394 Vgl. Kriedte, »Kolonialwaren« für Europa, 1994; Pfeisinger, Kolonialwaren, 1989; »... wo der Pfeffer wächst«, 1997.

395 Walton, Fish and Chips in the British Working Class, 1992.

396 Schematische Darstellung der quantitativen Entwicklung des Nahrungsmittelverzehrs in Deutschland bei Teuteberg, Der Verzehr von Nahrungsmitteln in Deutschland pro Kopf und Jahr, 1986, S. 236-252. Europäische Vergleichszahlen bei Schieder, Staatensystem als Vormacht der Welt, 1982, S. 433.

397 Spiekermann, Basis der Konsumgesellschaft, 1999, S. 614 ff.

398 Spiekermann, Zeitensprünge, 1996, S. 30 ff.; Teuteberg, Die tägliche Kost unter dem Einfluss der Industrialisierung, 1986, S. 355 f. Vgl. Hopf-Droste, Von Konservendosen und Einmachgläsern, 1988, S. 483 ff.; Bruegel, How the French learned to eat Canned Foods, 2000.

399 Görtemaker, Deutschland im 19. Jahrhundert, 1994, S. 158 f.

400 Jackson, Migration and Urbanization, 1997. Vgl. Bade, Sozialhistorische Migrationsforschung, 1988, S. 63ff.; Hoerder/Nagler, People in Transit, 1995.
401 Stemmrich, Am Anfang war die Not, 1988, S. 6.
402 Vgl. Dumpe, Curds and Pressed Cottage Cheese in Latvia, 1992, S. 107ff.
403 Vgl. Sievers-Flägel, Komm mit in die Küche, 1989; Teuteberg, Die Veränderung der hausfraulichen Küchenarbeit unter dem Einfluss der Industrialisierung, 1990, S. 359ff.
404 Wiegelmann, Alltags- und Festspeisen, 1967, S. 64; Teuteberg, Der Verzehr von Nahrungsmitteln in Deutschland pro Kopf und Jahr, 1986, S. 225ff.
405 Brock, Justus von Liebig, 1999; Liebig, Die Chemie in ihrer Anwendung auf Agricultur und Physiologie, 1876 (Reprint 1995); Schwenk, Liebigs Fleischextrakt, 1999, S. 2553f.
406 Soltmann, Der Münchner Eis-Heilige, 2000, S. 112ff.; Winterstein, Carl von Linde, 1997, S. 90ff.; Hård, Machines are Frozen Spirit, 1994; Wiegelmann, Alltags- und Festspeisen, 1967, S. 65; Teuteberg/Wiegelmann, Der Wandel der Nahrungsgewohnheiten, 1972, S. 47.
407 Henning, Deutsche Wirtschafts- und Sozialgeschichte, 1996, S. 649ff.
408 Cox, Die präindustriellen Pflüge und Haken, 1983, S. 180ff.
409 Mollenhauer, Nahrungsmittel zu allen Zeiten aus aller Welt, 1996; Wiegelmann, Alltags- und Festspeisen, 1967, S. 66.
410 Wiegelmann, Alltags- und Festspeisen, 1967, S. 66.
411 Teuteberg, Der Fleisch- und Wurstverzehr der Deutschen, 1998, S. 1ff.; Wiegelmann, Alltags- und Festspeisen, 1967, S. 66.
412 Mellinger, Fleisch, 2000, S. 97ff.; Teuteberg, Der Fleischverzehr in Deutschland und seine strukturellen Veränderungen, 1986, S. 63ff.; Wiegelmann, Alltags- und Festspeisen, 1967, S. 67.
413 Teuteberg, Der Beitrag des Rübenzuckers zur »Ernährungsrevolution« des 19. Jahrhunderts, 1986, S. 153ff., 159ff.
414 Wiegelmann, Alltags- und Festspeisen, 1967, S. 68.; neuere Ansätze und Literatur bei Hartog, Food Technology, Science and Marketing, 1995.
415 Ellerbrock, Geschichte der deutschen Nahrungs- und Genußmittelindustrie, 1993, S. 377ff.; Wiegelmann, Alltags- und Festspeisen, 1967, S. 68f.
416 Spiekermann, Europäische Küchen, 1999, S. 801ff.; Tränkle, Zur Geschichte des Herdes, 1992, S. 37ff. Vgl. Barlösius, Soziale und historische Aspekte der deutschen Küche, 1988, S. 423ff.
417 Raffald, The Experienced English Housekeeper, 1769; Moxon, The English Housewifry, 1760.
418 Davidis, Zuverlässige und selbstgeprüfte Recepte, 1847.
419 Wiegelmann, Alltags- und Festspeisen, 1967, S. 71ff.
420 Kochbücher lassen allerdings nicht in jedem Fall darauf schließen, dass die angegebenen Gerichte auch tatsächlich zubereitet wurden. Vgl. zu dieser Problematik Thoms, Kochbücher und Haushaltslehren als ernährungshistorische Quellen, 1993, S. 9ff.
421 Vgl. zum Folgenden auch Teuteberg/Lesniczak, Alte ländliche Festtagsmahlzeiten, 2001.
422 Schlegel-Matthies, Im Haus und am Herd, 1995, S. 80.
423 Wiegelmann, Alltags- und Festspeisen, 1967, S. 73f.

424 Teuteberg/Lesniczak, Alte ländliche Festtagsmahlzeiten, 2001.
425 Teuteberg, Zum Problemfeld Urbanisierung und Ernährung, 1987, S. 11 ff.; Spiekermann, Basis der Konsumgesellschaft, 1999.
426 Dorn, Zur Stütze der Hausfrau, 1891; Schwarz, Die Landfrauenbewegung in Deutschland, 1990; Teuteberg/Lesniczak, Alte ländliche Festtagsmahlzeiten, 2001.
427 Hopf-Droste, Das bäuerliche Tagebuch, 1981, S. 75.
428 Teuteberg/Lesniczak, Alte ländliche Festtagsmahlzeiten, 2001. Quellenbeispiele bei Teuteberg/Wiegelmann, Der Wandel der Nahrungsgewohnheiten, 1972, S. 317. Vgl. Herrig, Ländliche Nahrung im Strukturwandel des 20. Jahrhunderts, 1974, S. 48.
429 Teuteberg, Die Rolle des Fleischextrakts für die Ernährungswissenschaften, 1990, S. 78 ff.; Spiekermann, Suppe im Wandel, 1995, S. 15 ff.; Teuteberg/Lesniczak, Alte ländliche Festtagsmahlzeiten, 2001; Heizmann, Ländliche Festspeisen im nördlichen Rheinland, 1984, S. 147 ff.
430 Lengerke, Landwirthschaftliche Skizzen von Rheinpreußen, 1853, S. 38.
431 Drummer, Das sich ausbreitende Restaurant, 1997, S. 307. Vgl. Wyrwa, Branntewein und »echtes« Bier, 1990.
432 Stockhaus, »Aber mir sind trotzdem satt wordn«, 1994, S. 247, 250, 270 f.
433 Vgl. Heischkelt-Arelt, Ernährung und Ernährungslehre im 19. Jahrhundert, 1976.
434 Spiekermann, Bruch mit der alten Ernährungslehre, 1999, S. 16 ff.
435 Konsumzahlen bei Tappe, Auf dem Weg zur modernen Alkoholkultur, 1994, S. 195 ff. Vgl. Thoms, Dünn und dick, schön und hässlich, 1995, S. 242 ff.
436 Jurisch, Die Verunreinigung der Gewässer, 1890, S. 79, 107.
437 Grahn, Die städtische Wasserversorgung im Deutschen Reiche, Bd. 1, 1898, S. 21 ff.; Bd. 2, 1902, S. 764 ff.
438 Grahn, Die städtische Wasserversorgung, Bd. 1, 1898, S. 451. Vgl. Fischer, Trank Wasser wie das liebe Vieh, 1988, S. 316 ff.
439 Kluge/Schramm, Wassernöte, 1988, S. 107, 125; Simson, Die Flußverunreinigungsfrage im 19. Jahrhundert, 1978, S. 370-390.
440 Vgl. zum letztgenannten Punkt Allworth, Central Asia, 1999.
441 Macfie, The End of the Ottoman Emprie, 1998; Palmer, Verfall und Untergang des Osmanischen Reiches, 1997.
442 Herf, Reactionary Modernism, 1996; Wirsching, Die Weimarer Republik, 2000, S. 95 ff.
443 Vgl. Kathe/Morgenstern, Lexikon zur Geschichte der Rußlanddeutschen, 2000; Kugler, Kulturelle Identität der deutschsprachigen Minderheiten, 1992.
444 Bei § 2 der Verordnung des Bundesrats vom 28. 10. 1914 handelte es sich um eine *Bekanntmachung über den Verkehr mit Brot.* Horbelt/Spindler, Die deutsche Küche im 20. Jahrhundert, 2000, S. 53 f.; Roerkohl, Die Lebensmittelversorgung während des Ersten Weltkrieges, 1987, S. 312 ff., 348 f. Dazu ausführlich dies., Hungerblockade und Heimatfront, 1991.
445 Roerkohl, ›Viel Suppe gab's und wenig Brot‹, 1991, S. 69.
446 Roerkohl, Die Lebensmittelversorgung während des Ersten Weltkrieges, 1987, S. 325 f.
447 Roerkohl, Die Lebensmittelversorgung während des Ersten Weltkrieges, 1987, S. 331 f.
448 Roerkohl, Die Lebensmittelversorgung während des Ersten Weltkrieges, 1987, S. 345 f. Kartografische Darstellung der Verteilung von Brot, Fleisch und Kartoffeln im Deutschen Reich im Mai 1917, S. 357.

449 Stadthagen, Die Ersatzmittel in der Kriegswirtschaft, 1919.

450 Roerkohl, Die Lebensmittelversorgung während des Ersten Weltkrieges, 1987, S. 351.

451 Heizmann, Die rheinische Mahlzeit, 1994, S. 43 ff. Vgl. zur weiten Verbreitung des Spargels als Notspeise Aubner, Über den Spargel, 1916, S. 657 f.

452 Roerkohl, Die Lebensmittelversorgung während des Ersten Weltkrieges, 1987, S. 354.

453 Lih, Bread and Authority in Russia 1914-1921, 1990.

454 Burnett, Plenty and Want, 1966, S. 214 ff., 224; Oddy, Food, Drink and Nutrition, 1990, S. 267 ff.

455 Statistische Angaben bei Drummer, Das sich ausbreitende Restaurant, 1997, S. 306-311.

456 Chiapparino, Von der Trink- zur Eßschokolade, 1997, S. 387 ff.; Teuteberg, Die Begründung der Ernährungsindustrie, 1986, S. 291 ff., 302.

457 Schmitthenner/Schmitthenner, Speise und Trank in Europa, 1960, S. 109 f.

458 Vgl. zur Problematik der Definition von Kulturgrenzen Cox, Kulturgrenzen und nationale Identität, 1993.

459 Schmitthenner/Schmitthenner, Speise und Trank in Europa, 1960, S. 114 ff., 126, 129.

460 Wirsching, Die Weimarer Republik, 2000, S. 69 ff.; Zahn, Arbeitskosten und Lebenslagen, 1996, S. 164 f.

461 Spiekermann, Bruch mit der alten Ernährungslehre, 1999, S. 4.

462 Allerdings befand sich das Bürgertum nach 1918 auch in einer Phase zunehmender Differenzierung; Möller, Bürgertum und bürgerlich-liberale Bewegung nach 1918, 1997, S. 293 ff.

463 Vgl. zur ambivalenten Rolle der Frau in der Weimarer Republik Bridenthal u. a., When Biology became Destiny, 1984; Schwarz, Die Landfrauenbewegung in Deutschland, 1990. Vgl. Brändli, »Sie rauchen wie ein Mann, Madame«, 1996, S. 83 ff.

464 Spiekermann, Bruch mit der alten Ernährungslehre, 1999, S. 5 f.

465 Umfangreiche Dokumentation der Lebensverhältnisse bei Suhr, Die weiblichen Angestellten, 1930, S. 38 ff.

466 Heizmann, Die rheinische Mahlzeit, 1994, S. 70 ff. Ähnliche Schilderungen bei Kuhn, Haus Frauen Arbeit 1915-1965, 1994, S. 75 ff. Vgl. Merkenich, Grüne Front gegen Weimar, 1998.

467 Ambrosius, Von Kriegswirtschaft zu Kriegswirtschaft, 2000, S. 316 f.

468 Knickerbocker, Deutschland so oder so?, 1932, S. 1, zit. nach Lüdtke, Hunger in der Großen Depression, 1987, S. 145. Vgl. zur Entwicklung und zur Bedeutung der Schrebergartenkultur Hotaka, Contact with Nature as Urban Culture in Modern Age, 2000, S. 136 f.

469 Fischer/Heimann, Deutsche Kinderfibel, 1933, S. 98 f., zit. nach Lüdtke, Hunger in der Großen Depression, 1987, S. 150 f.

470 Simmel, Soziologie der Mahlzeit, 1957, S. 244.

471 Wiegelmann, Alltags- und Festspeisen, 1967, Karte 1 des Anhangs. Vgl. etwa auch Herrig, Ländliche Nahrung im Strukturwandel des 20. Jahrhunderts, 1974; Braun, Sozialer und kultureller Wandel in einem Industriegebiet (Zürcher Oberland), 1970.

472 Proctor, The Nazi War on Cancer, 1999, S. 120 ff.

473 Bester Überblick über die Ernährungswirtschaft in Deutschland unter der Diktatur Hitlers: Corni/Gies, Brot, Butter, Kanonen, 1997. Vgl. Wiggen-Jux, Die Versorgung der Kölner Zivilbevölkerung mit Lebensmitteln und Gebrauchsgegenständen im Zweiten Weltkrieg, 1998, S. 23 ff., 48 ff.; Ambrosius, Von Kriegswirtschaft zu Kriegswirtschaft, 2000, S. 326 ff.

474 Gerlach, Krieg, Ernährung, Völkermord, 1998; Schlegel-Matthies, Im Haus und am Herd, 1995, passim; Winick, Hunger Disease, 1979.

475 Rath, Reste der Tafelrunde, 1984, S. 176 ff.; Spiekermann, Versorgung in der Volksgemeinschaft, 2001, S. 10 f.

476 Spiekermann, Vollkornbrot in Deutschland, 2000, S. 9 ff., 14.

477 Spiekermann, Versorgung in der Volksgemeinschaft, 2001, S. 15 ff. Vgl. zur Struktur des Einzelhandels ders., Rationalisierung als Daueraufgabe, 1997, S. 91 ff.

478 Peters, Der neue deutsche Walfang, 1938; Hugo, Deutscher Walfang, 1936, S. 528 f.

479 Kappert, Gemeinschaftsverpflegung im fünften Kriegsjahr, 1944, S. 381.

480 Hussong, Der Tisch der Jahrhunderte, 1937, S. 145 f., zit. nach Rath, Reste der Tafelrunde, 1984, S. 179 f.

481 Tolksdorf, Essen und Trinken in Ost- und Westpreußen, 1975, S. 15 ff.; Hanika, Volkskundliche Wandlungen durch Heimatverlust, 1957, S. 98.

482 Siebert/Rothe, Zeittafel zur Geschichte der Lebensmittelgewinnung, 1967, S. 580.

483 Vgl. Schröter, Von der Teilung zur Wiedervereinigung, 2000, S. 360 ff.

484 Schnitzler, Ernährung und Lebensmittelversorgung 1945-1948, 1994, S. 496; Gries, Die Rationengesellschaft, 1991.

485 Protzner, Vom Hungerwinter bis zum Beginn der »Freßwelle«, 1987, S. 20 f.

486 Tolksdorf, Essen und Trinken in Ost- und Westpreußen, 1975, S. 15 ff.; Hanika, Volkskundliche Wandlungen durch Heimatverlust, 1957, S. 98.

487 Schwarzer, Der Lebensstandard in der SBZ/DDR 1945-1989, 1995, S. 125-127.

488 Schröter, Von der Teilung zur Wiedervereinigung, 2000, S. 361.

489 Dlugoborski, Die Landwirtschaft in der Sowjetunion 1941-1944, 1985, bes. S. 143-160; Madajczyk, »Teufelswerk«. Die nationalsozialistische Besatzungspolitik in Polen, 1996, S. 29 ff. Vgl. Müller, Die deutsche Wirtschaftspolitik in den besetzten Gebieten, 1991.

490 Merl, Bauern unter Stalin, 1990; ders., Sozialer Aufstieg im sowjetischen Kolchossystem, 1990.

491 Vgl. Assmann, Zum Problem der Identität, 1993, S. 237 ff.; Bausinger, Zur kulturalen Dimension von Identität, 1977, S. 210 ff.; Brinkmann/Seibel, Wer oder was macht Region?, 1995, S. 21 ff.; Wodak u. a., Zur diskursiven Konstruktion nationaler Identität, 1998.

492 Bifulco, In Search of an Identity for Europe, 1998; Hatschikjan, Nationalismen im Umbruch, 1995; Haupt u. a., Regional and National Identities in Europe, 1998.

493 Vgl. zur Entwicklung in Polen Krasnodebski, Kulturelle Identität und sozialer Wandel in Osteuropa, 1999; Smyrek-Ourtani, Das ländliche Genossenschaftswesen in Polen, 1990.

494 Kaminsky, »Mehr produzieren, gerechter verteilen, besser leben«, 1999, S. 12, 17 ff.

495 Kaminsky, »Mehr produzieren, gerechter verteilen, besser leben«, 1999, S. 12 ff.; Merkel, Utopie und Bedürfnis. Die Geschichte der Konsumkultur in der DDR, 1999; Weichert, Zum Ernährungs- und Mahlzeitenverhalten in Deutschland seit der Wiedervereinigung, 1999, S. 31 ff.

496 Andersen, Der Traum vom guten Leben, 1997, S. 34 ff.; Protzner, Vom Hungerwinter bis zum Beginn der »Freßwelle«, 1987, S. 25-29.

497 Wildt, Abschied von der »Freßwelle«, 1993, S. 212 ff.; ders., Am Beginn der »Konsumgesellschaft«, 1994, S. 76 ff. Vgl. zum Bedürfnis nach Abwechslung Wiegelmann, Tendenzen kulturellen Wandels in der Volksnahrung, 1976, S. 363-370.

498 Schematische Darstellung der quantitativen Entwicklung des Nahrungsmittelverzehrs bei Teuteberg, Der Verzehr von Nahrungsmitteln in Deutschland pro Kopf und Jahr, 1986, S. 236-252. Vgl. zur Entwicklung in der Schweiz Tanner, Die Bedeutung der Nahrungsfasern für die Ernährung, 1996, S. 13 f.

499 Winkel, Vom Gourmand zum Gourmet, 1987, S. 34; Brändli, »Sie rauchen wie ein Mann, Madame«, 1996, S. 83 ff. Vgl. Speckle, Streit ums Bier in Bayern, 2001, S. 67 ff.

500 Spiekermann, Suppe im Wandel, 1995, S. 15 ff.

501 Kaiser, Technisierung des Lebens seit 1945, S. 285 ff. Vgl. zum Boom der 1960er Jahre: Schröter, Von der Teilung zur Wiedervereinigung, 2000, S. 364 ff. Vgl. zur westdeutschen Ernährung in den 1960er Jahren Kühnau, Die heutige Ernährungssituation in der Wohlstandsgesellschaft, 1968, S. 100 ff.

502 Leicht-Eckardt, Ausstattungsvarianten und Nutzungsformen von Küchen vom achtzehnten Jahrhundert bis heute, 1999, S. 195 f.; Elmada u. a., GU-Kompass E-Nummern, 1995.

503 Spiekermann, Rationalisierung als Daueraufgabe, 1997, S. 116 f. Vgl. Stickel/Tröscher, 48, 98; Tante Emma – Megastore, 1998.

504 Vgl. zur Entwicklung des Imbisswesens auch Arenz-Azevedo/Hamm, Fast Food – Slow Food, 1992, S. 14; Knop/Schmitz, Currywurst mit Fritten, 1983; Tolksdorf, Der Schnellimbiß und The World of Ronald McDonald's, 1981, S. 64 ff.

505 Hirschfelder, Kölner Fast Food zwischen Rievkooche und McDonald's, 1995, S. 27 f. Vgl. Schön, Wandlungen in den Verzehrgewohnheiten bei Fleisch, 1987, S. 93 f.

506 Walton, Fish and Chips in the British Working Class 1870-1940, 1992.

507 Tolksdorf, Der Schnellimbiß und the World of Ronald Mac Donald's, 1981, S. 127. Das erste *Wienerwald*-Restaurant Kölns öffnete am 16. Oktober 1958. Hirschfelder, Kölner Fast Food zwischen Rievkooche und McDonald's, 1995, S. 33.

508 Ilegems, De frietkost cultuur, 1993; Zirwes, Kartoffeln und Pommes frites in der gewerblichen Speisenbereitung, 1987.

509 Möckl, Die große deutsche Küche, 1987, S. 51 ff.

510 Dollinger-Woidich, Fertignahrung in Österreich, 1989, bes. S. 233-248.

511 Bensmann, Das Kommunebuch, 1998.

512 Schröter, Von der Teilung zur Wiedervereinigung, 2000, S. 383 f. Vgl. Meadows, Die Grenzen des Wachstums, 2000; Streich, 30 Jahre Club of Rome, 1997; Neurath, From Malthus to the Club of Rome, 1994.

513 Barlösius, Soziologie des Essens, 1999, bes. S. 219.

514 Die Gründung des Zusammenschlusses *Die Grünen* als Listenbündnis zur Europawahl erfolgte am 16./17. März 1979. Als Bundespartei wurden *Die Grünen* am 12./13. Januar 1980 gegründet. Schwarze, Geschichte, Ideologie und Programmatik der Grünen, 1999. Vgl. zur Struktur des Lebensmittelhandels Spiekermann, Rationalisierung als Daueraufgabe, 1997, S. 69 ff., 116 f.

515 Spiekermann, Eßkultur heute, 1999, S. 41 ff.; Dr. Rainer Wild-Stiftung, Gesunde Ernährung zwischen Natur- und Kulturwissenschaft, 1999. Vgl. als Beispiel der neuen

Ratgeberliteratur zu Fragen der ökologisch orientierten Ernährung Katalyse-Umweltgruppe Köln e. V., Chemie in Lebensmitteln. Die erste Auflage war im April 1982 praktisch sofort vergriffen. Bereits im September 1982 wurde die 11. Auflage gedruckt. Vgl. zur gegenwärtigen Diskussion um die ökologischen Lebensmittel Schönberger, Natürlich natürlich?, 1999, S. 109 ff.

516 Horbelt/Spindler, Die deutsche Küche im 20. Jahrhundert, 2000, S. 330.

517 Hirschfelder, Rievkooche und Hamburger, 1994, S. 486; ders., Kölner Fast Food zwischen Rievkooche und McDonald's, 1995, S. 34 f. Vgl. Kleinspehn, Vom Schlachtemahl zum Erlebnisessen, 1996, S. 268 f.

518 Quabeck, »Der neue Ort der Menschlichkeit«, 1992, S. 16 ff.

519 Szallies, Zwischen Luxus und kalkulierter Bescheidenheit, 1990, S. 44.

520 Vandereycken/Meermann, Magersucht und Bulimie, 2000.

521 Kübler u. a., Die Nationale Verzehrstudie (NVZ), 1997, S. 11 ff., 24 ff.; Mellinger, Fleisch, 2000, S. 159 ff.; Spiekermann, Eßkultur heute, 1999, S. 42.

522 Spiekermann, Eßkultur heute, 1999, S. 43.

523 Vgl. Thurn und Taxis/Borghese, Unsere Umgangsformen, 2000; Bimmer, Sich benehmen, 1993.

524 Marcuse, One-dimensional Man, 1964.

525 Kartografische Darstellung bei Thouvenot, Zur Geographie regionaler Nahrungspräferenzen, 1997, S. 241.

526 Tibi, Europa ohne Identität?, 2001. Vgl. Barlösius, Bedroht das europäische Lebensmittelrecht die Vielfalt der Eßkulturen?, 1997, S. 113 ff.; Streinz, Das deutsche und europäische Lebensmittelrecht, 1997, S. 103 ff.

Literaturverzeichnis

Abel, Wilhelm: Wandlungen des Fleischverbrauchs und der Fleischversorgung in Deutschland seit dem ausgehenden Mittelalter. In: Berichte über Landwirtschaft. Zeitschrift für Agrarpolitik und Landwirtschaft. Neue Folge 22/1937, S. 411-452

Abel, Wilhelm: Strukturen und Krisen der spätmittelalterlichen Wirtschaft, Stuttgart/New York 1980 (Quellen und Forschungen zur Agrargeschichte, Bd. 32)

Abel, Wilhelm: Stufen der Ernährung. Eine historische Skizze, Göttingen 1981

Abel, Wilhelm: Massenarmut und Hungerkrisen im vorindustriellen Deutschland, Göttingen 1986

Adameck, Marco/Broocks, Svenja/Jensen, Anne/Tilch, Verena: Versuche zum Brotbacken in der späten Bronzezeit. Zur Rekonstruktion des Backofens von Neu-Ulm. In: Experimentelle Archäologie in Deutschland, Oldenburg 1990 (Archäologische Mitteilungen aus Nordwestdeutschland, Beiheft 4), S. 131-138

Aigner, Heribert: Vom Weinbau im Altertum. In: Ileane Schwarzkogler (Red.), Weinkultur, Graz 1990, S. 135-152

Aigner-Foresti, Luciana: Die Integration der Etrusker und das Weiterwirken etruskischen Kulturgutes im republikanischen und kaiserzeitlichen Rom, Wien 1998 (Österreichische Akademie der Wissenschaften. Philosophisch-Historische Klasse. Sitzungsberichte, 658. Bd.)

Albrecht, Michael von: Geschichte der römischen Literatur. Von Andronicus bis Boethius. Mit Berücksichtigung ihrer Bedeutung für die Neuzeit, München/New Providence/London/Paris ^{2}1994

Alföldy, Géza: Römische Sozialgeschichte, Wiesbaden ^{3}1984

Allchin, Bridget/Allchin, Raymond: The Birth of Indian Civilization, Harmondsworth 1968

Allworth, Edward (Hg.): Central Asia. 130 Years of Russian Dominance, Durham ^{3}1999

Alpers, Klaus: Wasser bei Griechen und Römern. Aspekte des Wassers im Leben und Denken des griechisch-römischen Altertums. In: Hartmut Böhme (Hg.): Kulturgeschichte des Wassers, Frankfurt/M. 1988, S. 65-98

Althoff, Gerd: Der frieden-, bündnis- und gemeinschaftsstiftende Charakter des Mahles im früheren Mittelalter. In: Irmgard Bitsch/Trude Ehlert/Xenia von Ertzdorff (Hg.): Essen und Trinken in Mittelalter und Neuzeit, Sigmaringen 1987, S. 13-26

Althoff, Gerd: Die Ottonen. Königsherrschaft ohne Staat, Stuttgart/Berlin/Köln 2000

Ambrosius, Gerold: Von Kriegswirtschaft zu Kriegswirtschaft (1914-1945). In: Michael North (Hg.), Deutsche Wirtschaftsgeschichte. Ein Jahrtausend im Überblick, München 2000, S. 282-350

Andersen, Arne: Der Traum vom guten Leben. Alltags- und Konsumgeschichte vom Wirtschaftswunder bis heute, Frankfurt/M./New York 1997

André, Jacques: L'alimentation et la cuisine à Rome, Paris ²1981

André, Jacques: Essen und Trinken im alten Rom, Stuttgart 1998

Andrews, Alfred C./Klauser, Theodor: Artikel »Ernährung«. In: Reallexikon für Antike und Christentum, Bd. VI, Stuttgart 1966, Sp. 219-239

Anonym: Von außen gegen Hautalterung, von innen gegen Wachstumsstörung. Zu den Folgen eines Vitamin-A-Mangels. In: Deutsche Apotheker-Zeitung 139/1999, S. 380-382

Apicius: L'art culinaire. De re coquinaria. Texte établi, traduit et commenté par Jacques André, Paris 1965 (Études et commentaires LVIII)

Apicius, Marcus Gavius: Das Kochbuch der Römer. Eine Auswahl, gespickt mit literarischen Köstlichkeiten. Übersetzt von Elisabeth Alföldi-Rosenbaum, Düsseldorf/Zürich 1999

Archenholz, Johann Wilhelm von: England und Italien, 5 Bde., Leipzig 1787

Arens, William: The Man-Eating Myth. Anthropology and Anthropophagy, New York 1979

Arenz-Azevedo, Ulrike/Hamm, Michael: Fast Food – Slow Food. Plädoyer für eine neue Eßkultur, Reinbeck 1992

Ariès, Philippe/Duby, Georges (Hg.): Geschichte des privaten Lebens, 5 Bde., Frankfurt/M. 1991

Aristoteles' Naturgeschichte der Thiere. Zehn Bücher. Deutsch von A. Karsch, Stuttgart 1866

Assmann, Aleida: Zum Problem der Identität aus kulturwissenschaftlicher Sicht. In: Leviathan 2/1993, S. 237-253

Assmann, Jan: Artikel »Totenkult, Totenglauben«. In: Wolfgang Helck/Wolfhart Westendorf (Hg.), Lexikon der Ägyptologie, Bd. 6, Wiesbaden 1986, Sp. 659-676

Assmann, Jan: Weisheit und Mysterium. Das Bild der Griechen von Ägypten, München 2000

Athenaios: Das Gelehrtenmahl, Buch I-VI. Eingeleitet und übersetzt von Claus Friedrich, kommentiert von Thomas Nothers, Stuttgart 1998 (Bibliothek der griechischen Literatur, Bd. 47)

Aubner, [Max]: Über den Spargel. In: Berliner Klinische Wochenschrift 57/1916, S. 657-658

Bacci, Massimo L.: Europa und seine Menschen. Eine Bevölkerungsgeschichte, München 1999

Bade, Klaus J.: Sozialhistorische Migrationsforschung. In: Ernst Hinrichs/Henk von Zon (Hg.), Bevölkerungsgeschichte im Vergleich: Studien zu den Niederlanden und Nordwestdeutschland, Aurich 1988, S. 63-74

Ball, Daniela U.: Kaffee im Spiegel europäischer Trinksitten, Zürich 1991

Balsdon, John P.: Roman Women. Their History and Habits, London ⁵1977 (deutsche Ausgabe: Die Frau in der römischen Antike, München 1989)

Barlösius, Eva: Soziale und historische Aspekte der deutschen Küche. In: Stephen Mennell, Die Kultivierung des Appetits. Die Geschichte des Essens vom Mittelalter bis heute, Frankfurt/M. 1988, S. 423-442

Barlösius, Eva: Bedroht das europäische Lebensmittelrecht die Vielfalt der Eßkulturen? In: Teuteberg, Hans Jürgen/Neumann, Gerhard/Wierlacher, Alois (Hg.), Essen und kulturelle Identität. Europäische Perspektiven, Berlin 1997 (Kulturthema Essen, Band 2), S. 113-128

Barlösius, Eva: Soziologie des Essens. Eine sozial- und kulturwissenschaftliche Einführung in die Ernährungsforschung, Weinheim/München 1999

Barnes, Jonathan (Hg.): The Complete Works of Aristotele. The Revised Oxford Translation, Volume One, Princeton 1984 (Bollingen Series LXXI 2)

Barnish, Sam J. B.: Pigs, Plebeians and Potentes. Rome's Economic Hinterland c. 350-600 AD. In: Papers of the British School at Rome 55/1987, S. 157-185

Barreau, Jacques: Les hommes et leurs aliments: Esquisse d'une histoire écologique et ethnologique de l'alimentation humaine, Paris 1983

Bauer, Dieter R./Hiestad, Rudolf/Kasten, Brigitte (Hg.): Mönchtum – Kirche – Herrschaft 750-1000, Sigmaringen 1998

Baum, Hans-Peter: Artikel »Fleisch, Fleischer«. In: Lexikon des Mittelalters, Bd. 4, München/Zürich 1989, Sp. 541-545

Baumer, Franz: König Artus und sein Zauberreich. Eine Reise zu den Ursprüngen, München 1991

Bausinger, Hermann: Zur kulturalen Dimension von Identität. In: Zeitschrift für Volkskunde 73/1977, S. 210-215

Bayer, Otto/Kutsch, Thomas/Ohly, H. Peter (Hg.): Ernährung und Gesellschaft. Forschungsstand und Problembereiche, Opladen 1999

Behrens, Hermann: Die Jungsteinzeit im Mittelelbe-Saale-Gebiet, Berlin 1973 (Veröffentlichungen des Landesmuseums für Vorgeschichte in Halle 27)

Behringer, Wolfgang/Roeck, Bernd (Hg.): Das Bild der Stadt in der Neuzeit 1400-1800, München 1999

Belitz, Hans-Dieter/Grosch, Werner: Lehrbuch der Lebensmittelchemie, Berlin [4]1992

Benecke, Norbert: Der Mensch und seine Haustiere. Die Geschichte einer jahrtausendealten Beziehung, Stuttgart 1994

Bensmann, Dieter: Das Kommunebuch. Alltag zwischen Widerstand, Anpassung und gelebter Utopie, Göttingen 1998

Berg, Maxine: The Age of Manufactures 1700-1820. Industry, Innovation and Work in Britain, London/New York 1994

Bergdolt, Klaus: Der Schwarze Tod in Europa. Die Große Pest und das Ende des Mittelalters, München [3]1995

Bernhard von Clairvaux: Apologia ad Guillelmum Abbatem. Apologie an den Abt Wilhelm. In: Gerhard B. Winkler (Hg.), Bernhard von Clairvaux. Sämtliche Werke lateinisch/deutsch, Bd. 2, Innsbruck 1992, S. 146-204

Bernhard von Clairvaux: Epistola I. Brief 1. In: Gerhard B. Winkler (Hg.), Bernhard von Clairvaux. Sämtliche Werke lateinisch/deutsch, Bd. 2, Innsbruck 1992, S. 242-263

Bienkowski, Piotr/Millard, Alan (Eds.): British Museum Dictionary of the Ancient Near East, London 2000

Bifulco, Marco: In Search of an Identity for Europe, Bonn 1998

Bimmer, Andreas C. (Hg.): Sich benehmen, Marburg 1993 (Hessische Blätter für Volks- und Kulturforschung, Bd. 30)

Bitsch, Irmgard: Gesundheitsschädigung und Täuschung im mittelalterlichen Lebensmittelverkehr. In: Dies./Trude Ehlert/Xenia von Ertzdorff (Hg.): Essen und Trinken in Mittelalter und Neuzeit, Sigmaringen 1987, S. 191-200

Blanck, Horst: Essen und Trinken bei Griechen und Römern. In: Antike Welt 11/1980, Heft 1, S. 17-34

Bleiber, Waltraut: Das Frankenreich der Merowinger, Wien/Köln/Graz 1988

Bleicken, Jochen: Geschichte der römischen Republik, München ^{5}1999 (Oldenbourg Grundriß der Geschichte, Bd. 2)

Bloch, Marc: Die Feudalgesellschaft, Berlin 1982

Blöcker, Susanne: Studien zur Ikonographie der Sieben Todsünden in der niederländischen und deutschen Malerei und Graphik von 1450-1560, Münster/Hamburg 1993 (Bonner Studien zur Kunstgeschichte 8)

Boessneck, Joachim: Die Tierwelt des Alten Ägypten, München 1988

Böhringer, Hannes/Gründer, Karlfried: Ästhetik und Soziologie um die Jahrhundertwende: Georg Simmel, Frankfurt/M. 1976

Bonsall, Clive (Hg.): The Mesolithic in Europe, Edinburgh 1990

Boockmann, Hartmut: Die Stadt im späten Mittelalter, München 1986

Bosinski, Gerhard: Eiszeitjäger am Mittelrhein, Koblenz 1981

Bosinski, Gerhard: Der Neandertaler und seine Zeit, Köln/Bonn 1985

Bosinski, Gerhard: Die ersten Menschen in Eurasien. In: Jahrbuch des Römisch-Germanischen Zentralmuseums Mainz, 39. Jahrgang 1992 Teil 1, Mainz 1995, S. 131-181

Bottéro, Jean: Artikel »Küche«. In: Reallexikon der Assyriologie und Vorderasiatischen Archäologie, Bd. 6, Berlin/New York 1980, S. 277-298

Bozorgnia, S. M. H.: The Role of Precious Metals in European Economic Development. From Roman Times to the Eve of the Industrial Revolution, Westport/Conn. 1998

Brändli, Sabina: »Sie rauchen wie ein Mann, Madame«. Zur Ikonographie der rauchenden Frau im 19. und 20. Jahrhundert. In: Thomas Hengartner, Christoph Maria Merki (Hg.), Tabakfragen. Rauchen aus kulturwissenschaftlicher Sicht, Zürich 1996, S. 83-109

Brans, Hans Otto: Gesundheitswesen und Heilkunde in Stolberg vom 17. Jahrhundert bis 1950, Stolberg 1992

Braudel, Fernand: Sozialgeschichte des 15. bis 18. Jahrhunderts, Bd. 3: Der Alltag, München 1985

Braun, Rudolf: Sozialer und kultureller Wandel in einem Industriegebiet (Zürcher Oberland) unter Einwirkung des Maschinen- und Fabrikwesens im 19. und 20. Jahrhundert, Erlenbach/Zürich 1970

Bridenthal, Renate/Grossmann, Atina/Kaplan, Marion (Hg.): When Biology became Destiny. Women in Weimar and Nazi Germany, New York 1984

Brinkmann, Reimar/Seibel, Frank: Wer oder was macht Region? Überlegungen zur Möglichkeit regionaler Identität. In: Heinz Schilling/Beatrice Ploch (Hg.), Region. Heimaten der individualisierten Gesellschaft, Frankfurt/M. 1995, S. 21-38

Brock, William H.: Justus von Liebig. Eine Biographie des großen Naturwissenschaftlers und Europäers, Braunschweig/Wiesbaden 1999

Brockmüller, Carl: Entwurf einer historisch-, statistisch-, medizinischen Topographie der Stadt und des Kreises Jülich, Jülich 1839

Brödner, Erika: Die römischen Thermen und das antike Badewesen. Eine kulturhistorische Betrachtung, Darmstadt 1983

Brombacher, Christoph: Gemüse und Obst – mehr als eine willkommene Abwechslung. In: Dorothee Rippmann/Brigitta Neumeister-Taroni (Hg.), Gesellschaft und Ernährung um 1000. Begleitband zur Ausstellung »Les mangeurs de l'an 1000« im Alimentarium, Musée de l'Alimentation, Vevey 2000, S. 177-183

Brombacher, Christoph/Jacomet, Stefanie/Kühn, Marlu: Mittelalterliche Kulturpflanzen aus der Schweiz und Lichtenstein: eine Übersicht der archäologischen Nachweise. In: Guy de Boe/Frans Verhaege (Hg.), Environment and Subsistence in Medieval Europe, Zellik 1997, S. 95-111

Bronner, Stanley F.: Education in Ancient Rome. From Cato the Elder to the Younger Pliny, London 1977

Bruegel, Martin: How the French learned to eat Canned Foods, 1809-1930s, o. O. 2000 (CORELA. Document de travail, Nr. 0003)

Bruer, Albert A.: Geschichte der Juden in Preußen 1750-1820, Frankfurt/M./New York 1991

Brunner-Traut, Emma: Kleine Ägyptenkunde von den Pharaonen bis heute, Stuttgart/ Berlin/Köln/Mainz 1982

Buchheim, Christoph: Industrielle Revolutionen. Langfristige Wirtschaftsentwicklung in Großbritannien, Europa und in Übersee, München 1994

Burford, Alison: Land and Labor in the Greek World, Baltimore 1993

Burnett, John: Plenty and Want: A Social History of Diet in England from 1815 to Present Day, London 1966

Butzer, Karl W.: Early Hydraulic Civilizations in Egypt. A Study in Cultural Ecology, Chicago/London 1976

Camps, Gabriel: A la Recherche du paradis perdu, Paris 1982

Caspari, Helene/Kleemann, Elisabeth: Das Landkochbuch. Anleitung zur Herstellung nahrhafter, schmackhafter und preiswerter Kost. Für landwirtschaftliche Haushaltungsschulen und ländliche Haushaltungen, Berlin 1914

Cerman, Markus/Ogilivie, Sheilagh C.: Einleitung: Theorien der Proto-Industrialisierung. In: Dies. (Hg.), Protoindustrialisierung in Europa. Industrielle Produktion vor dem Fabrikzeitalter, Wien 1994, S. 9-21 (Beiträge zur historischen Sozialkunde, Beiheft 5)

Chassinat, Émile: Le temple de Dendara, Kairo 1934

Chiapparino, Francesco: Von der Trink- zur Eßschokolade: Veränderung eines Genußmittels zwischen dem 19. und dem beginnenden 20. Jahrhundert. In: Hans Jürgen Teuteberg/Gerhard Neumann/Alois Wierlacher (Hg.), Essen und kulturelle Identität. Europäische Perspektiven, Berlin 1997 (Kulturthema Essen, Bd. 2), S. 387-400

Christ, Karl: Die Römer. Eine Einführung in ihre Geschichte und Zivilisation, München 1979

Cipolla, Carlo M.: Die Odyssee des spanischen Silbers. Conquistadores, Piraten, Kaufleute, Berlin 1998

Clark, Peter: The English Alehouse: A Social History 1200-1830, London/New York 1983

Clemens, Lukas: Trier – Eine Weinstadt im Mittelalter, Trier 1993 (Trierer Historische Forschungen, Bd. 22)

Coffey, Timothy G.: Beer Street, Gin Lane: Some Views of 18th-Century Drinking. In: Quarterly Journal of Studies on Alcohol 27/1966, S. 669-692

Coffey, Timothy G.: »Beer Street – Gin Lane« – Aspekte des Trinkens im 18. Jahrhundert. In: Gisela Völger/Karin von Welck (Hg.), Rausch und Realität. Drogen im Kulturvergleich, Bd. 1, Reinbek bei Hamburg 1982, S. 192-201

Colasanti, Ardurio: Le fontane d'Italia, Milano/Roma 1926

Comet, Georges: Die Vorherrschaft des Getreides. In: Dorothee Rippmann/Brigitta Neumeister-Taroni (Hg.), Gesellschaft und Ernährung um 1000. Begleitband zur Ausstellung »Les mangeurs de l'an 1000« im Alimentarium, Musée de l'Alimentation, Vevey 2000, S. 156-167

Corbier, Mireille: The Ambigous Status of Meat in Ancient Rome. In: Food and Foodways 1989, Vol. 3, S. 223-264

Corni, Gustav/Gies, Horst: Brot, Butter, Kanonen. Die Ernährungswirtschaft in Deutschland unter der Diktatur Hitlers, Berlin 1997

Cowell, Frank R.: Leben im Altertum. Der Alltag in Hellas und Rom. In: Michael Grant (Hg.), Die Welt der Antike. Kulturgeschichte Griechenlands und Roms, München/Zürich 1964, S. 175-208

Cox, Heinrich L.: Die präindustriellen Pflüge und Haken der ehemaligen preußischen Rheinprovinz. In: Rheinische Vierteljahrsblätter 47/1983, S. 180-235

Cox, Heinrich L. (Hg.): Kulturgrenzen und nationale Identität, Bonn 1993 (Rheinisches Jahrbuch für Volkskunde, Bd. 30)

Cremer, Hans-Diedrich: Justus von Liebig und die Entwicklung der Ernährungswissenschaft. In: Gießener Universitätsblätter Jg. VI, Heft 1, 1973 (Justus von Liebig zum Gedenken 12. Mai 1803 – 18. April 1873), S. 20-45

Dalby, Andrew: Küchengeheimnisse der Antike, Würzburg 1996

Dalby, Andrew: Essen und Trinken im alten Griechenland. Von Homer bis zur byzantinischen Zeit, Stuttgart 1998 (Übersetzung von »Siren Feasts. A History of Food an Gastronomy in Greece«, London/New York 1996)

Davidis, Henriette: Zuverlässige und selbstgeprüfte Recepte der gewöhnlichen und feineren Küche, Bielefeld 1845. 2. Aufl. unter dem Titel: Praktisches Kochbuch für die gewöhnliche und feinere Küche, Bielefeld 1847. Zahlreiche verbesserte neue Auflagen bis 1933, Neudruck der Erstausgabe durch R. Göck, Gütersloh o. J. (1963)

Daxelmüller, Christoph: Die deutschsprachige Volkskunde und die Juden. Zur Geschichte und den Folgen einer kulturellen Ausklammerung. In: Zeitschrift für Volkskunde 83/1987, S. 1-20

Deissner, Vera: Die Volkskunde und ihre Methoden. Perspektiven auf die Geschichte einer »tastend-schreitenden Wissenschaft« bis 1945, Mainz 1997 (Studien zur Volkskultur in Rheinland-Pfalz, Bd. 21)

De Rijk, Arseen: Jeroen Bosch. The Garden of Earthly Delights. In: Joost Baneke/Han Groen-Prakken/Willem Ietswaart/Niklaas Trevrniet (Hg.), Dutch Art and Character. Psychoanalytic Perspectives on Bosch, Bruegel, Rembrandt, Van Gogh, Mondrian, Willink, Queen Wilhelmina, Amsterdam/Lisse 1993, S. 33-53

Dent, Anthony: Donkey. The Story of the Ass from East to West, London 1972

Der Kleine Pauly. Lexikon der Antike, 5 Bde., München 1979

Desse, Jean/Desse-Berset, Natalie: Les poissons. In: Michel Colardelle/Eric Verdel (Hg.),

Les habitants du lac de Paladru (Isère) dans leur environnement. La formation d'un terroir au XIe siècle, Paris 1993, S. 116-120

Diamond, Jared: Der Dritte Schimpanse. Frankfurt/M. 1998.

Dion, Roger: Histoire de la vigne et du vin en France, des origines au XIXe siècle, Paris ^{2}1990

Dirlmeier, Ulf: Untersuchungen zu Einkommensverhältnissen und Lebenshaltungskosten in oberdeutschen Städten des Spätmittelalters (Mitte 14. bis Anfang 16. Jahrhundert), Heidelberg 1978

Dirlmeier, Ulf: Artikel »Ernährung«. In: Lexikon des Mittelalters, Bd. 3, München/Zürich 1986, Sp. 2161-2169

Dirlmeier, Ulf/Fouquet, Gerhard: Ernährung und Konsumgewohnheiten im spätmittelalterlichen Deutschland. In: Geschichte in Wissenschaft und Unterricht 8/1993, S. 504-526

Dlugoborski, Waclaw: Die Landwirtschaft in der Sowjetunion 1941-1944. Ein Vergleich der Situation in den besetzten und den unbesetzten Gebieten. In: Bernd Martin/Alan S. Milward (Hg.), Agriculture and Food Supply in the Second World War. Landwirtschaft und Versorgung im Zweiten Weltkrieg, Ostfildern 1985, S. 143-160

Doll, Monika: »Im Essen jedoch konnte er nicht so enthaltsam sein …« Fleischverzehr in der Karolingerzeit. In: Christoph Stiegmann/Matthias Wemhoff (Hg.), Kunst und Kultur in der Karolingerzeit. Karl der Große und Papst Leo III. in Paderborn. Beiträge zur Katalog der Ausstellung Paderborn 1999, Mainz 1999, S. 445-449

Dollinger-Woidich, Angelika: Fertignahrung in Österreich. Ernährung und Gesellschaft im Wandel, Graz 1989 (Grazer Beiträge zur europäischen Ethnologie 2)

Doppelfeld, Otto: Kölner Wirtschaft von den Anfängen bis zur Karolingerzeit. In: Hermann Kellenbenz (Hg.), Zwei Jahrtausende Kölner Wirtschaft, Bd. 1, Köln 1975, S. 13-86

Dorn, Hedwig: Zur Stütze der Hausfrau. Lehrbuch für angehende und Nachschlagwerk für erfahrene Landwirtinnen in allen Fragen des Anteils der Frau an der ländlichen Wirtschaft, Berlin ^{2}1891

Dorsch, Anton-Joseph: Statistique du Département de la Roer, Köln 1804

Drenkhahn, Rosemarie: Die Handwerker und ihre Tätigkeiten im Alten Ägypten, Wiesbaden 1976 (Ägyptologische Abhandlungen, Bd. 31)

Drescher, Karl (Hg.): D. Martin Luthers Werke. Kritische Gesamtausgabe, Bd. 51, Weimar 1914

Drummer, Christian: Das sich ausbreitende Restaurant in deutschen Großstädten als Ausdruck bürgerlichen Repräsentationsstrebens 1870-1930. In: Hans Jürgen Teuteberg/Gerhard Neumann/Alois Wierlacher (Hg.), Essen und kulturelle Identität. Europäische Perspektiven, Berlin 1997 (Kulturthema Essen, Bd. 2), S. 303-321

Duby, Georges: L'économie rurale et la vie des campagnes dans l'Occident médiéval (France, Angleterre, Empire, IXe-XVe siècles), 2 Vol., Paris 1962

Duden. Etymologie. Herkunftswörterbuch der deutschen Sprache. 2., völlig neu bearbeitete und erweiterte Auflage von Günther Drosdowski, Mannheim/Wien/Zürich 1989 (Der Duden, Bd. 7)

Dülmen, Richard van: Kultur und Alltag in der Frühen Neuzeit. Bd. 1: Das Haus und seine Menschen 16.-18. Jahrhundert, München 1990

Dülmen, Richard van: Kultur und Alltag in der Frühen Neuzeit. Bd. 2: Dorf und Stadt 16.-18. Jahrhundert, München 1992

Dumont, Franz/Scherf, Ferdinand/Schütz, Friedrich (Hg.): Mainz. Die Geschichte einer Stadt, Mainz 1998

Dumpe, Linda: Curds and Pressed Cottage Cheese in Latvia. In: Patricia Lysaght (Hg.), Milk and Milk Products from Medieval to Modern Times. Proceedings of the Ninth International Conference on Ethnological Food Research, East Linton 1992, S. 107-113

Düring, Walter/Blasius, Andreas/Hundsbichler, Helmut/Zapp, Hartmut: Artikel »Fasten, -zeiten, -dispensen. Christlicher Bereich«. In: Lexikon des Mittelalters, Bd. 4, München/Zürich 1989, Sp. 304-307

Ebeling, Dietrich/Mager, Wolfgang (Hg.): Protoindustrie in der Region. Europäische Gewerbelandschaften vom 16. bis zum 19. Jahrhundert, Bielefeld 1997

Ehlert, Trude: Das Kochbuch des Mittelalters. Rezepte aus alter Zeit, eingeleitet, erläutert und ausprobiert, Zürich/München 1990

Eickhoff, Ekkehard: Kaiser Otto III. Die erste Jahrtausendwende und die Entfaltung Europas, Stuttgart 1999

Eisenberg, Christiane: »English sports« und deutsche Bürger. Eine Gesellschaftsgeschichte 1800-1939, Paderborn/München/Wien/Zürich 1999

Eisenbrand, Gerhard/Schreier, Peter: Römpp Lexikon der Lebensmittelchemie, Stuttgart 1995

Elias, Norbert: Über das Verhalten beim Essen [1939]. In: Ders., Über den Prozeß der Zivilisation, Bd. 1, Frankfurt/M. 1978, S. 110-174

Ellerbrock, Karl-Peter: Geschichte der deutschen Nahrungs- und Genußmittelindustrie 1750-1914, Stuttgart 1993 (Beiheft 76 zur Zeitschrift für Unternehmensgeschichte)

Elmada, Ibrahim/Muskat, Erich/Fritzsche, Doris: GU-Kompass E-Nummern, Lebensmittel-Zusatzstoffe. Aktuell: Farb- und Konservierungsstoffe, Emulgatoren, Stabilisatoren, Geschmacksverstärker, Antioxidantien und andere Zusatzstoffe in unseren Lebensmitteln. Mit Angabe möglicher Nebenwirkungen, München ^{4}1995

Engels, Friedrich: Die Lage der arbeitenden Klasse in England, Leipzig 1845, Neuedition in: Karl Marx/Friedrich Engels. Werke, Bd. 2, Berlin 1957, S. 225-506

Ennen, Edith: Die europäische Stadt des Mittelalters, Göttingen ^{4}1987

Ennen, Edith/Janssen, Walter: Deutsche Agrargeschichte vom Neolithikum bis zur Schwelle des Industriezeitalters, Wiesbaden 1979

Erlen, Peter: Europäischer Landesausbau und mittelalterliche deutsche Ostsiedlung. Ein struktureller Vergleich zwischen Südwestfrankreich, den Niederlanden und dem Ordensland Preussen, Marburg 1992 (Historische und landeskundliche Ostmitteleuropa-Studien 9)

Etymologisches Wörterbuch des Deutschen, erarbeitet von einem Autorenkollektiv des Zentralinstituts für Sprachwissenschaft unter der Leitung von Wolfgang Pfeiffer, Berlin 1989

Felder, P. J. Sjeuf (Hg.): Excavations of Prehistoric Flint Mines at Rijckholt-St. Geertruid (Limburg Netherlands) by the »Prehistoric Flint Mines Working Group« of the Dutch Geological Society, Limburg Section, Bonn 1998

Fenton, Alexander/Kisban, Eszter (Hg.): Food in Change. Eating Habits from the Middle Ages to the Present Day, Edinburgh 1986

Feuerlein, Wilhelm/Küfner, Heinrich/Soyka, Michael: Alkoholismus – Mißbrauch und Abhängigkeit. Entstehung – Folgen – Therapie, Stuttgart/New York [5]1998

Finley, Moses I.: Die Griechen. Eine Einführung in ihre Geschichte und Zivilisation, München 1976

Fischer, Gert/Herborn, Wolfgang: Geschichte des rheinischen Brauwesens. In: Gert Fischer/Heidi Gansohr u. a., Bierbrauen im Rheinland, Köln 1985 (Führer und Schriften des Rheinischen Freilichtmuseums und Landesmuseums für Volkskunde in Kommern Nr. 28), S. 9-118

Fischer, Gert/Herborn, Wolfgang: Rheinische Landwirtschaft um 1820. Die Schwerzsche Agrarenquete im Regierungsbezirk Aachen, Köln 1987 (Beiträge zur rheinischen Volkskunde, Bd. 2)

Fischer, Ludwig: Trank Wasser wie das liebe Vieh. Marginalien zur Sozialgeschichte des Umgangs mit Wasser. In: Hartmut Böhme (Hg.), Kulturgeschichte des Wassers, Frankfurt/M. [6]1993, S. 314-335

Fischer, Ruth/Heimann, Franz: Deutsche Kinderfibel, Berlin 1933

Flamant, Jacques: Artikel »Macrobius«. In: Der Neue Pauly. Enzyklopädie der Antike, hg. v. Hubert Cancik/Helmuth Schneider, Bd. 7, Stuttgart/Weimar 1999, Sp. 627-630

Flandrin, Jean-Louis: Der gute Geschmack und die soziale Hierarchie. In: Geschichte des privaten Lebens, Bd. 3: Von der Renaissance zur Aufklärung, hg. v. Philippe Ariès/Roger Chartier, Frankfurt/M. 1991, S. 269-311

Flower, Barbara/Rosenbaum, Elisabeth: Apicius. The Roman Cookery Book, London 1958

Foster, Norman: Schlemmen hinter Klostermauern, Hamburg 1980

Fouquet, Gerhard: Artikel »Konservierung«. In: Lexikon des Mittelalters, Bd. 5, München/Zürich 1991, Sp. 1370

Fouquet, Gerhard: Das Festmahl in den oberdeutschen Städten des Spätmittelalters. Zu Form, Funktion und Bedeutung öffentlichen Konsums. In: Archiv für Kulturgeschichte 74/1992, S. 83-123

Fouquet, Gerhard: Artikel »Milch«. In: Lexikon des Mittelalters, Bd. 6, München/Zürich 1993, Sp. 621-622

Frank, Michael: Alkohol und ländliche Gesellschaft in der Frühen Neuzeit. Untersuchungen am lippischen Fallbeispiel. In: Lippische Mitteilungen aus Geschichte und Landeskunde 65/1996, S. 107-127

Franz, Gunther/Irsigler, Franz (Hg.): Methoden und Konzepte der historischen Hexenforschung, Trier 1998

Frayn, Joan M.: Subsistence Farming in Roman Italy, London 1979

Frevert, Ute: Frauen-Geschichte zwischen bürgerlicher Verbesserung und neuer Weiblichkeit, Frankfurt/M. 1984

Frézouls, Edmond: Gallien und römisches Germanien. In: Friedrich Vittinghoff (Hg.), Europäische Wirtschafts- und Sozialgeschichte in der römischen Kaiserzeit, Stuttgart 1990 (Handbuch der Europäischen Wirtschafts- und Sozialgeschichte, Bd. 1), S. 429-509

Frontinus, Sextus Iulius: Wasser für Rom. Die Wasserversorgung durch Aquädukte, übers. v. Manfred Hainzmann, Zürich/München 1979

Fuhrmann, Horst: Deutsche Geschichte im hohen Mittelalter. In: Deutsche Geschichte. Bd. I. Mittelalter. Von Josef Fleckenstein/Horst Fuhrmann/Joachim Leuschner, Göttingen 1985, S. 187-356

Garbrecht, Günther: Wasserversorgungstechnik in römischer Zeit. In: Frontinus-Gesellschaft (Hg.), Wasserversorgung im antiken Rom: Sextvs Ivlivs Frontinvs, cvrator aqvarvm, München 1982, S. 9-43

Garbrecht, Günther: Der Nil und Ägypten. In: Schriftenreihe des Deutschen Verbandes für Wasserbau und Kulturbau e. V., Heft 69/1984, S. 59-105

Garbrecht, Günther: Wasser. Vorrat, Bedarf und Nutzung in Geschichte und Gegenwart, Reinbek 1985

Garbrecht, Günther: Mensch und Wasser im Altertum. In: Frontinus-Gesellschaft (Hg.), Die Wasserversorgung antiker Städte, Mainz 1988 (Geschichte der Wasserversorgung, Bd. 3), S. 13-42

Garnsey, Peter: Famine and Food Supply in the Graeco-Roman World. Responses to Risk and Crisis, London 1988

Garnsey, Peter: Food and Society in Classical Antiquity, Cambridge 1999

Gebhardt, Winfried: Fest, Feier und Alltag. Über die gesellschaftliche Wirklichkeit des Menschen und ihre Deutung, Frankfurt/M./Bern/New York/Paris 1987

Gechter, Marianne: Kirche und Klerus in der stadtkölnischen Wirtschaft im Spätmittelalter, Wiesbaden 1983 (Beiträge zur Wirtschafts- und Sozialgeschichte 28)

Gehrke, Hans-Joachim: Alexander der Grosse, München 1996

Gehrke, Hans-Joachim: Kleine Geschichte der Antike, München 1999

Geissler, Catherine/Oddy, Derek J. (Hg.): Food, Diet and Economic Change Past and Present, Leicester/London/New York 1993

Geller, Jeremy: Bread and Beer in Fourth-Millenium Egypt. In: Food and Foodways 1993, Vol. 5(3), S. 255-267

Gellius, Aulus: Die Attischen Nächte. Zum ersten Male vollständig übersetzt und mit Anmerkungen versehen von Fritz Weiss. Unveränderter Nachdruck der Ausgabe Leipzig 1876, Darmstadt 1965

Gephart, Werner: Handeln und Kultur. Vielfalt und Einheit der Kulturwissenschaften im Werk Max Webers, Frankfurt/M. 1998

Gerlach, Christian: Krieg, Ernährung, Völkermord. Forschungen zur deutschen Vernichtungspolitik im Zweiten Weltkrieg, Hamburg 1998

Gerlach, Gudrun: Essen und Trinken in römischer Zeit, Köln 1986 (Führer und Schriften des Archäologischen Parks Xanten Nr. 9)

Gladiss, Almut v.: Artikel »Wasserleitungen«. In: Der Kleine Pauly. Lexikon der Antike, Bd. 5, München 1979, Sp. 1349f.

Gleason, K. L.: Display Garden. The Plants of Lydia. In: Eric Hostetter (Hg.), Lydian architectural Terracottas, Atlanta 1994, S. 79-87

Gleser, Ralf: Die Epi-Rössener Gruppen in Südwestdeutschland. Untersuchungen zur Chronologie, stilistischen Entwicklung und kulturellen Einordnung, Bonn 1995 (Saarbrücker Beiträge zur Altertumskunde, Bd. 61)

Göbel, Karl-Detlev (Hg.): »Wem der geprant wein nutz sey oder schad ...« Zur Kulturgeschichte des Branntweins, Hilden 1989 (Hildener Museumshefte, Bd. 1)

Goodall, Jane: The Chimpanzees of Gombe. Patterns of Behaviour, Cambridge/Mass./London 1986

Görtemaker, Manfred: Deutschland im 19. Jahrhundert. Entwicklungslinien, Bonn 1994

Goudsblohm, Johann: Feuer und Zivilisation, Frankfurt/M. 1995

Gow, Aandrew Sydenham Ferrar/Scholfield, Alwyn Faber (Hg.): Nicander. The Poems and Poetical Fragments, Cambridge 1953

Grahn, E.: Die städtische Wasserversorgung im Deutschen Reiche sowie in einigen Nachbarländern, 2 Bde., München/Leipzig 1898-1902

Grant, Michael: Mittelmeerkulturen in der Antike, München 1974

Graus, Frantisek: Pest, Geissler, Judenmorde. Das 14. Jahrhundert als Krisenzeit, Göttingen 1987

Greengus, Samuel: Legal and Social Institutions of Ancient Mesopotamia. In: Jack M. Sasson (Hg.), Civilizations of the Ancient Near East, Volume I, New York/London/Mexico et al. 1995, S. 469-501

Gregor von Tours: Zehn Bücher Geschichten. Auf Grund der Übersetzung W. Giesebrechts neubearbeitet von Rudolf Buchner, 2 Bde., Darmstadt 1959

Greive, Hermann: Die Juden. Grundzüge ihrer Geschichte im mittelalterlichen und neuzeitlichen Europa, [4]1992

Gries, Rainer: Die Rationengesellschaft, Münster 1991

Grimal, Pierre: Römische Kulturgeschichte, München/Zürich 1961

Gröber, Uwe: Immer Hunger auf Süßes? Nutritive Hypoglykämie – die »süße« Zivilisationskrankheit. In: PTA heute 13/1999, S. 1202-1208

Gross, Walter Hatto: Artikel »Wirtshäuser«. In: Der Kleine Pauly. Lexikon der Antike, Bd. 5, München 1979, Sp. 1384-1385

Gross, Walter Hatto: Artikel »Symposion«. In: Der Kleine Pauly. Lexikon der Antike, Bd. 5, München 1979, Sp. 449-450

Gruber, Mayer I.: Private Life in Canaa and Ancient Israel. In: Jack M. Sasson (Hg.), Civilizations of the Ancient Near East, Volume I, New York/London/Mexico et al. 1995, S. 633-648

Gutgesell, Manfred: Arbeiter und Pharaonen. Wirtschafts- und Sozialgeschichte im Alten Ägypten, Hildesheim 1989

Gutsfeld, Andreas: Artikel »Honig«. In: Der Neue Pauly. Enzyklopädie der Antike, hg. v. Hubert Cancik/Helmuth Schneider, Bd. 5, Stuttgart/Weimar 1998, Sp. 710.

Gutsfeld, Andreas: Artikel »Mahlzeit«. In: Der Neue Pauly. Enzyklopädie der Antike, hg. v. Hubert Cancik/Helmuth Schneider, Bd. 7, Stuttgart/Weimar 1999, Sp. 705-707

Hård, Mikael: Machines are Frozen Spirit. The Scientification of Refrigeration and Brewing in the 19th Century. A Weberian Interpretation, Frankfurt/M. u. a. 1994

Hägermann, Dieter: Karl der Große. Herrscher des Abendlandes, Berlin/München 2000

Haidle, Miriam: Mangel – Krisen – Hungersnöte? Ernährungszustände in Süddeutschland und der Nordschweiz vom Neolithikum bis ins 19. Jahrhundert, Tübingen 1997 (Urgeschichtliche Materialien, Bd. 11)

Hampl, Franz: Alexander der Grosse, Göttingen/Zürich [3]1992

Hanika, Josef: Volkskundliche Wandlungen durch Heimatverlust und Zwangswanderung, Salzburg 1957

Hardtwig, Wolfgang/Wehler, Hans-Ulrich (Hg.): Kulturgeschichte heute, Göttingen 1996 (Geschichte und Gesellschaft, Sonderheft 16)

Harris, Marvin: Wohlgeschmack und Widerwillen. Die Rätsel der Nahrungstabus, Stuttgart 1988

Hartmann, Anja Victorine: Kontinuitäten oder revolutionärer Bruch? Eliten im Übergang vom Ancien Régime zur Moderne. Eine Standortbestimmung. In: Zeitschrift für historische Forschung 25/1998, S. 389-420

Hartmann, Wilfried: Der Investiturstreit, München ^{2}1996 (Enzyklopädie deutscher Geschichte, Bd. 21)

Hartog, Adel P. den (Hg.): Food Technology, Science and Marketing. European Diet in the Twentieth Century, East Linton 1995

Hatschikjan, Magarditsch A. (Hg.): Nationalismen im Umbruch (Ethnizität, Staat und Politik im neuen Osteuropa), Köln 1995

Haupt, Heinz-Gerhard/Müller, Michael G./Woolf, Stuart (Hg.): Regional and National Identities in Europe in the XIXth and XXth Centuries, The Hague/London/Boston 1998

Hauser, Albert: Vom Essen und Trinken im alten Zürich. Tafelsitten, Kochkunst und Lebenshaltung vom Mittelalter bis in die Neuzeit, Zürich ^{3}1973

Haverkamp, Alfred (Hg.): Hildegard von Bingen in ihrem historischen Umfeld. Internationaler wissenschaftlicher Kongreß zum 900jährigen Jubiläum, 13.-19. September 1998, Bingen am Rhein, Mainz 2000

Heinzelmann, Martin: Gregor von Tours (538-594). »Zehn Bücher Geschichte«. Historiographie und Gesellschaftskonzept im 6. Jahrhundert, Darmstadt 1994

Heischkelt-Arelt, Edith (Hg.): Ernährung und Ernährungslehre im 19. Jahrhundert, Göttingen 1976

Heise, Ulla: Kaffee und Kaffeehaus. Eine Kulturgeschichte, Leipzig 1987

Heizmann, Berthold: Ländliche Festspeisen im nördlichen Rheinland zwischen 1870 und 1910. In: Rheinisch-westfälische Zeitschrift für Volkskunde 29/1984, S. 147-161

Heizmann, Berthold: Die rheinische Mahlzeit. Zum Wandel der Nahrungskultur im Spiegel lokaler Berichte, Köln 1994 (Beiträge zur rheinischen Volkskunde, Bd. 7)

Helck, Wolfgang: Das Bier im Alten Ägypten, Berlin 1971

Helck, Wolfgang: Wirtschaftsgeschichte des Alten Ägypten im 3. und 2. Jahrtausend v. Chr., Leiden/Köln 1975

Helck, Wolfgang/Otto, Eberhard/Westendorf, Wolfhart (Hg.): Lexikon der Ägyptologie, 5 Bde., Wiesbaden 1975-1992

Helck, Wolfgang/Otto, Eberhard: Kleines Lexikon der Ägyptologie, bearb. v. Rosemarie Drenkhahn, Wiesbaden ^{4}1999

Hengartner, Thomas: Tabakkonsum und Rauchen. Theoretische Überlegungen zu einer Volkskunde der Genußmittel. In: Ders./Christoph Maria Merki (Hg.), Tabakfragen. Rauchen aus kulturwissenschaftlicher Sicht, Zürich 1996, S. 113-137

Henn, Volker: Der hansische Handel mit Nahrungsmitteln. In: Günter Wiegelmann/Ruth-E. Mohrmann (Hg.), Nahrung und Tischkultur im Hanseraum, Münster/New York 1996 (Beiträge zur Volkskultur in Nordwestdeutschland, Bd. 91), S. 23-48

Henning, Friedrich-Wilhelm: Deutsche Wirtschafts- und Sozialgeschichte im 19. Jahrhundert, Paderborn/München/Wien/Zürich 1996 (Handbuch der Wirtschafts- und Sozialgeschichte Deutschlands, Bd. 2)

Henry, Alan S.: Honours and Privileges in Athenian Decrees. The Principal Formulae of Athenian Honorary Decrees, Hildesheim 1983

Herborn, Wolfgang: Hermann von Weinsberg (1518-1597). In: Rheinische Lebensbilder 11/1988, S. 59-76

Herborn, Wolfgang: Bierbrauen im Mittelalter. In: Uta Lindgren (Hg.), Europäische Technik im Mittelalter 800-1400. Tradition und Innovation, Berlin 1996, S. 451-456

Herborn, Wolfgang: Römerbier – Grutbier – Hopfenbier. Zur rheinischen Biergeschichte von den Anfängen bis zum Beginn der Neuzeit. In: Bierkultur an Rhein und Maas, hg. v. Fritz Langensiepen, Bonn 1998, S. 195-218

Herborn, Wolfgang: Hund und Katze im städtischen und ländlichen Leben im Raum um Köln während des ausgehenden Mittelalters und der frühen Neuzeit. In: Kulturen – Sprachen – Übergänge. Festschrift für H. L. Cox zum 65. Geburtstag, hg. v. Gunther Hirschfelder/Dorothea Schell/Adelheid Schrutka-Rechtenstamm, Köln/Weimar/Wien 2000, S. 397-413

Herf, Jeffrey: Reactionary Modernism. Technology, Culture, and Politics in Weimar and the Third Reich, Cambridge 1984, Repr. Cambridge 1996

Herodot: Historien, 2 Bde., hg. v. Josef Feix, München [2]1977

Herodot: Neun Bücher der Geschichte. Nach der Übersetzung von Heinrich Stein bearbeitet und ergänzt von Wolfgang Stammler, Essen 1984

Herres, Jürgen: »Die geringeren Klassen und der Mittelstand« gehen »täglich mehr der Verarmung entgegen«. In: Zeitschrift des Aachener Geschichtsvereins 98/99, 1992/93, Teil 2, S. 381-446

Herrig, Gertrud: Ländliche Nahrung im Strukturwandel des 20. Jahrhunderts. Untersuchungen im Westeifeler Reliktgebiet am Beispiel der Gemeinde Wolsfeld, Meisenheim/Glan 1974 (Kultureller Wandel, Bd. 1)

Herrmann, Bernd (Hg.), Mensch und Umwelt im Mittelalter, Darmstadt 1986

Herrmann, Joachim, Ullrich, Herbert: Menschwerdung. Millionen Jahre Menschheitsentwicklung – natur- und geisteswissenschaftliche Ergebnisse, Berlin 1991

Herzog, Roman: Staaten der Frühzeit. Ursprünge und Herrschaftsformen, München [2]1998

Hesse, Friedrich Ernst: Einige medizinische Nachrichten und Bemerkungen über Burtscheid bei Aachen, Aachen 1804

Heuser, Peter-Arnold: Hexenverfolgung und Volkskatechese. Beobachtungen am Beispiel der gefürsteten Eifelgrafschaft Arenberg. In: Rheinisch-westfälische Zeitschrift für Volkskunde 44/1999, S. 95-142

Hewitt, Martin: The Emergence of Stability in the Industrial City: Manchester, 1832-67, Aldershot/Hampshire 1996

Hietala, Marjatta/Lepistö, Vuokko: Arctic Finland and the new Technology of Food Preservation and Refrigeration, 1850-1990. In: Martin Schärer/Alexander Fenton (Hg.), Food and Material Culture, East Linton 1998, S. 308-329

Higounet, Charles: Die deutsche Ostsiedlung im Mittelalter, Berlin 1986

Hilger, Marie-Elisabeth: Umweltprobleme als Alltagserfahrung in der frühneuzeitlichen Stadt? Überlegungen anhand des Beispiels der Stadt Hamburg. In: Die Alte Stadt 11/1984, S. 112-138

Hinz, Berthold (Hg.): William Hogarth 1697-1764, Berlin 1980

Hinz, Hermann: Artikel »Brunnen«. In: Lexikon des Mittelalters, Bd. 2, München/Zürich 1983, Sp. 764-767

Hirschfelder, Gunther: Die Kölner Handelsbeziehungen im Spätmittelalter, Köln 1994 (Veröffentlichungen des Kölnischen Stadtmuseums, hg. v. Werner Schäfke, Heft X)

Hirschfelder, Gunther: Rievkooche und Hamburger. Vom Schnellimbiß zum Fast Food. In: Werner Schäfke (Hg.), Das Neue Köln 1945-1995. Ausstellungskatalog, Köln 1994, S. 486-487

Hirschfelder, Gunther: »Und also die ganze Woche ein grosses Gesaufte war.« Aspekte oberschichtlicher Trinkgewohnheiten im Rheinland vom 17. bis zum 19. Jahrhundert. In: Volkskultur an Rhein und Maas 13/1994, S. 5-14.

Hirschfelder, Gunther: Bemerkungen zu Stand und Aufgaben volkskundlich-historischer Alkoholforschung der Neuzeit. In: Rheinisch-westfälische Zeitschrift für Volkskunde 39/1994, S. 87-127

Hirschfelder, Gunther: Kölner Fast Food zwischen Rievkooche und McDonald's. Zur Entwicklung einer Kulturform seit 1945. In: KulTour. Mitteilungsblatt des Volkskundlichen Seminars der Universität Bonn 6/1995, Heft 1, S. 24-37

Hirschfelder, Gunther: »... dass sie so schlecht dun bier musten drincken.« Bier und Biertrinker in den rheinischen Gaststätten vor der Industrialisierung. In: Bierkultur an Rhein und Maas, Bonn 1998, S. 243-252

Hirschfelder, Gunther: Das Wassertrinken. Prolegomena zu einer Kulturgeschichte. In: Archiv für Kulturgeschichte 80/1998, S. 325-350

Hirschfelder, Gunther: »Nur allzuoft sind die Gasthäuser blosse Kerkerlöcher«. Formen kommerzieller Gastlichkeit an der Schwelle zum Industriezeitalter. In: Volkskundliche Fallstudien. Profile empirischer Kulturforschung heute, hg. v. Christoph Köck/Burkhart Lauterbach, Münster/New York/München/Berlin 1998, S. 45-59 (Münchner Beiträge zur Volkskunde, Bd. 22)

Hirschfelder, Gunther: Women's Drinking Usages on the Eve of the Industrial Revolution: The Example of Manchester. In: Marjatta Hietala/Lars Nilsson (Hg.), Women in Towns. The Social Position of European Urban Women in a Historical Context, Helsinki/Stockholm 1999 (Studier i stads- och kommunhistoria 18; Studia Historica 60), S. 62-88

Hirschfelder, Gunther: Fruchtwein und Schnaps, Bürgertochter und Fabrikmädchen. Weiblicher Alkoholkonsum als Indikator des Rollenverständnisses an der Schwelle zum Industriezeitalter. In: Christel Köhle-Hezinger u. a. (Hg.), Männlich. Weiblich. Zur Bedeutung der Kategorie Geschlecht in der Kultur, Münster/New York/München/Berlin 1999, S. 282-294

Hirschfelder, Gunther: Alkoholkonsum an der Schwelle zum Industriezeitalter als Indikator kulturellen und gesellschaftlichen Wandels. Die Regionen Aachen und Manchester 1700-1850 im Vergleich. Habilitationsschrift, Bonn 2000 (im Druck)

Hirschfelder, Gunther: Zwischen Öffentlichkeit und Privatsphäre. Bemerkungen zum Kölner Gastgewerbe in der Frühen Neuzeit. In: Georg Mölich/Gerd Schwerhoff (Hg.), Köln als Kommunikationszentrum. Studien zur frühneuzeitlichen Stadtgeschichte (Der Riss im Himmel. Clemens August und seine Epoche, Bd. 4), Köln 2000, S. 321-336

Hirschfelder, Gunther: Freitag der 13. – ein Unglückstag? In: Zeitschrift für Volkskunde 97/2001 (im Druck)

Hitzbleck, Herbert: Die Bedeutung des Fisches für die Ernährungswirtschaft Mitteleuropas in vorindustrieller Zeit unter besonderer Berücksichtigung Niedersachsens, Göttingen 1971

Hoerder, Dirk/Nagler, Jörg (Hg.): People in Transit. German Migrations in Comparative Perspective, 1820-1930, Cambridge 1995

Hoffmann, Friedhelm: Ägypten. Kultur und Lebenswelt in griechisch-römischer Zeit. Eine Darstellung nach den demotischen Quellen, Berlin 2000

Höfler, Edgar/Illi, Martin: Versorgung und Entsorgung der mittelalterlichen Stadt. In: Stadtluft, Hirsebrei und Bettelmönch. Die Stadt um 1300, Stuttgart 1992, S. 351-364

Hofmann, Werner: Wasser und Wein aus der Sicht der Kunst von der Antike bis heute. Ausstellungskatalog, Krems 1995

Höhlbaum, Konstantin (Bearb.): Das Buch Weinsberg. Kölner Denkwürdigkeiten aus dem 16. Jahrhundert. Bd. 2. Nachdruck der Ausgabe Leipzig 1887, Düsseldorf 2000 (Publikationen der Gesellschaft für rheinische Geschichtskunde IV)

Hopf-Droste, Marie-Luise: Das bäuerliche Tagebuch. Fest und Alltag auf einem Artländer Bauernhof 1893-1919, Cloppenburg 1981

Hopf-Droste, Marie-Luise: Von Konservendosen und Einmachgläsern. In: Nils-Arved Bringéus u. a. (Hg.), Wandel der Volkskultur in Europa, Bd. 1, Münster 1988, S. 483-494

Horazens Briefe aus dem Lateinischen übersetzt von Christoph Martin Wieland, Nördlingen 1986

Horbelt, Rainer/Spindler, Sonja: Die deutsche Küche im 20. Jahrhundert. Von der Mehlsuppe bis zum Designerjoghurt der Berliner Republik, Frankfurt/M. 2000

Hotaka, Tomomi: Contact with Nature as Urban Culture in Modern Age: The Gardening Movement in the Second Imperial Age in Germany. In: Peter Borsay/Gunther Hirschfelder/Ruth-E. Mohrmann (Hg.), New Directions in Urban History: Aspects of European Art, Health, Tourism and Leisure since the Enlightenment. Münster/New York/München/Berlin 2000 (Münsteraner Schriften zur Volkskunde/Europäischen Ethnologie, Bd. 5), S. 127-146

Houtte, Jan Albert van: Europäische Wirtschaft und Gesellschaft von den großen Wanderungen bis zum Schwarzen Tod. In: Ders. (Hg.), Europäische Wirtschafts- und Sozialgeschichte im Mittelalter, Stuttgart 1980 (Handbuch der Europäischen Wirtschafts- und Sozialgeschichte, Bd. 2), S. 1-149

Hudson, Pat: The Industrial Revolution, London 1992

Hudson, Pat: Proto-Industrialisierung in England. In: Markus Cerman/Sheilagh C. Ogilvie (Hg.), Protoindustrialisierung in Europa. Industrielle Produktion vor dem Fabrikzeitalter, Wien 1994, S. 61-78 (Beiträge zur historischen Sozialkunde, Beiheft 5)

Hugger, Paul (Hg.): Stadt und Fest. Zu Geschichte und Gegenwart europäischer Festkultur, Stuttgart 1978

Hugo, Otto: Deutscher Walfang. In: Rhein und Ruhr, 17. Jg., Heft 25/1936, S. 528-530

Hundsbichler, Helmut: Nahrung. In: Harry Kühnel (Hg.), Alltag im Spätmittelalter, Graz/Wien/Köln ^{3}1986, S. 196-231

Hünemörder, Christian: Artikel »Hase«. In: Der Neue Pauly. Enzyklopädie der Antike, hg. v. Hubert Cancik/Helmuth Schneider, Bd. 5, Stuttgart/Weimar 1998, Sp. 174-176

Hünemörder, Christian: Artikel »Hund«. In: Der Neue Pauly. Enzyklopädie der Antike, hg. v. Hubert Cancik/Helmuth Schneider, Bd. 5, Stuttgart/Weimar 1998, Sp. 755-758

Huntemann, Hans: Bierproduktion und Bierverbrauch in Deutschland vom 15. bis zum Beginn des 19. Jahrhunderts, Göttingen 1970

Hussong, Friedrich: Der Tisch der Jahrhunderte, Berlin 1937

Hüster-Plogmann, Heide: Fische und Fasten. In: Dorothee Rippmann/Brigitta Neumeister-Taroni (Hg.), Gesellschaft und Ernährung um 1000. Begleitband zur Ausstellung »Les mangeurs de l'an 1000« im Alimentarium, Musée de l'Alimentation, Vevey 2000, S. 239-255

Ilegems, Paul: De frietkost cultuur. Het laatste boek over België, Antwerpen 1993

Immensack, Rainer: Bibliographie als Geschichte der deutschsprachigen Tabakliteratur von 1579-1995. Ergänzt und herausgegeben von Ulrich Schneider, Braunschweig 1996

Irsigler, Franz: Untersuchungen zur Geschichte des frühfränkischen Adels, Bonn ^{2}1981

Irsigler, Franz: Vergleichende Landesgeschichte. In: Carl-Hans Hauptmeyer (Hg.), Landesgeschichte heute, Göttingen 1987, S. 35-54

Irsigler, Franz: Gesellschaft, Wirtschaft und religiöses Leben im Obermosel-Saar-Raum zur Zeit des Diakons Adalgisel Grimo. In: Hochschwarzwälder Geschichtsblätter 1/1989, S. 5-18

Irsigler, Franz: Mehring. Ein Prümer Winzerdorf um 900. In: Jean-Marie Duvosquel/Erik Thoen (Hg.), Peasants & Townsmen in Medieval Europe. Studia in Honorem Adriaan Verhulst, Gent 1995, S. 297-324

Irsigler, Franz: »Ind machden alle lant beirs voll«. Zur Diffusion des Hopfenbierkonsums im westlichen Hanseraum. In: Günter Wiegelmann/Ruth-E. Mohrmann (Hg.), Nahrung und Tischkultur im Hanseraum, Münster/New York 1996 (Beiträge zur Volkskultur in Nordwestdeutschland, Bd. 91), S. 377-397

Irsigler, Franz: Essen, Trinken und Feiern im Mittelalter. In: Günter Mehl/Mathilde Reichertz (Hg.), Leben im Mittelalter, Bd. 2, Weimar 1998, S. 33-50

Irsigler, Franz/Lassotta, Arnold: Bettler und Gaukler, Dirnen und Henker. Randgruppen und Außenseiter in Köln 1300-1600, Köln 1984

Isenmann, Eberhard: Die deutsche Stadt im Spätmittelalter 1250-1500. Stadtgestalt, Recht, Stadtregiment, Kirche, Gesellschaft, Wirtschaft, Stuttgart 1988

Jackson, James Harvey jr.: Migration and Urbanization in the Ruhr Valley, 1821-1914, Atlantic Highlands (New Jersey) 1997 (Studies in Central European Histories)

Jacomet, Stefanie/Nidija, Felice/Füzesi, Barbara: Verkohlte Samen und Früchte aus der hochmittelalterlichen Grottenburg Riedfluh bei Eptingen, Kanton Baselland. In: Peter Degen et al., Die Grottenburg Riedfluh, Eptinghen BL, Zürich 1988, S. 169-243

Jansen, Michael: Die Indus-Zivilisation. Wiederentdeckung einer frühen Hochkultur, Köln 1986

Janssen, Walter: Mittelalterliche Gartenkultur, Nahrung und Rekreation. In: Bernd Herrmann (Hg.), Mensch und Umwelt im Mittelalter, Darmstadt 1986, S. 224-243

Janssen, Walter/Janssen, Brigitte: Die frühmittelalterliche Niederungsburg bei Haus Meer, Kreis Neuss. Archäologische und naturwissenschaftliche Untersuchungen, Köln 1999 (Rheinische Ausgrabungen, Bd. 46)

Janssen, Wilhelm: »Freiheit macht ihre Stütze, Gleichheit ihren Reiz.« Die Kölner Verfassung von 1396 und ihre Nachfolgerinnen. In: Kulturen – Sprachen – Übergänge. Festschrift für H. L. Cox zum 65. Geburtstag, hg. v. Gunther Hirschfelder/Dorothea Schell/Adelheid Schrutka-Rechtenstamm, Köln/Weimar/Wien 2000, S. 361-374

Jeggle, Utz: Volkskunde im 20. Jahrhundert. In: Rolf W. Brednich (Hg.), Grundriß der Volkskunde, Berlin ^{2}1994, S. 51-72

Jones, H. E.: Hives and Honey of Hymettus. Beekeeping in Ancient Greece. In: Archeology 29/1976, S. 80-91

Jørgensen Brøndegaard, Vagn: Ethnobotanik. Pflanzen im Brauchtum, in der Geschichte und Volksmedizin, Berlin 1985 (Beiträge zur Ethnomedizin, Ethnobotanik und Ethnozoologie, Bd. 6)

Jurisch, Konrad Wilhelm: Die Verunreinigung der Gewässer. Eine Denkschrift. Im Auftrage der Flusscommission des Vereins zur Wahrung der Interessen der Chemischen Industrie Deutschlands bearb. v. K. W. Jurisch, Berlin 1890

Jütte, Robert: Geschichte der Alternativen Medizin. Von der Volksmedizin zu den unkonventionellen Therapien von heute, München 1996

Kaiser, Hermann: Der große Durst. Von Biernot und Branntweinfeinden – rotem Bordeaux und schwarzem Kaffee. Trinken und Getränke zwischen Weser und Ems im 18./19. Jahrhundert, Cloppenburg 1995 (Materialien und Studien zur Alltagsgeschichte und Volkskultur Niedersachsens, hg. v. Helmut Ottenjann, Heft 23)

Kaiser, Reinhold: Das römische Erbe und das Merowingerreich, München ^{2}1997 (Enzyklopädie deutscher Geschichte, Bd. 26)

Kaiser, Walter: Technisierung des Lebens seit 1945. In: Ders./Hans-Joachim Braun, Energiewirtschaft, Automatisierung, Information seit 1914, Berlin 1997 (Propyläen Technikgeschichte, Bd. 5), S. 281-529

Kalbersch, Joseph: Gebrauch und Mißbrauch geistiger Getränke, oder Wein und Branntwein im Mittelalter und in unserer Zeit, 2 Teile, Diekirch 1854

Kaminsky, Annette: »Mehr produzieren, gerechter verteilen, besser leben«. Konsumpolitik in der DDR. In: Aus Politik und Zeitgeschichte 28/1999, S. 12-20

Kappert, Hans: Gemeinschaftsverpflegung im fünften Kriegsjahr. Ein Rück- und Ausblick. In: Gemeinschaftsverpflegung 24/1944, S. 381-382

Kaschuba, Wolfgang: Einführung in die Europäische Ethnologie, München 1999

Kaspar, Fred: Die Herdstelle als Indikator von Nahrungsgewohnheiten. In: Günter Wiegelmann/Ruth-E. Mohrmann (Hg.), Nahrung und Tischkultur im Hanseraum, Münster/New York 1996 (Beiträge zur Volkskultur in Nordwestdeutschland, Bd. 91), S. 69-94

Katalyse-Umweltgruppe Köln e. V. (Hg.): Chemie in Lebensmitteln, Köln 1982

Kathe, Hans-Joachim/Morgenstern, Winfried (Hg.): Lexikon zur Geschichte der Rußlanddeutschen, bearb. v. Christian Böttger u. a. Berlin 2000

Kehnscherper, Günther: Hünengrab und Bannkreis. Von der frühen Eiszeit an – Spuren früher Besiedlung im Ostseegebiet, Leipzig ^{2}1990

Kellenbenz, Hermann: Wirtschafts- und Sozialentwicklung der nördlichen Rheinlande seit 1815. In: Rheinische Geschichte, hg. v. Franz Petri/Georg Droege, Bd. 2, Düsseldorf 1976, S. 1-192

Kellenbenz, Hermann: Deutsche Wirtschaftsgeschichte. Bd. 2: Vom Ausgang des 18. Jahrhunderts bis zum Ende des Zweiten Weltkrieges, München 1981

Kislinger, Ewald: Artikel »Ernährung. Byzantinisches Reich«. In: Lexikon des Mittelalters, Bd. 3, München/Zürich 1986, Sp. 2171-2174

Kleberg, Tönnes: Hôtels, restaurants et cabarets dans l'antiquité romaine. Études historiques et philologiques, Uppsale 1957 (Bibliotheca Ekmaniana, No. 61)

Kleinschmidt, Wolfgang: Die Einführung der Kartoffel in der Westpfalz und in den angrenzenden Gebieten der ehemaligen Rheinprovinz. In: Rheinisch-westfälische Zeitschrift für Volkskunde 24/1978, S. 208-230

Kleinspehn, Thomas: Vom Schlachtemahl zum Erlebnisessen. In: Geschmacksache, hg. von der Kunst- und Ausstellungshalle der Bundesrepublik Deutschland, Göttingen 1996 (Schriftenreihe Forum, Bd. 6), S. 263-283

Klonder, Andrzej: Die Nahrung der unteren und mittleren städtischen Sozialschichten der frühen Neuzeit: Preußen – Kronpolen – das Reich. In: Günter Wiegelmann/Ruth-E. Mohrmann (Hg.), Nahrung und Tischkultur im Hanseraum (Beiträge zur Volkskultur in Nordwestdeutschland, Bd. 91), Münster/New York 1996, S. 349-375

Kluge, Thomas/Schramm, Engelbert: Wassernöte. Umwelt- und Sozialgeschichte des Trinkwassers, Köln [2]1988

Knickerbocker, Hubert R.: Deutschland – So oder so?, Berlin 1932

Knop, Birgit/Schmitz, Martin: Currywurst mit Fritten – Von der Kultur der Imbißstube, Zürich 1983

Knörzer, Karl-Heinz: Kölner Obstfunde bei Ausgrabungen von der Eisenzeit bis zur frühen Neuzeit. In: Jahrbuch des Kölnischen Geschichtsvereins 56/1985, S. 184-189

Knörzer, Karl-Heinz: Vom neolithischen Ackerbau im Rheinland. In: Archäologie in Deutschland 1/1986, S. 32-37

Knörzer, Karl-Heinz: Die Pflanzenfunde. In: Walter und Brigitte Janssen, Die frühmittelalterliche Niederungsburg bei Haus Meer, Kreis Neuss. Archäologische und naturwissenschaftliche Untersuchungen, Köln 1999 (Rheinische Ausgrabungen, Bd. 46), S. 104-214

Kocka, Jürgen: Industrial Culture and Burgeois Society. Business, Labor and Bureaucracy in Modern Germany, New York u. a. 1999

Kofrányi, Ernst: Einführung in die Ernährungslehre, Frankfurt/M. [9]1977

Kofrányi, Ernst/Wirths, Willi: Einführung in die Ernährungslehre, Frankfurt/M. [11]1994

Kohns, Hans Peter: Artikel »Hungersnot«. In: Reallexikon für Antike und Christentum, Bd. XVI, Stuttgart 1994, Sp. 828-893

Kollesch, Jutta/Nickel, Diethard (Hg.): Galen und das hellenistische Erbe. Verhandlungen des IV. Internationalen Galen-Symposiums, 18.-20. September 1989. Veranstaltet vom Institut für Geschichte der Medizin am Bereich Medizin (Charité) der Humboldt-Universität zu Berlin, Stuttgart 1993 (Sudhoffs Archiv, Beihefte 32)

Kolmer, Lothar/Rohr, Christian (Hg.): Mahl und Repräsentation. Der Kult ums Essen, Paderborn/München/Wien/Zürich 2000

Komlos, John: Ein Überblick über die Konzeptionen der Industriellen Revolution. In: Vierteljahrschrift für Sozial- und Wirtschaftsgeschichte 84/1997, S. 461-511

Körber-Grohne, Udelgard: Nutzpflanzen in Deutschland. Kulturgeschichte und Biologie, Stuttgart 1995

Kortum, Carl Georg Theodor: Beiträge zur praktischen Arzneiwissenschaft, Göttingen 1786

Koslowski, Peter (Hg.): Vaterland Europa, Wien 1997 (Europäische und nationale Identität im Konflikt)

Kramer, Karl-S.: Artikel »Mahl und Trunk«. In: Handwörterbuch zur deutschen Rechtsgeschichte, hg. v. Adalbert Erler/Ekkehard Kaufmann, Bd. 3, Berlin 1984, Sp. 154-156

Krasnodebski, Zdzislaw (Hg.): Kulturelle Identität und sozialer Wandel in Osteuropa (das Beispiel Polen), Hamburg 1999

Kraus, Thomas R.: Auf dem Weg in die Moderne. Aachen in französischer Zeit 1792/93, 1794-1814, Aachen 1994 (Beihefte der Zeitschrift des Aachener Geschichtsvereins, Bd. 4)

Kriedte, Peter (Hg.): »Kolonialwaren« für Europa, Berlin 1994 (Jahrbuch für Wirtschaftsgeschichte 1994, 1)

Krug-Richter, Barbara: »Item gekaufft 1 viertell herings«. Zum Problem von Nahrungsmittelversorgung und -verbrauch in den Rechnungen des münsterischen Dettenkollegs 1623-1644. In: Rheinisch-westfälische Zeitschrift für Volkskunde 36/1991, S. 31-68

Krug-Richter, Barbara: Zwischen Fasten und Festmahl. Hospitalverpflegung in Münster 1540-1650, Münster 1994 (Studien zur Geschichte des Alltags, Bd. 11)

Kübler, Werner/Anders, Hans-Jürgen/Heeschen, Walther (Hg.): Die Nationale Verzehrstudie (NVZ) und die Verbundstudie Ernährungserhebung und Risikofaktoren-Analytik (VERA). Synopsis und Perspektiven, Niederkleen 1997 (VERA-Schriftenreihe, Bd. XIV)

Kuckenburg, Martin: Lag Eden im Neandertal? Auf der Suche nach dem frühen Menschen, Düsseldorf/München 1997

Kugler, Hartmut (Hg.): Kulturelle Identität der deutschsprachigen Minderheiten in Russland/UdSSR, Kassel 1992 (Dokumentation des Kasseler Ost-West-Kongresses 1992, 2)

Kuhn, Bärbel: Haus Frauen Arbeit 1915-1965. Erinnerungen aus fünfzig Jahren Haushaltsgeschichte, St. Ingbert 1994 (Saarlandbibliothek, Bd. 8)

Kühnau, Joachim: Wandlungen der Ernährung im technischen Zeitalter. In: Die industrielle Obst- und Gemüseverwertung 50/1965, S. 238-240

Kühnau, Joachim: Die heutige Ernährungssituation in der Wohlstandsgesellschaft. In: Ludwig Heilmeyer/Hans-Jürgen Holtmeier (Hg.), Ernährungswissenschaften, Stuttgart 1968, S. 100-111

Kunisch, Norbert: Griechische Fischteller. Natur und Bild, Berlin 1989

Kuske, Bruno: Quellen zur Geschichte des Kölner Handels und Verkehrs im Mittelalter, Bd. 2, Bonn 1917, unveränderter Nachdruck Düsseldorf 1978

Küttner, Karl Gottlob: Beyträge zur Kenntniß vorzüglich des Innern von England und seiner Einwohner. Aus den Briefen eines Freundes gezogen von dem Herausgeber, 16 Stücke, Leipzig 1791-1796

Kyll, Nikolaus: Tod, Grab, Begräbnisplatz, Totenfeier, Bonn 1971 (Rheinisches Archiv, Bd. 81)

Lamprecht, Heinz-Otto: Bau- und Materialtechnik bei antiken Wasserversorgungsanlagen. In: Frontinus-Gesellschaft (Hg.): Die Wasserversorgung antiker Städte, Mainz 1988 (Geschichte der Wasserversorgung, Bd. 3), S. 129-155

Lang, Joseph Gregor: Reise auf dem Rhein. II. Theil: Von Andernach bis Düsseldorf, Koblenz 1790, Neudr. bearb. v. Willy Leson, Köln 1976

Laurioux, Bruno: Tafelfreuden im Mittelalter. Die Eßkultur der Ritter, Bürger und Bauersleut, Augsburg 1999

Laurioux, Bruno: Kochbücher vom Ende des Mittelalters. In: Lothar Kolmer/Christian Rohr (Hg.), Mahl und Repräsentation. Der Kult ums Essen, Paderborn/München/Wien/Zürich 2000, S. 157-166

Leakey, Richard: Die Suche nach dem Menschen. Wie wir wurden, was wir sind. Frankfurt/M. 1981

Leicht-Eckardt, Elisabeth: Ausstattungsvarianten und Nutzungsformen von Küchen vom achtzehnten Jahrhundert bis heute. In: Elfie Miklautz/Herbert Lachmayer/Reinhard Eisendele (Hg.): Die Küche. Zur Geschichte eines architektonischen, sozialen und imaginativen Raums, Wien/Köln/Weimar 1999, S. 161-206

Leimgruber, Nada Boskovska (Hg.): Die Frühe Neuzeit in der Geschichtswissenschaft. Forschungstendenzen und Forschungserträge, Paderborn 1997

Lemmer, Manfred: »So wirt es gut und wolgeschmack.« Alte deutsche Kochrezepte um 1350-1600, Halle 1991

Lengerke, Alexander von: Landwirthschaftliche Skizzen von Rheinpreußen, Berlin 1853 (Beiträge zur Kenntnis der Landwirthschaft in den Königlich Preußischen Staaten, Bd. 5)

Lichtheim, Miriam: Moral Values in Ancient Egypt, Freiburg/Göttingen 1997

Liebig, Justus von: Die Chemie in ihrer Anwendung auf Agricultur und Physiologie. Im Auftrage des Verfassers hg. v. Ph. Zöller, Braunschweig [9]1876. Reprint Holm 1995. Ergänzungsband hg. v. Wilhelm Lewicki, Holm 1995

Lih, Lars T.: Bread and Authority in Russia 1914-1921, Berkeley u. a. 1990 (Studies on the History of Society and Culture 10)

Lloyd-Jones, Roger/Lewis, M. J.: Manchester and the Age of Factory. The Business Structure of Cottonopolis in the Industrial Revolution, London/New York/Sydney 1988

Lohmer, Christian: Ausgewählte Aspekte der mittelalterlichen Ernährung für Mönche. Untersucht am Beispiel der monastischen Bestimmungen des Petrus Damiani. In: Aktuelle Ernährungsmedizin. Klinik und Praxis 13/1988, S. 179-182

Lohmer, Christian: Gemüsesuppe und Rhetorik. Repräsentation und Askese bei Petrus Damiani und Bernhard von Clairvaux. In: Lothar Kolmer/Christian Rohr (Hg.), Mahl und Repräsentation. Der Kult ums Essen, Paderborn/München/Wien/Zürich 2000, S. 11-21

Lüdtke, Alf: Hunger in der Großen Depression. Hungererfahrung und Hungerpolitik am Ende der Weimarer Republik. In: Archiv für Sozialgeschichte 27/1987, S. 145-176

Lukian, Werke, Bd. 3. Aus dem Griechischen übersetzt von Chistoph Martin Wieland, Berlin/Weimar 1981

Lüning, Jens: Steinzeitliche Bauern in Deutschland. Die Landwirtschaft im Neolithikum, Bonn 2000 (Universitätsforschungen zur prähistorischen Archäologie Bd. 58. Aus dem Seminar für Vor- und Frühgeschichte der Universität Frankfurt/M.)

Lüning, Jens: Anfänge und frühe Entwicklung der Landwirtschaft im Neolithikum (5500-2200 v. Chr.). In: Ders./Albrecht Jockenhövel/Helmut Bender/Torsten Capelle, Deutsche Agrargeschichte. Vor- und Frühgeschichte, Stuttgart 1997, S. 15-139

Lüning, Jens/Jockenhövel, Albrecht/Bender, Helmut/Capelle, Torsten: Deutsche Agrargeschichte. Vor- und Frühgeschichte, Stuttgart 1997

Lurker, Manfred: Lexikon der Götter und Symbole der alten Ägypter, Bern/München/Wien [2]1989

Lutterbach, Hubertus: Die Speisegesetzgebung in den mittelalterlichen Bußbüchern (600-1200). In: Archiv für Kulturgeschichte 80/1998, S. 1-37

Lysaght, Patricia (Hg.): Milk and Milk Products from Medieval to Modern Times. Proceedings of the Ninth International Conference on Ethnological Food Research, East Linton 1992

Macfie, Alec T.: The End of the Ottoman Emprie. 1908-1923, London u. a. 1998

Madajczyk, Czesław: »Teufelswerk«. Die nationalsozialistische Besatzungspolitik in Polen. In: Haus der Geschichte der Bundesrepublik Deutschland (Hg.), Annäherungen. Deutsche und Polen 1945-1995, Düsseldorf 1996, S. 24-40

Maguire, Anne: Die dunklen Begleiter der Seele. Die Sieben Todsünden psychologisch betrachtet, Zürich/Düsseldorf 1996

Maier, Robert (Hg.): Marcus Gavius Apicius. De re coquinaria. Über die Kochkunst. Lateinisch/Deutsch. Herausgegeben, übersetzt und kommentiert von Robert Maier, Stuttgart 1991

Maier-Weber, U.: Traubentrester als Grundstoff für römischen Soldatenwein. In: Archäologie im Rheinland 1992, hg. v. Harald Koschik, Köln/Bonn 1993, S. 70-72

Marcuse, Herbert: One-dimensional Man. Studies in the Ideology of Advanced Industrial Society, London 1964. Deutsche Erstausgabe: Der eindimensionale Mensch. Studien zur Ideologie der fortgeschrittenen Industriegesellschaft, Neuwied 1967 (Soziologische Texte 40). Zuletzt: Darmstadt ^{24}1990 (Sammlung Luchterhand 4)

Marijnissen, Roger H.: Hieronymus Bosch. Das vollständige Werk. Unter Mitwirkung von Peter Ruyffelaere, Weinheim 1988

Marquardt, Rosemarie: Das höfische Fest im Spiegel der mittelhochdeutschen Dichtung (1140-1240), Göppingen 1985 (Göppinger Arbeiten zur Germanistik Nr. 449)

Marrus, Michael R.: Social Drinking in the Belle Epoque. In: Journal of Social History 7/1974, S. 115-141

Martin, Jochen: Spätantike und Völkerwanderung, München 1987 (Oldenbourg Grundriß der Geschichte, Bd. 4)

Matheus, Michael (Hg.): Weinbau zwischen Maas und Rhein in der Antike und im Mittelalter, Mainz 1997 (Trierer Historische Forschungen, Bd. 23)

Matheus, Michael (Hg.): Weinproduktion und Weinkonsum im Mittelalter. Speyerer Kolloquium 1999, Stuttgart 1999 (Geschichtliche Landeskunde, Bd. 51)

Mauruschat, Hans Heinrich: Gewürze, Zucker und Salz im vorindustriellen Europa. Eine preisgeschichtliche Untersuchung, Göttingen 1975

McGovern, Patrick E./Fleming, S. J./Katz, S. H. (Hg.): The Origins and Ancient History of Wine, Amsterdam ^{3}2000

McKenzie, J. C.: The Composition and Nutrional Value of Diets in Manchester and Dukinfield in 1841. In: Transactions of the Lancashire and Cheshire Antiquarian Society 72/1962, S. 123-140

Meadows, Dennis L.: Die Grenzen des Wachstums. Bericht des Club of Rome zur Lage der Menschheit, Stuttgart ^{17}2000

Meiners, Uwe: Volkskultur und Geschichte. Anmerkungen zur Erforschung kulturhistorischer Prozesse am Beispiel der Trinkgewohnheiten. In: Rheinisch-westfälische Zeitschrift für Volkskunde 36/1991, S. 11-30

Mellinger, Nan: Fleisch. Ursprung und Wandel einer Lust, Frankfurt/M./New York 2000

Merkel, Ina: Utopie und Bedürfnis. Die Geschichte der Konsumkultur in der DDR, Köln/Weimar/Wien 1999 (Alltag & Kultur, Bd. 6)

Merkenich, Stephanie: Grüne Front gegen Weimar. Reichs-Landbund und agrarischer Lobbyismus 1918-1933, Düsseldorf 1998

Merl, Stephan: Bauern unter Stalin. Die Formierung des sowjetischen Kolchossystems 1930-1941, Berlin 1990 (Osteuropastudien der Hochschulen des Landes Hessen.

Reihe 1, Giessener Abhandlungen zur Agrar- und Wirtschaftsforschung des europäischen Ostens 175)

Merl, Stephan: Sozialer Aufstieg im sowjetischen Kolchossystem der 30er Jahre? Über das Schicksal der bäuerlichen Parteimitglieder, Dorfsowjetvorsitzenden, Posteninhaber in Kolchosen, Mechanisatoren und Stachanowleute, Berlin 1990 (Osteuropastudien der Hochschulen des Landes Hessen. Reihe 1, Giessener Abhandlungen zur Agrar- und Wirtschaftsforschung des europäischen Ostens 173)

Meurers-Balke, Jutta/Lüning, Jens: Experimente zur frühen Landwirtschaft. Ein Überblick über die Kölner Versuche in den Jahren 1978-1986. In: Experimentelle Archäologie in Deutschland, Oldenburg 1990 (Archäologische Mitteilungen aus Nordwestdeutschland, Beiheft 4), S. 82-92

Meyer, Georg Friedrich Wilhelm: Beiträge zur chorographischen Kenntnis des Flußgebiets der Innerste in den Fürstenthümern Grubenhagen und Hildesheim. Eine Analyse zur Flora des Königreichs Hannover, Bd. 1, Göttingen 1822

Meyer, Hans Eberhard: Geschichte der Kreuzzüge, Stuttgart/Berlin/Köln ^{9}2000

Mieck, Ilja: Europäische Geschichte der Frühen Neuzeit. Eine Einführung, Stuttgart/Berlin/Köln ^{5}1994

Migne, Jacques Paul: Patrologiae cursus completus, seu bibliotheca universalis. Series Latina Prior, Tomus CXXV. Hincmari Rhemensis Archiepiscopi Opera Omnia, Tomus Prior, Paris 1879

Miklautz, Elfie/Lachmayer, Herbert/Eisendele, Reinhard (Hg.): Die Küche. Zur Geschichte eines architektonischen, sozialen und imaginativen Raums, Wien/Köln/Weimar 1999

Mildenberger, Gerhard: Sozial- und Kulturgeschichte der Germanen, Stuttgart/Berlin/Köln/Mainz ^{2}1977

Milham, Mary Ella (Hg.): Apicii decem libri cvi dicvntur de re coquinaria a vinidario conscripta, Leipzig 1969

Mittermayr, Peter: Das Mahl – Handlungsrahmen für Repräsentation und Kommunikation. In: Lothar Kolmer/Christian Rohr (Hg.), Mahl und Repräsentation. Der Kult ums Essen, Paderborn/München/Wien/Zürich 2000, S. 9-101

Möckl, Karl: Die große deutsche Küche. Formen des Eßverhaltens seit den siebziger Jahren. In: Wolfgang Protzner (Hg.), Vom Hungerwinter zum kulinarischen Schlaraffenland. Aspekte einer Kulturgeschichte des Essens in der Bundesrepublik Deutschland, Wiesbachen 1987 (Beiträge zur Sozial- und Wirtschaftsgeschichte 35), S. 49-64

Mohrmann, Ruth-E.: Tischgerät und Tischsitten nach Inventaren und zeitgenössischen Bildern. In: Günter Wiegelmann/Ruth-E. Mohrmann (Hg.), Nahrung und Tischkultur im Hanseraum, Münster/New York 1996 (Beiträge zur Volkskultur in Nordwestdeutschland, Bd. 91), S. 167-178

Mollenhauer, Hans P.: Nahrungsmittel zu allen Zeiten aus aller Welt. Aus der Geschichte des Handels mit Nahrungsmitteln in Europa, Hamburg 1996

Möller, Horst: Bürgertum und bürgerlich-liberale Bewegung nach 1918. In: Lothar Gall (Hg.), Bürgertum und bürgerlich-liberale Bewegung in Mitteleuropa seit dem 18. Jahrhundert, München 1997 (Historische Zeitschrift, Sonderheft 17), S. 293-342

Müller, Rolf-Dieter (Hg.): Die deutsche Wirtschaftspolitik in den besetzten Gebieten 1941-1943. Der Abschlußbericht des Wirtschaftsstabes Ost und die Aufzeichnungen eines Angehörigen des Wirtschaftskommandos Kiew, Boppard 1991 (Deutsche Geschichtsquellen des 19. und 20. Jahrhunderts 57)

Montanari, Massimo: Der Hunger und der Überfluß. Kulturgeschichte der Ernährung in Europa, München 1993

Montanari, Massimo: Hungerleben. In: Dorothee Rippmann/Brigitta Neumeister-Taroni (Hg.), Gesellschaft und Ernährung um 1000. Begleitband zur Ausstellung »Les mangeurs de l'an 1000« im Alimentarium, Musée de l'Alimentation, Vevey 2000, S. 18-24

Montanari, Massimo: Die Dreiständeordnung des Mittelalters im Spiegel der Ernährung. In: Lothar Kolmer/Christian Rohr (Hg.), Mahl und Repräsentation. Der Kult ums Essen, Paderborn/München/Wien/Zürich 2000, S. 53-61

Montet, Pierre: Ägypten. Leben und Kultur in der Ramses-Zeit, Stuttgart 1978

Moraw, Peter: Von offener Verfassung zu gestalteter Verdichtung. Das Reich im späten Mittelalter 1250 bis 1490, Frankfurt/M./Berlin 1985 (Propyläen-Geschichte Deutschlands 3)

Moxon, Elizabeth: The English Housewifry, Leeds ^{5}1760

Müller-Karpe, Hermann: Grundzüge früher Menschheitsgeschichte. Erster Band: Von den Anfängen bis zum 3. Jahrtausend v. Chr., Stuttgart 1998

Münch, Paul: Lebensformen in der frühen Neuzeit 1500 bis 1800, Frankfurt/M./Berlin 1992

Münch, Paul: Das Jahrhundert des Zwiespalts. Deutsche Geschichte 1600-1700, Stuttgart 1999

Münch, Paul (Hg.), in Verbindung mit Walz, Rainer: Tiere und Menschen. Geschichte und Aktualität eines prekären Verhältnisses, Paderborn 1998

Nafissi, Massimo: La nàscita del Kosmos: Studia sulla storia e la società di Sparta, Neapel 1991

Nahrstedt, Wolfgang: Die Entstehung der Freizeit. Dargestellt am Beispiel Hamburgs. Ein Beitrag zur Strukturgeschichte und zur strukturgeschichtlichen Grundlegung der Freizeitpädagogik, Göttingen 1972, Nachdruck Bielefeld 1988

Naumann, Hans: Grundzüge der deutschen Volkskunde, Leipzig 1922

Neuloh, Otto/Teuteberg, Hans Jürgen: Psychosoziale Ursachen des Fehlverhaltens in der Ernährung. In: Deutsche Gesellschaft für Ernährung (Hg.), Ernährungsbericht 1976, Frankfurt/M. 1976, S. 395-445

Neurath, Paul: From Malthus to the Club of Rome. Problems of Limits to Growth, Population Control and Migration, New York 1994

Nielsen, Inge (Hg.): Meals in a Social Context. Aspects of the Communal Meal in the Hellenistic and Roman World, Aarhus 1998 (Aarhus Studies in Mediterranean Antiquity 1)

Nipperdey, Thomas: Deutsche Geschichte 1800-1866. Bürgerwelt und starker Staat, München 1983

Nissen, Hans J.: Grundzüge einer Geschichte der Frühzeit des Vorderen Orients, Darmstadt ^{3}1995

North, Michael (Hg.): Deutsche Wirtschaftsgeschichte. Ein Jahrtausend im Überblick, München 2000

Nutton, Vivian: Galen ad multos annos. In: Dynamis. Acta Hispanica ad Medicinae Scientiarumque Historiam illustrandam 15/1995, S. 25-39

Oddy, D[erek] J.: Food, Drink and Nutrition. In: F[rancis] M[ichael] L[onystreth] Thompson (Hg.), The Cambridge Social History of Britain 1750-1950, Bd. 2, Cambridge 1990, S. 251-278

Opll, Ferdinand: Stadt und Reich im 12. Jahrhundert (1125-1190), Wien/Köln/Graz 1986 (Forschungen zur Kaiser- und Papstgeschichte des Mittelalters 6)

Orschiedt, Jörg/Auffermann, Bärbel/Weniger, Gerd-Christian: Familientreffen Deutsche Neanderthaler 1856-1999. Katalog zur Sonderausstellung: FAMILIENTREFFEN. Deutsche Neanderthaler zu Gast im Neanderthal-Museum vom 19. März bis 2. Mai 1999, Mettmann 1999

Ottenjann, Helmut/Ziessow, Karl-Heinz (Hg.): Die Kartoffel. Geschichte und Zukunft einer Kulturpflanze, Cloppenburg 1992 (Arbeit und Leben auf dem Lande, Bd. 1)

Ottenjann, Helmut/Ziessow, Karl-Heinz (Hg.): Die Milch. Geschichte und Zukunft eines Lebensmittels, Cloppenburg 1996 (Arbeit und Leben auf dem Lande, Bd. 4)

Paczensky, Gert von/Dünnebier, Anna: Leere Töpfe, volle Töpfe. Die Kulturgeschichte des Essens und Trinkens, München 1994

Padberg, Lutz E. v.: Mission und Christianisierung. Formen und Folgen bei Angelsachsen und Franken im 7. und 8. Jahrhundert, Stuttgart 1995

Paldamus, Karl Georg: Über die Schädlichkeit des Kaffees, Tabaks und Branntweins, Bernburg 1788

Palmer, Alan: Verfall und Untergang des Osmanischen Reiches, München 1997

Pasini, Francesca: Ostia Antica, insule e classi sociali, Rom 1978

Paulinyi, Akos/Troitzsch, Ulrich: Mechanisierung und Maschinisierung 1600 bis 1840, Berlin 1997 (Propyläen Technikgeschichte, Bd. 3)

Pauly, Michael: Luxemburg im späten Mittelalter, Bd. 2: Weinhandel und Weinkonsum, Luxemburg 1994

Pausanias, Beschreibung Griechenlands. Bd. 2, übersetzt u. hg. v. Ernst Meyer, Zürich/München ^{2}1967

Pendlebury, John Devitt Stringfellow: Les fouilles de Tell el Amarna, Paris 1936

Peters, Joris: Römische Tierhaltung und Tierzucht. Eine Synthese aus archäozoologischer Untersuchung und schriftlicher Überlieferung, Rahden/Westfalen 1998

Peters, Nicolaus (Hg.): Der neue deutsche Walfang. Ein praktisches Handbuch seiner geschichtlichen, rechtlichen, naturwissenschaftlichen und technischen Grundlagen, Hamburg 1938

Petrikovits, Harald von: Urgeschichte und römische Epoche, Düsseldorf 1978 (Rheinische Geschichte, Bd. I, 1. Teilband: Altertum, hg. v. Franz Petri/Georg Droege)

Petron: Satyricon. Ein römischer Schelmenroman. Übersetzt und erläutert von Harry C. Schnur, Stuttgart 1968

Peyer, Hans Conrad: Zur Getreidepolitik oberitalienischer Städte im 13. Jahrhundert, Wien 1950

Peyer, Hans Conrad: Von der Gastfreundschaft zum Gasthaus. Studien zur Gastlichkeit im Mittelalter (Monumenta Germaniae Historica, Schriften 31), Hannover 1987

Pfeisinger, Gerhard (Hg.): Kolonialwaren. Die Schaffung einer ungleichen Welt, Göttingen 1989

Pindar, Olympien 1,1. Übers.: Pindars Dichtungen, übertragen und erläutert von Franz Dornseiff, Leipzig ^{2}1965

Pirenne, Henri: Sozial- und Wirtschaftsgeschichte Europas im Mittelalter, München [3]1974

Planitz, Hans: Die deutsche Stadt im Mittelalter von der Römerzeit bis zu den Zunftkämpfen, Wiesbaden 1997

Plinius Secundus d. Ä., Gaius: Naturkunde. Lateinisch-deutsch. Buch XVII. Botanik: Nutzbäume. Herausgegeben und übersetzt von Roderich König in Zusammenarbeit mit Joachim Hopp, München 1994

Poetae Comici Graeci. Ediderunt Rudolf Kassel et C. Austin, Vol. IV, Berlin/New York 1983, S. 267 f.

Pomeroy, Sarah B./Burstein, Stanley M./Donlan, Walter, Tolbert Roberts, Jennifer: Ancient Greece. A Political, Social, and Cultural History, New York/Oxford 1999

Poo, Mu-chou: Wine and Wine offering in the Religion of Ancient Egypt, London 1995

Prinz, Friedrich: Frühes Mönchtum im Frankenreich: Kultur und Gesellschaft in Gallien, den Rheinlanden und Bayern am Beispiel der monastischen Entwicklung (4.-8. Jahrhundert), München [2]1988

Proctor, Robert N.: The Nazi War on Cancer, Princeton/N.J. 1999

Protzner, Wolfgang: Vom Hungerwinter bis zum Beginn der »Freßwelle«. In: Ders. (Hg.), Vom Hungerwinter zum kulinarischen Schlaraffenland. Aspekte einer Kulturgeschichte des Essens in der Bundesrepublik Deutschland, Wiesbaden 1987 (Beiträge zur Sozial- und Wirtschaftsgeschichte 35), S. 11-30

Rachet, Guy: Lexikon der griechischen Welt, Darmstadt 1999

Raffald, Elizabeth: The Experienced English Housekeeper, Manchester 1769

Rath, Claus-Dieter: Reste der Tafelrunde. Das Abenteuer der Eßkultur, Reinbeck 1984

Reichstein, Hans: Untersuchungen an Tierknochen. In: Walter und Brigitte Janssen, Die frühmittelalterliche Niederungsburg bei Haus Meer, Kreis Neuss. Archäologische und naturwissenschaftliche Untersuchungen, Köln 1999 (Rheinische Ausgrabungen, Bd. 46), S. 225-249

Reif, Heinz: Der Adel in der modernen Sozialgeschichte. In: Wolfgang Schieder/Volker Sellin (Hg.), Sozialgeschichte in Deutschland, Bd. 4, Göttingen 1987, S. 35-60

Reimertz, Stephan: Vom Genuß des Tees. Eine heitere Reise durch alte Landschaften, ehrwürdige Traditionen und moderne Verhältnisse, Leipzig 1998

Reinhardt, Dirk/Spiekermann, Uwe/Thoms, Ulrike: Neue Wege zur Ernährungsgeschichte: Kochbücher, Haushaltsrechnungen, Konsumvereinsberichte und Autobiographien in der Diskussion, Frankfurt/M. u. a. 1993

Richter, Will: Die Landwirtschaft im homerischen Zeitalter. In: Archaeologia Homerica. Die Denkmäler und das frühgriechische Epos. Begründet von Friedrich Matz und Hans-Günther Buchholz. Bd. 2, Göttingen 1990, S. H1-H162

Rien, Mark W./Dorén, Gustaf Nils: Das neue Tabagobuch. Ein Buch vom Tabak und der Kulturgeschichte des Rauchens, Hamburg 1985

Rienecker, Fritz/Maier, Gerhard: Lexikon zur Bibel, Wuppertal 1994

Riis, Thomas: Artikel »Fischfang, -handel. Ostseegebiet einschließlich Dänemark; Atlantik und Kanal«. In: Lexikon des Mittelalters, Bd. 4, München/Zürich 1989, Sp. 496-499

Rippmann, Dorothee: Gärten, Obstbäume und Obst im Mittelalter. In: Fundgruben. Stille Örtchen ausgeschöpft. Publikation zur Ausstellung »Fundgruben« im Historischen Museum Basel, Basel 1996, S. 87-94

Rippmann, Dorothee: Vorspeise. In: Dies./Brigitta Neumeister-Taroni (Hg.), Gesellschaft und Ernährung um 1000. Begleitband zur Ausstellung »Les mangeurs de l'an 1000« im Alimentarium, Musée de l'Alimentation, Vevey 2000, S. 8-16

Rippmann, Dorothee, Neumeister-Taroni, Brigitta (Hg.): Gesellschaft und Ernährung um 1000. Begleitband zur Ausstellung »Les mangeurs de l'an 1000« im Alimentarium, Musée de l'Alimentation, Vevey 2000

Risbeck, Johann Kaspar (Übers.): Briefe eines reisenden Franzosen über Deutschland an seinen Bruder in Paris, Bd. 2, o. O. 1784

Roeck, Bernd: Lebenswelt und Kultur des Bürgertums in der frühen Neuzeit, München 1991 (Enzyklopädie deutscher Geschichte, Bd. 9)

Roerkohl, Anne: Die Lebensmittelversorgung während des Ersten Weltkrieges im Spannungsfeld kommunaler und staatlicher Maßnahmen. In: Hans Jürgen Teuteberg (Hg.), Durchbruch zum modernen Massenkonsum. Lebensmittelmärkte und Lebensmittelqualität im Städtewachstum des Industriezeitalters, Wiesbaden 1987, S. 309-370

Roerkohl, Anne: Hungerblockade und Heimatfront. Die kommunale Lebensmittelversorgung in Westfalen während des Ersten Weltkrieges, Stuttgart 1991 (Studien zur Geschichte des Alltags, Bd. 10)

Roerkohl, Anne: »Viel Suppe gab's und wenig Brot«. Die Erschließung neuer Nahrungsquellen während der Hungersnot im Ersten Weltkrieg in Westfalen. In: Rheinisch-westfälische Zeitschrift für Volkskunde 36/1991, S. 69-89

Rolshoven, Johanna: Der Rausch. Kulturwissenschaftliche Blicke auf die Normalität. In: Zeitschrift für Volkskunde 96/2000, S. 29-49

Rosendahl, Wilfried: Der Mensch im Eiszeitalter. Funde, Fundumstände und erste kulturelle Zeugnisse. In: Die Urzeit in Deutschland. Von der Entstehung des Lebens bis zum Neandertaler, Augsburg 1995, S. 189-209

Rösener, Werner: Agrarwirtschaft, Agrarverfassung und ländliche Gesellschaft im Mittelalter, München 1992 (Enzyklopädie deutscher Geschichte, Bd. 13)

Ruffing, Kai: Weinbau im römischen Ägypten, St. Katharinen 1999

Runciman, Steven: Geschichte der Kreuzzüge. Aus dem Englischen übertragen von Peter de Mendelssohn, München 1995

Ruprechtsberger, Erwin M. (Hg.): Bier im Altertum, Linz 1992 (Linzer archäologische Forschungen, Sonderheft 8)

Rust, Alfred: Das altsteinzeitliche Rentierjägerlager Meierdorf, Neumünster 1937

Saalfeld, Diedrich: Die Bedeutung des Getreides für die Haushaltsausgaben städtischer Verbraucher in der zweiten Hälfte des 18. Jahrhunderts. In: Hans-Günther Schlotter (Hg.), Landwirtschaft und ländliche Gesellschaft in Geschichte und Gegenwart. Festschrift Wilhelm Abel, Hannover 1964 (Schriftenreihe für ländliche Sozialfragen 44), S. 31-48

Sage, Walter: Die fränkische Siedlung bei Gladbach, Kreis Neuwied, Düsseldorf 1969 (Kleine Museumshefte, Rheinisches Landesmuseum Bonn, 7)

Salm, Anton: Historische Darstellung des Armenwesens der Stadt Aachen und der Wirksamkeit der Armen-Verwaltungs-Commission, Aachen 1870

Sandgruber, Roman: Anfänge der Konsumgesellschaft. Konsumgüterverbrauch und Lebenstandard und Alltagskultur in Österreich im 18. und 19. Jahrhundert, Wien 1982

Schäfke, Werner: Blauer Dunst. Vier Jahrhunderte Tabak in Köln, Köln 1984

Schärer, Martin/Fenton, Alexander (Hg.): Food and Material Culture, East Linton 1998

Schaumann, Ralf: Technik und technischer Fortschritt im Industrialisierungsprozeß. Dargestellt am Beispiel der Papier-, Zucker- und chemischen Industrie der nördlichen Rheinlande (1800-1875), Bonn 1977 (Rheinisches Archiv, Bd. 101)

Schieder, Theodor: Staatensystem als Vormacht der Welt. 1848-1918, Frankfurt/M./Berlin 1982 (Propyläen Geschichte Europas, Bd. 5)

Schieffer, Rudolf: Die Karolinger, Stuttgart/Berlin/Köln [2]1997

Schilderung der Stadt Aachen zum Unterrichte und zur Erbauung der Reisenden, der Spieler, der Geschichtschreiber und der Philosophen. Aus dem Französischen übersetzt, Frankfurt/M. 1787

Schildt, Gerhardt: Frauenarbeit im 19. Jahrhundert, Pfaffenweiler 1993 (Frauen in Geschichte und Gesellschaft, Bd. 27)

Schipper, Bernd Ulrich: Israel und Ägypten in der Königszeit. Die kulturellen Kontakte von Salomo bis zum Fall Jerusalems, Freiburg/Göttingen 1999

Schlegel-Matthies, Kirsten: Im Haus und am Herd: Der Wandel des Hausfrauenbildes und der Hausarbeit 1880-1930, Stuttgart 1995

Schlumberger, Jörg (Hg.): Europa – aber was ist es? Aspekte seiner Identität in interdisziplinärer Sicht, Köln u. a. 1994 (Bayreuther Historische Kolloquien 8)

Schlumbohm, Jürgen: »Proto-Industrialisierung« als forschungsstrategisches Konzept und als Epochenbegriff – eine Zwischenbilanz. In: Markus Cerman/Sheilagh C. Ogilvie (Hg.), Protoindustrialisierung in Europa. Industrielle Produktion vor dem Fabrikzeitalter, Wien 1994, S. 23-33

Schmid, Wolfgang: Brunnen und Gemeinschaften im Mittelalter. In: Historische Zeitschrift 267/1998, S. 561-586

Schmidt-Glintzer, Helwig: China. Vielvölkerreich und Einheitsstaat, München 1997

Schmidt-Wiegand, Ruth: Der »Bauer« in der Lex Salica. In: Reinhard Wenskus (Hg.), Wort und Begriff »Bauer«, Göttingen 1975, S. 128-152

Schmidtgall, Harry: Friedrich Engels' Manchester-Aufenthalt 1842-1844, Trier 1981

Schmitt, Eleonore: Das Essen in der Bibel. Literaturethnologische Aspekte des Alltäglichen, Münster/Marburg 1994

Schmitthenner, Erika/Schmitthenner Heinrich: Speise und Trank in Europa. In: Wissenschaftliche Veröffentlichungen des deutschen Instituts für Länderkunde NF 17/18, Leipzig 1960, S. 109-165

Schmitt-Pantel, Pauline: La cité au banquet. Histoire des repas publics dans les cités grecques, Rom 1992 (Collection d'Ecole Française de Rome 157)

Schmitt-Pantel, Pauline: Artikel »C. Apicius«. In: Der Neue Pauly. Enzyklopädie der Antike, hg. v. Hubert Cancik/Helmuth Schneider, Bd. 2, Stuttgart/Weimar 1997, Sp. 903

Schmitt-Pantel, Pauline: Artikel »Gastmahl«. In: Der Neue Pauly. Enzyklopädie der Antike, hg. v. Hubert Cancik/Helmuth Schneider, Bd. 4, Stuttgart/Weimar 1998, Sp. 797-803

Schmitt-Pantel, Pauline: Artikel »Gastronomie«. In: Der Neue Pauly. Enzyklopädie der Antike, hg. v. Hubert Cancik/Helmuth Schneider, Bd. 4, Stuttgart/Weimar 1998, Sp. 806-808

Schmitz, Rudolf: Geschichte der Pharmazie. Unter Mitarbeit von Franz-Josef Kuhlen. I: Von den Anfängen bis zum Ausgang des Mittelalters, Eschborn 1998

Schmugge, Ludwig: Feste feiern wie sie fallen – Das Fest als Lebensrhythmus im Mittelalter. In: Paul Hugger (Hg.), Stadt und Fest. Zu Geschichte und Gegenwart europäischer Festkultur, Stuttgart 1978, S. 61-87

Schneider, Reinhard: Das Frankenreich, München/Wien 1982 (Oldenbourg Grundriß der Geschichte, Bd. 5)

Schnitzler, Beate: Ernährung und Lebensmittelversorgung 1945-1948. In: Werner Schäfke (Hg.), Das Neue Köln 1945-1995. Ausstellungskatalog, Köln 1994, S. 496-497

Schnyder-v. Waldkirch, Antoinette: Wie Europa den Kaffee entdeckte – Reiseberichte der Barockzeit als Quellen zur Geschichte des Kaffees, Zürich 1988

Schön, Irmgard: Wandlungen in den Verzehrgewohnheiten bei Fleisch von 1945 bis zur Gegenwart. In: Wolfgang Protzner (Hg.), Vom Hungerwinter zum kulinarischen Schlaraffenland. Aspekte einer Kulturgeschichte des Essens in der Bundesrepublik Deutschland, Wiesbaden 1987 (Beiträge zur Sozial- und Wirtschaftsgeschichte 35), S. 93-121

Schönberger, Gesa U.: Natürlich natürlich? Gesunde Ernährung im Spannungsfeld zwischen konventionellen und ökologischen Lebensmitteln. In: Dr. Rainer Wild-Stiftung (Hg.), Gesunde Ernährung zwischen Natur- und Kulturwissenschaft. Die Arbeit der Dr. Rainer Wild-Stiftung, Münster 1999, S. 109-118

Schönberger, Otto (Hg.): Marcus Porcius Cato. Vom Landbau. Fragmente. Alle erhaltenen Schriften. Lateinisch-deutsch, München 1980

Schreiber, Georg: Die Wochentage im Erlebnis der Ostkirche und des christlichen Abendlandes, Köln/Opladen 1953

Schreiber, Georg: Deutsche Weingeschichte. Der Wein in Volksleben, Kult und Wirtschaft, Köln 1980

Schröter, Harm G.: Von der Teilung zur Wiedervereinigung (1945-2000). In: Michael North (Hg.), Deutsche Wirtschaftsgeschichte. Ein Jahrtausend im Überblick, München 2000, S. 351-420

Schultz, Uwe (Hg.): Das Fest. Eine Kulturgeschichte von der Antike bis zur Gegenwart, München 1988

Schulze, Hans K.: Vom Reich der Franken zum Land der Deutschen. Merowinger und Karolinger, Berlin ^{2}1993

Schulze, Winfried (Hg.): Ego-Dokumente. Annäherung an den Mensch in der Geschichte, Berlin 1996

Schürmann, Thomas: Tisch- und Grußsitten im Zivilisationsprozeß, Münster/New York 1994 (Beiträge zur Volkskultur in Nordwestdeutschland, Heft 82)

Schuster, Peter: Das Frauenhaus. Städtische Bordelle in Deutschland 1350-1600, Paderborn/München/Wien/Zürich 1992

Schütz, Sinold B. von: Das curieuse Caffe-Hauss zu Venedig, Freyburg 1698

Schwaiger, Georg (Hg.): Mönchtum, Orden, Klöster. Von den Anfängen bis zur Gegenwart. Ein Lexikon, München 1994

Schwarz, Christina: Die Landfrauenbewegung in Deutschland. Zur Geschichte einer Frauenorganisation unter besonderer Berücksichtigung der Jahre 1898 bis 1933, Mainz 1990

Schwarz, Irene: Diaita. Ernährung der Griechen und Römer im klassischen Altertum. Eine altsprachlich-ernährungswissenschaftliche Studie, Innsbruck 1995

Schwarze, Johannes: Geschichte, Ideologie und Programmatik der Grünen, Diss. München 1999

Schwarzer, Oskar: Der Lebensstandard in der SBZ/DDR 1945-1989. In: Jahrbuch für Wirtschaftsgeschichte 1995, S. 119-146

Schwenk, Enst: Liebigs Fleischextrakt. Heile Welt im Kleinformat. In: Pharmazeutische Zeitung 144/1999, S. 2553-2554

Schwinges, Rainer Christoph: Die Kreuzzugsbewegung. In: Ferdinand Seibt (Hg.), Europa im Hoch- und Spätmittelalter (Handbuch der europäischen Geschichte, Bd. 2), Stuttgart 1987, S. 174-198

Scott, Joan W.: Die Arbeiterin. In: Georges Duby/Michelle Perrot, Geschichte der Frauen. Bd. 4: 19. Jahrhundert, Frankfurt/M./New York 1994, S. 451-479

Seipel, Wilfried: Staat und Gesellschaft. In: Arne Eggebrecht (Hg.), Das alte Ägypten, München 1984, S. 117-195

Shipley, Graham: The Greek World after Alexander 323-30 BC, London/New York 2000

Siebert, H.-J., Rothe, M.: Zeittafel zur Geschichte der Lebensmittelgewinnung und -verarbeitung. In: Ernährungsforschung 12/1967, S. 575-582

Sievers-Flägel, Gudrun: Komm mit in die Küche: Ein Spiegelbild vom Leben in der Küche von 1700 bis 2000, Gummersbach 1989

Simek, Rudolf: Artikel »Weltbild. II. Geographisch«. In: Lexikon des Mittelalters, Bd. 7, München/Zürich 1997, Sp. 2163-2165

Simmel, Georg: Soziologie der Mahlzeit. In: Der Zeitgeist. Beiblatt zum Berliner Tageblatt, 19. Oktober 1910. Abgedruckt in ders., Brücke und Tür, Stuttgart 1957, S. 243-250

Simon, André Louis: History of the Wine Trade in England, Vol. 3, London 1909

Simoons, Frederick J.: Eat not this Flesh. Food Avoidances from Prehistory to the Present, Madison/London [2]1994

Simson, John v.: Die Flußverunreinigungsfrage im 19. Jahrhundert. In: Vierteljahrschrift für Sozial- und Wirtschaftsgeschichte 65/1978, S. 370-390

Sledziewski, Elisabeth G.: Die Französische Revolution als Wendepunkt. In: Georges Duby/Michelle Perrot, Geschichte der Frauen. Bd. 4: 19. Jahrhundert, Frankfurt/M./New York 1994, S. 45-61

Smyrek-Ourtani, Bernadette: Das ländliche Genossenschaftswesen in Polen von der polnischen Teilung bis zur Gegenwart, Hamburg 1990

Soltmann, Dieter: Der Münchner Eis-Heilige. Mit Carl von Lindes Kältemaschinen begann der Triumphzug der Kühltechnik. In: Jahrhundert-Münchner. Eine Serie der Süddeutschen Zeitung, München 2000, S. 112-115

Speckle, Birgit: Streit ums Bier in Bayern. Wertvorstellungen um Reinheit, Gemeinschaft und Tradition, Münster/New York/München/Berlin 2001 (Münchner Beiträge zur Volkskunde, Bd. 27)

Spencer, Alan J.: Death in Ancien Egypt, Harmondsworth 1982

Spiekermann, Uwe: Abschied von der Selbstversorgung. In: Politische Ökologie 12/1994, S. 26-30

Spiekermann, Uwe: Suppe im Wandel. Zur Karriere einer Alltagsspeise, in: Historicum. Zeitschrift für Geschichte, Jg. 1995, S. 15-21

Spiekermann, Uwe: Zeitsprünge: Lebensmittelkonservierung zwischen Industrie und Haushalt 1880-1940. In: Katalyse e. V./Buntstift e. V. (Hg.), Ernährungskultur im Wandel der Zeiten, Köln 1996, S. 30-42

Spiekermann, Uwe: Nahrung und Ernährung im Industriezeitalter. Ein Rückblick auf 25 Jahre historisch-ethnologischer Ernährungsforschung (1972-1996). In: Materialien zur Ermittlung von Ernährungsverhalten, Karlsruhe 1997, S. 35-73

Spiekermann, Uwe: Rationalisierung als Daueraufgabe. Der deutsche Lebensmitteleinzelhandel im 20. Jahrhundert. In: Scirpta Mercaturae, 31. Jahrgang, Heft 1, 1997, S. 69-129

Spiekermann, Uwe: Basis der Konsumgesellschaft: Entstehung und Entwicklung des modernen Kleinhandels in Deutschland 1850-1914, München 1999 (Schriftenreihe zur Zeitschrift für Unternehmensgeschichte, Bd. 3)

Spiekermann, Uwe: Bruch mit der alten Ernährungslehre. Die Entdeckung der Vitamine und ihre Folgen. In: Internationaler Arbeitskreis für Kulturforschung des Essens. Mitteilungen, Heft 4, 1999, S. 16-20

Spiekermann, Uwe: Eßkultur heute. Was, wie und wo essen wir? In: Dr. Rainer Wild-Stiftung (Hg.), Gesunde Ernährung zwischen Natur- und Kulturwissenschaft. Die Arbeit der Dr. Rainer Wild-Stiftung, Münster 1999, S. 41-56

Spiekermann, Uwe: Europäische Küchen. Eine Bestandsaufnahme. In: Wulf Köpke/Bernd Schmelz (Hg.), Das gemeinsame Haus Europa. Handbuch zur europäischen Kulturgeschichte, München 1999, S. 801-817

Spiekermann, Uwe: Europäische Küchen. Eine Annäherung. In: Internationaler Arbeitskreis für Kulturforschung des Essens. Mitteilungen, Heft 5, 2000, S. 31-47

Spiekermann, Uwe: Vollkornbrot in Deutschland. Regionalisierende und nationalisierende Deutungen und Praktiken während der NS-Zeit. Beitrag zur Jahrestagung des Sonderforschungsbereichs 417 »Regionenbezogene Identifikationsprozesse im Vergleich«, Leipzig, 1.-2. 12. 2000

Spiekermann, Uwe: Versorgung in der Volksgemeinschaft. Näherungen an der »deutschen« Handel in der NS-Zeit. In: Le mouvement social 2001 (im Druck)

Spindler, Konrad: Der Mann im Eis. Die Ötztaler Mumie verrät die Geheimnisse der Steinzeit, München 1993

Spode, Hasso: »Der Sauf bleibt ein allmächtiger Abgott bei uns Deutschen«: Trunkenheit als Baustein der nationalen Identität. In: Hans Jürgen Teuteberg/Gerhard Neumann/Alois Wierlacher (Hg.): Essen und kulturelle Identität. Europäische Perspektiven, Berlin 1997 (Kulturthema Essen, Bd. 2), S. 283-299

Sprandel, Rolf: Von Malvasia bis Kötzschenbroda. Die Weinsorten auf den spätmittelalterlichen Märkten Deutschlands, Stuttgart 1998 (VSWG Beihefte Nr. 149)

Spurr, M. S.: Arable Cultivation in Roman Italy c. 200 B. C. – c. A. D. 100, London 1986 (Journal of Roman Studies. Monographs 3)

Stadthagen, H[ans] (Hg.): Die Ersatzmittel in der Kriegswirtschaft, Berlin 1919 (Beiträge zur Kriegswirtschaft, H. 56-58)

Staesche, Monika: Das Privatleben der römischen Kaiser in der Spätantike. Studien zur Personen- und Kulturgeschichte der späten Kaiserzeit, Bern/Berlin u. a. 1998

Stein, Claudia: Sozialhistorische Aspekte der städtischen Prostitution in der Frühen Neuzeit am Beispiel Kölns. In: Rheinisches Jahrbuch für Volkskunde 31, 1995/96, S. 7-80

Stein, Walther: Akten zur Geschichte der Verfassung und Verwaltung der Stadt Köln im 14. und 15. Jahrhundert, 2 Bde., Bonn 1893-1895, Nachdruck Düsseldorf 1993 (Publikationen der Gesellschaft für Rheinische Geschichtskunde X)

Stel, Jaap C. van der: Drinken, drank an dronkenschap. Vijf eeuwen drankbestrijding en alcoholhulpverlening in Nederland. Een historisch-sociologische Studie, Hilversum 1995

Stella, Alain: Das Buch vom Kaffee. Aus dem Französischen von Fred Kipka, München 1997

Stemmrich, Daniel: Am Anfang war die Not. In: Vom Hausen zum Wohnen. Wohnungsbau für Arbeiter zur Zeit der Industrialisierung: Essen, ein Beispiel. Eine Ausstellung des Ruhrlandmuseums, Essen 1988, S. 4-11

Steuer, Heiko/Zimmermann, Ulrich (Hg.): Streifzüge durch die frühen Hochkulturen. Ein historisches Lesebuch, München 1994

Stickel, Antje/Tröscher, Michael (Hg.). 48, 98. Tante Emma – Megastore. 50 Jahre Lebensmittelhandel in Deutschland, Ingelheim 1998

Stockhaus, Dörthe: »Aber mir sind trotzdem satt wordn mit unserer Suppn«. Nürnberger Arbeiterkost um die Jahrhundertwende. In: Mitteilungen des Vereins für Geschichte der Stadt Nürnberg 81/1994, S. 243-273

Störle, Lothar: Artikel »Nilpferd«. In: Helck, Wolfgang/Westendorf, Wolfhart (Hg.), Lexikon der Ägyptologie, Bd. 4, Wiesbaden 1982, Sp. 501-506

Streich, Jürgen: 30 Jahre Club of Rome. Anspruch, Kritik, Zukunft, Basel u. a. 1997

Streinz, Rudolf: Das deutsche und europäische Lebensmittelrecht als Ausdruck kultureller Identität? In: Teuteberg, Hans Jürgen/Neumann, Gerhard/Wierlacher, Alois (Hg.), Essen und kulturelle Identität. Europäische Perspektiven, Berlin 1997 (Kulturthema Essen, Band 2), S. 103-112

Strong, Donald E.: Greek and Roman Gold and Silver Plate, London 1966

Suhr, Susanne: Die weiblichen Angestellten. Arbeits- und Lebensverhältnisse, Berlin 1930

Swann, Nancy Lee: Food and Money in Ancient China, Princeton 1950

Szallies, Rüdiger: Zwischen Luxus und kalkulierter Bescheidenheit – Der Abschied von Otto Normalverbraucher. In: Ders./Günter Wiswede (Hg.): Wertewandel und Konsum. Fakten, Perspektiven und Szenarien für Markt und Marketing, Landsberg/Lech 1990, S. 41-58

Tanner, Jakob: Der Mensch ist, was er ißt. Ernährungsmythen und Wandel der Eßkultur. In: Historische Anthropologie 4/1996, S. 399-419

Tanner, Jakob: Die Bedeutung der Nahrungsfasern für die Ernährung. Ein geschichtlicher Überblick. In: Schweizerische Vereinigung für Ernährung. Schriftenreihe Heft 75, Bern 1996, S. 5-19

Tappe, Heinrich: Auf dem Weg zur modernen Alkoholkultur: Alkoholproduktion, Trinkverhalten und Temperenzbewegung in Deutschland vom frühen 19. Jahrhundert bis zum Ersten Weltkrieg, Stuttgart 1994 (Studien zur Geschichte des Alltags, Bd. 12)

Taraboi, Emilia: Der Similaunmann, Bozen 1998

Tattersall, Ian: Neandertaler. Der Streit um unsere Ahnen, Basel/Boston/Berlin 1999

Teuteberg, Hans Jürgen: Zur sozialgeschichtlichen Bedeutung der Kartoffel und ihrer Eingliederung in die deutsche Volkskost. In: Niilo Valonen/Juhani U. E. Lehtonen (Hg.), Ethnologische Nahrungsforschung – Ethnological Food Research. Vorträge des zweiten Internationalen Symposions für ethnologische Nahrungsforschung, Helsinki 1975, S. 237-265

Teuteberg, Hans Jürgen: Die Nahrung der sozialen Unterschichten im 19. Jahrhundert. In: Edith Heischkelt-Artelt (Hg.), Ernährung und Ernährungslehre im 19. Jahrhundert, Göttingen 1976 (Studien zur Medizingeschichte im neunzehnten Jahrhundert 6), S. 205-287

Teuteberg, Hans Jürgen: Der Beitrag des Rübenzuckers zur »Ernährungsrevolution« des 19. Jahrhunderts. In: Ders./Günter Wiegelmann, Unsere tägliche Kost. Geschichte und regionale Prägung, Münster 1986 (Studien zur Geschichte des Alltags, Bd. 6), S. 153-162

Teuteberg, Hans Jürgen: Die Begründung der Ernährungsindustrie. In: Ders./Günter Wiegelmann, Unsere tägliche Kost. Geschichte und regionale Prägung, Münster 1986 (Studien zur Geschichte des Alltags, Bd. 6), S. 291-302

Teuteberg, Hans Jürgen: Die tägliche Kost unter dem Einfluß der Industrialisierung. In: Ders./Günter Wiegelmann, Unsere tägliche Kost. Geschichte und regionale Prägung, Münster 1986 (Studien zur Geschichte des Alltags, Bd. 6), S. 345-361

Teuteberg, Hans Jürgen: Der Fleischverzehr in Deutschland und seine strukturellen Veränderungen. In: Ders./Günter Wiegelmann, Unsere tägliche Kost. Geschichte und regionale Prägung, Münster 1986 (Studien zur Geschichte des Alltags, Bd. 6), S. 63-73

Teuteberg, Hans Jürgen: Der Verzehr von Nahrungsmitteln in Deutschland pro Kopf und Jahr seit Beginn der Industrialisierung (1850-1975). Versuch einer quantitativen Langzeitanalyse. In: Ders./Günter Wiegelmann, Unsere tägliche Kost. Geschichte und regionale Prägung, Münster 1986 (Studien zur Geschichte des Alltags, Bd. 6), S. 225-279

Teuteberg, Hans Jürgen: Zum Problemfeld Urbanisierung und Ernährung im 19. Jahrhundert. In: Ders. (Hg.), Durchbruch zum modernen Massenkonsum: Lebensmittelmärkte und Lebensmittelqualität im Städtewachstum des Industriezeitalters, Münster 1987, S. 1-36

Teuteberg, Hans Jürgen: Die Rolle des Fleischextrakts für die Ernährungswissenschaften und den Aufstieg der Suppenindustrie. Kleine Geschichte der Fleischbrühe. Unter Mitarbeit von Karl-Peter Ellerbrock, Uwe Spiekermann, Ulrike Thoms und Angela Zetsch, Stuttgart 1990 (Zeitschrift für Unternehmensgeschichte, Beiheft 70)

Teuteberg, Hans Jürgen: Die Veränderung der hausfraulichen Küchenarbeit unter dem Einfluß der Industrialisierung. In: Dietmar Petzina/Jürgen Reulecke (Hg.), Bevölkerung, Wirtschaft, Gesellschaft seit der Industrialisierung. Festschrift für Wolfgang Köllmann zum 65. Geburtstag, Dortmund 1990, S. 359-388

Teuteberg, Hans Jürgen: Homo edens. Reflexionen zu einer neuen Kulturgeschichte des Essens. In: Historische Zeitschrift 265/1997, S. 1-28

Teuteberg, Hans Jürgen: Der Fleisch- und Wurstverzehr der Deutschen in historischer Betrachtung. In: Ernährungsforschung 43/1998,S. 1-28

Teuteberg, Hans Jürgen (Hg.): Durchbruch zum modernen Massenkonsum. Lebensmittelmärkte und Lebensmittelqualität im Städtewachstum des Industriezeitalters, Wiesbaden 1987 (Studien zur Geschichte des Alltags, Bd. 8)

Teuteberg, Hans Jürgen (Hg.): European Food History. A Research Review, Leicester 1992

Teuteberg, Hans Jürgen/Lesniczak, Peter: Alte ländliche Festtagsmahlzeiten in der Phase sich intensivierender Verbürgerlichung 1880-1930. In: Rheinisch-westfälische Zeitschrift für Volkskunde 46/2001 (im Druck)

Teuteberg, Hans Jürgen/Neumann, Gerhard/Wierlacher, Alois (Hg.): Essen und kulturelle Identität. Europäische Perspektiven, Berlin 1997 (Kulturthema Essen, Bd. 2)

Teuteberg, Hans Jürgen/Wiegelmann, Günter: Der Wandel der Nahrungsgewohnheiten unter dem Einfluß der Industrialisierung, Göttingen 1972 (Studien zum Wandel von Gesellschaft und Bildung im Neunzehnten Jahrhundert, Bd. 3)

Teuteberg, Hans Jürgen/Wiegelmann, Günter: Einführung und Nutzung der Kartoffel in Deutschland. In: Dies., Unsere tägliche Kost. Geschichte und regionale Prägung, Münster 1986 (Studien zur Geschichte des Alltags, Bd. 6), S. 93-152

Teuteberg, Hans Jürgen/Wiegelmann, Günter: Unsere tägliche Kost. Geschichte und regionale Prägung, Münster 1986 (Studien zur Geschichte des Alltags, Bd. 6)

Tharms, Peter: Christianisierung des Römerreiches und heidnischer Widerstand, Heidelberg 1992

Thompson, D'Arcy Wentworth: A Glossary of Greek Fishes, London 1947 (Saint Andrews University Publications 45)

Thoms, Ulrike: Kochbücher und Haushaltslehren als ernährungshistorische Quellen. Möglichkeiten und Grenzen eines methodischen Zugriffs. In: Dirk Reinhardt/Uwe Spiekermann/Ulrike Thoms (Hg.), Neue Wege der Ernährungsgeschichte. Kochbücher, Haushaltsrechungen, Konsumvereinsberichte und Autobiographien in der Diskussion, Frankfurt/M. u. a. 1993, S. 9-50

Thoms, Ulrike: Dünn und dick, schön und häßlich. Schönheitsideal und Körpersilhouette in der Werbung 1850-1950. In: Peter Borscheid/Clemens Wischermann (Hg.), Bilderwelt des Alltags. Werbung in der Konsumgesellschaft des 19. und 20. Jahrhunderts. Festschrift für Hans Jürgen Teuteberg, Stuttgart 1995 (Studien zur Geschichte des Alltags, Bd. 13), S. 242-282

Thoms, Ulrike: Die historische Entwicklung der Großküchenverpflegung. In: Thomas Kutsch/Sigrid Weggemann (Hg.), Ernährung in Deutschland nach der Wende: Veränderung in Haushalt, Beruf und Gemeinschaftsverpflegung, Bonn 1996 (Bonner Studien zur Wirtschaftssoziologie, Bd. 3), S. 171-207

Thouvenot, Claude: Zur Geographie regionaler Nahrungspräferenzen. In: Hans Jürgen Teuteberg/Gerhard Neumann/Alois Wierlacher (Hg.), Essen und kulturelle Identität. Europäische Perspektiven, Berlin 1997 (Kulturthema Essen, Bd. 2), S. 228-246

Thurn und Taxis, Gloria Fürstin von/Borghese, Alessandra: Unsere Umgangsformen. Die Welt der guten Sitten von A-Z, Niedernhausen/Taunus 2000

Tibi, Bassam: Europa ohne Identität? Die Krise der multikulturellen Gesellschaft, Berlin ^{2}2001

Tolksdorf, Ulrich: Essen und Trinken in Ost- und Westpreußen, T. 1, Marburg 1975 (Schriftenreihe der Kommission für ostdeutsche Volkskunde, Bd. 13)

Tolksdorf, Ulrich: Der Schnellimbiß und The World of Ronald McDonald's. In: Kieler Blätter zur Volkskunde 13/1981, S. 64-85

Tolksdorf, Ulrich: Nahrungsforschung. In: Rolf W. Brednich (Hg.), Grundriß der Volkskunde, Berlin ^{2}1994, S. 229-242

Tomasello, Michael: The Cultural Origins of Human Cognition, Cambridge/Mass. 1999

Tränkle, Margret: Zur Geschichte des Herdes. Vom offenen Herd zur Mikrowelle. In: Michael Andritzky (Hg.), Oikos. Von der Feuerstelle zur Mikrowelle. Haushalt und Wohnen im Wandel. Ausstellungskatalog, Gießen 1992, S. 37-53

Treu, Ursula/Treu, Kurt (Übers.): Athenaios von Naukratis. Das Gelehrtenmahl, Leipzig 1985 (Sammlung Dieterich 329)

Troßbach, Werner/Zimmermann, Clemens (Hg.): Agrargeschichte, Positionen und Perspektiven, Stuttgart 1998 (Quellen und Forschungen zur Agrargeschichte 44)

Ünal, Ahmet: Artikel »Mahlzeit«. In: Reallexikon der Assyriologie und Vorderasiatischen Archäologie, Bd. 7, Berlin/New York 1987-1990, S. 267-270

Urban, Erich (Hg.): Ich kann kochen. Das Buch von der natürlichen Ernährung des Menschen, Berlin/Wien 1909

Vale, Malcolm: Provisioning Princely Households in the Low Countries during the pre-Burgundian Period, c. 1280-1380. In: Werner Paravicini (Hg.), Alltag bei Hofe. 3. Symposion der Residenzen-Kommission der Akademie der Wissenschaften in Göttingen, Ansbach 28. Februar bis 1. März 1992, Sigmaringen 1995, S. 33-40

Vandereycken, Walter/Meermann, Rolf: Magersucht und Bulimie. Ein Ratgeber für Betroffene und ihre Angehörigen, Bern u. a. 2000

Vavra, Elisabeth: Kopf und Klinge. Repräsentative Tischkultur im Bild des Mittelalters. In: Lothar Kolmer/Christian Rohr (Hg.), Mahl und Repräsentation. Der Kult ums Essen, Paderborn/München/Wien/Zürich 2000, S. 87-98

Verhoeven, Ursula: Grillen, Kochen, Backen im Alltag und im Ritual Altägyptens. Ein lexikographischer Beitrag, Bruxelles 1984 (Rites Égyptiens IV)

Verhulst, Adriaan/Morimoto, Yoshiki (Hg.): Economie rurale et Economie urbaine au Moyen Age. Landwirtschaft und Stadtwirtschaft im Mittelalter, Gent/Fukuoka 1994 (Centre belge d'histoire rurale, Publication 108)

Veyne, Paul: Das Römische Reich. In: Geschichte des privaten Lebens, Bd. 1: Vom Römischen Imperium zum Byzantinischen Reich, hg. v. Paul Veyne, Frankfurt/M. 1989, S. 19-228

Vitruv: Zehn Bücher über Architektur. Übersetzt und mit Anmerkungen versehen von Curt Fensterbusch, Darmstadt 1964

Wagner, Siegfried: Der Kampf des Fastens gegen die Fastacht. Zur Geschichte der Mäßigung, München 1986 (Kulturgeschichtliche Forschungen 5)

Währen, Max: Das Brot in der Bronzezeit und älteren vorrömischen Eisenzeit nördlich der Alpen unter besonderer Berücksichtigung von Brotfunden aus Kreisgrabenfriedhöfen des Münsterlandes. In: Ausgrabungen und Funde in Westfalen Lippe 5/1987, S. 23-71

Wallbrecht, Andreas: Die Höhensiedlung der Michelsberger Kultur auf dem Salzberg bei Höckelheim, Stadt und Landkreis Northeim, und der westeuropäische Flint an der Weser, Göttingen 1995

Walton, John K.: Lancashire. A Social History, 1558-1939, Manchester ^{2}1990.

Walton, John K.: Fish and Chips in the British Working Class 1870-1940, Lancaster 1992

Walton, John K.: Die Baumwollindustrie und die Arbeiterklasse von Lancashire: Lebensformen, Lebensstandard und Politik in der Region von Manchester 1770-1860. In: Karl Ditt/Sidney Pollard (Hg.), Von der Heimarbeit in die Fabrik. Industrialisierung und Arbeiterschaft in Leinen- und Baumwollregionen Westeuropas während des 18. und 19. Jahrhunderts (Forschungen zur Regionalgeschichte, Bd. 5), Paderborn 1992, S. 364-387

Warneken, Bernd Jürgen/Wittel, Andreas: Die neue Angst vor dem Feld. Ethnographisches research up am Beispiel der Unternehmensforschung. In: Zeitschrift für Volkskunde 93/1997, S. 1-16

Wasserschleben, Fridericus Guilelmus Augustus (Hg.): Reginonis Abbatis Prumiensis Libri duo de synodalibus causis et de disciplinis ecclesiasticis iussu … Ratbodi ex diversis sanctorum patrum conciliis atque decretis collecti …, Lipsiae 1840, Nachdruck Graz 1964

Weber, Andreas Otto: Studien zum Weinbau der altbayerischen Klöster im Mittelalter. Altbayern – österreichischer Donauraum – Südtirol, Stuttgart 1999 (VSWG Beihefte Nr. 141)

Weeber, Karl-Wilhelm: Alltag im alten Rom. Ein Lexikon, Düsseldorf/Zürich [4]1998
Weeber, Karl-Wilhelm: Die Weinkultur der Römer, Düsseldorf/Zürich 1999
Wehler, Hans-Ulrich: Deutsche Gesellschaftsgeschichte, Bd. 1. Vom Feudalismus des Alten Reiches bis zur Defensiven Modernisierung der Reformära 1700-1815, München 1987
Wehler, Hans-Ulrich: Deutsche Gesellschaftsgeschichte, Bd. 2. Von der Reformära bis zur industriellen und politischen »Deutschen Doppelrevolution« 1815-1845/49, München 1989
Wehler, Hans-Ulrich: Deutsche Gesellschaftsgeschichte, Bd. 3. Von der »Deutschen Doppelrevolution« bis zum Beginn des Ersten Weltkrieges, München 1995
Weichert, Imke: Zum Ernährungs- und Mahlzeitenverhalten in Deutschland seit der Wiedervereinigung. Historischer Kontext und empirische Untersuchungen in Erfurt und Göttingen. In: Vokus 1999, H. 1, S. 31-47
Weidemann, Margarete: Kulturgeschichte der Merowingerzeit nach den Werken Gregors von Tours, 2 Teile, Mainz 1982 (Römisch-Germanisches Zentralmuseum. Monographien 3)
Weiter-Matysiak, Barbara: Weinbau im Mittelalter, Köln 1985 (Geschichtlicher Atlas der Rheinlande, Karte/Beiheft VII/2)
Wells, Berit (Hg.): Agriculture in Ancient Greece. Proceedings of the Seventh International Symposium at the Swedish Institute at Athens, 16-17 May, 1990, Stockholm u. a. 1992 (Skrifter, Svenska Institutet i Athen, Quarto 42)
Werke des Galenos. Band IV: Die Kräfte der Nahrungsmittel. 3. Buch: Gute und schlechte Säfte der Nahrungsmittel. Die säfteverdünnende Diät. Die Ptisane. Übersetzt und erläutert von Erich Beintker und Wilhelm Kahlenberg, Stuttgart 1952
White, Kenneth D.: Latifundia. Eine kritische Prüfung des Quellenmaterials über Großgüter in Italien und Sizilien bis zum Ende des ersten Jahrhunderts n. Chr. In: Helmuth Schneider (Hg.), Zur Sozial- und Wirtschaftsgeschichte der späten römischen Republik, Darmstadt 1976, S. 311-347
Wiegelmann, Günter: Alltags- und Festspeisen. Wandel und gegenwärtige Stellung, Marburg 1967 (Atlas der deutschen Volkskunde, Neue Folge, Beiheft 1)
Wiegelmann, Günter: Ideen zu einer kartographischen Erfassung europäischer Kostunterschiede, in: Niilo Valonen/Juhani U. E. Lehtonen (Hg.), Ethnologische Nahrungsforschung – Ethnological Food Research, Helsinki 1975, S. 326-335
Wiegelmann, Günter: Tendenzen kulturellen Wandels in der Volksnahrung des 19. Jahrhunderts. In: Dieter Langewiesche/Klaus Schönhoven (Hg.), Arbeiter in Deutschland. Studien zur Lebensweise der Arbeiterschaft im Zeitalter der Industrialisierung, Paderborn 1981, S. 363-370
Wiegelmann, Günter: Der Wandel von Speisen- und Tischkultur im 18. Jahrhundert. In: Ders./Ernst Hinrichs, Sozialer und kultureller Wandel in der ländlichen Welt des 18. Jahrhunderts, Wolfenbüttel 1982 (Wolfenbütteler Forschungen, Bd. 19), S. 149-161
Wiegelmann, Günter: Regionale Unterschiede der Würzgewohnheiten in Mitteleuropa dargelegt am Beispiel der Brotwürze. In: Ders./Hans Jürgen Teuteberg, Unsere tägliche Kost. Geschichte und regionale Prägung, Münster 1986 (Studien zur Geschichte des Alltags, Bd. 6), S. 203-215
Wiegelmann, Günter: Zucker und Süßwaren im Zivilisationsprozeß der Neuzeit. In: Ders./Hans Jürgen Teuteberg, Unsere tägliche Kost. Geschichte und regionale Prägung, Münster 1986 (Studien zur Geschichte des Alltags, Bd. 6), S. 135-152

Wiegelmann, Günter: Der Wandel von Speisen- und Tischkultur im 18. Jahrhundert. In: Ders./Hans Jürgen Teuteberg, Unsere tägliche Kost. Geschichte und regionale Prägung, Münster 1986 (Studien zur Geschichte des Alltags, Bd. 6), S. 334-344

Wiegelmann, Günter: Die Modernisierung der Tischsitten bei der Landbevölkerung Mitteleuropas. In: Ders./Hans Jürgen Teuteberg, Unsere tägliche Kost. Geschichte und regionale Prägung, Münster [2]1986, S. 43-62

Wiegelmann, Günter/Mauss, Annette: Fischversorgung und Fischspeisen im 19. und 20. Jahrhundert. Versuch einer quantitativen Analyse. In: Ders./Hans Jürgen Teuteberg, Unsere tägliche Kost. Geschichte und regionale Prägung, Münster 1986 (Studien zur Geschichte des Alltags, Bd. 6), S. 75-92

Wiegelmann, Günter: Was ist der spezielle Aspekt ethnologischer Nahrungsforschung? In: Ders./Hans Jürgen Teuteberg, Unsere tägliche Kost. Geschichte und regionale Prägung, Münster 1986 (Studien zur Geschichte des Alltags, Bd. 6), S. 21-31

Wiegelmann, Günter: Diskussion zur System-Umwelt-Theorie. In: Ders. (Hg.), Theoretische Konzepte der Europäischen Ethnologie. Diskussionen um Regeln und Modelle, Münster 1991 (Grundlagen der Europäischen Ethnologie, Bd. 1), S. 68-72

Wierlacher, Alois/Neumann, Gerhard/Teuteberg, Hans Jürgen (Hg.): Kulturthema Essen. Ansichten und Problemfelder, Berlin 1993

Wiggen-Jux, Gabriele: Die Versorgung der Kölner Zivilbevölkerung mit Lebensmitteln und Gebrauchsgegenständen im Zweiten Weltkrieg. Die Auswirkungen nationalsozialistischer Versorgungspolitik auf städtischer Ebene, dargestellt anhand ausgewähler Beispiele, Köln 1998

Wildt, Michael: Abschied von der »Freßwelle« oder: die Pluralisierung des Geschmacks. Essen in der Bundesrepublik Deutschland der fünfziger Jahre. In: Alois Wierlacher/Gerhard Neumann/Hans Jürgen Teuteberg (Hg.), Kulturthema Essen. Ansichten und Problemfelder, Berlin 1993, S. 211-225

Wildt, Michael: Am Beginn der »Konsumgesellschaft«. Mangelerfahrung, Lebenshaltung, Wohlstandshoffnung in Westdeutschland in den fünfziger Jahren, Hamburg 1994 (Forum Zeitgeschichte Bd. 3)

Wilkins, John: Social Status and Fish in Greece and Rome. In: Food, Culture & History 1/1993, S. 191-203

Will, Wolfgang: Alexander der Große, Stuttgart 1986

Will, Wolfgang: Der römische Mob. Soziale Konflikte in der späten Republik, Darmstadt 1991

Will, Wolfgang (Hg.): Alexander der Große. Eine Welteroberung und ihr Hintergrund, Bonn 1998

Willerding, Ulrich: Über Klima-Entwicklung und Vegetationsverhältnisse im Zeitraum Eisenzeit bis Mittelalter. In: Das Dorf der Eisenzeit und des frühen Mittelalters. Siedlungsform – wirtschaftliche Funktion – soziale Struktur, hg. v. Herbert Jankuhn/Rudolf Schützeichel/Fred Schwind, Göttingen 1977, S. 357-405

Winick, Myron (Hg.): Hunger Disease. Studies by the Jewish Physicians in the Warsaw Ghetto, New York 1979 (Current Concepts in Nutrition 7)

Winkel, Harald: Vom Gourmand zum Gourmet. In: Wolfgang Protzner (Hg.), Vom Hungerwinter zum kulinarischen Schlaraffenland. Aspekte einer Kulturgeschichte des Essens in der Bundesrepublik Deutschland, Wiesbaden 1987 (Beiträge zur Sozial- und Wirtschaftsgeschichte 35), S. 31-64

Winkle, Stefan: Geisseln der Menschheit. Kulturgeschichte der Seuchen, Düsseldorf/Zürich 1998

Winterstein, Axel: Carl von Linde. Der Pionier der Kältetechnik. In: Ders., Erfinder in München. Genies, Querköpfe, Tüftler, Landsberg/Lech 1997, S. 90-95

Wirsching, Andreas: Die Weimarer Republik. Politik und Gesellschaft, München 2000 (Enzyklopädie Deutscher Geschichte, Bd. 58)

Wiswe, Hans: Kulturgeschichte der Kochkunst. Kochbücher und Rezepte aus zwei Jahrtausenden. Mit einem lexikalischen Anhang zur Fachsprache von Eva Hepp, München 1970

Wodak, Ruth/Cillia, Rudolf de/Reisigl, Martin/Liebhart, Karin/Hofstätter, Klaus/Kargl, Maria: Zur diskursiven Konstruktion nationaler Identität, Frankfurt/M. 1998

»... wo der Pfeffer wächst«. Spezereien und Kolonialwaren aus fernen Ländern. Kulturgeschichtliches Handbuch zur Ausstellung. Sammlung für Völkerkunde St. Gallen, April 1997 bis Januar 1998, St. Gallen 1997

Wolf Cohen, Elisabeth: Jüdische Küche, Köln 1995

Wolfram, Herwig: Geschichte der Goten. Von den Anfängen bis zur Mitte des 6. Jahrhunderts. Entwurf einer historischen Ethnographie, München 1979

Wolter, Heinz: Der Mainzer Hoftag von 1184 als politisches Fest. In: Detlev Arenburg et. al. (Hg.), Feste und Feiern im Mittelalter, Sigmaringen 1991, S. 193-200

Wood, Michael: Babylons Vermächtnis. Auf der Suche nach den Ursprüngen unserer Kultur, Darmstadt 1997

Wulf, Peter: »Cattun, Traubrosienen, Caffee und Brodmesser«. Aus dem Wareneingangsbuch eines Schleswiger Hökers. In: Zeitschrift des Vereins für Schleswig-Holsteinische Geschichte 122/1997, S. 184-196

Wyrwa, Ulrich: Branntewein und »echtes« Bier: die Trinkkultur der Hamburger Arbeiter im 19. Jahrhundert, Hamburg 1990

Zaccagnini, Carlo: Artikel »Markt«. In: Reallexikon der Assyriologie und Vorderasiatischen Archäologie, Bd. 7, Berlin/New York 1987-1990, S. 421-426

Zahn, Clemens: Arbeitskosten und Lebenslagen zwischen Inflation und großer Krise. Zur Geschichte der Weimarer Lohnbewegung, St. Katharinen 1996 (Studien zur Wirtschafts- und Sozialgeschichte 11)

Zimmermann, Gerd: Ordensleben und Lebensstandard. Die Cura Corporis in den Ordensvorschriften des abendländischen Hochmittelalters, Münster 1973

Zimpel, Detlev: Zur Bedeutung des Essens in der »Relatio de legatione Constantinopolitana« des Liutprand von Cremona. In: Historische Zeitschrift 269/1999, S. 1-18

Zirwes, Karl-Heinz: Kartoffeln und Pommes frites in der gewerblichen Speisenbereitung. Ein Beitrag zur Problematik der Verwendung von Convenience-Produkten, Hildesheim/Zürich/New York 1987 (Beiträge zu Lebensmittelwissenschaft und Ernährungsgewerbe 3)

Zohary, Daniel/Hopf, Maria: Domestication of Plants of the Old World, Oxford ^{2}1993

Abbildungsnachweise

Schwarz-Weiß-Abbildungen

Abbildung 1, 47, 48, 49, 53: Werner Schäfke (Hg.): Das neue Köln 1945-1995. Ausstellungskatalog, Köln 1994

Abbildung 2, 3, 4: Urban, Erich (Hg.): Ich kann kochen. Das Buch von der natürlichen Ernährung des Menschen, Berlin/Wien 1909

Abbildung 5, 6: Rheinisches Landesmuseum Bonn

Abbildung 7, 10, 27: Paczensky, Gert von/Dünnebier, Anna: Leere Töpfe, volle Töpfe. Die Kulturgeschichte des Essens und Trinkens, München 1994

Abbildung 8: Hermann, A./Ranke, H.: Ägypten und Ägyptisches Leben im Altertum, Tübingen 1923, S. 264, Abb. 104

Abbildung 9: Junker, Hermann (Hg.): Giza VI: Die Mastabas des Nefr (Nefer), Kolfjj (Kedfi), Kihif (Kahjef) und die westlich anschließenden Grabanlagen, Dph. 72. Band, 1. Abhandlung, 1943

Abbildung 11: Martin-von-Wagner-Museum, Würzburg

Abbildung 12: Collection Lewis, The Parker Library, Corpus Christi College, Cambridge

Abbildung 13: The British Museum, London

Abbildung 14, 16: Gerlach, Gudrun: Essen und Trinken in römischer Zeit, Köln 1986

Abbildung 15: »Reliefdarstellung eines Familienmahles auf der *Igeler Säule* um 200 n. Chr.«, Rekonstruktionszeichnung von Lambert Dahm, Rheinisches Landesmuseum, Trier

Abbildung 17, 21, 24: Österreichische Nationalbibliothek Wien

Abbildung 18: Tapisserie de Bayeux. Mit besonderer Genehmigung der Stadt Bayeux

Abbildung 19, 22: The British Library. Mit freundlicher Genehmigung der British Library

Abbildung 20: Janssen, Walter/Janssen, Brigitte: Die frühmittelalterliche Niederungsburg bei Haus Meer, Kreis Neuss. Archäologische und naturwissenschaftliche Untersuchungen, Köln 1999, S. 9

Abbildung 23: Museo Nacional del Prado, Madrid

Abbildung 25: Albertina Grafische Sammlung, Wien

Abbildung 26, 34: Bildarchiv Preussischer Kulturbesitz

Abbildung 28: Archiv für Kunst und Geschichte, Berlin

Abbildung 29a/29b, 36: Germanisches Nationalmuseum, Nürnberg

Abbildung 30: Quelle unbekannt

Abbildung 31: Niedersächsisches Freilichtmuseum Cloppenburg
Abbildung 32: Prometheus 3, 1892, S.783
Abbildung 33: Prometheus 14, 1903, S. 633
Abbildung 35: Fliegende Blätter Bd.123, 1905, Nr. 3146, Beiblatt, S. 10
Abbildung 37, 38: Hansa-Bund (Hg.): Die freiwillige soziale Fürsorge in Deutschlands Gewerbe, Handel und Industrie 1883-1912
Abbildung 39: Fliegende Blätter Bd. 142, 1915, S. 265
Abbildung 40: Fliegende Blätter Bd. 147, 1917, S. 56
Abbildung 41: Fliegende Blätter Bd. 148, 1918, Nr. 3718, Beiblatt, S. 7
Abbildung 42: Wiegelmann, Günter: Alltags- und Festspeisen. Wandel und gegenwärtige Stellung, Marburg 1967, Karte 1 des Anhangs
Abbildung 43: Nationalsozialistischer Volksdienst 2, 1934/35, S. 110
Abbildung 44: Edeka – Deutsche Handels-Rundschau, Bd. 27, 1934, S. 207
Abbildung 45, 46: Der Vierjahresplan, Jg. 5/1941
Abbildung 50, 51: Heizmann, Berthold: Die rheinische Mahlzeit. Zum Wandel der Nahrungskultur im Spiegel lokaler Berichte, Köln 1994
Abbildung 52: Dr. Oetker Kochbuch Tiefkühlkost, 6. Auflage, Bielefeld 1971

Farbtafeln

Tafel I: GEO 10/ 96 / Barbara S. Michael
Tafel II: Lotus-Film Thiem, Kaufbeuren
Tafel III: Cavallo, Guglielmo/Rabano, Mauro: De rerum naturis: Casin. 132, Secolo XI: conservato presso l'Archivio dell'Abbazia di Montecassino, Turiono, Codex 132, S. 513
Tafel IV: Württembergische Landesbibliothek, Stuttgart
Tafel V: Biblioteca Apostolica Vaticana, Rom, Vat. Barb., lat. 592 (520 B. C.)
Tafel VI: Zentralbibliothek Zürich
Tafel VII, VIII: Bibliothèque Nationale de France, Paris
Tafel IX: Deutsches Historisches Museum, Berlin
Tafel X: Fritz Langensiepen (Hg.): Bierkultur an Rhein und Maas, Bonn 1998, S. 194
Tafel XI: Manchester City Art Galleries
Tafel XII: Bildarchiv Preussischer Kulturbesitz
Tafel XIII, XV: Culinara. Europäische Spezialitäten, Band 1, 1995
Tafel XIV: Konsumgenossenschaftliches Volksblatt, Mitte Februar 1932, 25. Jg. Nr. 3, S. 16
Tafel XVI: Quelle unbekannt

Wir danken für die freundliche Genehmigung zum Abdruck. In einigen Fällen konnten trotz größter Sorgfalt die Urheber nicht ermittelt werden.

Register